अनिल आज़ाद पांडेय

जन्म : 1 मई, 1981 को अल्मोड़ा, उत्तराखंड में।

शिक्षा : बी.एससी., एम.ए. (प्राचीन इतिहास) कु.वि.वि. नैनीताल से।

करियर : 12 वर्षों से पत्रकारिता जगत में सक्रिय। इस दौरान दिल्ली में 'राजस्थान पत्रिका' व 'अमर उजाला' के राष्ट्रीय ब्यूरो में काम किया। दो वर्षों से अधिक समय तक चीन-भारत संबंध पर पत्रिका 'सेतु संबंध' का संपादन। भारत के राष्ट्रीय अखबारों और पत्रिकाओं में समसामयिक मुद्दों पर लेखन जारी।

फिलहाल : सात वर्षों से चाइना रेडियो, इंटरनेशनल, बीजिंग में कार्यरत।

वर्तमान पता : 16, A, शचिंगशान रोड, बीजिंग, चीन-100040
मो. : 0086-15210675582
e-mail : anilpande2@yahoo.in

हैलो चीन !

देश पुराना नई पहचान

अनिल आज़ाद पांडेय

राजकमल पेपरबैक्स

चाइना रेडियो इंटरनेशनल प्रतिभा वित्त पोषित परियोजना के अंतर्गत प्रकाशित

राजकमल पेपरबैक्स में
पहला संस्करण : 2016

राजकमल पेपरबैक्स : उत्कृष्ट साहित्य के जनसुलभ संस्करण

राजकमल प्रकाशन प्रा. लि.
1-बी, नेताजी सुभाष मार्ग, दरियागंज
नई दिल्ली-110 002
द्वारा प्रकाशित

शाखाएँ : अशोक राजपथ, साइंस कॉलेज के सामने, पटना-800 006
पहली मंजिल, दरबारी बिल्डिंग, महात्मा गांधी मार्ग, इलाहाबाद-211 001
36 ए, शेक्सपियर सरणी, कोलकाता-700 017

वेबसाइट : www.rajkamalprakashan.com
ई-मेल : info@rajkamalprakashan.com

साईं प्रिंटोपैक प्राइवेट लिमिटेड
ए-102/4, फ़ेज़ 2, ओखला इंडस्ट्रियल एरिया, नई दिल्ली-110 020
द्वारा मुद्रित

मूल्य : ₹ 199

HELLO CHINA
by Anil Azad Pandey

ISBN : 978-81-267-2710-0

यह किताब
मेरे पिता कॉमरेड एम.सी. पांडे को समर्पित है
जिन्होंने शिक्षक की नौकरी को छोड़कर
किसान–मजदूरों को संगठित किया और आंदोलनों को नेतृत्व दिया।
समाज की बेहतरी के इस संघर्ष में स्वास्थ्य ने उनका लंबा साथ नहीं दिया।
22 अप्रैल, 2000 को कैंसर रूपी दानव ने उन्हें हमसे छीन लिया।

प्रस्तावना

भारत में रहकर चीन को समझना और जानना आसान नहीं है। भले ही दोनों देशों की सरहदें आपस में मिली हुई हैं, दोनों के व्यापारिक संबंध भी कोई नए नहीं हैं। दोनों प्राचीन सभ्यता और संस्कृति वाले देश हैं। बौद्ध धर्म के बारे में जानने के लिए लगभग तीसरी शताब्दी में फाह्यान भारत पहुंचे। वहीं चीन में बौद्ध धर्म का प्रसार करने भारत से कई विद्वान और बौद्ध भिक्षु भी चीन गए। 1962 के युद्ध को छोड़कर दोनों पड़ोसियों के बीच कोई बड़ी कटुता नहीं रही है। बावजूद इसके हम चीन को बहुत कम जानते हैं। इसकी एक वजह भाषा है, तो दूसरी भ्रांतियां हैं। हालांकि विकास के मामले में भारत में लोग चीन का उदाहरण जरूर देते हैं। आम चीनी लोगों की बात करें तो उनमें अदब है, अपने देश के लिए जज्बा है, श्रम के प्रति सम्मान है। उन्हें कानून को तोड़ने की नहीं बल्कि पालन करने की आदत है। मैंने इस सबका अहसास उनके साथ रहकर किया है।

चीन में मेरा शुरुआती दौर था। एक दिन मेरे किचन में ऊपर के फ्लैट से पानी टपक रहा था। रात का समय था। मुझे समझ नहीं आ रहा था कि क्या करूँ। इसी बीच किसी ने मेरा दरवाजा खटखटाया। मैंने दरवाजा खोला तो एक चाइनीज खड़ा था। वह मुझे देखकर हक्का-बक्का रह गया। उसे यह आभास नहीं था कि इस कमरे में कोई विदेशी रहता है। उसने मुझसे सॉरी बोला और सुबह कमरे की सफाई करने की बात कही। हालांकि कमरे में पानी ज्यादा नहीं था और इसमें उसकी कोई गलती भी नहीं थी। दरअसल बिल्डिंग के ड्रेनेज से पानी लीक हो गया था। मुझसे सॉरी कहने आया वह व्यक्ति एक प्राइवेट कंपनी में बड़ी पोस्ट पर था। वह चीन में मेरा पहला दोस्त बना। कहने का मतलब है कि शिष्टाचार चीनियों की आदत में शुमार है।

चीनियों में देशभक्ति और सेवा करने की भी आदत है। रेलवे स्टेशन और सड़कों पर तैनात स्वयंसेवकों में अधिकांश रिटायर्ड कर्मचारी होते हैं। ये लोग अपनी सामान्य दिनचर्या में से कुछ समय निकालकर देशसेवा में देते हैं। काम छोटा या बड़ा नहीं होता है, इसे भी चीन में

महसूस किया जा सकता है। अच्छा काम करने वाले कर्मचारियों की फोटो अपार्टमेंट्स तक में लगी रहती है। देखने में यह सब सामान्य चीजें हैं, मगर किसी देश को आगे ले जाने में इनका भी अहम योगदान होता है। चीन ने विकास के क्षेत्र में जो कायाकल्प किया है, वह दुनिया के लिए आश्चर्य हो सकता है। आसमान छूती इमारतें और चौड़ी सड़कें यह सब कुछ चीनियों के जज्बे का परिणाम है।

यह किताब जहाँ चीन के इतिहास, संस्कृति, खान-पान, रीति-रिवाज, महिलाओं की स्थिति, खेलकूद, रेल व्यवस्था, परिवहन, साफ-सफाई आदि के बारे में जानकारी देती है, वहीं भारत और चीन के संबंध प्रगाढ़ बनाने में योगदान देने वाली शख्सियतों, के योगदान को भी रेखांकित करती है। साथ ही भारत के प्रमुख हिंदी अखबारों में 2009 से लेकर हाल के दिनों तक प्रकाशित कुछ लेख भी इसमें शामिल किए गए हैं। ये लेख भिन्न-भिन्न समय पर प्रकाशित हुए हैं। इसलिए आंकड़े भी उसी समय के हैं।

दोस्तों और करीबियों के सहयोग के बिना यह किताब आसान नहीं थी। सबसे पहले चाइना रेडियो इंटरनेशनल के वांग वन च, यांग ई फंग, थांग युआन क्वेई व अन्य सहयोगियों का आभार जताना चाहता हूं, जिन्होंने मुझे किताब लिखने के लिए प्रोत्साहित किया। साथ ही जानकी बल्लभ जी, जिन्होंने मुझे चीन के इतिहास आदि को समझने में मदद की। मेरे भाई जय प्रकाश, जो मुझे लेख लिखने के लिए प्रेरित करते रहे। साथ ही परिवार के अन्य सदस्यों और दोस्तों का भी आभार, जिनके प्रोत्साहन से मुझे पत्रकारिता जगत में काम करने की प्रेरणा मिली।

अंत में, राजकमल प्रकाशन के प्रबंध निदेशक अशोक महेश्वरी जी के आभारी हैं, जिन्होंने इस पुस्तक के प्रकाशन में गहरी रुचि ली।

उम्मीद है कि यह किताब चीन को गहराई से जानने की जिज्ञासा पैदा करने में सहायक साबित होगी। यह मेरा पहला प्रयास है, पुस्तक लिखने का। अगर कुछ कमियां रह गई हों तो क्षमा चाहूंगा।

—अनिल आजाद पांडेय

अनुक्रम

पुराना चीन **11**

चीन का संक्षिप्त इतिहास 13

चीन की विविधता और भाषा 17

कागज का आविष्कार 22

इतिहास को सहेजकर रखा है चीन ने 25

व्यापार और संस्कृति का वाहक रेशम मार्ग 30

चीनी क्रांति **33**

कम्युनिस्ट पार्टी का इतिहास 35

चीन के राष्ट्रपिता : डॉ. सुन यात सेन 39

चीनी क्रांति के नायक कामरेड माओ 43

आर्थिक रूप से सशक्त चीन के जनक दंग श्याओ फिंग 46

माओ के चीन में दौड़ रही है पूंजी 50

नया चीन **53**

नया चीन 55

रेलवे में भी क्रांति 56

विज्ञान और तकनीक 59

चीन में कृषि उत्पादन 62

विकास में बराबर की भागीदार हैं महिलाएं 67

मेड इन चाइना : बेहतर होती छवि 72

एक बच्चे की नीति 74

स्वच्छता के प्रति जागरूक चीनी नागरिक 76

चीन की शिक्षा-व्यवस्था 79

चीन में क्रिकेट और अन्य खेल 83

महाशक्ति देश को चीन की चुनौती 86

चीन के खुदरा बाजार की सीख 88

सैन्य ताकत बढ़ाने पर है चीन का ज़ोर 91

प्रदूषण से जंग लड़ती एक राजधानी 93

चीन की संस्कृति 97

चीन में विवाह 99
गांव और पर्यटन 101
पर्यटकों का पसंदीदा देश है चीन 105
चीन के ऐतिहासिक पर्यटक स्थल 106
चीन की राजनीतिक सत्ता का केंद्र बीजिंग 110
पूर्व का वेनिस सूचोउ 113
खाने-पीने के शौकीन चीनी 114
चीन में नववर्ष 118
मध्य शरद त्योहार 121
छिंग मिंग त्योहार 122
ड्रैगन बोट फेस्टिवल 123
चीन में कुंगफू और शाव लिन मंदिर 124
विशालकाय पांडा 127
छिंगहाई का दौरा 129
एक अदद आशियाने की तलाश 133
बर्फ का शहर हार्बिन 135
चीन का राष्ट्रीय दिवस 138

भारत और चीन 139

ह्वेनसांग की भारत-यात्रा 141
चीन में टैगोर की लोकप्रियता 144
डॉ. कोटनिस का योगदान 147
बल्लभ ने चीन को देखा करीब से 150
चीन में बढ़ रही है हिंदी की लोकप्रियता 151
हिंदी ने मेरी जिंदगी बदल दी 153
हिंदी को बढ़ावा दे रहे चिन दिंग हान 155
चीन में योग हो रहा लोकप्रिय 156
भारत-चीन युद्ध 159
नई चुनौतियों से रूबरू पड़ोसी 161
मनमोहन सिंह का चीन दौरा 164
नरेन्द्र मोदी की चीन यात्रा 166
भारत-चीन के बीच बढ़ी आवाजाही 168
चीनी लोगों की नजर में मोदी 170
चीनी राष्ट्रपति का भारत दौरा 171
चीन-भारत के साथ आने का समय 173
व्यापार बढ़ेगा तो घटेंगी दूरियां 176

और अंत में... 179

कुछ और बातें 181

पुराना चीन

चीन का संक्षिप्त इतिहास

चीन का लिखित इतिहास कोई 5 हजार साल पुराना है। ईसा से 221 वर्ष पूर्व छिन राजवंश की स्थापना हुई, जिसने चीन का एकीकरण किया था। उससे पहले चीन कई अलग-अलग राज्यों में बंटा हुआ था। सम्राट छिन श हुआंग के काल में ही लंबी दीवार का निर्माण, केंद्रीयकृत सरकार की व्यवस्था, विधि व्यवस्था का एकीकरण, लिखित भाषा का विकास करने के अलावा चीन की मुद्रा भी चलाई गई। इसके साथ ही पूरे देश में समान ट्रेडिंग सिस्टम लागू किया गया। लेकिन छिन राजवंश महज 12 साल तक रह पाया।

इसके पश्चात् हान राजवंश का दौर शुरू हुआ। इसकी स्थापना लियू बांग ने की। हान राजवंश को चीन का स्वर्णिम काल भी कहा जाता है। इसमें स्थायित्व और समृद्धि पर जोर दिया गया। हान के समय में चीन के साम्राज्य का विस्तार सुदूर पश्चिम छोर तक हुआ। दक्षिण की तरफ यांग त्ज नदी के उस पार के छोटे-छोटे राज्यों का हान राजवंश में विलय हुआ। यह काल चार सौ से अधिक साल तक रहा।

इतिहासकारों के अनुसार, इस दौर में चीन की कला, संस्कृति व विज्ञान का अभूतपूर्व विकास हुआ। चीन के इतिहास पर इस काल का व्यापक और मजबूत प्रभाव पड़ा है। इसी वजह से जहां चीनी लोग 'हान' (हान जाति) कहलाते हैं, जो देश की कुल जनसंख्या का 90 प्रतिशत से अधिक है, वहीं चीनी भाषा के अक्षरों को 'हान ज' कहा जाता है।

हान राजवंश के दौर में कंफ्यूशियस के दर्शन और विचारों को तवज्जो दी गई। दार्शनिक विचारों और नैतिक सिद्धांतों को बढ़ावा देने के लिए इम्पीरियल यूनिवर्सिटीज की स्थापना की गई और रेशम मार्ग को खोला गया, जिससे चीन का पश्चिम के साथ सांस्कृतिक व व्यापारिक आदान-प्रदान शुरू हुआ।

हान राजंवश के पतन के बाद के काल को 'थ्री किंगडम' कहा जाता है। कुछ समय के लिए चिन राजवंश का एकीकरण हुआ, लेकिन उसे विद्रोह का सामना करना पड़ा। सन् 581 में स्वेई राजवंश के अधीन चीन का फिर से एकीकरण हुआ, जो बहुत अहम माना जाता है। लेकिन स्वेई राजवंश महज 29 साल ही चल पाया, हालांकि इस दौरान कई प्रमुख संस्थानों की स्थापना हुई, जिसे बाद में थांग राजवंश ने अपनाया।

थांग राजवंश की स्थापना 618 ईसवीं में सम्राट काव चू ने की। यह काल चीनी सभ्यता के स्वर्णिम युग के तौर पर याद किया जाता है। थांग राजवंश के

दौरान चीन ने कला, साहित्य और तकनीक आदि के क्षेत्रों में बहुत प्रगति की। इस दौरान बौद्ध धर्म बहुत लोकप्रिय हुआ। बड़ी संख्या में लोग इस धर्म में विश्वास करते थे। उसके शासनकाल में चीन पूर्वी एशिया में सर्वाधिक समृद्धशाली देश था। वर्तमान का शीआन शहर, उस वक्त का बहुत बड़ा और प्रभावशाली शहर था। लगभग दो सौ सालों तक थांग राजवंश का विस्तार होता रहा। इस काल में चीन का कई देशों के साथ व्यापार होता था। कई विदेशी व्यापारी भी समुद्री रेशम मार्ग आदि के रास्ते चीन पहुंचते थे।

लेकिन 755 ईसवीं से 763 ईसवीं के दौरान आन लूशान विद्रोह हुआ, जिसमें बड़ी संख्या में लोगों की मौत हुई। इससे केंद्र की शाही सरकार कमजोर हो गई, जबकि स्थानीय सैन्य सरदारों ने स्वायत्तता हासिल करने में सफलता पाई। हालांकि इस विद्रोह के बाद पुन: थांग राजवंश उबरने में कामयाब हुआ, लेकिन 860 ईसवीं के बाद थांग साम्राज्य फिर अवनति की ओर जाने लगा। पुन: चीन में विद्रोह होने लगे। सन् 879 में ह्वांग छाव नाम के सेनापति ने क्वांगचो पर कब्जा करते हुए हजारों लोगों को मार दिया। इसके पश्चात् लुअ यांग ने ह्वांग छाव के समक्ष आत्मसमर्पण किया। इतना ही नहीं, ह्वांग छाव ने सन् 881 में छांग आन (वर्तमान में शीआन) को भी अपने नियंत्रण में किया। वहां से थांग सम्राट शी चोग छंगदू के लिए भाग गया, हालांकि कुछ समय के बाद थांग सेना से उसे हार का सामना करना पड़ा। लेकिन राजनीतिक उथल-पुथल जारी रही। थांग राजवंश और सोंग के बीच हुए बिखराव के दौर को पांच राजवंश और दस राज्यकाल कहा जाता है।

थांग राजवंश के पतन के बाद 960 ईसवी में सोंग साम्राज्य शक्तिशाली होकर उभरा, लेकिन इसके बाद ल्याव सम्राट और चिन सम्राट भी उभरे। साथ ही चीन के कुछ प्रांतों में श्या राजवंश के शासकों ने भी राज किया। वैसे चिन और सोंग के बीच हुए युद्धों में चिन को जीत हासिल हुई। इस तरह सोंग, चिन और श्या सम्राटों ने शासन किया।

हालांकि सोंग राजवंश के समय में तकनीकी क्षेत्र में चीन ने व्यापक प्रगति की, साथ ही साहित्यिक क्षेत्र भी विकसित हुआ, लेकिन सन् 1271 तक सोंग राजवंश का पतन हो चुका था। सोंग साम्राज्य के दौर में कागज की मुद्रा जारी की गई, जो एक ऐतिहासिक कदम बताया जाता है।

चिन राजवंश का खात्मा मंगोल शासकों ने किया। इसके बाद मंगोल शासकों ने लंबे युद्ध में सोंग राजवंश पर भी विजय हासिल की। चंगेज खान के पोते कुबलाई खान ने युआन राजवंश की स्थापना की, जो सन् 1271 से 1368 तक चला। युआन राजवंश चीनी रीति-रिवाजों को अपनाना चाहता था। युआन राजवंश के दौरान पहली बार बीजिंग को राजधानी बनाकर चीन पर शासन किया गया।

इतिहासकारों का मानना है कि चौदहवीं सदी में प्लेग जैसी महामारियों से लाखों लोगों की मौत हुई। इसके चलते किसान विद्रोह भी हुए। सन् 1368 में मिंग

सम्राट ने युआन राजवंश को खत्म कर दिया। इस अवधि में शहरीकरण में इजाफा हुआ, साथ ही जनसंख्या वृद्धि भी हुई। वहीं लघु उद्योगों की स्थापना हुई, जिसमें कागज, कपास और चीनी मिट्टी की बनी चीजों का प्रयोग तेजी से हुआ। वहीं जापान, भारत और पूर्वी अफ्रीका के साथ भी व्यापार हुआ। लंबी दीवार, जिसे चीन के कई शासकों ने अपने शासनकाल में निर्मित करवाया, इसका अंतिम निर्माण मिंग राजवंश के दौरान हुआ। इसका उद्देश्य चीन को विदेशी आक्रमणकारियों, विशेषकर मंगोलों से बचाना था। लंबी दीवार के अधिकांश हिस्से जो आज हमें दिखते हैं, या तो मिंग काल में निर्मित हुए या फिर उनका पुनर्निर्माण किया गया। मिंग राजवंश के बाद सन् 1644 से 1911 तक छिंग राजवंश ने शासन किया।

चीन का अंतिम राजवंश छिंग था। इतिहासकार छिन राजवंश से छिंग राजवंश की समाप्ति तक के काल को 'इम्पीरियल चाइना' कहते हैं। छिंग राजवंश के दौरान चीन की अधोगति होने लगी थी। सन् 1799 में सम्राट छ्यान लोंग की मृत्यु के बाद छिंग राजवंश का पतन शुरू हो गया। जिस तरह थांग व मिंग राजवंशों का पतन हुआ, ठीक उसी तरह छिंग राजवंश के गिरने की वजह भी विद्रोह, आक्रमण, प्राकृतिक आपदा व आर्थिक बदहाली मानी जाती है। हालांकि इससे पहले छिंग राजवंश सही गति से आगे बढ़ा, जिसमें सम्राट अपने क्षेत्रों को बचाने में सफल रहे, साथ ही उनकी आर्थिक नीतियां भी सही दिशा में चलीं। इतिहासकार मानते हैं कि छिंग सम्राट छ्यान लोंग द्वारा यूरोप के प्रति जो अलगाव की नीति चलाई गई, वही आखिर में उनके विनाश का कारण बनी। यूरोपीय देशों के साथ युद्ध भी इस राजवंश के सम्राट को झेलने पड़े। सत्रहवीं शताब्दी के अंत तक छिंग साम्राज्य उस गति से आगे बढ़ने में असफल रहा। इसकी वजह उसकी नीतियां रहीं। लेकिन यूरोप ने पहली औद्योगिक क्रांति के बाद तकनीकी रूप से तेज विकास किया, और छिंग सम्राट की सेना को हराने में यूरोप को जरा भी मशक्कत नहीं करनी पड़ी। लगभग दो हजार साल तक शासन करने के बाद छिंग साम्राज्य आखिरकार 1911 में खत्म हो गया।

इस दौरान 1838 में ब्रिटेन के साथ पहला अफीम युद्ध छिड़ गया। चीन में कागज, रेशम, बारूद, मुद्रण कला, चीनी मिट्टी के बर्तनों का आविष्कार हो चुका था। ब्रिटिश व्यापारी चीन से चाय, रेशम और चांदी खरीदकर ले जाते थे। इसकी कीमत चुकाने के लिए ब्रिटेन के व्यापारियों ने चीन में अफीम का व्यापार शुरू कर दिया। ब्रिटेन ने अफीम युद्ध इसलिए छेड़ा कि चीनी अफीम का व्यापार जारी रखें। अफीम मुख्य तौर पर भारत में उगाया जा रहा था। लाखों चीनी अफीमची हो गए और ब्रिटेन के व्यापारियों-बैंकरों की थैलियां मोटी होती रहीं।

डॉ. सुन यात सेन के नेतृत्व में हुई 1911 की पूंजीवादी जनवादी क्रांति ने सामंती राजतंत्र का तख्ता तो पलट दिया, पर यह क्रांति अधूरी मानी जाती है। साम्राज्यवादी षड्यंत्र ने चीन को अलग-अलग युद्ध-सरदारों के प्रभुत्व वाले कई 'राज्यों' में बांट दिया। चीन के किसान बर्बर सामंती उत्पीड़न के शिकार थे। शहरी

व्यापारिक और औद्योगिक अर्थव्यवस्था नौकरशाह-दलाल पूंजीपतियों के माध्यम से सीधे साम्राज्यवाद के मातहत थी। मई, 1919 का महीना चीन के इतिहास का एक नया प्रस्थानबिन्दु साबित हुआ। चीन के छात्रों-युवाओं की बड़ी आबादी चीन पर विदेशी प्रभुत्व—विशेषकर जापानी प्रभुत्व का विरोध करने के लिए उठ खड़ी हुई। '4 मई आंदोलन' के नाम से प्रसिद्ध इस आंदोलन ने ठहरे हुए चीनी समाज के राजनीतिक-सांस्कृतिक जीवन में उथल-पुथल मचा दी। क्रांतिकारी जनवादी विचारों से प्रभावित छात्रों के बीच से आगे बढ़कर कई युवाओं ने चीनी कम्युनिस्ट पार्टी और चीनी क्रांति में अग्रणी भूमिका निभाई।

जुलाई, 1921 में चीन की कम्युनिस्ट पार्टी की स्थापना हुई जबकि 1 अक्टूबर, 1949 को नए चीन की नींव पड़ी। द्वितीय विश्वयुद्ध के बाद एशिया, अफ्रीका और लातिन अमेरिका के उपनिवेशों, अर्द्धउपनिवेशों और नवउपनिवेशों में जारी राष्ट्रीय मुक्ति-युद्धों को प्रेरणा और दिशा देने में चीनी जनवादी क्रांति ने अहम भूमिका निभाई। कोरिया, वियतनाम आदि देशों में सर्वहारा वर्ग के नेतृत्व में सम्पन्न जनवादी क्रांतियों का रास्ता मूलतः चीनी क्रांति का ही रास्ता था। अफ्रीकी देशों में जारी राष्ट्रीय मुक्ति संघर्षों ने भी चीनी रास्ते से सबक लेकर उपनिवेशवाद को पराजित करने में सफलता पाई।

चीन लोक गणराज्य की स्थापना के बाद कॉमरेड माओ ने कहा था : 'देशव्यापी स्तर पर जीत हासिल करना लंबे अभियान का पहला कदम मात्र है। चीनी क्रांति महान है, लेकिन क्रांति के बाद का रास्ता तथा कार्य अधिक महान एवं अधिक कठिन है।'

इन शब्दों में क्रांति का स्वागत करते हुए माओ ने एक बेहद पिछड़े देश को समाजवाद के प्रकाश-स्तम्भ और विश्व-क्रांति के आधार-क्षेत्र में रूपांतरित कर देने के लिए चीनी के सर्वहारा वर्ग और व्यापक जनता को तैयार किया। लोकयुद्ध के लंबे वर्षों और आधार क्षेत्रों में व्यवस्था-संचालन के अनुभवों ने इस नई यात्रा में काफी मदद की। मानव इतिहास में सबसे बड़े पैमाने पर भूमि के पुनर्वितरण और विदेशी तथा पूंजीपतियों के कारखानों एवं पूंजी के राष्ट्रीकरण के साथ-साथ महिलाओं को पूरी समानता देने सहित सामाजिक जीवन में भी अनेक क्रांतिकारी परिवर्तन हुए। पचास के दशक में चीन की मेहनतकश आबादी के श्रम को सृजनशील और उत्पादक बनाकर अकाल, भुखमरी, बीमारी, अशिक्षा और पिछड़ेपन के लिए विख्यात देश का कायापलट कर दिया गया। दस वर्षों के भीतर बड़ी संख्या में लोगों को रोजगार उपलब्ध होने लगा। गांवों से लेकर शहरों तक महिलाओं की भारी आबादी चूल्हे-चौखट से बाहर आकर कम्यूनों में सामाजिक उत्पादन से लेकर प्रबंधन एवं राजनीतिक कामों में शिरकत करने लगी। स्वास्थ्य और शिक्षा की सेवाएं सर्वसुलभ हो गईं। वेश्यावृत्ति, नशाखोरी, जुआ, बाल मजदूरी, भुखमरी आदि पर किसी हद तक नियंत्रण कर लिया गया। तूफानी नदियों को बांधकर विनाशकारी बाढ़ों को

समाप्त कर दिया गया और नहरों का जाल बिछाकर सिंचाई सुविधाओं का तेज विस्तार किया गया। उत्पादन-टीमों, ब्रिगेडों और कम्यूनों ने दुर्गम पर्वतीय क्षेत्रों में भी उपजाऊ सीढ़ीदार खेत बना डाले और सभी तरह की ऊसर-बंजर धरती को अन्नपूर्णा बना दिया गया। सड़कों-रेलमार्गों-पुलों का अभूतपूर्व तेज गति से विकास हुआ। 1960 तक चीन बिजली और लोहा सहित तमाम बुनियादी और ढांचागत उद्योगों का अपना ताना-बाना खड़ा कर चुका था। इस दौरान भूमि-सुधारों पर जोर दिया गया, जिसका लाभ लाखों किसानों को मिला।

इसी बीच 1958 से 1961 तक 'लंबी छलांग' आंदोलन चलाया गया। इसका उद्देश्य आर्थिक और सामाजिक सुधार करना था, जिसके तहत चीन को तेज औद्योगीकरण और सामूहिकीकरण के जरिए कृषि आधारित अर्थव्यवस्था से समाजवादी व्यवस्था में तब्दील करना था। लेकिन इसकी विफलता से इस दौरान 4.5 करोड़ लोगों की मौत हो गई, जिसमें से अधिकतर भुखमरी के कारण मारे गए।

1966 में माओ-त्से-तुंग और उनके सहयोगियों ने सांस्कृतिक क्रांति छेड़ दी, जो 1976 में माओ के निधन तक जारी रही। हालांकि माओ की मृत्यु के बाद दंग श्याओ फिंग ने कमान संभाल ली, साथ ही 'गैंग ऑफ फोर' को गिरफ्तार कर लिया गया। इसके पश्चात् चीन में आर्थिक सुधारों की शुरुआत हुई और चीन के दरवाजे बाहरी दुनिया के लिए खोल दिये गए। दशकों से जारी खुलेपन और उदारीकरण की नीति का ही नतीजा है कि चीन आज दुनिया की दूसरी सबसे बड़ी अर्थव्यवस्था है।

चीन की विविधता और भाषा

हालांकि चीन में भारत की तरह भिन्न-भिन्न संस्कृति और भाषा है, इसके बावजूद इतने बड़े देश के लिहाज से इसकी संस्कृति मिलती-जुलती कही जाएगी। चीन में नब्बे प्रतिशत से अधिक चीनी हान जाति के लोग रहते हैं, जबकि पचपन जनजातियां दूर-दराज के क्षेत्रों में रहती हैं, जिनकी अपनी संस्कृति, भाषा और रिवाज हैं। चीन न केवल जनसंख्या के लिहाज से बल्कि क्षेत्रफल में भी बहुत विशाल देश है। इसकी सीमा तेरह देशों से लगती है। जहां उत्तर में रूस व मंगोलिया हैं, वहीं दक्षिण-पश्चिम में भारत। दक्षिण में म्यांमार, लाओस व वियतनाम हैं, तो पूरब में पीले सागर, दक्षिणी चीन सागर व पूर्वी चीन सागर से सीमाएं मिलती हैं। यहां जलवायु भी विविध है। जहां दक्षिण में ट्रॉपिकल है, वहीं उत्तर में सबआर्कटिक है। पश्चिम में पहाड़, ऊंचे पठार व रेगिस्तान हैं, जबकि पूर्वी क्षेत्र में मैदान, डेल्टा और पहाड़ियां हैं। साथ ही तिब्बत व नेपाल के बीच दुनिया की सबसे ऊंची चोटी एवरेस्ट भी मौजूद है।

चीन की सबसे लंबी नदी यांगत्ज है, जो देश को उत्तर और दक्षिण में बांटती है। इस तरह यह देश भीतरी चीन और बाहरी चीन के रूप में विभाजित है।

चीन की भाषा

चीन एक बड़ा देश है। 1 अरब 37 करोड़ की जनसंख्या विभिन्न प्रांतों में रहती है। चीन के विभिन्न प्रांतों और क्षेत्रों में अलग-अलग बोलियां होने की वजह से लोगों को एक-दूसरे के साथ संवाद कायम करने में मुश्किल होती थी, इसलिए मंदारिन को राष्ट्रीय भाषा के तौर पर प्रयोग किया जाने लगा। इसे बोलने वालों की संख्या 1 अरब से अधिक बताई जाती है। वैसे विश्व में सबसे अधिक नेटिव स्पीकर्स द्वारा बोली जाने वाली भाषाओं में चीनी सबसे ऊपर है, जबकि अंग्रेजी तीसरे और हिंदी चौथे स्थान पर है।

चीनी विश्व की सबसे मुश्किल भाषाओं में से एक मानी जाती है। चीन में इतने वर्ष रहने और चीनी भाषा सीखने के बाद भी मुझे कई चीजों को समझने में मुश्किल आती है। हालांकि बड़ी संख्या में विदेशी भी चीनी भाषा सीख रहे हैं, लेकिन लंबे समय तक अभ्यास करने के बाद भी वे चीनी में पारंगत नहीं हो पाते। वैसे यह भी कह सकते हैं कि अगर हम दूसरी भाषा सीख रहे हैं तो उसमें अपनी मातृभाषा की तरह पकड़ बनाना मुश्किल होता है। किसी भी दूसरी भाषा को सीखना अपने-आपमें चुनौतीपूर्ण होता है। चीन की राष्ट्रीय भाषा मंदारिन के मामले में भी ऐसा ही कहा जा सकता है।

अक्सर होने वाली गलतियां

चीनी भाषा की मुश्किल यह है कि इसमें एक ही शब्द के कई अर्थ हो सकते हैं। अगर आपने उसका उच्चारण सही तरीके से नहीं किया तो बात का मतलब कुछ और ही हो जाएगा।

दरअसल, चीनी भाषा टोन यानी सुरों पर निर्भर करती है। जिस तरह संगीत में सुरों की अहम भूमिका होती है, उसी प्रकार चीनी भाषा में भी सुरों का विशेष महत्त्व होता है। इसमें चार सुर (टोन) होते हैं, जबकि पांचवीं टोन साइलेंट होती है। चीनी भाषा के शब्द न केवल आवाज से विभाजित होते हैं, बल्कि सुरों के बढ़ने और घटने से भी होते हैं।

उदाहरण के लिए, आप किसी से कुछ पूछना चाहते हैं तो 'वन' का इस्तेमाल करेंगे। 'वन' का मतलब पूछना है—लेकिन कोई अपनी प्रेमिका या किसी को चूमना या 'किस' करना चाहता है तब भी 'वन' का इस्तेमाल होगा। 'किस' करने या कुछ पूछने में फर्क टोन या सुर का होता है। पूछने के लिए 'वन' में चौथे सुर का इस्तेमाल होगा, जबकि 'किस' करने के लिए 'वन' में तीसरा सुर काम आएगा। हालांकि यह गलती लिखने से दूर हो सकती है, क्योंकि लिखने में दोनों अक्षर अलग-अलग होते हैं, पर बोलचाल की भाषा या रोमन में लिखने पर किसी भी विदेशी व्यक्ति से ऐसी गलती हो सकती है।

वहीं 'सूट' (पहनने वाला) या 'पत्नी' को लेकर भी यह गलती हो सकती है। अगर आप कहना चाहते हैं, यह मेरा 'सूट' है, तो उसे मंदारिन में कहेंगे, 'चअ श व

द सी फ़ू'। 'सी फ़ू' यानी सूट। अगर आप यह कहना चाहते हैं, यह मेरी पत्नी है, तो भी आप कहेंगे, 'चअ श व द सी फ़ू'। लेकिन सूट वाले 'सी फ़ू' में 'सी' को पहले सुर में तथा 'फ़ू' को दूसरे सुर में बोलेंगे, जबकि पत्नी वाली 'सी फ़ू' में 'सी' दूसरे सुर में तथा 'फ़ू' चौथे सुर में बोला जाएगा। चीनी भाषा सीखने वाले विदेशियों से ऐसी गलतियां अक्सर हो जाती हैं। उनके लिए सबसे मुश्किल अक्षर लिखना और फिर सुरों को याद करना होता है।

टोन की वजह से चीनी भाषा सीखने और उसका इस्तेमाल करने में सावधानी और ध्यान रखने की आवश्यकता होती है। मैं अभी सरलीकृत भाषा की बात कर रहा हूं, जबकि परंपरागत चीनी भाषा इससे भी कठिन होती है, जिसे समझने में चीनी लोगों को भी परेशानी होती है। चीनी लोग भी इस बात को स्वीकार करते हैं कि चीनी भाषा सीखना मुश्किल होता है। वे कहते हैं कि बचपन में हम अक्षरों को बार-बार लिखते हैं या रटते हैं। जितनी बार आप इसे लिखेंगे या इस्तेमाल करेंगे, उतनी बेहतर आपकी भाषा होगी। हालांकि यह किसी दूसरी भाषा के साथ भी हो सकता है, लेकिन चीनी अन्य के मुकाबले ज्यादा मुश्किल होती है।

चीनी भाषा में लगभग साठ हजार अक्षर होते हैं, जबकि करीब पांच हजार अक्षर रोजमर्रा के जीवन में इस्तेमाल होते हैं। माना जाता है कि ढाई हजार अक्षर आने पर अखबार आदि पढ़ा जा सकता है। लेकिन हकीकत में देखा जाए तो इससे भी काम नहीं चलता है। किसी खबर का सही अर्थ समझने के लिए डिक्शनरी देखने की आवश्यकता पड़ती है।

चीनी भाषा के बारे में यह भी कहा जाता है कि इसे सीखना जितना मुश्किल होता है, भूलना उतना ही आसान। कुछ ही दिन अभ्यास न करने से कई शब्द भूले जा सकते हैं। शायद आप समझ रहे होंगे कि चीनी इतनी मुश्किल है, तो लोग कैसे इसे सीखते हैं? खुद के अनुभव से कह सकता हूं कि यह उतनी भी कठिन नहीं होती, जितनी शुरुआत में देखने या समझने में लगती है। भले ही आप साहित्य या गंभीर विषयों पर बात न कर पाएं, पर आम बोलचाल की भाषा तो इस्तेमाल कर ही सकते हैं।

चीनी भाषा को सीखने का सबसे सरल हिस्सा यह है कि इसमें ग्रामर और व्याकरण पर बहुत कम ध्यान दिया जाता है। भाषा में लिंग-भेद नहीं होता है। जैसे हिंदी में बोलते हैं—वह जा रहा है। इससे कोई भी हिंदी जानने वाला समझ जाएगा कि हम पुरुष या लड़के के बारे में बात कर रहे हैं। अगर चीनी मंदारिन में न लिखा जाए तो सिर्फ बोलने भर से आप नहीं समझ पाएंगे कि बात लड़के की हो रही है या लड़की की। दोनों लिंगों के लिए रोमन में 'था' का प्रयोग होता है। ऐसे ही अन्य चीजों के लिए भी होता है, इसलिए चीनी सीखने वाले बाहरी व्यक्ति को इन बातों का खयाल नहीं रखना होता है।

चीनी में टेंस यानी काल का नहीं के बराबर इस्तेमाल होता है। पार्टिकल्स (प्रत्यय), कंजक्शन (क्रिया-पद संयोजन) और बहुवचन का भी इस्तेमाल नहीं

होता, हालांकि प्लुरल मार्कर का बहुत कम प्रयोग होता है; जैसे—'हम' को चीनी भाषा में 'व मन' कहेंगे। चीनी भाषा में कई अक्षर एक-दूसरे से मिलते-जुलते होते हैं, इसलिए समझने में गलती होने की आशंका ज्यादा रहती है। दूसरी भाषाओं में लिखने के लिए ध्वन्यात्मक व्यंजन इस्तेमाल होते हैं, लेकिन चीनी भाषा ध्वनि की बजाय चित्रलिपि, संकेत व प्रतीकों (चिह्नों) के आधार पर लिखी जाती है। जापानी व कोरियाई भाषाओं में भी इसी तरह चित्रलिपि होती है।

चीन सरकार ने लोगों में साक्षरता बढ़ाने के लिए पारंपरिक चीनी भाषा को सरलीकृत रूप दिया है। इसके साथ ही, फिन यिन में भी चीनी भाषा लिखी जाती है, जिसमें अक्षरों को रोमन में लिखा जाता है।

इसके साथ ही कुछ बोलियां भी हैं, जिनमें युए क्वांगतोंग यानी कैंटन में इस्तेमाल होती है, वहीं मिन बेइ, फूचोउ में, शंघाई में, वू और थाईवान में मिन नान प्रयोग में लाई जाती है। अधिकांश बोलियां एक-दूसरे से अलग होती हैं। इसके साथ ही कई जनजातियां भी चीन में रहती हैं, उनकी अपनी-अपनी भाषा होती है।

मंदारिन

उत्तर व दक्षिण-पश्चिम चीन में बोली जाने वाली भाषाएं मंदारिन से मिलती हैं। यहां बता दें कि मंदारिन की अधिकतर बोलियां उत्तरी क्षेत्र की हैं। ऐसे में मंदारिन को स्कूल में पढ़ी जाने वाली भाषा भी कह सकते हैं। ध्यान रहे कि चीन की राजधानी पिछले एक हजार सालों के दौरान अधिकांश तौर पर मंदारिन बोलने वाले क्षेत्रों में रही, ऐसे में उत्तर व दक्षिण-पश्चिम चीन में बोली जाने वाली बोलियों का प्रभाव भी बहुत अधिक रहा। माना जाता है कि मंदारिन का कुछ रूप चौदहवीं शताब्दी से चीन में लिंग्वा फ्रांका के तौर पर इस्तेमाल की जा रही थी, वहीं बीसवीं शताब्दी की शुरुआत में बीजिंग की बोली और मंदारिन की बोलियों को जोड़कर राष्ट्रीय भाषा के तौर पर स्वीकार किया गया।

मंदारिन यानी मैंडरिन, पुर्तगाली भाषा का मैंडारिम, मलय के मंतेरी और संस्कृत के मंत्री या सलाहकार—जिसके मूल रूप का मतलब छिंग और मिंग साम्राज्य के अधिकारी था। 16वीं सदी की शुरुआत में मंदारिन के चीनी नाम क्वान ख्वा को अधिकारियों की भाषा कहा जाता था। आम तौर पर इसे चीनी यानी मानक चीनी माना जाता है।

भाषा की बात करें तो चीनी मंदारिन यहां की आधिकारिक (ऑफिशियल) भाषा है। इसे फू थोंग ख्वा भी कहा जाता है, जो कि बीजिंग डाइलेक्ट पर आधारित मानी जाती है। हालांकि बोलचाल की भाषा को बाय ह्वा कहते हैं, जिसने 1920 में पारंपरिक भाषा का स्थान लिया। भले ही चीन के अलग-अलग क्षेत्रों में भिन्न-भिन्न बोलियां बोली जाती हैं, लेकिन लिखने की भाषा पूरे देश में एक ही है। इसमें कोई बदलाव नहीं आया है।

चीनी भाषा की लोकप्रियता

चीन की विश्व में बढ़ती ताकत के साथ-साथ इसकी भाषा की लोकप्रियता और स्वीकार्यता भी तेजी से बढ़ रही है। कई देशों में चीनी मंदारिन स्कूलों में पाठ्यक्रम के तौर पर शुरू हो चुकी है। भारत में भी पिछले कुछ समय से स्कूलों में पढ़ाई जाने लगी है। हर साल लगभग आठ लाख से अधिक लोग (ये चीनी नेटिव स्पीकर्स नहीं हैं) विश्व में 'चीनी भाषा दक्षता' की परीक्षा में बैठते हैं।

बड़ी संख्या में विदेशी छात्र और कामकाजी लोग चीनी सीख रहे हैं। चीनी सीखने वाले छात्र या तो अपने-अपने देशों में इसका अध्ययन करते हैं, या फिर चीन जाकर पढ़ाई करते हैं। चीनी भाषा के प्रति आकर्षण की सबसे बड़ी वजह चीन का आर्थिक शक्ति के रूप में सामने आना है। इसके साथ चीन के इतिहास, संस्कृति व सभ्यता को जानने-समझने की रुचि लोगों में बढ़ी है। चीनी सीखने का एक कारण यह भी कहा जा सकता है कि चीन का साहित्य, इतिहास, तकनीक—लगभग हर चीज चीनी भाषा में ही मौजूद है। ऐसे में चीनी भाषा को अच्छी तरह पढ़े बगैर चीन को समझना मुश्किल है।

चीनी भाषा सीखने वालों में कई देशों की बड़ी-बड़ी हस्तियां भी शामिल हैं। फेसबुक के संस्थापक मार्क जुकरबर्ग भी चीनी भाषा जानते हैं।

अगर आप चीन पहुंचें तो कुछ शब्द और वाक्य बोलकर चीनी लोगों के साथ संवाद कर सकते हैं, और इस तरह आप चीन में अपना काम चला सकते हैं :

नाम— मिंग ज
क्या— शन म
काम— कुंग च्वु
शिक्षक— लाव श
अनुवादक— फान ई
पर्यटन (घूमना)— ल्वी यौव
ग्रेट वॉल— छांग छंग
चीन— चुंग क्व

नमस्ते— नी हाव
आपका नाम क्या है?— नी च्याव शन म मिंग ज?
मेरा नाम राहुल है— व च्याव ला हु अर
आप चीन क्यों आए हैं?— नी वेइ शन म लाई चुंग क्वु ल?
मैं यहां घूमने आया हूं— व लाई च ली ल्वी यौव
आप क्या काम करते हैं?— नी चुव शन म कुंग च्वु?
मैं शिक्षक हूं— व श लाव श
और आप?— नी न?

मैं अनुवादक हूं— व श फान ई
क्या आप भारतीय हैं ?— नी श इंदु रेन मा ?
जी, हां— त्वेई
क्या आपको चीन पसंद है ?— नी सी ख्वान चुंग क्व मा ?
हां, मुझे पसंद है— त्वेई व सी ख्वान
आपके परिवार में कितने सदस्य हैं ?— नी च्या ली यौव ची खौव रेन ?
मेरे परिवार में चार सदस्य हैं— व च्या ली यौव स खौव रेन
आपको कहां जाना है ?— नी याव छवी नाआर ?
आज मुझे ग्रेट वॉल जाना है— चिन थ्येन व याव छवी छांग छंग
वहां कैसे जाया जा सकता है ?— चन म छवी नाअर ?
क्या आप मेरी मदद कर सकते हैं ?— नी ख ई पांग व मा ?
बिलकुल, आप बताइए— तांग रान, नी शुव
क्या आप मेरे साथ ग्रेट वॉल चल सकते हैं ?— नी ख ई फेइ व छवी छांग छंग मा ?
धन्यवाद— सिए सिए
कोई बात नहीं— मेई श अर
तो हम चलें— व मन चौव पा

कागज का आविष्कार

वर्तमान में कागज का इस्तेमाल कई रूपों में किया जाता है। किताब छापने, लिखने, अखबारों के प्रकाशन व दस्तावेजों को सहेजने में कागज का प्रयोग किया जाता है। 21वीं सदी तक पहुंचते-पहुंचते विज्ञान ने इतनी तरक्की कर ली है कि कागज उत्पादन और प्रिंटिंग का काम बहुत सरल हो गया है। मिनटों में ही कागज के ढेर मशीनों से तैयार हो जाते हैं। इसी तरह छपाई का कार्य भी तेज गति से होता है। इंटरनेट और कंप्यूटर के चलन के बावजूद कागज के महत्त्व को कम नहीं आंका जा सकता है, क्योंकि जब भी किसी रिकॉर्ड को संरक्षित करने की बात आती है तो कागज का जिक्र होता है। शायद आने वाले समय में तकनीक के बढ़ते प्रभाव से कागज का उपयोग कम हो, लेकिन सदियों से ऐतिहासिक साक्ष्यों को प्रमाण के तौर पर बचाए रखने में कागज की महती भूमिका रही है, और आगे भी रहेगी।

चीन एक प्राचीन देश है। इसकी सभ्यता और संस्कृति भी बहुत पुरानी है। चीन ने कई क्षेत्रों में व्यापक योगदान दिया है। कागज का आविष्कार भी मिडिल किंगडम (चीन) की ही देन है। छाय लुन नामक चीनी नागरिक को 105 ईसवी में कागज की खोज का श्रेय जाता है, जो चीन द्वारा किए गए चार महान आविष्कारों में से एक माना जाता है। छाय लुन पूर्वी हान राजवंश के सम्राट के दरबार में वस्तुओं के

उत्पादन से जुड़े हुए काम देखते थे। बताते हैं कि उन्होंने जूट के टुकड़ों, पेड़ों की छाल और मछली पकड़ने के जाल से कागज बनाने की तकनीक की जानकारी 105 ईसवीं में तत्कालीन सम्राट को दी थी। छाय के इस महत्त्वपूर्ण योगदान के लिए उन्हें मारक्वेस की उपाधि दी गई। 114 ईसवी में सम्राट ने उन्हें भारी दौलत प्रदान की। उनकी मृत्यु के बाद 121 ईसवी में छंगदू क्षेत्र में मंदिर का निर्माण करवाया गया। हालांकि दूसरे रिकॉर्डों के अनुसार, छाय लुन से दो शताब्दी पहले ही कागज के बारे में पता चल गया था।

लेकिन जब तक कागज का आविष्कार नहीं हुआ था, तब तक लोग लिखने के काम में विभिन्न चीजें इस्तेमाल करते थे। भारत में जहां ताड़-पत्र का प्रयोग किया जाता था, वहीं चीन में शांग व चोऊ राजवंशों के दौरान हड्डियों या बांस की पट्टियों पर लिखा जाता था, जो कि बहुत भारी होता था। इसके साथ ही चीन में कछुए के कवच, तांबे आदि पर लिखा जाता था। वहीं प्राचीन मिस्र में एक तरह की घास को लिखने के लिए काम में लाया जाता था।

प्राचीन रेशम मार्ग, जो कि हान राजवंश के दौरान शुरू हुआ था, उस मार्ग ने भी कागज के प्रसार में अहम भूमिका निभाई। कागज का प्रसार चीन से बाहर निकलकर दुनिया के कई देशों में हुआ। जल्द ही कागज चीन के बाद विभिन्न देशों में लोकप्रिय होने लगा। यह तीसरी शताब्दी में कोरिया और जापान पहुंचा। साथ ही वियतनाम में भी कागज का इस्तेमाल शुरू हुआ। तीसरी शताब्दी के आखिर में कागज बनाने का तरीका हिंद-चीन के लोगों ने भी सीखा, वहीं समरकंद यानी आज के उज़्बेकिस्तान में सातवीं शताब्दी के मध्य में कागज बनाने वाले चीनी कारीगरों को बंदी बनाकर ले जाया गया। इस तरह मध्य एशिया में भी लोगों ने कागज बनाने की तकनीक सीखी। सातवीं सदी के अंत में बगदाद में कागज बनाने का कारखाना खोला गया। इसके बाद कागज बनाने की तकनीक सीरिया और मिस्र पहुंची।

भले ही चीन में कागज का आविष्कार बहुत पहले हो गया हो, लेकिन भारत पहुंचने में इसे कई सौ साल लग गए। भारत में कागज की तकनीक पहुंचने के कुछ प्रमाण मिलते हैं, जिनमें सातवीं शताब्दी के बाद ही भारत में कागज पहुंचने की बात कही गई है। पहला प्रमाण बताता है कि चीनी बौद्ध भिक्षु ई चिंग ने सातवीं शताब्दी में भारत की यात्रा की। शायद उनके जरिए कागज बनाने का तरीका भारत पहुंचा हो! वहीं दूसरे प्रमाण के अनुसार, भारत में कागज निर्माण की तकनीक व जानकारी अरब देशों से पहुंची। आठवीं शताब्दी में सिंध पर अरब शासकों की जीत और फिर उत्तर भारत में तुर्क आक्रमण के बाद भारत में कागज का इस्तेमाल होने लगा। हालांकि यूरोप में कागज भारत से भी पीछे पहुंचा। 12वीं शताब्दी में कागज के यूरोप में पहुंचने के साक्ष्य मिलते हैं। उसके बाद धीरे-धीरे कागज दुनिया के अन्य देशों में पहुंचने लगा।

छाय लुन ने कागज बनाने की तकनीक में काफी सुधार किया, साथ ही कागज बनाने के लिए विभिन्न चीजें भी खोजीं, जिनमें पेड़ की छाल, जूट, कपड़ों के चीथड़े

शामिल थे। माना जाता है कि चीन में सबसे पहले कागज शांसी प्रांत के फू फंग गांव में खोजा गया, जिसे पश्चिमी हान राजवंश के दौरान जूट से बनाया गया था। इसके अलावा, बांस से बने कागज का उत्पादन थांग राजवंश के दौरान हुआ। वहीं शुआन कागज चीन के आंह्वेई प्रांत में बना, जिसे उस दौर का बेहतरीन कागज माना जाता है। उसे चीनी पेंटिंग और कैलीग्राफी में मुख्य तौर पर इस्तेमाल किया जाता है। शुआन कागज बहुत टिकाऊ, कोमल, सफेद और सोखने वाला होता है।

वैसे छपाई की बात करें तो कागज की बजाय अन्य चीजों का प्रयोग इसके लिए किया जाता था। चीन में छपाई का काम सबसे समृद्ध थांग राजवंश के समय में शुरू होने का पता चलता है। तब तक लकड़ी को छपाई के लिए प्रयोग में लाया जाता था। इसके साथ ही सोंग राजवंश के दौरान लकड़ी के छापे के मुताबिक टाइप का आविष्कार किया गया, जो कि मिट्टी को आग में पकाकर बनाए जाते थे। इन्हें लोहे के तख्ते पर रखकर छापा तैयार किया जाता था। इस तरह ऐसे छापे से पुस्तक छापना बहुत आसान हो गया था।

कहना होगा कि चीनी नागरिक छाय लुन के आविष्कार ने दुनिया को कागज से रूबरू करवाया। लेकिन जिसे हम आज का कागज कहते हैं, इस स्तर तक पहुंचने में सैकड़ों साल का समय लगा है।

कागज मोड़ने की कला

बताते हैं कि कागज को मोड़ने का तरीका जापान और चीन में साथ-साथ चला। जापानी भाषा में कागज मोड़ने को 'ओरी गामी' कहते हैं। ओरी यानी मोड़ना और गामी का मतलब कागज से होता है, जबकि चीन में कागज मोड़ने की कला को 'चअ च' कहा जाता है।

कागज मोड़कर उससे बनाई जाने वाली चीजों को लेकर जापान और चीन में अंतर दिखता है। जहां जापानी लोग कागज को मोड़कर क्रेन या कागज के सुंदर फूल जैसी सजीव चीजें बनाया करते थे, वहीं चीन में बेजान चीजें, जैसे—नाव, छोटे बर्तन और कागज के खिलौने बनाए जाते थे। माना जाता है कि चीन में सबसे पहले अनुष्ठान आदि के वक्त कागज मोड़ने का प्रयोग किया गया था। दाह-संस्कार के वक्त चीनी लोग कागज को मोड़कर मुद्रा के रूप में जलाते थे, जो तत्कालीन स्वर्णमुद्रा के प्रतीक के तौर पर होती थी। वर्तमान समय में भी चीनी लोग अपने पूर्वजों की याद में कागज के नोट (पैसे) जलाते हैं। पूर्वजों की जरूरत की चीजों को भी प्रतीकात्मक तौर पर कागज आदि से मोड़कर उनकी कब्र पर अर्पित किया जाता रहा है।

मा इंग सोंग ने कागज मोड़ने की कला पर आधारित एक पुस्तक 'द आर्ट ऑफ चाइनीज पेपर फोल्डिंग' 1948 में प्रकाशित की। इस पुस्तक का कागज मोड़ने की कला को लोकप्रिय बनाने में अहम योगदान रहा।

इतिहास को सहेजकर रखा है चीन ने

चीनी क्रांति का नाम आते ही लोगों को 'लांग मार्च' (लंबा अभियान) जैसा मुश्किल अभियान याद आता है, जब माओ-त्से-तुंग के नेतृत्व में लाल सेना ने राष्ट्रवादी कोमिंतांग के खिलाफ निर्णायक सफलता हासिल की थी। वैसे यह कोई एक लांग मार्च नहीं था, उस दौरान सेना और लोगों द्वारा कई मार्च किए जा रहे थे। लेकिन सबसे प्रसिद्ध लांग मार्च अक्टूबर, 1934 में ज्यांगसी क्षेत्र से शुरू हुआ। माओ-त्से-तुंग, चू दे और चाउ-इन-लाइ आदि के नेतृत्व में दक्षिण से सेनाओं ने उत्तर और पश्चिम की ओर कूच किया, लेकिन राष्ट्रवादी कोमिंतांग की सेना को कम्युनिस्टों के इस अभियान की भनक नहीं लगी। कई सप्ताह के बाद विरोधी सेना को पता चला कि लाल सेना के लड़ाके वहां से भाग गए हैं। लाल सेना के इस अभियान का लक्ष्य कोमिंतांग के आक्रमण से बचते हुए उस पर विजय पाना था। इस अभियान के दौरान हथियार व खाने-पीने की सामग्री लोगों ने अपनी पीठ पर या घोड़ा-गाड़ियों में लादकर आगे पहुंचाई। लाल सेना व कम्युनिस्ट मुख्य तौर पर रात के वक्त मार्च करते थे, ताकि दुश्मन को उनके आगे बढ़ने के रास्ते और अभियान का पता न लग सके। लेकिन नवंबर, 1935 में कोमिंतांग की सेना ने कम्युनिस्टों को ह श्यांग नदी के पास रोक लिया। इस दौरान चले भीषण संघर्ष में कम्युनिस्ट पार्टी के 50 हजार लोग मारे गए। इस इलाके से आगे बढ़ने में लाल सेना को एक सप्ताह का वक्त लग गया। इसके बाद पार्टी और सेना में माओ की भूमिका अहम होती गई। माओ ने रणनीति में बदलाव लाते हुए सेना को कई हिस्सों में बांट दिया। इसका मकसद दुश्मन को भ्रमित करना था, ताकि लाल सेना को कम-से-कम नुकसान हो।

बावजूद इसके रोजाना कई सैनिक अपनी जान गंवाते रहे, लेकिन नुकसान पहले से कम हुआ। और सेना के कदम नहीं रुके। शत्रुओं की तोपों और खराब प्राकृतिक स्थितियों का सामना करते हुए लाल सैनिकों और क्रांतिकारी जनता ने अपना मिशन जारी रखा। लांग मार्च में बुजुर्गों और बच्चों के साथ-साथ बड़ी संख्या में महिलाएं भी शामिल थीं। लाल सेना, विशेषकर तत्कालीन सेनाध्यक्षों ने अभूतपूर्व बुद्धिमानी व साहस का परिचय देते हुए दक्षिण-पश्चिमी व उत्तर-पश्चिमी क्षेत्रों में शत्रुओं से लोहा लिया। लाल सेना को अभियान के बीच में कई निर्जन स्थानों से भी गुजरना पड़ा, जहां ऑक्सीजन की मात्रा बहुत कम थी।

इस पूरे अभियान के दौरान माओ-त्से-तुंग ने बड़े साहस और अपनी नेतृत्व-क्षमता का परिचय दिया। वह लंबे अभियान के दौरान, सैनिकों और लोगों का उत्साह बढ़ाने और एकजुट रखने के लिए कविताएं लिखा करते थे। ज्यों-ज्यों यह ऐतिहासिक मार्च आगे बढ़ा, माओ-त्से-तुंग की पार्टी में ताकत और स्वीकार्यता भी बढ़ती गई।

आखिरकार छह हजार मील का यह अभियान 370 दिनों में 12 प्रांतों, 18 बर्फीले पहाड़ों और 24 नदियों को पार करते हुए उत्तर चीन के शांसी के यान आन में अक्टूबर, 1935 में समाप्त हुआ। यह अभियान युद्ध के इतिहास में सबसे लंबा लगातार जारी रहने वाला मार्च था। इस अभियान की सफलता से माओ-त्से-तुंग चीनी कम्युनिस्ट पार्टी के प्रमुख नेता बनकर उभरे। लाल सेना व लोगों के शौर्य की गाथा सुनकर हजारों की संख्या में युवा चीनी लाल सेना में भर्ती होने के लिए शांसी पहुंचे। यह चीन के इतिहास में एक अनोखी घटना के रूप में दर्ज हुआ अभियान था।

यह अभियान कितना मुश्किल था, इसका अंदाजा इसी से लगाया जा सकता है कि लंबे अभियान (लांग मार्च) की शुरुआत में लाल सेना में लगभग एक लाख साठ हजार लोग थे, जबकि शांसी में अभियान खत्म होने तक लगभग आठ हजार ही जिंदा बच पाए थे।

चीनी जनमुक्ति सेना के पूर्व जनरल रो तुंग के मुताबिक उक्त अभियान को सेना की शक्ति बरकरार रखते हुए भारी कुर्बानी देकर पूरा किया गया था। उन्होंने कहा, लांग मार्च मजबूरन शुरू किया गया अभियान था।

बताया जाता है कि लाल सेना ने शांसी में यान आन के नजदीक अपना अंतिम पड़ाव डाला। इसके बाद 1948 तक यह नए चीन के निर्माण के दौर में कम्युनिस्ट पार्टी व सेना की गतिविधियों के संचालन का केंद्र रही, जिसे रेड कैपिटल यानी चीनी क्रांति के जन्मस्थल के रूप में भी जाना जाता है।

यहां जापान के खिलाफ भी कम्युनिस्टों ने संघर्ष किया। जापान द्वारा द्वितीय विश्वयुद्ध के दौरान यहां भारी बमबारी की गई, जिसमें इस इलाके की लगभग सभी इमारतें नष्ट हो गई थीं, लेकिन ऊंचे स्थान पर सिर्फ एक पगोडा (स्तूप) ही सुरक्षित बचा था। इसके आसपास के इलाके में पहाड़ों से सटी हुई गुफाओं और खंडहरों में लोगों ने बमबारी से बचने के लिए शरण ली। इसके निशान अब तक वहां दिखते हैं।

वर्ष 2011 में यान आन जाने का अवसर मिला, और इस साल चीनी कम्युनिस्ट पार्टी की 90वीं वर्षगांठ भी मनाई जा रही थी। शायद इससे बेहतर अवसर फिर कहां मिलता इतिहास से रूबरू होने का! इसलिए मन में उत्सुकता थी। ऐसा नहीं कि एक भारतीय होने के नाते मेरे मन में कौतूहल था, बल्कि दूसरे तमाम चीनी लोग भी अपने राष्ट्र-निर्माण के उन ऐतिहासिक साक्ष्यों को बड़े उत्साह से देखना चाहते हैं। इतना ही नहीं, उनसे प्रेरणा लेकर बेहतर भविष्य के लिए प्रयासरत भी हैं। चीन में ऐसे तमाम ऐतिहासिक स्थलों को सहेजकर रखा गया है।

कुछ आलोचक कहते हैं कि चीन अपनी प्राचीन संस्कृति व इतिहास को भूलने लगा है, लेकिन यान आन के दौरे के बाद मुझे कतई ऐसा अहसास नहीं हुआ। भले ही वर्तमान में चीन तेजी से आगे बढ़ रहा हो, मगर चीनी लोगों को अपने इतिहास को बचाकर रखना भी बखूबी आता है। उदाहरण के लिए माओ-त्से-तुंग व चाउ-

इन-लाइ जैसे नेताओं के रहने के कमरे, दस्तावेज, उनकी जरूरी चीजें और लेख आज भी पूरी तरह सुरक्षित हैं।

क्रांति की याद ताजा करता म्यूजियम

यान आन में हमने उस ऐतिहासिक म्यूजियम का दौरा भी किया जहां नए चीन के निर्माण के लिए हुए संघर्ष व इतिहास का विस्तृत उल्लेख किया गया है। म्यूजियम के बाहर लगी चेयरमैन माओ की एक विशाल मूर्ति उसके महत्त्व को और बढ़ा देती है। अंदर प्रवेश करते ही हॉल में माओ समेत कई दूसरे नेताओं की मूर्तियां नजर आती हैं। दूसरे बड़े कमरों में बहुत-सी ऐसी तस्वीरें हैं, जो युद्धकाल की याद दिलाती हैं।

चीनी क्रांति के बारे में गहराई से जानने की हमेशा मेरे मन में जिज्ञासा रही है। बचपन में मैंने नॉर्मन बैथ्यून पर एक किताब पढ़ी थी, जिसमें कई ऐसी तस्वीरें थीं, जो बिलकुल इस म्यूजियम की दीवारों पर लगी फोटो से मेल खाती थीं। मुझे लगा कि मैं फिर से उसी किताब के पन्ने उलट रहा हूं और बैथ्यून नजर आ रहे हैं। कनाडा की कम्युनिस्ट पार्टी के सदस्य और जाने-माने सर्जन डॉ. बैथ्यून ने अपना पूरा जीवन चीनी क्रांति को समर्पित किया। माओ अक्सर पार्टी के सदस्यों और सैनिकों के सम्मुख इसका उल्लेख करते हुए उनसे प्रेरणा लेने की बात कहते थे।

इस म्यूजियम में युद्ध के दौरान भारत द्वारा चीन की मदद के लिए भेजे गए डॉक्टरों के एक दल की फोटो के साथ-साथ जानकारी भी उपलब्ध है, जिसमें डॉ. द्वारकानाथ कोटनिस भी शामिल थे। इसके इतर भी चीन में भारतीय चिकित्सकों के योगदान के लिए अक्सर याद किया जाता है। वर्ष 2009 में कोटनिस को सदी के सर्वश्रेष्ठ दस अंतर्राष्ट्रीय मित्रों में चुना गया। इसके बाद हम उन स्थानों पर गए, जो तमाम नेताओं के रहने का स्थान होने के साथ-साथ बैठकों के केंद्र भी होते थे।

अगर यान आन की बात करें तो यह कहना गलत नहीं होगा कि सांशी प्रांत की भौगोलिक स्थिति विशिष्ट है, जिसके कारण यह हमेशा सैन्य व राजनीतिक घटनाओं का केंद्र रहा। मध्यकाल से ही यह क्षेत्र सामरिक लिहाज से काफी महत्त्वपूर्ण था। चीन के जिन राजवंशों ने इस क्षेत्र को पाने के लिए युद्ध किए, इनमें स्या, सुंग, मंगोल, मिंग व छिंग राजवंश प्रमुख थे। इसके बाद नए दौर में जापान और कोमिंतांग के खिलाफ भी यहां संघर्ष हुए।

समाचार पत्र-पत्रिकाओं का केंद्र था यान आन

हम उस स्थान पर भी गए, जो कि क्रांति के दौरान तमाम समाचार पत्र-पत्रिकाओं का प्रमुख हाउस था, जिसमें सिंहुआ न्यूज एजेंसी, लिबरेशन डेली, पार्टी न्यूज पेपर, पार्टी की केंद्रीय कमेटी का प्रकाशन विभाग शामिल हैं, जिनके जरिए मार्क्सवाद व लेनिनवाद का वास्तविक रूप लोगों तक पहुंचाया जाता था। इसके साथ-साथ पार्टी

के दिशा-निर्देश व नीतियों का प्रचार भी किया जाता था। वहां पर उस वक्त के चुनिंदा समाचार-पत्रों का संग्रह भी मौजूद है, जिनमें 1936 में पार्टी के समाचार-पत्रों व जर्नल्स के बेहतर प्रबंधन के लिए चांग वन थ्यान के नेतृत्व में पार्टी न्यूज पेपर कमेटी गठित हुई। न्यूज पेपर व दस्तावेज इस बात के गवाह हैं कि नए चीन के निर्माण में इनका कितना अहम रोल था। इतिहास के पन्नों की तरह ये दस्तावेज हमें उस दौर में ले जा रहे थे, जब लाल सेना लांग मार्च पूरा कर चुकी थी और कम्युनिस्ट पार्टी में माओ का कद बहुत ऊंचा हो गया था।

वहीं पर हमें एक और जानकारी मिली—सिंहुआ न्यूज एजेंसी के बारे में। सिंहुआ को पहले रेड चाइना न्यूज एजेंसी (नवंबर, 1931 को च्यांगसी में स्थापित) के नाम से जाना जाता था, लेकिन जनवरी, 1937 में इसे बदलकर सिंहुआ न्यूज एजेंसी कर दिया गया। शुरुआती दौर में सिंहुआ में बहुत कम कर्मचारी हुआ करते थे। ऐसे में वे न्यू चाइना न्यूज पेपर के स्टाफ के साथ मिलकर काम करते थे, जबकि 1939 में सिंहुआ को एक स्वतंत्र संस्थान के रूप में स्थापित करने का निर्णय लिया गया। कम्युनिस्ट पार्टी के साथ-साथ सिंहुआ का सेंटर भी बदलता रहता था। पहले 1935 में च्यांगशी से उत्तरी सानशी, फिर पाउ आन से यान आन सिटी में अलग-अलग स्थानों पर, तो वर्ष 1947 में हबेई प्रांत के श स्यान काउंटी में और बाद में हबेई में ही फिंग शान काउंटी में। आखिर में मार्च, 1949 में सिंहुआ एजेंसी चीनी कम्युनिस्ट पार्टी की केंद्रीय कमेटी (सीसीसीपीसी) के साथ पेकिंग यानी बीजिंग में आ गई, और फिर धीरे-धीरे उत्तर चीन की कई जगहों पर उसकी शाखाएं खुलीं।

समाचार पत्र-पत्रिकाओं का काम भी गुफाओं में होता था। चाइना रेडियो का पहला प्रसारण (जापानी भाषा) भी गुफा से किया गया। अब भी वहां स्टूडियो संरक्षित है। 3 दिसंबर, 1941 को सिंहुआ व चाइना रेडियो की जापानी रेडियो सेवा की शुरुआत हुई थी।

वर्तमान में बीजिंग में बहुमंजिली इमारत को देखकर शायद ही कोई यह सोच सकता है कि कभी चाइना रेडियो एक गुफा (पहाड़ के नीचे) के छोटे-से कमरे से संचालित होता था। इसकी पहली प्रसारक थीं युआन छिंग च। उनकी मूर्ति भी वहां स्थापित की गई है। यान आन शहर से कुछ किलोमीटर दूर यह गांव चट्टानों से घिरा हुआ है। वैसे हम वहां होने वाले कार्यक्रम में हिस्सा लेने गए, जिसमें संबंधित प्रतिनिधियों ने जापान-विरोधी युद्ध के मुश्किल दौर से आज के सफल रेडियो स्टेशन की लंबी यात्रा को शब्दों में बयान किया।

कम्युनिस्ट पार्टी का केंद्र होने के चलते माओ व अन्य तमाम नेताओं का साक्षात्कार करने एडगर स्नो सहित कई पश्चिमी पत्रकार भी यहां आए थे। विशेषकर अमेरिका ने यहां अमेरिकन आर्मी ऑब्जर्वेशन ग्रुप भेजा था। इसका मकसद कम्युनिस्टों के साथ सहयोग कर जापान के खिलाफ रणनीति बनाना था। इस तरह 1944 से

1947 तक इस इलाके में अमेरिकी मौजूद थे। वर्तमान में वहां के तमाम दस्तावेजों में इसके प्रमाण भी देखे जा सकते हैं।

माओ से ही जुड़ी एक जगह का नाम है स्याव आर कौउ, जो यान आन से पांच किमी. की दूरी पर है। वहां लू सन आर्ट कॉलेज व कैथोलिक चर्च स्थित हैं। आर्ट कॉलेज की बनावट व उसका आर्किटेक्ट देखने लायक है। उसके बाहर लगे साइन बोर्डों में उस दौर की महत्त्वपूर्ण घटनाओं का वर्णन लिखा हुआ है। बाहर से देखने पर यह कॉलेज किसी अन्य प्राचीन चीनी इमारतों की तरह लगता है, लेकिन उसके भीतर माओ समेत कई नेताओं व सैनिकों की तस्वीरें और अन्य दस्तावेज मौजूद हैं। वहीं आर्ट कॉलेज है जिसकी स्थापना जापान विरोधी आक्रमण के दौरान अप्रैल, 1938 में चीनी कम्युनिस्ट पार्टी द्वारा कैडरों व पार्टी कार्यकर्ताओं को ट्रेनिंग देने के मकसद से की गई थी।

बताया जाता है कि आर्ट कॉलेज के अंतर्गत कला, साहित्य व संगीत आदि विभागों में बड़ी संख्या में छात्र अध्ययन करते थे। यहां की खास बात यह थी कि जापान-विरोधी युद्ध व आम लोगों का जीवन छात्रों व शिक्षकों की प्रेरणा का स्रोत होता था, जो उनकी पेंटिंग, म्यूजिक व मूर्तियों में साफ झलकता था। इतना ही नहीं, वे दूर-दराज के क्षेत्रों में जाकर ग्रामीणों के जीवन का अनुभव भी करते थे। अब भी वहां लगी तस्वीरें इस कॉलेज के व्यावहारिक पक्ष को बयां करती हैं, जिसमें छात्र बढ़-चढ़कर हिस्सा लेते थे। विशेषकर नाटक, सभा, पेंटिंग, ग्रामीण इलाकों में काम, पार्टी नेताओं के साथ अहम बैठक के अलावा दूसरे महत्त्वपूर्ण घटनाक्रमों का भी उल्लेख है।

अगर चर्च के हॉल की बात करें तो वहां मार्क्स, लेनिन, एंगेल्स आदि की फोटो लगी हुई हैं। चर्च उस दौर में कम्युनिस्ट पार्टी की अहम बैठकों का सेंटर भी होता था। 29 सितंबर से 6 नवंबर, 1938 तक छठी केंद्रीय कमेटी का छठा पूर्ण सत्र भी यहीं पर आयोजित हुआ था, जिसकी अध्यक्षता चांग वन थ्यान ने की और माओ ने इस मौके पर कम्युनिस्ट पार्टी के पॉलिटिकल ब्यूरो की तरफ से भाषण दिया जबकि चाउ-इन-लाइ, जू दे, वांग मिंग व स्यांग इंग आदि नेताओं ने भी अपने महत्त्वपूर्ण विचार रखे।

यहां बता दें कि चेयरमैन माओ-त्से-तुंग व प्रधानमंत्री चाउ-इन-लाइ ने इस आर्ट कॉलेज की स्थापना में एक महत्त्वपूर्ण भूमिका निभाई। हालांकि 1946 में आर्ट कॉलेज को उत्तर-पूर्वी चीन में पुन:स्थापित किया गया, और वर्ष 1958 में उसे 'लू सुन एकेडमी ऑफ फाइन आर्ट' नाम दिया गया, जो वर्तमान में चीन की बेहतरीन आर्ट एकेडमियों में से एक है।

जब माओ बोले, मैं लीडर नहीं हूं

इस कॉलेज के उद्घाटन समारोह में माओ-त्से-तुंग ने हिस्सा लिया। इस दौरान वहां मौजूद स्टाफ ने माओ को अपना नेता बनाने की बात कही। लेकिन माओ ने उस

वक्त क्या कहा, यह जानना अपने-आपमें दिलचस्प है। बकौल माओ : 'मैं कोई नेता (लीडर) नहीं हूं। मैं भी आप लोगों की तरह स्टाफ का एक सदस्य हूं।' वैसे इस मौके पर सभी प्रमुख व्यक्तियों ने भाषण दिये, जबकि माओ ने कहा कि वे आज भाषण नहीं देंगे। शायद वे इस बात को दर्शाना चाहते थे कि पार्टी में आम कैडर या दूसरे कार्यकर्ता भी उतने ही महत्त्वपूर्ण हैं, जितने कि वे।

जापान के खिलाफ युद्ध में इस कॉलेज की भूमिका न केवल पार्टी बैठकों के लिहाज से विशेष थी, बल्कि इस दौरान म्यूजिक, पेंटिंग, ड्रामा आदि के जरिए भी सेना व लोगों को जागरूक करने का काम किया जाता था। उस दौर में एक गीत काफी लोकप्रिय हुआ था, उसका हिंदी में सार कुछ इस तरह है : 'सेना के जवानों के लिए हम अच्छी फसल उगाएं!'

[कादंबिनी, जनवरी, 2012]

व्यापार और संस्कृति का वाहक रेशम मार्ग

प्राचीन समय से ही चीन का दूसरे देशों के साथ संपर्क कायम हो गया था। इसमें लगभग 7 हजार किमी. लंबे रेशम मार्ग का नाम प्रमुख तौर पर लिया जाता है। हान राजवंश के दौरान शुरू हुए रेशम मार्ग के जरिए चीन एशिया, यूरोप और अफ्रीका के साथ जुड़ा हुआ था। यह मार्ग पूरब और पश्चिम के बीच आर्थिक और सांस्कृतिक पुल के रूप में भी प्रसिद्ध है। रेशम मार्ग उत्तर-पश्चिम चीन के ऐतिहासिक शहर छांग आन यानी शीआन से कानसू, छिंगहाई व शिन्च्यांग से होकर आगे बढ़ा। इसके बाद मध्य एशिया से यूरोप तक जाता था। छांग आन से इटली के रोम तक का जमीनी मार्ग था। इसके अलावा दक्षिण-पश्चिम का रेशम मार्ग चीन के स्छवान प्रांत से शुरू होकर युन्नान प्रांत के बाद इलवाती (इरावती) नदी को पार कर म्यांमार के उत्तरी हिस्से से चिन्दवन नदी से होते हुए भारत के भोपाल तक पहुंचता था। इसके बाद पवित्र गंगा नदी से होते हुए उत्तर-पश्चिम भारत के हिस्सों तक जाता था। आखिर में रेशम मार्ग का यह हिस्सा फारस यानी इरान के पठार पर पहुंचकर खत्म होता था।

वैसे इसके जरिए व्यापार मुख्य रूप से होता था। इस मार्ग से रेशम, कपड़े, चाय, चीनी मिट्टी के बर्तन, मसाले, काली मिर्च और कीमती पत्थरों का व्यापार होता था। साथ ही रोम से एशिया के लिए सोना, चांदी, शीशे वाली चीजें और शराब आदि लाई जाती थीं। उस वक्त आज की तरह परिवहन के साधन नहीं होते थे, इसलिए व्यापारी एक इलाके से दूसरे इलाके में ऊंट व घोड़ों आदि से जाकर अपना सामान बेचते थे, जबकि वहां से कुछ और चीजें खरीदकर लाते थे। चीन से रेशम और रेशमी वस्त्र पश्चिम तक पहुंचाए जाते थे, जिसके कारण इस मार्ग का नाम रेशम

मार्ग पड़ा। 1877 में जर्मन ज्योग्राफर फर्डिनेंड वोन रिक्टोफेन ने इसे 'रेशम मार्ग' नाम दिया। व्यापार के अलावा सांस्कृतिक आदान-प्रदान भी होता था। माना जाता है कि रेशम मार्ग से भारत, चीन, ईरान, मिस्र, अरब और रोम की सभ्यता व संस्कृति पर व्यापक प्रभाव पड़ा। लोगों के आवागमन में भी रेशम मार्ग का इस्तेमाल किया जाता था।

साक्ष्यों से पता चलता है कि ईसवी पूर्व दूसरी शताब्दी तक रेशम मार्ग के किनारे-किनारे पूरब से पश्चिम तक चार बड़े साम्राज्य फल-फूल रहे थे, जिनमें पूर्वी एशिया में चीन का हान राजवंश, मध्य एशिया व भारत के उत्तरी हिस्सों पर शासन करने वाला कुषाण वंश, पश्चिमी एशिया का पर्शिया और यूरोप का रोम साम्राज्य थे। रेशम मार्ग से इन प्राचीन सभ्यताओं के बीच आवाजाही शुरू हुई। इन साम्राज्यों का एक-दूसरे पर गहरा प्रभाव भी पड़ा। थांग राजवंश के दौरान सातवीं से नवीं शताब्दी तक रेशम मार्ग से व्यापार व सांस्कृतिक आदान-प्रदान अपने चरम पर था।

रेशम मार्ग और उससे जुड़े मार्गों से चीन का दुनिया के दूसरे हिस्सों के साथ संपर्क होता था। बताया जाता है कि चीन में अखरोट, तरबूज, खरबूज, गाजर और काली मिर्च आदि पश्चिम (जिसमें भारत भी शामिल था) से लाए जाते थे। वहीं से सोना, चांदी, रत्न, शीशे की चीजें चीन पहुंचती थीं। वहीं से मध्य व पश्चिम एशिया के नृत्य, संगीत, वस्त्र चीन पहुंचे। इसके बदले में चीन से रेशम, कृषि संबंधी औजार, कागज उत्पादन की कला, छपाई कला, चीनी मिट्टी के बर्तन, बारूद व कपास आदि चीजें दूसरे देशों में पहुंचीं।

रेशम मार्ग चालू होने के शुरुआती दौर में इस मार्ग का इस्तेमाल करने वालों में भारतीय और बैक्ट्रियाई व्यापारियों की संख्या ज्यादा थी। इसके बाद सोगदाई भी इस मार्ग के जरिए व्यापार करने लगे। हालांकि मध्य काल में ईरान और अरब के व्यापारियों की संख्या अधिक थी।

थांग राजवंश के बाद सोंग राजवंश के दौरान यानी नवीं शताब्दी के बाद रेशम मार्ग का महत्त्व घटने लगा था। इस तरह व्यापार के लिए इसका इस्तेमाल बहुत कम हो गया। धीरे-धीरे इस मार्ग पर प्रचालन बंद हो गया। इसकी सबसे प्रमुख वजह यूरोप व एशिया महाद्वीप के राजनीतिक व आर्थिक स्थिति में आया व्यापक परिवर्तन माना जाता है। समुद्री जहाजरानी क्षेत्र के विकास की वजह से समुद्र के रास्ते व्यापार करना सुलभ हो गया।

बौद्ध धर्म

चीन में बौद्ध धर्म भी रेशम मार्ग के जरिए पहुंचा था। बौद्ध भिक्षु पश्चिमी हान राजवंश (ईसवी पूर्व 206 से) के समय में चीन आने लगे थे। ऐतिहासिक साक्ष्यों के मुताबिक, बौद्ध धर्म भारत से रेशम मार्ग से शिन्च्यांग के गिजर में पहुंचा। इसके बाद वहां से कानसू प्रांत के तड्हुंग तक आया। इस तरह बौद्ध का प्रसार धीरे-धीरे चीन

के भीतरी इलाकों में हो गया। रेशम मार्ग के साथ-साथ कई बौद्ध गुफाएं सुरक्षित हैं। इनमें तड्हुंग की मकाओ गुफा तथा लोयांग की लुंगमन गुफा बहुत प्रसिद्ध हैं। इन गुफाओं की कलाकृतियों में पूरब और पश्चिम की कला-शैलियों का मिश्रण दिखता है।

समुद्री रेशम मार्ग

प्राचीन समय में जमीनी मार्ग से व्यापार तो होता था, साथ ही समुद्र से भी। समुद्री रेशम मार्ग का इस्तेमाल भी व्यापार के लिए किया जाता था। दक्षिणी चीन के क्वांगचो से मलक्का की खाड़ी से गुजरते हुए लंका यानी श्रीलंका पहुंचता था। इसके बाद आगे भारत व पूर्वी अफ्रीका तक भी इस मार्ग की पहुंच थी। पूर्वी अफ्रीका के सोमाली आदि जगहों पर हुई खुदाई से पता चला कि चीन के सोंग राजवंश के दौरान ही समुद्री रेशम मार्ग प्रकाश में आ चुका था। थलीय रेशम मार्ग की तरह समुद्री रास्ते से भी चीन विश्व की कई सभ्यताओं और संस्कृतियों के साथ जुड़ा, जिसकी वजह से चीन का इनके साथ सांस्कृतिक व आर्थिक रिश्ता मजबूत होता गया। बताते हैं कि इटली के मशहूर यात्री मार्को पोलो ने भी चीन आने के लिए इसी मार्ग का इस्तेमाल किया था।

पिछले कुछ समय से चीन सरकार इस मार्ग को पुनर्जीवित करने की कोशिश कर रही है। प्राचीन समुद्री मार्ग को विकसित करने की वजह, व्यापार व शांति को बढ़ावा देने की वैश्विक रणनीति पर काम करना है। गौरतलब है कि समुद्री रेशम मार्ग भी प्राचीन रेशम मार्ग के मैत्रीपूर्ण सिद्धांत पर काम करता रहा है। इस मार्ग के दुबारा चालू होने से दक्षिण-पूर्व एशिया, दक्षिण एशिया, पश्चिम एशिया और अफ्रीका के साथ संपर्क व संबंध मजबूत होने की उम्मीद है। इसके लिए रेशम मार्ग से लगने वाले देशों में बंदरगाह शहरों का निर्माण करने की योजना है, जिससे इनका आर्थिक विकास होगा, साथ ही इसके जरिए चीन रेशम मार्ग से लगे देशों से अपने रिश्ते भी मजबूत करना चाहता है।

चीनी क्रांति

कम्युनिस्ट पार्टी का इतिहास

चीन की क्रांति और नई व्यवस्था की स्थापना में कम्युनिस्ट पार्टी की महत्त्वपूर्ण भूमिका रही है, जो विश्व में चीन के प्रमुख राष्ट्र बन जाने के बाद भी जारी है।

कम्युनिस्ट पार्टी के बीज तो 1919 में चार मई के आंदोलन के दौरान ही पड़ गए थे। उस दौर में देश में सामंती व्यवस्था के खिलाफ गुस्सा बढ़ने लगा था और मार्क्सवाद का प्रभाव चीनी बुद्धिजीवियों के ऊपर पड़ रहा था। जैसाकि तत्कालीन नेताओं के बयान से भी पता लगता है, ली ता चाव, जो कम्युनिस्ट पार्टी के संस्थापक सदस्यों में से एक थे, उन्होंने रूस की अक्टूबर क्रांति को दुनिया में शोषित और दबे कुचले लोगों के लिए एक बड़ी घटना बताया था। साथ ही इसे एक नए युग की शुरुआत कहा गया।

कम्युनिस्ट इंटरनेशनल की मदद से चीनी कम्युनिस्ट पार्टी की पहली राष्ट्रीय कांग्रेस शंघाई में 23 जुलाई, 1921 को आयोजित हुई। बताया जाता है कि इस कांग्रेस में शामिल होने के लिए चीन के विभिन्न जगहों से 13 प्रतिनिधि पहुंचे। इसमें कॉमरेड माओ–त्से–तुंग भी थे। कांग्रेस में सदस्यों ने देश भर में संगठन की स्थिति के बारे में विचार–विमर्श किया, साथ ही पार्टी की स्थापना और कार्य–योजना के बारे में भी चर्चा की।

30 जुलाई के दिन होनेवाली बैठक में चर्चा के बाद पार्टी का कार्यक्रम लागू किया जाना था, लेकिन बैठक शुरू होने के कुछ देर बाद ही एक संदिग्ध व्यक्ति के मीटिंग हॉल में दौड़कर पहुंचने पर कम्युनिस्ट इंटरनेशनल के प्रतिनिधि मा लिन ने तुरंत आपात बैठक बुलाने का निर्णय लिया। इसके साथ ही बैठक में मौजूद सभी प्रतिनिधियों ने वह जगह छोड़ दी। उनका संदेह सही साबित हुआ, जब लगभग दस मिनट के बाद पुलिस कम्युनिस्टों की तलाश में आ पहुंची, लेकिन वहां कोई भी नहीं मिला, और पुलिस को खाली हाथ लौटना पड़ा।

अब तक पार्टी के गठन की कोशिश में लगे प्रतिनिधियों को समझ में आ गया था कि शंघाई में बैठक का आयोजन करना सुरक्षित नहीं है। कांग्रेस में कई अहम मुद्दों पर चर्चा होनी थी, जिसमें पार्टी का कार्यक्रम और घोषणा–पत्र जारी करना था, लेकिन कोई उचित स्थान न मिलने की वजह से बैठक नहीं हो पा रही थी। इसी बीच प्रतिनिधि ली दा की पत्नी ह्वेई वु ने सुझाव दिया कि चच्यांग प्रांत के च्याशिंग शहर की नानहू झील से एक नाव को यात्रा और भ्रमण के नाम पर किराए पर लिया

जाए, ताकि नाव में बैठकर सम्मेलन का आयोजन हो सके। इस सुझाव से बाकी सदस्यों की सहमति के पश्चात् प्रतिनिधि छोटे-छोटे ग्रुप में ट्रेन से च्याशिंग पहुंचे। पूर्व योजना के अनुसार एक नाव किराए पर ली गई और उस पर कांग्रेस की कार्यवाही शुरू हुई। हालांकि बैठक में 11 सदस्य ही उपस्थित थे, लेकिन चीन और कम्युनिस्ट पार्टी के इतिहास में यह एक ऐतिहासिक घटना के रूप में दर्ज हुई।

कम्युनिस्ट पार्टी की स्थापना में कोमिंतांग में लेफ्ट विंग का ज्यादा वर्चस्व था, जो पार्टी में दक्षिणपंथियों के साथ सत्ता के लिए संघर्ष कर रहे थे। लेकिन 1925 में कोमिंतांग के प्रमुख नेता डॉ. सुन यात सेन का निधन हो गया। इसके बाद कोमिंतांग का नेता दक्षिणपंथी च्यांग काय शेक बना, जो पार्टी के अंदर कम्युनिस्टों को हाशिये पर धकेलने की कोशिश करता रहा। वह लगातार कम्युनिस्टों के खिलाफ हमले करता रहा। अबकी बार च्यांग की सेना ने वूहान की कोमिंतांग सरकार के आदेशों का उल्लंघन करते हुए ने शंघाई में मौजूद कम्युनिस्ट मिलिशिया पर हमला कर दिया। इसके बाद उसकी सेना वूहान पहुंची, वहां पर उसे जनरल ये थिंग की सेना का जबरदस्त प्रतिरोध सहना पड़ा। लेकिन बीजिंग में च्यांग के सहयोगी दलों ने कई कम्युनिस्टों को मार डाला, जबकि छांगशा में भी सैकड़ों किसान मिलिशियाओं को कुचल दिया गया। इस बीच कम्युनिस्ट पार्टी वूहान की कोमिंतांग सरकार का समर्थन करती रही, इसके बावजूद 15 जुलाई, 1927 को वूहान सरकार ने सभी कम्युनिस्टों को कोमिंतांग से बर्खास्त कर दिया।

इस कदम से कम्युनिस्ट पार्टी ने कोमिंतांग से लड़ने के लिए मजदूरों और किसानों को मिलाकर लाल सेना का गठन किया। इसी बीच 1 अगस्त, 1927 को नानछांग विद्रोह हो गया। जनरल चू दे के नेतृत्व में सेना ने ज्यांग सी प्रांत के नानछांग शहर को अपने नियंत्रण में ले लिया। लेकिन पांच दिन बाद उन्हें वहां से वापस हटना पड़ा। इसके बाद माओ-त्से-तुंग को लाल सेना का कमांडर-इन-चीफ बनाया गया।

माओ ने चार रेजीमेटों का नेतृत्व करते हुए छांगशा में कोमिंतांग के खिलाफ विद्रोह किया, जिसे शरद पैदावार विद्रोह कहा गया। माओ समूचे हूनान में किसानों को कोमिंतांग के खिलाफ गोलबंद कर विद्रोह करना चाहते थे। उन्होंने कोमिंतांग के नियंत्रण वाले शहर को 9 सितंबर, 1927 के दिन तीन दिशाओं से घेरने की योजना बनाई। हालांकि माओ की सेना हूनान के छांगशा तो पहुंच गई, लेकिन उसे अपने नियंत्रण में करने में असफल रही। 15 सितंबर को माओ लगभग एक हजार बचे हुए अपने साथियों को लेकर च्यांग सी के चिंग कांग शान (चिंग कांग पर्वत) की ओर बढ़ चले।

इस दौरान संगठन के ढांचे में बदलाव करके पार्टी ने जनतांत्रिक केंद्रवाद को अपनाया। जिसका उद्देश्य क्रांतिकारी पार्टियों को संगठित करना था। इसके साथ

ही पार्टी पोलित ब्यूरो की स्थापना भी की गई, जिसके तहत पार्टी के भीतर शक्ति के केंद्रीयकरण पर विशेष जोर दिया गया। इस तरह पार्टी में बड़े नेताओं को हटाने का सिलसिला जारी रहा।

1935 तक माओ-त्से-तुंग कम्युनिस्ट पार्टी के अनौपचारिक नेता के रूप में स्थापित हो चुके थे। उन्हें इस दिशा में चाउ-इन-लाइ और चांग वन थ्यान का भरपूर सहयोग मिला और फिर कोमिंतांग और कम्युनिस्ट पार्टी के बीच जारी संघर्ष के चलते लाल सेना का पुनर्गठन किया गया।

इसी बीच जब 1937 में जापान के साथ चीन का युद्ध छिड़ गया, तो कम्युनिस्ट पार्टी ने राष्ट्र के लिए एक साथ लड़ने के लिए कोमिंतांग के दक्षिणपंथी नेताओं को राजी किया। हालांकि कुछ समय के लिए कम्युनिस्टों और कोमिंतांग के बीच संघर्ष रुक गया और जापानी आक्रमण से निपटने के लिए चीनी कम्युनिस्ट पार्टी और कोमिंतांग के बीच सेकेंड यूनाइटेड फ्रंट के गठन पर सहमति भी बन गई। इसके बावजूद इस मौके का लाभ उठाकर कम्युनिस्टों ने खुद को मजबूत करने और पार्टी का विस्तार जारी रखा, ताकि कोमिंतांग के साथ आने वाले समय में किसी तरह के संघर्ष से निपटा जा सके। लेकिन कम्युनिस्ट पार्टी के विस्तार को रोकने की कोशिश में 1940 में दोनों के बीच सहयोग लगभग खत्म हो गया। छिटपुट संघर्ष के बावजूद सेकेंड यूनाइटेड फ्रंट 1945 तक कायम रहा।

इसी बीच जापान की सेना ने आत्मसमर्पण कर दिया। उस समय तक कोमिंतांग की सेना कम्युनिस्ट पार्टी की सेना से बहुत अधिक शक्तिशाली थी। कोमिंतांग के पास कम्युनिस्ट पार्टी से लगभग तीन गुना अधिक सैनिक थे, और उसने चीन के भीतर कई क्षेत्रों को अपने नियंत्रण में ले लिया। लेकिन सोवियत संघ की मदद से कम्युनिस्टों ने मंचूरिया (वर्तमान का उत्तर-पूर्व चीन) से कोमिंतांग के खिलाफ आक्रमण शुरू कर दिया।

लेकिन 1946 से 1947 के बीच कोमिंतांग ने यान आन समेत कई प्रमुख क्षेत्रों पर अपना अधिकार कर लिया था। कोमिंतांग को लगा कि वे कम्युनिस्टों को पराजित करने के नजदीक आ रहे हैं, लेकिन कम्युनिस्ट पार्टी ने रणनीति के तहत शहरों से अपने कदम पीछे खींचकर छात्रों और बुद्धिजीवियों को कोमिंतांग के खिलाफ विरोध प्रदर्शनों में लगा दिया। कोमिंतांग की सेना ने इन प्रदर्शनों को कुचलने की पूरी कोशिश की। लेकिन उसके अपने ही भीतर चल रहे संघर्ष के कारण वह थोड़ा कमजोर पड़ गई।

1947 से लगभग एक साल तक कम्युनिस्ट पार्टी ने कोमिंतांग के हमलों का बहुत कम जवाब दिया। कम्युनिस्ट पार्टी ने बड़ी योजना तैयार की थी, जिसके तहत मध्य चीन से अपनी सेना हटाना था, जबकि उत्तर चीन में खुद को मजबूत करना और उत्तर-पूर्व चीन यानी मंचूरिया को अपने साथ लाना था। कम्युनिस्टों को इस योजना में सफलता मिलने लगी और इसी बीच कोमिंतांग की सेना को

लगभग बीस लाख सैनिकों को खोना पड़ा, जबकि बड़ी संख्या में सैनिक नौकरी छोड़कर चले गए। इस दौरान कम्युनिस्ट पार्टी ने कोमिंतांग के खिलाफ संघर्ष तेज कर दिया और कोमिंतांग के शासन का खात्मा करने में बड़ी सफलता हाथ लगी। इस तरह 1 अक्टूबर, 1949 को माओ-त्से-तुंग के नेतृत्व में नए चीन की स्थापना हुई।

चीन ने सोवियत मॉडल की सफलता का अनुसरण किया, जैसाकि सोवियत रूस में भारी उद्योग व किसानों को मुख्य केंद्र में लाकर विकास किया गया। इसमें उपभोग की चीजों को दोयम दर्जे के तौर पर माना गया।

लेकिन 1950 के दशक में सोवियत रूस के साथ रिश्तों में आई खटास के बाद माओ-त्से-तुंग ने पारंपरिक मार्क्सवाद और लेनिनवाद के रास्ते से हटते हुए माओवाद-साम्यवाद की चीनी व्याख्या विकसित की।

बताते हैं कि चेयरमैन माओ सोवियत नेता ख्रुश्चेव के साम्यवादियों और पूंजीवादियों के बीच शांतिपूर्ण सहअस्तित्व संबंधी दृष्टिकोण से खफा थे। दोनों नेताओं के विचार अलग-अलग थे। माओ के नेतृत्व में कम्युनिस्ट पार्टी आंदोलन पूरे देश में चला। इसका मकसद चीन को एक बड़े औद्योगिक समाज के रूप में स्थापित करना था। लेकिन यह आंदोलन अपने उद्देश्य को पूरा करने में सफल नहीं हो पाया। हालांकि माओ ने देश में सांस्कृतिक व्यवस्था को सुधारने के लिए सांस्कृतिक क्रांति छेड़ दी।

लेकिन 1976 में माओ की मृत्यु के बाद दंग श्याओ फिंग ने आर्थिक सुधारों को देश का नया लक्ष्य बनाया। इस नीति और विचारों को चीनी विशेषता वाला समाजवाद कहा गया। उन्होंने देश को आधुनिक बनाने के लिए जिन चार चीजों पर सबसे अधिक जोर दिया, वे थे : उद्योग, कृषि, विज्ञान व तकनीक और सेना। दंग श्याओ फिंग अपनी नीतियों को लागू करने और देश को आगे बढ़ाने में पूरी तरह सफल रहे। उनके दौर में ही कम्युनिस्ट पार्टी ने दुनिया के कई देशों के साथ बेहतर संबंध कायम किए।

एक नाव पर गठित हुई चीनी कम्युनिस्ट पार्टी (सीपीसी) के वर्ष 2015 तक लगभग 8.8 करोड़ सदस्य बन चुके हैं। कम्युनिस्ट पार्टी का नेता महासचिव होने के साथ ही केंद्रीय सैन्य आयोग का अध्यक्ष भी होता है और देश का राष्ट्रपति या राष्ट्राध्यक्ष भी। वर्तमान में शी चिन फिंग के पास यह जिम्मेदारी है। उन्हें 2012 में पार्टी की 18वीं कांग्रेस में सर्वोच्च नेता चुना गया था। चीनी कम्युनिस्ट पार्टी मार्क्सवाद-लेनिनवाद, माओ-त्से-तुंग विचारधारा, चीनी विशेषता वाले समाजवाद और दंग श्याओ फिंग के सिद्धांतों पर चलती है।

1978 के आखिर में ग्यारहवीं पार्टी केंद्रीय कमेटी के तीसरे पूर्ण सत्र की समाप्ति के बाद नए चीन ने आर्थिक रूप से ऐतिहासिक बदलाव देखा। कम्युनिस्ट पार्टी के नेतृत्व में देश में आर्थिक सुधारों की शुरुआत हुई और खुले द्वार की नीति

लागू की गई। चीनी नेता दंग श्याओ फिंग आर्थिक सुधारों की हमेशा वकालत करते थे, 1979 के सुधारों का श्रेय उन्हें जाता है। विश्व के लिए अपने दरवाजे खोलने के बाद चीन ने आर्थिक तौर पर उल्लेखनीय प्रगति की। यह नीति लागू होने के बाद चीन ने पहले दो दशकों में जो विकास किया, वह पूरे विश्व को अचंभित करने वाला है। चीन में आर्थिक विकास वर्तमान में भी जारी है। यह कहना सही होगा कि चीन ने शिक्षा, स्वास्थ्य, रोजगार आदि के क्षेत्रों में लंबी छलांग लगाई है। चीन विश्व की दूसरी सबसे बड़ी अर्थव्यवस्था है। चीन के कायाकल्प में कम्युनिस्ट पार्टी के योगदान की प्रशंसा चीन के बारे में समझ रखने वाले विद्वान करते हैं।

चीनी कम्युनिस्ट पार्टी के घोषणापत्र से यह पता चलता है कि पार्टी देश के सभी नागरिकों की अगुवाई करती हुई चीन को एक समृद्ध, शक्तिशाली राष्ट्र बनाना चाहती है। इसके साथ ही लोकतांत्रिक व सांस्कृतिक तौर पर विकसित समाजवादी देश के निर्माण के लिए आर्थिक विकास को मुख्य केंद्र मानती है।

वर्तमान में कम्युनिस्ट पार्टी जिस संविधान के आधार पर चलती है, वह 1982 में आर्थिक सुधारों की प्रक्रिया चालू होने के दौरान लागू किया गया था, हालांकि तब से अब तक कई बार संविधान में संशोधन किया जा चुका है।

चीनी कम्युनिस्ट पार्टी (सीपीसी) की सर्वोच्च बॉडी राष्ट्रीय कांग्रेस है, जो प्रत्येक पांच वर्ष में आयोजित की जाती है। लेकिन जब राष्ट्रीय कांग्रेस आयोजित नहीं हो रही होती है, तब पार्टी की केंद्रीय कमेटी सर्वोच्च बॉडी होती है। केंद्रीय कमेटी हर वर्ष एक बार बैठक करती है। ऐसे में पार्टी की तमाम जिम्मेदारियां व कर्तव्य पोलित ब्यूरो और स्थायी समिति द्वारा निभाए जाते हैं।

चीन के राष्ट्रपिता : डॉ. सुन यात सेन

चीन के इतिहास व क्रांति में डॉ. सुन यात सेन का नाम सम्मान के साथ लिया जाता है। उन्हें छिंग साम्राज्य को उखाड़ फेंकने वाली क्रांति का नायक तो माना ही जाता है। चीन लोक गणराज्य का राष्ट्रपिता भी कहा जाता है। वे कोमिंतांग के सह-संस्थापक और पहले नेता थे। उन्होंने राजशाही से छुटकारा पाने के बाद चीन को एकजुट करने में अहम भूमिका निभाई। विश्व में बीसवीं सदी के महान नेताओं में सुन यात सेन का नाम शुमार है।

डॉ. सुन यात सेन का जन्म 1866 में क्वांगतोंग प्रांत के छ्वेई हंग गांव में हुआ था। उनका बचपन चीनी दर्शन के साथ बीता, जिसमें कंफ्यूशियस, लाओ जू व मनशियस का प्रभाव था। उनकी शिक्षा क्रिश्चियन स्कूलों में हुई। उनके पिता केवल 16 साल की उम्र में अपने गांव से मकाऊ चले गए और मोची का काम करने लगे।

सुन यात सेन के बड़े भाई का नाम सुन मेई था। गरीबी के चलते बचपन में ही सुन मेई अपने चाचा के पास होनोलूलू चले गए, जहां कृषि फार्म में मजदूर की तरह काम करने लगे। कड़ी मेहनत कर उन्होंने कुछ ही वर्षों में अपना खुद का काम शुरू कर दिया। उन्हें अपने यहां काम करने के लिए मजदूरों की जरूरत थी। ऐसे में चीन से कई माइग्रेंट वर्कर हवाई ले जाए गए, जिनमें 13 साल के सुन यात सेन और उनकी मां भी शामिल थी। नाव को होनोलूलू पहुंचने में तीन सप्ताह से अधिक का समय लगा।

कुछ समय अपने भाई के साथ काम करने के बाद सुन यात सेन ने पढ़ाई करने की इच्छा जताई और बिजनेस के काम से दूर हो गए। उन्होंने अपनी शिक्षा होनोलूलू के पुनाहोउ स्कूल से की—वही स्कूल, जहां से अमेरिकी राष्ट्रपति बराक ओबामा ने अध्ययन किया।

शिक्षा हासिल करने के बाद डॉ. सेन 1884 में हांगकांग के रास्ते अपने गांव छ्वेई हंग पहुंच गए। चीन में हालात तब भी पहले की ही तरह थे। उनके गांव व आसपास के इलाकों में लोगों का दमन और शोषण जारी था। सुन यात सेन बदलाव लाना चाहते थे, ताकि लोग पश्चिम की तरह का जीवन जी सकें। लेकिन स्थानीय लोगों को सम्राट व राजवंश के खिलाफ एकजुट करना मुश्किल था। वे वापस हांगकांग चले गए और वहां अंग्रेजी का अध्ययन कहने लगे। अध्ययन के दौरान ही वे ईसाई बन गए। इसके पश्चात् वे अंग्रेजों द्वारा चलाए जा रहे सेंट्रल स्कूल में 19वीं शताब्दी की फ्रांसीसी क्रांति व यूरोप की दूसरी क्रांतियों का अध्ययन करने लगे।

इसी बीच 1885 में चीन और फ्रांस के बीच युद्ध छिड़ गया। छिंग सम्राट को युद्ध में हार मिली और थ्येनचिन की संधि पर हस्ताक्षर करने पड़े। सुन यात सेन की समझ में आ गया कि छिंग साम्राज्य कमजोर हो रहा है। जनता को गोलबंद कर क्रांति के जरिए उसे उखाड़ फेंका जा सकता है। अतः राजनीतिक बदलाव के लिए वे लोगों को जागरूक करने लगे।

इसी बीच 1886 में सेन ने कैंटन हॉस्पिटल मेडिकल कॉलेज में एडमिशन ले लिया और चाइनीज मेडिसिन की पढ़ाई शुरू की। पढ़ाई के बाद 1892 में उन्होंने मकाऊ जाकर फार्मेसी खोली। इसके कुछ ही समय बाद उन्होंने क्वांगचो का रुख किया।

इस दौरान सुन यात सेन क्रांति लाने और शोषण का साम्राज्य खत्म करने की दिशा में आगे बढ़ने लगे थे। 1894 में उन्होंने थ्येनचिन के गवर्नर जनरल ली होंगचांग के सामने अपने विचार रखे। लेकिन उस पर इसका कोई असर नहीं हुआ। फिर वे अक्टूबर, 1894 में होनोलूलू वापस लौट आए और वहां उन्होंने चीन के पुनरुत्थान के लिए सोसाइटी (रिवाइव चाइना सोसाइटी) की स्थापना की। इसका उद्देश्य क्रांतिकारी कार्यों व संघर्षों के लिए फंड जुटाना था। हवाई में रहने वाले तमाम चीनी लोगों ने इसके लिए आर्थिक मदद दी, लेकिन इसके बाद भी हथियार आदि खरीदने

के लिए पर्याप्त पैसे जुट नहीं पाए तो सुन यात सेन के भाई ने अपने नाम से बांड जारी किए, लेकिन यह प्रयास भी सफल नहीं हो पाया।

1895 में चीन पुनरुत्थान सोसाइटी के सदस्यों ने क्वांगचो में छिंग साम्राज्य के खिलाफ पहला विद्रोह क्वांगचो में करने की कोशिश की, पर उनकी योजना की भनक छिंग राजवंश के अधिकारियों को लग गई, और विद्रोह की साजिश रचने के आरोप में रिवाइव चाइना सोसाइटी के 70 सदस्यों को पकड़ लिया गया। इस तरह विद्रोह असफल हो गया।

सितंबर, 1896 में सुन यात सेन लंदन पहुंचे, जहां उन्हें चीनी अधिकारियों द्वारा पकड़ लिया गया, बाद में एक ब्रिटिश शिक्षक की मदद से वे छूटने में कामयाब रहे।

1897 में डॉ. सेन ने ब्रिटिश म्यूजियम में राजनीतिशास्त्र और दर्शनशास्त्र का गहन अध्ययन किया। इस दौरान उन्होंने जनता के तीन सिद्धांत तैयार करने का खाका तैयार किया। ये तीन सिद्धांत थे : राष्ट्रीयता, प्रजातंत्र और लोगों की आजीविका। म्यूजियम में अध्ययन के बाद वे जुलाई, 1897 में योकोहामा पहुंचे, जहां पर पूर्व-पश्चिम स्कूल की स्थापना की। वहां उनकी मुलाकात और दोस्ती कुछ जापानी लोगों से हुई और तब से वे अपना उपनाम नाकायामा (यात सेन) रखने लगे।

सुन यात सेन ने 1898 के दौरान छिंग साम्राज्य के खिलाफ जापान, फिलीपींस, वियतनाम, सिंगापुर और हांगकांग में लोगों को एकत्रित करके उन्हें ब्रसेल्स, पेरिस और बर्लिन आदि जगहों पर ले गए, जहां शिक्षा ग्रहण कर रहे चीनी छात्रों को एकजुट किया गया।

22 अक्टूबर, 1900 को फिर से छिंग साम्राज्य के खिलाफ विद्रोह करने की कोशिश की। लेकिन तमाम प्रयासों के बावजूद इस विद्रोह में भी उन्हें सफलता हासिल नहीं हो पाई। इस विद्रोह को 'होई चोउ विद्रोह' के नाम से जाना जाता है।

इसके बाद सुन यात सेन ने 1905 में टोक्यो, जापान में एक संयुक्त समूह 'थोंग मंग ह्वेई' की स्थापना की। इसकी शाखाएं मलेशिया, वियतनाम और सिंगापुर में भी खोली गईं। महज एक साल से भी कम समय में इसके सदस्यों की संख्या 963 तक पहुंच गई।

1907 में सुन यात सेन के नेतृत्व में चार बार विद्रोह के प्रयास हुए, जिसमें चन नान गुआन, हवांग कांग के विद्रोह भी शामिल हैं। 1908 में भी छिंग साम्राज्य के खिलाफ विद्रोह हुए लेकिन ये भी असफल रहे।

कई विद्रोह असफल होने के बाद अब सुन यात सेन के नेतृत्व को लेकर थोंग मंग ह्वेई के कुछ सदस्य सवाल भी उठाने लगे थे, डॉ. सुन ने तो चीन से राजशाही खत्म करने की ठानी हुई थी। वे अपने लक्ष्य से विचलित नहीं हुए।

इसी बीच 13 नवंबर, 1910 को मलाय में पेनांग सम्मेलन का आयोजन हुआ, जिसमें क्रांति को सफल बनाने के लिए व्यापक तौर पर धन एकत्र करने का

अभियान लांच किया गया। इसके बाद 27 अप्रैल, 1911 में दूसरा क्वांगचो विद्रोह हुआ, लेकिन इसमें भी डॉ. सुन व उनके सहयोगियों को भारी असफलता हाथ लगी। हालांकि इसमें 86 लोगों को जान गंवानी पड़ी, उनमें से 72 को ही क्रांतिकारी शहीदों का दर्जा दिया गया।

बावजूद इसके क्रांतिकारियों के मन में देश को मुक्त कराने की इच्छा कम नहीं हुई थी। इसके पश्चात् 10 अक्टूबर, 1911 को ह्वांग सिंग के नेतृत्व में वूछांग का सैन्य विद्रोह हुआ, और यह पूरी तरह सफल रहा। इसके बाद विद्रोह की लपटें चीन के तमाम हिस्सों के साथ ही सिन हाई तक भी पहुंच गईं, जहां विद्रोहियों ने छिंग राजवंश के अंतिम सम्राट फू ई को सत्ता से बेदखल कर दिया। इसे 'चीनी क्रांति' के नाम से जाना जाता है। इसके साथ ही चीन में हजारों सालों से चली आ रही राजशाही और सामंती व्यवस्था का अंत हो गया।

29 दिसंबर, 1911 को डॉ. सुन यात सेन को चीन गणराज्य का प्रोविंशियल प्रेजिडेंट मनोनीत किया गया। इसके बाद फरवरी, 1912 में छिंग राजवंश के अंतिम सम्राट फू ई ने हार मानते हुए गद्दी छोड़ने की घोषणा की। इसके अगले ही दिन डॉ. सुन ने इस्तीफा दे दिया और अपने स्थान पर युआन श खाई को प्रेजिडेंट बनाने का प्रस्ताव रखा।

अगस्त, 1912 को क्रांति में महत्त्वपूर्ण भूमिका निभाने वाली थोंग मंग ह्वेई को कोमिंतांग राष्ट्रवादी पार्टी तौर पर मान्यता दे दी गई, और डॉ. सुन यात सेन को कोमिंतांग की कार्यकारी परिषद का चेयरमैन बनाया गया।

लेकिन इसके बाद भी संघर्ष खत्म नहीं हुआ, क्योंकि कोमिंतांग के अंदर कुछ स्वार्थी तत्त्व लालच में आकर इनके विरुद्ध काम करने लगे। इसमें युआन श खाई भी शामिल था। अक्टूबर, 1913 में युआन श खाई ने कोमिंतांग को भंग करने (तोड़ने) के निर्णय के साथ ही सुन यात सेन व कोमिंतांग के दूसरे नेताओं को पकड़वाने में जुट गया। इसी बीच जून, 1914 में टोक्यो में चीनी क्रांतिकारी पार्टी का संचालन हुआ, जिसमें सुन यात सेन को चेयरमैन चुना गया।

इसके अगले महीने ही पहला विश्वयुद्ध छिड़ गया, जिसमें जापान ने जर्मनी के खिलाफ युद्ध का ऐलान करने के साथ ही चीन के शानदोंग प्रांत पर आक्रमण कर दिया, जो उस समय यूरोप के पास लीज पर था। जापान ने कई मांगें रखीं, जिसे युआन श खाई ने स्वीकार कर लिया। 12 दिसंबर, 1915 को युआन ने खुद को सम्राट घोषित कर दिया। सम्राट घोषित करते ही उसके खिलाफ कई जगहों पर विद्रोह होने लगे। इसी बीच सुन यात सेन जापान से लौट आए और युआन के खिलाफ संघर्ष में जुट गए।

जून, 1916 में युआन श खाई का बीमारी के कारण निधन हो गया। इसके बाद भी सामंती व्यवस्था और राजशाही को स्थापित करने की कोशिशें जारी रहीं। इस दौरान क्रांतिकारियों का जमींदारों और राजशाही समर्थकों के साथ संघर्ष

चलता रहा। इस दौरान में डॉ. सुन यात सेन को संसद द्वारा अपना नेता चुना गया, लेकिन विपक्षी सेना ने जल्द ही संसद को अपने नियंत्रण में ले लिया। इसके पश्चात् सुन यात सेन ने इस्तीफा दे दिया और शंघाई जाकर वे लेखन पर ध्यान केंद्रित करने लगे।

सामंत समर्थकों और क्रांतिकारियों के बीच हुए संघर्ष में सेना के शासन का खात्मा हुआ और 1921 में संसद का पुनर्गठन हुआ। 5 मई, 1921 को डॉ. सुन यात सेन ने चीनी गणराज्य के अध्यक्ष के रूप में शपथ ली, और इस तरह नई सरकार की स्थापना हुई।

1922 से 1925 के दौरान सुन यात सेन देश में जारी अंदरूनी संघर्ष से निपटने में लगे रहे। लेकिन 1924 में उनकी तबियत खराब हो गई। उन्हें कैंसर हो गया था। जनवरी, 1925 को बीजिंग में उनका ऑपरेशन किया गया। ऑपरेशन के बाद भी उनका स्वास्थ्य नहीं सुधर सका। 12 मार्च, 1925 को चीन के महान क्रांतिकारी नेता का निधन हो गया, जो चीन और चीन में चल रहे सुधारों के लिए बहुत बड़ा झटका था।

उनकी याद में चीन के तमाम शहरों में सड़कों का नाम चोंगशान (वे चीन में इस नाम से जाने जाते हैं) रखा गया है। वहीं स्कूल, कॉलेज, विश्वविद्यालय, पार्क, म्यूजियम आदि भी उनके योगदान की स्मृति में स्थापित किए गए हैं। क्वांगतोंग प्रांत में स्थित उनके गृह नगर श्यांग शान का नाम बदलकर चोंगशान (सुन यात सेन) कर दिया गया। क्वांगचो में सुन यात सेन का म्यूजियम स्थापित किया गया है, जिसमें उनके जीवन से जुड़ी तमाम चीजें सुरक्षित रखी गई हैं।

चीनी क्रांति के नायक कामरेड माओ

अगर चीन की बात करें तो माओ-त्से-तुंग की चर्चा के बिना वह अधूरी रह जाती है। माओ 20वीं शताब्दी के महानतम क्रांतिकारी और चीनी क्रांति के नायक थे। वह सर्वहारा क्रांति के सिद्धांतकार, दार्शनिक, कवि और राजनेता थे। उनके नेतृत्व में 1949 में चीन में जनवादी गणतन्त्र की स्थापना हुई।

आज के दौर में भी चीनी लोगों में चेयरमैन माओ के प्रति असीम प्यार दिखता है। किसी भी उम्रदराज व्यक्ति, किसान, मजदूर से बात कीजिए, वह माओ के बारे में सुनते ही भावुक हो जाता है। लोग यह बताना नहीं भूलते कि उन्होंने चीन लोक गणराज्य की स्थापना में कितना बड़ा योगदान दिया।

बीजिंग के केंद्र में स्थित थ्यान आन मन चौक पर माओ की बड़ी सी तस्वीर लगी है। उस चौक के मध्य में माओ का मेमोरियल हॉल बना है, जहां पर माओ का शरीर ताबूत (क्रिस्टल कफिन) में आम लोगों के दर्शन के लिए रखा गया है।

कुछ लोग कहते हैं कि उनके शरीर पर मोम का आवरण चढ़ा हुआ है। हालांकि माओ की इच्छा थी कि उनका दाह-संस्कार किया जाए, लेकिन उनकी मृत्यु के बाद ही मेमोरियल हॉल का निर्माण शुरू हो गया, जो 24 मई, 1977 को पूरा हुआ।

इस मेमोरियल हॉल की सबसे खास बात जो मुझे लगी, वह यह कि इसके निर्माण व डिजाइन में चीन के विभिन्न क्षेत्रों के आम लोगों का पूरा योगदान रहा है। उन्होंने स्वयंसेवक के रूप में इसमें काम किया। इसके निर्माण में लगभग सात लाख लोगों ने हिस्सा लिया। निर्माण-सामग्री भी अलग-अलग इलाकों से लाई गई। यह लोगों का प्यार ही था, जिसकी वजह से लाखों लोगों ने श्रमदान किया।

वैसे यह हॉल सुबह के वक्त कुछ घंटों के लिए ही खुलता है, लेकिन हजारों की संख्या में दूर-दूर से लोग माओ की एक झलक पाने के लिए आते हैं। अगर किसी को कॉमरेड माओ की लोकप्रियता देखनी है तो उसे थ्यान आन मन चौक जरूर जाना चाहिए।

एक बार मैंने भी मेमोरियल जाने की सोची। मैं सुबह लगभग सात बजे ही वहां पहुंच गया, तब भी लोगों की बहुत लंबी कतार लगी हुई थी—माओ के शरीर की बस एक झलक पाने के लिए। मुझे लगभग तीन घंटे लगे हॉल तक पहुंचने में, जहां माओ का पार्थिव शरीर रखा हुआ था। लोगों का माओ के प्रति प्रेम देखकर मैं सचमुच दंग रह गया कि किस तरह आज भी चीन में लोग माओ को अपना हीरो मानते हैं!

माओ और संघर्ष : एक झलक

माओ का जन्म 26 दिसम्बर, 1893 में हूनान प्रांत के शाओशान कस्बे में हुआ था। उनके पिता एक गरीब किसान थे। आठ साल की उम्र में माओ ने अपने गांव की प्रारम्भिक पाठशाला में प्रवेश लिया, लेकिन महज 13 वर्ष की आयु में ही अपने पुश्तैनी खेत में काम करने के लिए पढ़ाई छोड़ दी। बाद में खेती छोड़कर वह हूनान प्रांत की राजधानी छांगशा में माध्यमिक विद्यालय में अध्ययन करने के लिए गए। जिन्हाई क्रांति के समय पढ़ाई छोड़कर माओ ने हूनान की स्थानीय रेजिमेंट में भर्ती होकर क्रांतिकारियों की तरफ से संघर्ष में हिस्सा लिया। छिंग राजवंश के सत्ता-च्युत होने के बाद उन्होंने सेना छोड़कर पुनः स्कूल में प्रवेश लिया। स्नातक होने के बाद माओ ने सन् 1918 में पेकिंग विश्वविद्यालय में सहायक पुस्तकालयाध्यक्ष पद पर रहकर काम किया।

4 मई, 1919 के आंदोलन के आसपास ही माओ-त्से-तुंग पहली बार मार्क्सवाद के संपर्क में आए। जुलाई, 1919 में उन्होंने हूनान से एक पत्रिका निकालनी शुरू की। 1920 की गर्मियों में क्रांतिकारी विचारों के प्रचार-प्रसार के लिए उन्होंने एक सांस्कृतिक अध्ययन सोसायटी का गठन किया। 1920 की शरद में उन्होंने छांगशा में

कम्युनिस्ट समूहों की स्थापना की। इस दौरान जब क्रांतिकारी सेनाएं प्रतिक्रियावादी सेनाओं से घिरने लगीं तो इस कठिन स्थिति से उबारने में माओ ने नेतृत्वकारी भूमिका निभाई।

माओ ने पहली बार यह घोषित किया कि चीन जैसे बहुसंख्यक किसान आबादी वाले अर्द्धसामंती-अर्द्धऔपनिवेशिक देश में क्रांति की मुख्य ताकत किसान होंगे। सर्वहारा वर्ग की भूमिका यहां नेतृत्वकारी होगी। उन्होंने कम्युनिस्ट पार्टी, लाल सेना और संयुक्त मोर्चा को नवजनवादी क्रांति के तीन चमत्कारी हथियारों की संज्ञा दी। रूसी क्रांति के सशस्त्र आम बगावत के रास्ते से अलग, माओ ने दीर्घकालिक लोकयुद्ध में क्रांति-मार्ग के राजनीतिक एवं सैनिक सिद्धांत को कठिन क्रांतिकारी संघर्षों के दौरान विकसित किया। उन्होंने बताया कि चीनी क्रांति देहातों में लाल आधारों (रेड बेस) का निर्माण करके, शहरों को घेरकर और इस प्रकार अंततः पूरे देश में राजनीतिक सत्ता को जीतकर ही सफल हो सकती है। अपनी इस प्रस्थापना को उन्होंने व्यवहारिक रूप में भी साबित कर दिखाया।

भूमिक्रांति के कठिनतम दौर में प्रतिक्रांतिकारी सेना की भारी शक्ति से बचने के लिए लाल सेना ने उस ऐतिहासिक 'लंबे अभियान' की शुरुआत की, जिसकी अतुलनीय शौर्यगाथा पर दुनिया दंग रह गई। अक्टूबर, 1934 में शुरू हुए इस महाअभियान के दौरान लाल सेना ने प्रतिदिन शत्रुओं से लोहा लेते हुए 6,000 मील की यात्रा—12 प्रांतों, 18 पहाड़ों और 24 नदियों को पार करते हुए—13 महीनों में पूरी की। एक लाख साठ हजार लोगों में से सिर्फ 8,000 लोग ही शांसी पहुंचने तक बचे रहे। लेकिन लाल सेना द्वारा दी गई कुर्बानी रंग लाई। 'लंबे अभियान' ने क्रांति के अग्निमुखी बीज पूरे देश के किसानों में बो दिये। माओ की भविष्यवाणी को चरितार्थ करती हुई करोड़ों किसान जनता एक प्रचंड, अदम्य तूफान की तरह उठ खड़ी हुई। जापानी साम्राज्यवादियों को धूल चटाने के साथ ही अमेरिकी साम्राज्यवाद के समर्थक को हराकर 1 अक्टूबर, 1949 को (थाइवान, हांगकांग और मकाओ को छोड़कर) चीन में जनवादी क्रांति हुई। 1976 में अपनी मृत्यु होने तक माओ ने चीनी कम्युनिस्ट पार्टी और जनता को नेतृत्व दिया। इस तरह उन्हें चीन की जनवादी क्रांति और फिर समाजवादी क्रांति के दौर के प्रयोगों—विशेषकर 1966-76 की सर्वहारा सांस्कृतिक क्रांति के विश्वव्यापी ऐतिहासिक महत्त्व—को देखते हुए माओ-त्से-तुंग को मार्क्स, एंगेल्स, लेनिन और स्तालिन के बाद अंतर्राष्ट्रीय सर्वहारा वर्ग के पांचवें शिक्षक और नेता का दर्जा दिया गया।

माओ की यादगार विशाल मूर्ति

15 सितंबर, 2015 को मुझे माओ के गृह प्रांत हूनान जाने का अवसर प्राप्त हुआ। इस प्रांत की राजधानी छांगशा में माओ से जुड़ी हुई कई यादें हैं। इन्हीं में से एक है—ऑरेंज आयलैंड। जैसाकि नाम से ही जाहिर होता है—यहां पर तरह-तरह के

संतरों के वृक्ष के अलावा दूसरे फल भी लगाए गए हैं। श्यांग च्यांग नदी के इर्द-गिर्द फैले इस आयलैंड को चेयरमैन माओ-त्से-तुंग की विशालकाय मूर्ति की वजह से भी जाना जाता है। गौरतलब है कि माओ ने वर्ष 1912 से 1918 तक छांगशा में पढ़ाई की। इसके बाद नौकरी भी करने लगे। बताते हैं कि चेयरमैन माओ 1913 से 1923 तक अक्सर यहां बहने वाली श्यांग च्यांग नदी में तैरते थे, साथ ही इस पार्क में विश्राम किया करते थे। यहीं पर उन्होंने अपनी एक कविता 'छिन युआन छुन छांगशा' लिखी। माओ की याद में वर्ष 2009 में यहां पर उनकी 83 मीटर लंबी और 41 मीटर चौड़ी मूर्ति स्थापित की गई। 83 मीटर लंबाई इसलिए कि माओ 83 साल की उम्र तक जिए, साथ ही 41 मीटर चौड़ाई, उनके 41 सालों तक काम करते रहने के कारण। इस मूर्ति के निर्माण में 8 हजार से अधिक पत्थरों का इस्तेमाल किया गया है, जो कि फूच्यान प्रांत से यहां लाए गए। मूर्ति में माओ को 32 वर्ष की आयु का दर्शाया गया है। वाकई मूर्ति के सामने फोटो खींचकर लोग स्वयं को उस महान नेता के करीब पाते हैं। इस मूर्ति के सामने ही थांग राजवंश के दौरान स्थापित वांग च्यांग पैवेलियन भी मौजूद है, जो हमें चीन के प्राचीन इतिहास की याद दिलाता है। ऑरेंज आयलैंड को वर्ष 1962 में पार्क का दर्जा दिया गया और 2008 में इसका पुनर्निर्माण किया गया।

आर्थिक रूप से सशक्त चीन के जनक दंग श्याओ फिंग

नए चीन का संस्थापक अगर चेयरमैन माओ को कहा जाता है तो आधुनिक और आर्थिक रूप से मजबूत चीन का संस्थापक दंग श्याओ फिंग को माना जाता है। वर्ष 1949 में चीन लोक गणराज्य की स्थापना के बाद से 1976 में माओ के निधन होने तक माओ की नीतियां ही प्रमुख रूप से चलती रहीं। माओ-त्से-तुंग की मृत्यु के बाद 1976 में दंग श्याओ फिंग ने माओ की पत्नी के नेतृत्व वाले 'गैंग ऑफ फोर' को हटाने में कामयाबी पाई, और इसके साथ ही चीनी कम्युनिस्ट पार्टी ने कुछ नई नीतियों की घोषणा की, जो पूर्व की समाजवादी सोच और विचारधारा से बिलकुल अलग थी। इसी में प्रमुख थी ओपन पॉलिसी यानी खुले द्वार की नीति। इस नीति के लागू होने के साथ ही चीन का दुनिया के बाकी देशों से संपर्क भी बढ़ने लगा। इसमें कई विकसित और विकासशील देश शामिल थे।

नई आर्थिक नीतियां लागू होने के साथ-साथ शिक्षा के क्षेत्र में भी खुलापन आया। विकसित देशों की शिक्षा-पद्धति को चीनी सिस्टम के साथ जोड़ने की कोशिश तेज हुई। चीन से बड़ी संख्या में छात्र अमेरिका व इंग्लैंड आदि देशों में अध्ययन के लिए गए। पढ़ाई करने के बाद जब वे स्वदेश लौटे तो उन्हें नौकरी के अच्छे अवसर मिले। जहां एक ओर चीनी छात्र विदेशों का रुख कर रहे थे, वहीं

विदेशी छात्र भी चीन के प्रति रुचि दिखाने लगे, क्योंकि इससे पहले तक बाहरी दुनिया के लिए चीन अनजान देश था।

इसके साथ ही 1980 में चीन में हांगकांग, थाइवान व मकाऊ के नजदीक विशेष आर्थिक क्षेत्र यानी एसईजेड स्थापित किए गए, जिनमें क्वांगतोंग प्रांत के शनचन, चुहाई व शान थोउ और फूच्यान प्रांत के स्या मन थे। इनकी सफलता के बाद देश के अन्य हिस्सों में भी एसईजेड स्थापित किए गए।

दंग श्याओ फिंग के प्रयासों और सोच का नतीजा कुछ ही वर्षों में दिखने लगा। 1978 में जहां चीन निर्यात के मामले में विश्व में 32वें स्थान पर था, वहीं 1989 तक पहुंचते-पहुंचते चीन ने अपने वैश्विक व्यापार में दोगुनी बढ़ोतरी कर ली। वह निर्यात के मामले में तेरहवें पायदान पर आ गया और 2013 में अमेरिका को पीछे छोड़कर चीन दुनिया का सबसे बड़ा व्यापारिक देश (आयात-निर्यात) बन गया।

आज चीन के पास लगभग 4 खरब डॉलर का विदेशी मुद्रा भंडार (फॉरेन एक्सचेंज रिजर्व) है, जो दुनिया में सबसे अधिक है। इतना ही नहीं, चीन कई देशों को कर्ज भी दे रहा है। पिछले कुछ वर्षों से जारी आर्थिक मंदी के बावजूद चीन की विकास-दर ठीक-ठाक चल रही है। यहां तक कि अब तो चीन अमेरिका जैसी आर्थिक महाशक्तियों को भी टक्कर देने लगा है। इसी कड़ी में विश्व बैंक के मुकाबले 'एशियाई आधारभूत संस्थापन निवेश बैंक' यानी एआईआईबी की स्थापना की जा चुकी है। भारत, जर्मनी और ब्रिटेन समेत 57 देश इसके संस्थापक सदस्यों में शामिल हैं, जिसका नेतृत्व चीन कर रहा है।

शनचन का कायाकल्प

वैसे तो चीन के कई शहरों का कायापलट 1978 में दंग श्याओ फिंग द्वारा लागू की गई आर्थिक नीतियों के बाद हुआ, लेकिन एक शहर शनचन जो कि क्वांगतोंग प्रांत में स्थिति है और हांगकांग और क्वांगचो के नजदीक बसा है, उसे दंग श्याओ फिंग की सोच का शहर कहा जाए तो गलत नहीं होगा। 1978 से पहले वह महज एक गांव था, जहां मछली पकड़ने वाले मछुआरे रहते थे और इसे शॉम छुन ह्वेई कहा जाता था, आज वह चीन का चौथा सबसे तेज विकास करने वाला शहर है। गगनचुंबी इमारतें और आधुनिक परिवहन व्यवस्था, तकनीकी केंद्र शनचन के कायाकल्प की कहानी बयां करते हैं। तमाम बड़ी तकनीकी कंपनियों के मुख्यालय शनचन में मौजूद हैं। इसे चीन का सिलिकॉन वैली भी कहा जाता है, साथ ही दक्षिणी चीन का वित्तीय केंद्र भी। इसकी आबादी एक करोड़ को पार कर चुकी है और शहर का दो हजार वर्ग किमी. से बड़े क्षेत्र में विस्तार हो चुका है।

विदेशों के लिए अपने दरवाजे खोलने वाले चीन ने सबसे पहले शनचन को ही विशेष आर्थिक क्षेत्र यानी एसईएस बनाने का फैसला किया। इसमें चीनी और विदेशी निवेशकों ने खूब पूंजी लगाई, जो पूरी तरह सफल रहा। 1990 के दशक में

शनचन दुनिया के सबसे तेजी से विकसित हो रहे शहरों में एक था। 2015 की वैश्विक वित्तीय केंद्रों की सूची में शनचन 22वें नंबर पर था। 1981 से 1993 तक शनचन की वार्षिक वृद्धि-दर 40 फीसदी थी, जबकि इस दौरान देश की औसत जीडीपी ग्रोथ 9.8 प्रतिशत थी।

नवंबर, 2015 में मुझे शनचन जाने का अवसर मिला। शनचन के केंद्र में स्थित ल्यान ह्वा शान पार्क की सुंदरता और बनावट देखकर विकास और सोच का पता चलता है। इसी पार्क के एक ऊंचे स्थान पर दंग श्याओ फिंग की 6 मीटर ऊंची कांसे की मूर्ति लगी है, जिसे वर्ष 2000 में स्थापित किया गया था। यह मूर्ति शनचन जैसे विशेष आर्थिक क्षेत्र की स्थापना और विकास में दंग की भूमिका को समर्पित है।

इसके नजदीक ही दीवार पर बड़े-बड़े चीनी अक्षरों में लिखा गया है, जिसमें दंग श्याओ फिंग का कथन अंकित है : 'शनचन का विकास दर्शाता है कि समाजवादी अर्थव्यवस्था के निर्माण का कदम सही था'।

पार्क के इस हिस्से से शनचन शहर का नजारा दिखता है। वहां पर लगी मूर्ति से मानो दंग श्याओ फिंग आसमान छूती इमारतों और विकास को देख रहे हों! पार्क से बाहर निकलने पर दूसरी जगहें भी साफ-सुथरी नजर आती हैं।

अगर शहर की परिवहन व्यवस्था की बात करें तो मेट्रो और बसों का सुविधाजनक सिस्टम है। इस शहर की परिवहन व्यवस्था बीजिंग या शंघाई को टक्कर देने वाली है। लोगों का जीवन-स्तर भी ऊंचा हो चुका है। शनचन में जहां वर्ल्ड पार्क मौजूद है, वहीं विश्व-प्रसिद्ध इमारतों के साथ आईफेल टावर से लेकर ताजमहल तक हैं। इस पार्क के जरिए चीन ने दुनिया के दूसरे देशों के विकास को भी समझने की पूरी कोशिश की है।

चीन की आसमान छूती इमारतें

दुनिया में सबसे अधिक आसमान छूती इमारतें चीन में ही हैं। इसके बाद अमेरिका का नंबर आता है। बताया जाता है कि चीन में 1014 इमारतें 150 मीटर से अधिक ऊंची हैं, जबकि 302 इमारतें 200 मीटर से अधिक ऊंची हैं। 26 इमारतें 300 मीटर से भी अधिक ऊंची हैं। वर्तमान में चीन में सबसे अधिक ऊंची बिल्डिंग शंघाई टावर चीन के वित्तीय केंद्र शंघाई में मौजूद है, जिसकी ऊंचाई 632 मीटर है और इसमें 121 मंजिलें हैं।

चीन में दो दर्जन से ज्यादा 300 मीटर से अधिक ऊंची इमारतें निर्माणाधीन हैं जिसमें शू चो में बन रही 729 मीटर ऊंची बिल्डिंग भी है, जो 137 मंजिलों की होगी। वहीं वूहान में भी 636 मीटर ऊंची बिल्डिंग का निर्माण जारी है।

शनचन में खड़ी ऊंची-ऊंची इमारतें भी बहुत कुछ कहती हैं। वर्तमान में सबसे ऊंची बिल्डिंग किंग की फाइनेंस टावर जो 100 मंजिला है, वह 442 मीटर ऊंची है,

जबकि दूसरी सबसे ऊंची बिल्डिंग है दी वांग बिल्डिंग, जिसकी ऊंचाई 384 मीटर है। लेकिन कुछ ही समय में शनचन में फिंग आन फाइनेंस सेंटर नाम की 600 मीटर ऊंची गगनचुंबी इमारत बनकर तैयार हो जाएगी, जो संभवतः दुनिया की चौथी सबसे ऊंची बिल्डिंग होगी।

वैसे 1979 में पांच मंजिला इमारत शनचन की सबसे ऊंची बिल्डिंग थी, लेकिन उसके बाद 1989 तक शहर में 300 ऊंची-ऊंची इमारतें खड़ी हो गईं। 1996 से 2006 के बीच शनचन में 200 मीटर से अधिक ऊंची 18 बिल्डिंग थीं।

दंग श्याओ फिंग का जीवन

दंग श्याओ फिंग का जन्म 22 अगस्त, 1904 में स्छवान प्रांत के क्वांग आन काउंटी में हक्का हान परिवार में हुआ था। उनके पिता मध्यवर्गीय जमींदार थे। बचपन से ही दंग श्याओ फिंग की पढ़ाई अच्छे स्कूलों में हुई। 1919 में महज 15 साल की उम्र में उन्हें छोंगछिंग के स्कूल से 80 अन्य सहपाठियों के साथ, एक वर्क-स्टडी प्रोग्राम के तहत, जहाज से फ्रांस जाने का मौका मिला। लगता है कि दंग बचपन से ही कुछ अलग सोचते थे। फ्रांस जाने से पहले जब उनके पिता ने उनसे पूछा कि वहां जाकर क्या सीखना चाहते हो, तो दंग ने जवाब दिया, 'पश्चिम से मैं ज्ञान की बातें सीखना चाहता हूं और सत्य, ताकि चीन को बचा सकूं।' शायद छोटी उम्र में ही उन्हें अहसास हो गया था कि देश को बचाने के लिए आधुनिक शिक्षा-व्यवस्था जरूरी है।

फ्रांस जाने के बाद दंग की मुलाकात चाउ-इन-लाइ व अन्य चीनी छात्रों से हुई। उनके प्रभाव में आने पर दंग ने मार्क्सवाद का अध्ययन शुरू किया और राजनीतिक रूप से सक्रिय हो गए। 1921 में उन्होंने यूरोप में कम्युनिस्ट यूथ लीग ज्वॉइन की। 1924 में वे चीनी कम्युनिस्ट पार्टी के सदस्य बने और यूरोप में यूथ लीग के अहम सदस्यों में से एक हुए। 1926 में दंग सोवियत संघ चले गए और मॉस्को में सुन यात सेन यूनिवर्सिटी में पढ़ाई की, जहां च्यांग काय शेक के बेटे च्यांग छिंग क्वु उनका क्लासमेट था। 1927 में दंग श्याओ फिंग चीन लौट आए, और उत्तर-पश्चिम चीन में सेना ज्वाइन की। इसके बाद क्वोमिनतांग के साथ हुए संघर्ष के चलते उन्हें भागना पड़ा। 1929 में उन्होंने क्वांगसी में क्वोमिनतांग के खिलाफ चल रहे संघर्ष में हिस्सा लिया। इसके बाद वे उत्तर-पश्चिम चीन से वूहान चले गए, जहां उनकी मुलाकात माओ से हुई। इस दौरान च्यांग काय शेक की सेना ने कई कम्युनिस्टों को मार डाला। क्रांति और नए चीन की स्थापना से पहले दंग ने कई आंदोलनों में शिरकत की। 1949 के बाद माओ के नेतृत्व में उन्हें कई अहम जिम्मेदारियां दी गईं। 1949 में कम्युनिस्ट सेना ने क्वोमिनतांग को छोंगछिंग में हराने में सफलता हासिल की, जिसका नेतृत्व दंग के हाथों में था। उसके बाद दंग छोंगछिंग के मेयर बने। 1952 में दंग बीजिंग आ गए, और उन्हें उपप्रधानमंत्री बनाया

गया। इसके साथ कुछ अन्य जिम्मेदारियां भी दी गईं। लेकिन दो साल के बाद उन्हें दूसरे पदों से हटा दिया गया। हां, वह उपप्रधानमंत्री बने रहे।

दंग श्याओ फिंग पहले से ही आर्थिक सुधारों की वकालत करते रहे थे, ऐसे में 1960 के दशक में माओ को अंदेशा हुआ कि कहीं दंग और दूसरे नेताओं की नीतियों से पूंजीवाद न आ जाए, जिससे क्रांति का अस्तित्व खतरे में पड़ सकता है। इसी बीच 1966 में बहुचर्चित सांस्कृतिक क्रांति का दौर शुरू हुआ। इस दौरान दंग श्याओ फिंग को सभी पदों से हटा दिया गया और इलाके में एक फैक्टरी में मजदूर के तौर पर काम करने भेज दिया गया। वहां रहने के चार सालों में दंग श्याओ फिंग लेखन का काम करते रहे। 1976 तक पार्टी के भीतर गैंग ऑफ फोर व माओ द्वारा उनकी आलोचना होती रही, लेकिन 9 सितंबर, 1976 में जब माओ का निधन हो गया तो दंग की शक्तियों में इजाफा हो गया।

1978 के बाद दंग के नेतृत्व में ओपन पॉलिसी लागू हुई। माओ के निधन से लेकर 1992 तक दंग श्याओ फिंग ने जो कुछ किया, वह सभी के सामने है।

19 फरवरी, 1997 को फेफड़ों में हुए संक्रमण के चलते दंग श्याओ फिंग का बीजिंग में निधन हो गया।

माओ के चीन में दौड़ रही है पूंजी

भारत के गणराज्य बनने से सिर्फ एक साल पहले यानी 1949 में गठित नए चीन ने पिछले छह दशकों में न केवल विकास के क्षेत्र में जबर्दस्त कामयाबी हासिल की, बल्कि अंतर्राष्ट्रीय राजनीति में भी अपनी स्थिति काफी मजबूत कर ली है। उसने औद्योगिकीकरण, शहरीकरण के साथ-साथ जहां बाजारीकरण के क्षेत्र में अहम सफलता पाई है, वहीं सामाजिक-आर्थिक विकास में भी गति पकड़ी है। अपने आजाद होने के बाद उसकी इकोनॉमी में 77 गुना इजाफा हो चुका है। इसमें हर साल लगभग 8.1 प्रतिशत की बढ़ोतरी हो रही है। प्रति व्यक्ति जीडीपी 32.4 गुना बढ़ गई है।

अंतर्राष्ट्रीय व्यापार में भी काफी इजाफा हुआ है। 1949 में जहां वह केवल 1.13 अरब अमेरिकी डॉलर था, आज वह 2561.6 अरब डॉलर तक जा पहुंचा है।

1 अक्टूबर, 1949 को माओ के नेतृत्व में चीनी गणराज्य की नींव रखी गई थी। उस दौर में भारत और चीन के रिश्ते उतार-चढ़ाव भरे रहे। कभी तनाव, तो कभी शांति। पिछले कुछ वर्षों में दोनों देशों के राजनीतिक, आर्थिक संबंधों में सुधार आया है। लेकिन चीनी प्रधानमंत्री वेन जियाबाओ ने राष्ट्रीय दिवस की पूर्व संध्या पर जो संदेश दिया है, उसमें भारत के बारे में एक शब्द भी नहीं कहा। इससे यह संकेत मिलता है कि चीन भारत के साथ अपने रिश्तों को ज्यादा हवा नहीं देना चाहता है।

1962 के युद्ध के बाद दोनों देशों के संबंध कई बार सुधरते दिखे। 1979 में तत्कालीन सोवियत संघ द्वारा अफगानिस्तान पर आक्रमण के बाद भारत और चीन ने रिश्ते सुधारने की कोशिश की थी। तब चीन ने पाकिस्तान के प्रति अपने नरम रुख में कुछ बदलाव किया था और भूटान, सिक्किम आदि मामलों में भी उसके नजरिये में कुछ लचीलापन आया था। नब्बे के दशक में दोनों देशों के संबंधों में ज्यादा सुधार दिखाई दिए, जब चीनी प्रमुख ली पेंग भारत आए और इसके बाद राष्ट्रपति आर. वेंकटरमण ने चीन की यात्रा की, पर दोनों देशों के बीच दशकों से जारी सीमा-विवाद अब तक सुलझ नहीं पाया है।

भारत व चीन लगभग साथ-साथ आजाद हुए, मगर दो दशक पहले तक गरीबों की बड़ी जमात वाला चीन काफी कुछ बदल चुका है। शंघाई, बीजिंग आदि बड़े शहरों में चालीस मंजिली इमारतों व साइकिल की जगह महंगी कारों, सबवे ट्रेनों, खूबसूरत बसों ने ले ली है। तकनीक के मामले में चीन आज पश्चिमी देशों को भी पीछे छोड़ रहा है। अंग्रेजी से परहेज कम हो चुका है। नई पीढ़ी को अमेरिकी उच्चारण वाली अंग्रेजी सीखते देखा जा सकता है यानी माओ के सपनों का चीन आज पूंजीवाद को अपनाने में जरा भी संकोच नहीं कर रहा है। वर्ष 1980 तक महज 9 लाख 60 हजार करोड़ रुपये से कम जीडीपी वाला चीन 2014 में 10354.80 बिलियन डॉलर तक के सकल घरेलू उत्पाद पर पहुंच चुका है।

चीनी विज्ञान अकादमी द्वारा प्रकाशित चाइना मॉडर्नाइजेशन रिपोर्ट की मानें, तो वर्ष 2020 तक चीन विकसित देश हो जाएगा और वर्ष 2080 तक दुनिया का बादशाह बन जाएगा। इस रिपोर्ट में दम भी लगता है। शिक्षा, स्वास्थ्य, विज्ञान, तकनीकी से लेकर खेल व संस्कृति सहित तमाम क्षेत्रों की यहां प्रतिभाओं की कद्र की जाती है। देश के हर प्राइमरी स्कूल में खेल पर विशेष ध्यान दिया जाता है। पिछले ओलंपिक में चीन ने सबसे अधिक 51 स्वर्ण पदक जीतकर यह साबित भी कर दिया है।

हालांकि खुद को आर्थिक विकास की दौड़ में बनाए रखने तथा विकसित देश बनने के मार्ग में चीन को कई तरह की चुनौतियों का सामना करना पड़ रहा है। शहरी चकाचौंध से इतर ग्रामीण क्षेत्रों की गरीबी, बेरोजगारी भी उसे चिंतित किए हुए है। पर्यावरण को साफ-सुथरा रखना राष्ट्रपति हु जिन ताओ के लिए मुश्किल काम है। माओ के दोभाषिए रहे चीनी विद्वान सिडनी रिटेनबर्ग के मुताबिक, इस देश का आकार इतना बढ़ गया है कि इसे संभालना गंभीर चुनौती है। अमीरों व गरीबों के बीच खाई लगातार चौड़ी हो रही है। कई अन्य चीनी विशेषज्ञ मानते हैं कि बेरोजगारी की बढ़ती समस्या चीन के लिए अच्छा संकेत नहीं है। करीब 1.37 अरब की आबादी कम्युनिस्ट सरकार के लिए बोझ बन रही है और वर्ष 2050 तक 65 की उम्र पार कर चुके लोगों की संख्या कुल आबादी की एक-चौथाई हो जाएगी।

ग्रामीण क्षेत्रों में बेरोजगारों की संख्या 20 करोड़ तक जा पहुंची है, जो शहरों की ओर पलायन करना चाहते हैं। दुनिया की आबादी की लगभग 38 फीसदी जनसंख्या वाले चीन और भारत की जीडीपी वृद्धि–दर भी प्रगति पर है। चीन तो विश्व की दूसरी सबसे बड़ी आर्थिक शक्ति है, उसकी जीडीपी दर आठ प्रतिशत के करीब है, तो भविष्य में तीसरे नंबर पर आने की उम्मीद लगाए भारत में यह दर सात फीसदी आंकी गई है।

बहरहाल, चीन आज दुनिया में एक शक्तिशाली देश के रूप में खड़ा है, लेकिन राजनीतिक तौर पर आधुनिक व्यवस्था के रूप में अभी उसे खुद को साबित करना होगा।

[अमर उजाला, 10 अक्टूबर, 2009]

नया चीन

नया चीन

किसी भी देश के विकास और प्रगति में उस देश के नागरिकों की अहम भूमिका होती है, क्योंकि कोई भी नियम या आदेश को तब तक धरातल पर उतारा नहीं जा सकता, जब तक कि आम लोग उसके बारे में सजग न हों। साथ ही कानून का भय भी जरूरी है। चीनी लोगों में यह साफ दिखता है। चीन के बारे में दुनिया में कोई भी विशेषज्ञ अगर बात करता है तो सबसे पहले चीन में हुए तेज विकास और तरक्की पर चर्चा करता है। 1979 के बाद चीन ने तीन दशकों में देश का जो कायाकल्प किया है, वह किसी को भी आश्चर्य में डाल सकता है। दुनिया के विकसित देशों ने जो विकास सौ साल से अधिक समय में किया, वह चीन ने कुछ ही दशकों में कर डाला। छोटे शहर हों या बड़े, आसमान छूती इमारतें विकास की कहानी बयान करती हैं। वहीं चौड़ी-चौड़ी सड़कें भी आपको हैरान कर सकती हैं।

दुनिया की सबसे अधिक आबादी वाले देश का प्रबंधन करना आसान नहीं होता। भले ही चीन के बाहर दूसरे देश चीन की आलोचना करते हैं या नकारात्मक बात करते हैं, लेकिन इस देश में कुछ तो ऐसा है, जो आपको सोचने को मजबूर करता है कि आखिर विकास हुआ कैसे। लोगों की आर्थिक स्थिति और रहन-सहन के तरीके को देखकर भी सहज अनुमान लगाया जा सकता है। अमेरिका, यूरोप, एशिया व अफ्रीका के देश चीन की तरफ आर्थिक मदद की आस लगाकर देखते हैं। यह भी जान लेना चाहिए कि चीन के पास लगभग 4 ट्रिलियन डॉलर का फॉरेन एक्सचेंज रिजर्व है। ऐसे में चीन कई देशों में भारी निवेश कर रहा है।

सत्तर के दशक तक राजधानी बीजिंग में सड़कों पर साइकिलों का राज हुआ करता था। बीजिंग को साइकिलों का शहर भी कहा जाता था। जहां भी नजर दौड़ाओ, साइकिल चलाते हुए लोग दिखते थे। लेकिन कुछ ही दशकों में नजारा पूरी तरह बदल चुका है।

सत्तर के दशक के दौरान भारत का आर्थिक पैमाना चीन से व्यापक था, लेकिन वर्तमान में चीन कई गुना आगे निकल चुका है। विश्व में दूसरे नंबर की आर्थिक शक्ति बन चुका है। माना जा रहा है कि आने वाले 20 सालों में चीन दुनिया की सुपर पावर बन जाएगा। विश्व में सबसे शक्तिशाली अमेरिका भी चीन की तरक्की से घबरा रहा है। न केवल आर्थिक रूप से ही चीन सशक्त हो चुका है, बल्कि राजनीतिक तौर पर भी चीन अहम भूमिका निभा रहा है।

चीन को विश्व का मैन्युफैक्चरिंग हब भी कहा जाता है। दुनिया के बड़े-बड़े ब्रांड्स, चाहे वह किसी देश के क्यों न हों, उनमें 'मेड इन चाइना' लिखा हुआ दिखेगा।

रेलवे में भी क्रांति

चीन में हुआ यह क्रांतिकारी बदलाव किसी एक सेक्टर या क्षेत्र में नहीं बल्कि सभी जगहों पर देखा जा सकता है। रेलवे की बात करें तो आज चीन दुनिया के चुनिंदा देशों में शामिल है, जहां रेल का सफर सुरक्षित कहा जा सकता है, वह भी रफ्तार के साथ। आम तौर पर चीनी रेलों की गति 300 किमी. प्रति घंटे की है, जबकि सबसे तेज ट्रेन एक घंटे में लगभग 400 किमी. दूरी तय करती है। दुनिया में 10 हजार किमी. का सबसे लंबा हाई स्पीड रेल नेटवर्क भी चीन में ही है। हाल के वर्षों में चीन ने जिस तेजी से आधुनिक रेलवे तंत्र का निर्माण किया है, वह भारत सहित दूसरे देशों के लिए एक सबक है। नए चीन की स्थापना के बाद रेलवे के निर्माण और विकास पर जोर देना शुरू किया गया, लेकिन 2015 आते-आते चीन न केवल अपने देश बल्कि दूसरे देशों में भी रेल लाइन और तकनीक उपलब्ध कराने का काम करने लगा है। चीन इसे रेल रोड डिप्लोमेसी का नाम भी दे रहा है। चीन में विश्व के सबसे लंबे हाई स्पीड रेलमार्ग की लंबाई दिसंबर, 2015 तक 19 हजार किमी. पहुंच चुकी है।

चीन की तकनीक जापान और यूरोपीय देशों के मुकाबले सस्ती है। यही वजह है कि कई देश चीन के प्रति रुचि दिखा रहे हैं। विश्व बैंक के अनुमान के मुताबिक, चीन द्वारा तैयार की जाने वाली सबसे तेज ट्रेन की कीमत लगभग 17 से 21 मिलियन डॉलर तक प्रति किमी. होती है, जबकि यूरोप में इसके लिए ज्यादा खर्च करने होते हैं, वहीं कैलीफोर्निया में यह दर 52 मिलियन डॉलर प्रति किमी. तक होती है।

विश्लेषक कहते हैं कि अब चीन रेलवे कंस्ट्रक्शन और इक्विपमेंट के मामले में कीमत और तकनीक के लिहाज से विश्व में प्रतिस्पर्धी बन चुका है। चीन की प्रमुख रेल कंपनी चाइना रेलवे कंस्ट्रक्शन कॉरपोरेशन (सीआरसीसी) ने साल 2014 के पहले नौ महीनों में विदेशों में रेल अनुबंध के लिए करीब 115 अरब युआन खर्च किए, और मई, 2015 में ही कंपनी ने विदेशी प्रबंधन और ऑपरेशंस के समन्वय के लिए एक यूनिट स्थापित की। इससे स्पष्ट तौर पर जाहिर होता है कि चीन इस दिशा में किस गति से काम कर रहा है।

इस साल के आखिर तक चीन का रेल नेटवर्क एक लाख 20 हजार किमी. पहुंचने की उम्मीद है, बावजूद इसके अंतर्राष्ट्रीय स्तर पर होने वाली कमाई के मामले में चीनी कंपनियां जर्मनी की होचटिएफ और अमेरिका की बेकटेल से पीछे

हैं। चीन विदेशों में अपनी पहुंच बढ़ाने के लिए दो प्रमुख रेल कंपनियों—सीसीआर और सीएनआर—का मर्जर भी करने जा रहा है। वर्तमान में चीन के लगभग 12 देशों में रेल प्रोजेक्ट चल रहे हैं।

उधर अफ्रीका के सबसे ज्यादा जनसंख्या वाले देश नाइजारिया में चीन ने हाल ही में एक आधुनिक रेल लाइन का निर्माण किया है, जिसके एक हिस्से पर आवागमन शुरू हो चुका है। चीन का कहना है कि यह उसके द्वारा अफ्रीका में तैयार पहली आधुनिक लाइन है।

गौरतलब है कि चीन ने गत वर्ष जनवरी से अक्टूबर तक मलेशिया, थाइलैंड आदि देशों में रेल लाइनों और बेहतर तकनीक मुहैया कराने के लिए 590 अरब युआन का निवेश किया। इसके साथ ही चीन ने यूरोप और एशिया को जोड़ने वाले देशों में इंफ्रास्ट्रक्चर के निर्माण के लिए 40 अरब डॉलर के सिल्क रूट फंड का ऐलान किया है। चीन इसलिए भी विदेशों में निवेश के लिए उत्सुक है, क्योंकि उसके पास 4 ट्रिलियन डॉलर का फॉरेन एक्सचेंज रिजर्व है, जो कि जापान से तीन गुना और अमेरिका से आठ गुना अधिक है। यह बात भी महत्त्वपूर्ण है कि चीन के इस रिजर्व में वर्ष 2005 से 2013 के बीच चार गुना बढ़ोतरी हुई।

वैसे पिछले साल दिसंबर में चीन ने 32 नई हाई स्पीड रेल मार्गों के निर्माण को मंजूरी दी, इसमें क्वांगतोंग प्रांत की राजधानी क्वांगचो से शंघाई के बीच 1,780 किमी. लंबा रेल मार्ग भी शामिल है। इसके बन जाने से क्वांगचो से शंघाई की दूरी 16 घंटे के बजाय 7 घंटों में पूरी हो जाएगी, जबकि शिंच्यांग में भी हाई स्पीड रेल मार्ग शुरू किया जा चुका है।

भारत का उल्लेख करें तो पिछले साल सत्ता में आने के बाद नरेंद्र मोदी ने कई चीजों पर विशेष जोर दिया है, उसमें स्वच्छता अभियान और रेल आधुनिकीकरण भी शामिल है। मोदी सरकार इससे अच्छी तरह वाकिफ है कि रेल का विकास किए बिना देश को आगे नहीं ले जाया जा सकता है। इसके लिए औपनिवेशिक दौर की ट्रेनों को रफ्तार तो देनी ही होगी—भले ही भारत एशिया की तीसरी सबसे बड़ी अर्थव्यवस्था हो और दुनिया की दूसरी सबसे बड़ी आबादी वाला देश हो।

सड़क और रेल दुर्घटनाएं यहां अक्सर होती हैं, वह भी तब जबकि भारत में ट्रेनों की सबसे तेज स्पीड 150 किमी. प्रति घंटा के आसपास है। वहीं साफ-सफाई और तकनीक की दृष्टि से भी भारतीय रेल बहुत पीछे है। सर्दियों के दिनों में घने कोहरे के चलते ट्रेनों का घंटों लेट होना आम बात है। चीनी राष्ट्रपति की भारत-यात्रा के दौरान इस दिशा में पहल भी हुई है। जहां एक ओर भारत जापान से मदद ले रहा है, वहीं चीन से भी उसने निवेश और तेज गति की रेल लाइन आदि के निर्माण में सहयोग मांगा है। दिल्ली से चेन्नई के बीच प्रस्तावित हाई स्पीड रेल मार्ग के निर्माण के लिए चीनी कंपनियां अध्ययन में जुट गई हैं।

चीनी राष्ट्रपति के भारत दौरे के वक्त चीन ने भारत को रेलवे के क्षेत्र में निवेश और मदद का ऐलान किया। चीनी रेल कंपनी भारत में ट्रेनों के आधुनिकीकरण, ट्रेन व स्टेशनों के निर्माण और हाई स्पीड ट्रेन के संचालन में मदद देगी। गत दिसंबर महीने में भारतीय रेलवे के कुछ अधिकारियों ने बीजिंग की च्यावथोंग यूनिवर्सिटी में ट्रेनिंग कोर्स लिया। इस दौरान उन्होंने चीन में ट्रेनों के संचालन, तकनीक, रख-रखाव, मॉनिटरिंग और ट्रैफिक कंट्रोल आदि का बारीक अध्ययन किया। भारतीय अधिकारी चीन के रेलवे सिस्टम आदि को देखकर बहुत प्रभावित हुए। उन्होंने बीजिंग-थ्येनचिन हाई स्पीड ट्रेन में भी सफर किया और शानसी में रेलवे ब्यूरो का दौरा भी किया। अगले दो सालों में भारत से इस तरह के चार बैच और चीन जाकर अध्ययन करेंगे।

चीन के शनचन में एशिया का सबसे बड़ा भूमिगत रेलवे स्टेशन भी चालू हो चुका है। दक्षिणी चीन के क्वांगचो से हांगकांग के बीच हाई स्पीड रेल भी चलने लगी है। इस लाइन का संचालन शुरू होने से क्वांगचो से हांगकांग पहुंचने में महज 30 मिनट से भी कम समय लगेगा।

चीन जिस तरह हाई स्पीड और बुलेट ट्रेनों का संचालन व रखरखाव कर रहा है, उससे सीखने की जरूरत है। चीन की ट्रेनें बहुत सुरक्षित हैं और आरामदेह भी। मैं अब तक कई बार ट्रेन से सफर कर चुका हूं। मुझे यहां के रेलवे सिस्टम ने बहुत प्रभावित किया है।

सबसे पहले मैं बात रेलवे स्टेशनों की करूंगा। 2009 में बीजिंग पहुंचने के कुछ समय बाद मुझे ट्रेन के जरिए यात्रा करने का मौका मिला। उस वक्त मुझे चीनी भाषा में पढ़ने और बोलने आदि में बहुत मुश्किल आती थी। मैंने अपने घर से ट्रेन स्टेशन तक के लिए एक टैक्सी ली। लगभग आधे घंटे में जैसे ही मैं पहुंचने वाला था, मुझे लगा कि टैक्सी वाला मुझे गलत जगह पर ले आया है। उसने एयरपोर्ट की तरह आधुनिक बिल्डिंग के आगे रोककर बोला कि उतर जाओ। मुझे लगा कि यह मुझे एयरपोर्ट क्यों ले आया, शायद यह कुछ गलत समझ बैठा है। लेकिन टैक्सी से उतरने के बाद मैंने देखा कि यह रेलवे स्टेशन ही था, जो पूरी तरह आधुनिक बनाया गया था। स्टेशन के अंदर प्रवेश आदि के लिए एयरपोर्ट की तरह का सिस्टम था। साफ-सफाई होने के साथ-साथ हर लिहाज से वह स्टेशन आदर्श कहा जा सकता है।

यह तो मेरा अनुभव था चीन के किसी ट्रेन स्टेशन में जाने का। लेकिन उसके बाद भी मैं कई स्टेशनों में जा चुका हूं। उनका रख-रखाव, साफ-सफाई व सुविधाएं देखने लायक होती हैं। ट्रेन स्टेशन में प्रवेश करने के लिए यात्री को टिकट के साथ अपना नेशनल आईडी कार्ड दिखाना होता है। फिर सामान आदि की स्कैनिंग होती है। इसके पश्चात् संबंधित यात्री वेटिंग रूम में जाते हैं। वेटिंग रूम में गेट के चेक-इन टाइम की घोषणा का इंतजार करना होता है। और प्लेटफॉर्म में प्रवेश सिर्फ 10

मिनट पहले ही किया जा सकता है। इसके लिए भी टिकट दिखाना जरूरी होता है। ट्रेन पहुंचने के बाद किसी को भी अपनी सीट पाने के लिए आपाधापी नहीं करनी होती है, क्योंकि निर्धारित व्यक्ति ही अपनी सीट पर बैठ सकता है। ट्रेन के डिब्बे में प्रवेश करते वक्त भी रेलवेकर्मी टिकट दिखाने के लिए कहते हैं, यानी बिना टिकट या गलत टिकट पर यात्रा करने की कोई गुंजाइश नहीं होती। बिना टिकट यात्रा करने वाले पर जुर्माना लगाया जाता है।

डिब्बे में चढ़ने के कुछ ही मिनटों में ट्रेन के स्वचालित दरवाजे बंद हो जाते हैं और ट्रेन नियत समय पर चल पड़ती है। ट्रेनों के अंदर टॉयलेट आदि पूरी तरह साफ-सुथरे होते हैं, जबकि बार-बार सफाईकर्मी डिब्बे के अंदर डस्टबिन और पोंछे का कपड़ा लेकर आते रहते हैं। इस तरह गंदगी या कूड़ा कहीं पर भी नहीं मिल सकता।

सबसे बड़ी बात मैंने चीन में ट्रेन-यात्रा के दौरान महसूस की, वह है समय की पाबंदी। ट्रेनें नियत समय पर चलती हैं और निर्धारित समय पर अपने गंतव्य स्थल पर पहुंचती हैं। इस तरह पूरी यात्रा बिना किसी मुश्किल के खत्म हो जाती है। ट्रेन से उतरने के बाद भी यात्रियों को स्टेशन से बाहर जाते समय अपना टिकट दिखाने की आवश्यकता होती है।

विज्ञान और तकनीक

चीन के आर्थिक विकास के साथ उसकी विज्ञान और तकनीक की स्थिति भी मजबूत हुई है। चीन आज आधुनिक हथियारों से लेकर विमान तक तैयार करने लगा है।

इतना ही नहीं, चीन की योजना वर्ष 2022 तक चांद पर स्थायी अंतरिक्ष स्टेशन स्थापित करने की है, जो कि चंद्रमा को रहस्यों को खोजने में मदद देगा। चीन अगले दो दशकों में विज्ञान व तकनीक के क्षेत्र में भी प्रमुख शक्ति बन सकता है।

किसी देश के विकास और वैश्विक स्तर पर उसकी हैसियत इस सेक्टर में उसकी उपलब्धियों से भी आंकी जाती है। पिछले कुछ दशकों से चीन ने विज्ञान, तकनीक व रिसर्च पर विशेष ध्यान दिया है। इसका नतीजा हमारे सामने है।

2011 में चीन में रिसर्च और डेवलपमेंट पर खर्च जीडीपी का 1.79 प्रतिशत था, वर्ष 2012 में चीन ने शोध और विकास पर 164 अरब डॉलर खर्च किया, जो कि उसके जीडीपी का लगभग 1.93 प्रतिशत था। वहीं इसी साल अमेरिका ने 447 अरब डॉलर खर्च किया, जो कि अमेरिकी जीडीपी का 2.8 प्रतिशत था। चीन का खर्च 2013 में बढ़कर जीडीपी का 2.01 फीसदी हो गया और अब रिसर्च पर 2020 तक 2.5 प्रतिशत लक्ष्य है। मंदी के बावजूद जिस गति से चीन की विकास-दर में वृद्धि जारी है, उसी अनुपात में शोध और विकास कार्यों में भी खर्च बढ़ेगा। जानकारों का कहना है कि 2022 तक चीन इस मामले में अमेरिका को पीछे छोड़ देगा।

चीन सरकार यह समझती है कि तकनीकी अन्वेषणों से तमाम चुनौतियों से निपटा जा सकता है। इसमें प्रदूषण की समस्या से वैज्ञानिक तरीके से निपटना भी प्रमुख है। वहीं देश में बढ़ रही गरीबी और अमीरी की खाई को पाटना भी जरूरी है।

यहां बता दें कि चीन ने 2006 में अपना स्वदेशी नवाचार अभियान लांच किया, जिसका उद्देश्य 2020 तक चीन को विज्ञान के क्षेत्र में पावर हाउस बनाना है। इसमें बड़ी संख्या में स्किल्ड मैन पावर पर जोर दिया जाएगा। 2014 में चीन में ग्रेजुएट छात्रों की संख्या 70 लाख से अधिक थी, जो कि 2001 से 1.1 प्रतिशत अधिक रही। ऐसे में चीन सरकार विदेशों में काम कर रहे वैज्ञानिकों को वापस लाने की कोशिश में जुटी है।

चीन के वैज्ञानिक और शिक्षाविद् दुनिया में किस तरह आगे बढ़ रहे हैं, इसका उदाहरण यह है कि 1995 में साइंस और इंजीनियरिंग पेपर्स प्रकाशन के मामले में जहां चीन 14वें नंबर पर था, वहीं 2007 में दूसरे स्थान पर आ गया। पहले नंबर पर अमेरिका था।

साल 2014 में अमेरिका के नेशनल एकेडमी ऑफ साइंसेज में प्रकाशित अध्ययन के मुताबिक 1980 से विज्ञान और तकनीक के क्षेत्र में चीन की भूमिका तेजी से बढ़ी। यह अध्ययन मिचीगन यूनिवर्सिटी व पेकिंग यूनिवर्सिटी के शोधकर्ताओं ने मिलकर किया था। 1991 से चीन में रिसर्च एंड डेवलपमेंट पर खर्च में बढ़ोतरी दर्ज की गई। जहां 1991 में इस पर खर्च जीडीपी का 0.7 प्रतिशत था, वहीं 2010 में बढ़कर 1.8 फीसदी हो गया। 2010 में अमेरिका का 2.8 प्रतिशत था। लेकिन इस दौरान चीन में साइंस व इंजीनियरिंग के क्षेत्र में इंजीनियरों का प्रतिशत अमेरिका से अधिक था।

साल 2010 में चीन में इंजीनियरों की संख्या 24 लाख थी, जो कि साइंस और इंजीनियरिंग सेक्टर में काम करने वाले 32 लाख लोगों का तीन-चौथाई है, वहीं अमेरिका के 14 लाख इंजीनियर थे, जो साइंस और इंजीनियरिंग फील्ड के 43 लाख लोगों का 33 फीसदी थे।

यह कहना गलत नहीं होगा कि चीन ने खुलेपन की नीति लागू होने के बाद विज्ञान और तकनीक के क्षेत्र में बहुत प्रगति की है। इसमें चीन की बड़ी आबादी की भूमिका अहम है, वहीं चीनी मूल के वैज्ञानिक विदेशों से स्वदेश वापस लौटते रहे हैं, जबकि हमारे यहां विज्ञान के क्षेत्र में निवेश करने व तकनीक पर जोर देने आदि में केंद्र सरकार का सीधा हस्तक्षेप रहता है। हालांकि इस सेक्टर में भी भ्रष्टाचार व धोखाधड़ी बड़े मुद्दे हैं, जिनसे निपटने की कोशिश की जा रही है।

चीन की ऊंची उड़ान

साल 1900 की बात करें तो चीन उस वक्त विज्ञान और तकनीक के क्षेत्र में बहुत पीछे था। माना जाता है कि उस दौरान चीन में गिनती के लोगों को ही गणना (कैलकुलेट) करना आता था। लेकिन 2015 तक पहुंचते-पहुंचते चीन अंतरिक्ष स्टेशन स्थापित करने की योजना तैयार करने में लगा है।

वर्ष 1955 में कॉमरेड माओ-त्से-तुंग के नेतृत्व में चीन का परमाणु हथियार कार्यक्रम लागू किया गया। इसमें जोर दिया गया कि चीन को अब न केवल हवाई जहाज और तोप की जरूरत है, बल्कि परमाणु हथियारों की भी आवश्यकता है। इसके अगले ही वर्ष चीन ने अंतरिक्ष के लिए अपना बारह वर्षीय कार्यक्रम चालू किया, जिसमें मिसाइल के विकास का काम भी शामिल था। शीत-युद्ध के परिप्रेक्ष्य में चीनी नेता चाहते थे कि चीन अपना मिसाइल रक्षा-तंत्र विकसित करे। इसके साथ चीन ने अपने अंतरिक्ष प्रोग्राम को मजबूत करना शुरू किया।

हालांकि चीन आधिकारिक तौर पर मानता है कि सांस्कृतिक क्रांति के दौर में चीन में आर्थिक और वैज्ञानिक तौर पर कोई प्रगति हासिल नहीं हुई। लेकिन चेयरमैन माओ के निधन और ओपन पॉलिसी लागू होने के बाद फिर से विज्ञान और तकनीक की ओर विशेष ध्यान दिया गया। उसके बाद चीन ने विज्ञान और तकनीक के क्षेत्र में बहुत तेजी से काम करना शुरू किया। आर्थिक उदारीकरण की नीति लागू होने के तीस सालों में यानी साल 2000 तक चीन के सरकारी संस्थानों में 29.26 लाख पेशेवर तकनीकी जानकार थे, जिनमें लगभग 28 लाख विज्ञान व तकनीकी कार्यों से जुड़े थे।

अगला पड़ाव : अंतरिक्ष

1978 के बाद चीन के विज्ञान व तकनीक और अंतरिक्ष प्रोग्राम का बहुत विकास हुआ। 1993 में चीन ने राष्ट्रीय अंतरिक्ष ब्यूरो की स्थापना की। इसका असर भी जल्द ही दिखने लगा। यह वह समय था, जब चीन में आर्थिक विकास जोरों पर था। अंतरिक्ष ब्यूरो की स्थापना के छह वर्षों में ही चीन ने 20 नवंबर, 1999 को अपने अंतरिक्ष यान शनचो-1 लांच किया। यह मौका इसलिए चुना गया, क्योंकि इस साल नए चीन की स्थापना की पचासवीं वर्षगांठ भी मनाई जा रही थी। 2001 और 2002 में भी चीन ने मानवरहित अंतरिक्ष यान सफलतापूर्वक छोड़े। लेकिन चीन के इतिहास में एक बड़ा मौका साल 2003 में आया, जब चीन ने शनचो-5 अंतरिक्ष यान में अंतरिक्ष यात्री को सफलतापूर्वक भेजा। ऐसा करने वाला चीन विश्व का तीसरा देश बना। इसके पश्चात् चीन ने चंद्रमा के रहस्य को खोजने में जोर दिया और 2007 में चीन का पहला चांद अन्वेषण कार्यक्रम लांच किया गया।

इसके साथ ही चीन ने 2008 में शनचो-7 स्पेस क्राफ्ट छोड़ा, जो चीन का तीसरा समानव मिशन था, लेकिन इसकी सबसे खास बात यह रही कि किसी चीनी अंतरिक्ष यात्री ने पहली बार अंतरिक्ष में स्पेस वॉक की। वहीं दिसंबर, 2013 में चीन का उपग्रह छांग अ-3 चांद पर पहुंचा। 2016 में चीन थ्यान कोंग-2 अंतरिक्ष प्रयोगशाला भी लांच करने वाला है। इस तरह अंतरिक्ष में अपनी ताकत दिखाने की चीन की कोशिश जारी है।

चीनी जनप्रतिनिधि सभा की राष्ट्रीय समिति के मुताबिक, 2018 में चीन योजनानुसार अंतरिक्ष स्टेशन का प्रक्षेपण करेगा, जबकि 2022 में चांद पर स्थायी

स्टेशन का निर्माण पूरा हो जाएगा। इस काम में चीन दूसरे देशों के वैज्ञानिकों का सहयोग भी ले रहा है। लेकिन माना जा रहा है कि जब तक चीन स्थायी स्टेशन का निर्माण करेगा, तब तक अंतर्राष्ट्रीय अंतरिक्ष स्टेशन पैसों की कमी से जूझ रहे होंगे। ऐसे में चीन का महत्त्व और बढ़ जाएगा।

जानकार कहते हैं कि चीन अगले दो दशकों में विज्ञान व तकनीक के क्षेत्र में भी प्रमुख शक्ति बन सकता है।

चीन में कृषि उत्पादन

चीनी अर्थव्यवस्था और कृषि का चीन और विश्व में व्यापक योगदान है। भारत की तरह चीन भी कृषिप्रधान देश है। 30 करोड़ से अधिक किसान देश की अर्थव्यवस्था में अहम भूमिका निभाते हैं। चीन में होने वाले उत्पादन से विश्व के 20 प्रतिशत जनसंख्या को भोजन उपलब्ध होता है, हालांकि चीन में दुनिया की कृषि योग्य भूमि का महज 10 प्रतिशत है। भूमि का इस्तेमाल मुख्य तौर पर फसलें और सब्जियां उगाने में किया जाता है। चीन में प्रमुख तौर पर चावल, गेहूं, जौ, सोयाबीन, आलू, टमाटर, मूंगफली, चाय और कपास आदि का उत्पादन होता है।

नए चीन की स्थापना के बाद चीन में जमीन का इस्तेमाल निर्माण-कार्यों के लिए किया गया। इस तरह कृषि योग्य भूमि का भी बड़ा हिस्सा काम में लिया गया। इस तरह बीस प्रतिशत भूमि (1/5) चली गई। इतना ही नहीं, चीन में कुल भूमि का दस से पंद्रह प्रतिशत भाग ही खेती के काम में प्रयोग होता है, जबकि भारत में कुल भूमि का 50 प्रतिशत हिस्सा कृषि में इस्तेमाल होता है। चीन में 5,45,960 वर्ग किमी. सिंचित भूमि है। चीन की चालीस प्रतिशत फसलों वाली जमीन सिंचित है, जबकि भारत में 23 प्रतिशत है। लेकिन प्रति एकड़ औसत पैदावार के मामले में चीन भारत से दुगुना ज्यादा है। हां, चीन के खेतों में दुनिया के किसी भी देश से अधिक खाद डाली जाती है।

चीन की बड़ी जनसंख्या को देखते हुए सभी लोगों के लिए भोजन उपलब्ध कराना एक बड़ी चुनौती है, लेकिन हाल के दशकों में चीन सरकार ने भूमि की उत्पादकता बढ़ाने के लिए किसानों को मदद दी है। इसका नतीजा भी दिखा है। चीन में लंबे समय तक सामंती व्यवस्था रही और जमींदारों के पास ही जमीन का कब्जा रहा। लेकिन कम्युनिस्ट पार्टी ने सामंती व्यवस्था को खत्म कर सामंतों और जमींदारों की जमीनों का लगभग 30 करोड़ किसानों में बंटवारा किया गया।

1 अक्टूबर, 1949 को नए चीन की स्थापना के बाद देश में किसानों की स्थिति में सुधार आया। चीन लोक गणराज्य की स्थापना के बाद, कृषि के क्षेत्र में जो कुछ हुआ, वह देश के इतिहास में बहुत बड़ा परिवर्तन था। जमींदारों और धनी किसानों

के पास से अतिरिक्त जमीन लेकर भूमिहीन किसानों में बांट दी गई। यह एक युगांतरकारी बदलाव था। बाद में किसानों को संगठित कर प्रारंभिक स्तर पर छोटी-छोटी कृषि सहकारी समितियां स्थापित की गईं, जिनका स्तर धीरे-धीरे ऊंचा किया गया और बाद में उन्नत स्तर की छोटी सहकारी समितियों को मिलाकर बड़ी कृषि सहकारी समितियां बनाई गईं, जो खेती-बाड़ी और पशुपालन संबंधी सभी तरह के काम देखती थीं।

1958 में 'लंबी छलांग' अभियान (ग्रेट लीप फॉरवर्ड) शुरू हो गया। इसी दौरान सहकारी समितियों को एक साथ मिलाकर कृषि कम्यूनों की स्थापना की गई। हालांकि यह काम इतनी तेजी से हुआ कि कम्यून के सहकारिता के सिद्धांत बहुत आगे बढ़ चुके थे, लेकिन किसान उसके लिए वैचारिक रूप से तैयार नहीं थे। जानकार मानते हैं कि चेयरमैन माओ अपने कार्यकाल में बहुत काम करना चाहते थे। इसलिए वह वस्तुगत स्थिति को नजरअंदाज करते हुए आगे बढ़ते गए, जिसके कारण कम्यून व्यवस्था में मुश्किलें आने लगीं और यह आंदोलन लगभग असफलता की कगार पर पहुंच गया। इसका परिणाम यह हुआ कि देश में कृषि उत्पादनों के अकाल की स्थिति पैदा हो गई।

'लंबी छलांग' अभियान का उद्देश्य चीन की कृषि आधारित अर्थव्यवस्था को तेजी से समाजवादी व्यवस्था में बदलना था, इसके लिए औद्योगिकीकरण और सामूहिकीकरण का सहारा लिया गया। इस दौरान किसानों के लिए सामूहिक खेती की व्यवस्था अनिवार्य कर दी गई। निजी तौर पर खेती करने की मनाही हो गई। 'लंबी छलांग' अभियान के तहत उठाए गए प्रमुख कदमों में 'ग्रेट स्पैरो कैंपेन' भी शामिल था। इसमें चूहे, मच्छर, मक्खियों और गौरैया को खत्म करने का अभियान चलाया गया।

माओ ने अनाज व स्टील उत्पादन को आर्थिक वृद्धि के लिए प्रमुख कारक समझा। उन्होंने ऐलान किया कि 'लंबी छलांग' अभियान शुरू होने के 15 सालों में चीन का स्टील उत्पादन इंग्लैंड से अधिक हो सकता है। अगस्त, 1958 में पोलित ब्यूरो की बैठक में तय किया गया कि एक साल के भीतर चीन में स्टील का उत्पादन दुगुना कर दिया जाए। इस दौरान प्रत्येक कम्यून और लोगों के घरों के पास स्टील की भट्ठियां लगवाने पर जोर दिया गया। किसानों और कर्मचारियों से लोहे आदि के कबाड़ से स्टील का उत्पादन करने को कहा गया। बड़ी संख्या में किसानों ने भी देश में स्टील का उत्पादन बढ़ाने की कोशिश में भाग लिया। इसके लिए उन्होंने खेती छोड़कर इसे अपनाया, जबकि दूसरे कामों में लगे लोगों ने भी स्टील बनाने की कोशिश की। हालांकि शुरुआत में उत्पादन में बढ़ोतरी हुई, लेकिन ये प्रयास ज्यादा समय तक नहीं चल सके।

स्टील बनाने का ज्ञान न होने और तकनीकी कमी के चलते जो स्टील या लोहा तैयार हुआ, उसकी गुणवत्ता खराब निकली। 1958 से 1960 के बीच हजारों छोटे और मझोले प्रोजेक्ट शुरू किए गए।

इसके साथ ही सिंचाई आदि के लिए बड़े-बड़े प्रोजेक्टों पर काम शुरू हुआ, जिनमें बांधों का निर्माण भी शामिल था, बहुत कम जानकारी और इंजीनियरों के बल पर। यह अभियान भी सफल नहीं हो सका। साथ ही फसलों की उत्पादकता बढ़ाने के लिए कई तरह के प्रयोग किए गए, जिनका खेती पर नकारात्मक असर पड़ा।

किसानों को निजी जमीन या निजी तौर पर खेती करने का अधिकार नहीं था, ऐसे में किसानों को कई परेशानियों का सामना करना पड़ा। तमाम किसान खेती का काम छोड़कर फैक्टरियों और सरकारी दफ्तरों में काम करने लगे। हालांकि लाखों लोगों को रोजगार मिल गया, लेकिन इससे देश की खाद्य राशन व्यवस्था पर भारी दबाव पड़ा। इससे किसानों के उत्साह में कमी आने लगी।

वहीं आंदोलन की विफलता की बात करने वालों या आलोचना करने वालों को प्रताड़ित किया गया। कम्यून सिस्टम का पालन न करने पर किसानों को भी दंडित किया जाता था।

'लंबी छलांग' अभियान के प्रभाव का पता लगाने के लिए 1959 में लूशान सम्मेलन का आयोजन हुआ। इसमें वरिष्ठ नेता फंग द ह्वेई ने इस अभियान के नकारात्मक पहलुओं की आलोचना की। इसके चलते उन्हें रक्षा मंत्री के पद से हटा दिया गया। उन्हें और उनके समर्थकों को बुर्जुआ की संज्ञा दे दी गई। उनके समर्थकों को सेना से भी हटा दिया गया और देश भर में 'दक्षिणपंथी अवसरवाद' के खिलाफ अभियान छेड़ दिया गया।

कृषि संबंधी नीतियों, किसानों का खेती से उद्योगों में प्रवेश व मौसम की स्थितियों ने गंभीर अकाल की स्थिति पैदा कर दी।

बताते हैं कि पचास के दशक के आखिर में कृषि के क्षेत्र में किए गए असफल प्रयोगों के दौरान मौसम की परिस्थितियां अनुकूल थीं। लेकिन कृषि कार्यों में लगे लोगों को स्टील उत्पादन और निर्माण कार्यों में लगा दिया गया, जिसके कारण कुछ स्थानों में फसलों को काटने और उठाने के लिए भी लोग नहीं थे। इस तरह फसलें बर्बाद हो गईं। टिड्डियों ने इस परेशानी को और बढ़ा दिया। लेकिन इसके बावजूद चीन से दूसरे देशों को खाद्यान्न का निर्यात होता रहा। 1959 में सूखा पड़ने और पीली नदी में बाढ़ ने भी समस्या में इजाफा किया।

हालांकि ग्रामीण इलाकों में बिगड़ती स्थिति के बावजूद 1958 से 1960 तक चीन ने अफ्रीका और क्यूबा आदि के लिए अनाज का निर्यात किया। यहां तक कि माओ और उनके सहयोगियों ने विदेशी सहायता लेने से भी इनकार कर दिया। यहां तक कि अमेरिकी नेता जॉन एफ कैनेडी भी इससे वाकिफ थे कि चीन खाद्यान्न का निर्यात कर रहा था। उत्पादकता में आई भारी कमी से शहरी इलाकों में भी कुछ असर पड़ा, लेकिन अकाल और खाना न मिलने के ज्यादातर मामले गांवों के सामने आए। वैसे तो पूरे चीन में खाद्य पदार्थों की कमी देखी गई, लेकिन हनान,

आंह्वेई, गानसू आदि में सबसे अधिक कमी हुई, जबकि स्छवान क्षेत्र भी इससे प्रभावित हुआ।

'लंबी छलांग' अभियान 1961 तक चला। 1961 में आठवीं केंद्रीय कमेटी की नवीं कांग्रेस में कृषि उत्पादन को फिर से बढ़ाने पर जोर दिया गया, जिसमें 'लंबी छलांग' अभियान की नीतियों को उलटना शुरू कर दिया गया। इसके लिए निर्यात बंद कर दिया गया, और ऑस्ट्रेलिया और कनाडा आदि देशों से अनाज आयात किया गया।

1960 के दशक में धीरे-धीरे कम्यूनों को तोड़ने का काम किया गया, जो कि लंबे समय तक जारी रहा। इस बीच माओ ने कई तरह के राजनीतिक आंदोलन चलाए, जिनकी चरम परिणति सांस्कृतिक क्रांति के तौर पर हुई। इसे विचारधारा के क्षेत्र में एक अतिवामपंथी भटकाव भी कहा जाता है। सांस्कृतिक क्रांति के दौर में भी देश में अस्त-व्यस्त माहौल रहा। 1976 में माओ-त्से-तुंग के निधन के बाद चीन का परिदृश्य बदलने के लिए पूरी कोशिश की गई।

दंग श्याओ फिंग द्वारा गत सत्तर के दशक के अंत में आर्थिक सुधार लागू किए जाने के बाद चीन की स्थिति उत्पादन आदि के क्षेत्र में बेहतर हुई। एक बच्चे की नीति लागू होने से भी नागरिकों के लिए भरपेट भोजन मुहैया कराना थोड़ा आसान हुआ। सकल घरेलू उत्पाद (जीडीपी) में कृषि का प्रतिशत भी बढ़ने लगा। 1980 से 1983 के बीच के तीन सालों में कृषि उत्पादन जीडीपी 30 प्रतिशत से बढ़कर 33 फीसदी हो गया। इसी दौरान 1982 से 1985 तक कम्यून सिस्टम खत्म कर टाउनशिप की स्थापना की गई।

गौरतलब है कि चीन लंबे समय तक विश्व व्यापार संगठन यानी डब्ल्यूटीओ का सदस्य नहीं बना था। 11 दिसंबर, 2001 में विश्व व्यापार संगठन में शामिल होने के बाद चीन को बहुत फायदा पहुंचा, इससे कृषि संबंधी उत्पादों के निर्यात में सीमा शुल्क आदि में बहुत कमी आ गई या शुल्क खत्म कर दिया गया। खाद्य पदार्थों के निर्यात के व्यापक मौके मिलने शुरू हुए। इससे सिर्फ तीन सालों में ही चीन में खाद्य उत्पादों का निर्यात 17.3 अरब डॉलर पहुंच गया। इसके अलावा चीन में कृषि कार्य में तकनीक के इस्तेमाल पर जोर दिया जाने लगा। साथ ही कृषि उत्पादन आदि में बेहतर तकनीकों का इस्तेमाल होने लगा। इससे अनाज उत्पादन में कमी लाई गई, क्योंकि सब्जियों और फलों की पैदावार में जबरदस्त इजाफा हुआ।

जाहिर है कि चीन में कृषि योग्य भूमि बहुत कम है। अधिकतर उपजाऊ भूमि नदी-घाटियों और पूर्वी व दक्षिणी समुद्र तटों के आसपास होती है। उत्तर चीन और मध्य चीन में गेहूं, मक्का, सोयाबीन, जौ, ज्वार, बाजरा आदि की फसल मुख्य तौर पर उगाई जाती है, दक्षिणी चीन की जलवायु चावल उगाने के लिए उपयुक्त होती है। यहां पर चावल का उत्पादन बहुत अधिक होता है। उत्तरी चीन के मैदानी इलाकों में चीन की 65 प्रतिशत से अधिक कृषि होती है, लेकिन यहां की समस्या पानी है। यहां

महज 24 प्रतिशत ही पानी मौजूद है। इन इलाकों में चीन का लगभग आधा गेहूं और मक्का उगाया जाता है। पानी की कमी के चलते यहां अक्सर जमीन से पानी खींचकर सिंचाई की जाती है। ऐसे में लगातार जल-स्तर नीचे जा रहा है।

इसके साथ ही यांगतज नदी के आसपास के इलाकों में बहुत उपजाऊ जमीन है, जबकि उत्तर-पूर्वी चीन के मैदानी इलाकों में भी कृषियोग्य भूमि है।

पिछले दिनों चीन सरकार द्वारा जारी आंकड़ों के अनुसार, चीन का अनाज भंडार ऐतिहासिक स्तर पर पहुंच गया है। चीन के अनाज उत्पादन में पिछले 12 सालों में लगातार बढ़ोतरी हुई है। बताया जाता है कि चीन का अनाज भंडार विश्व में सबसे अधिक है, जो कि 230 मिलियन मीट्रिक टन है। चीन के कुल खाद्यान्न उत्पादन में 42 फीसदी मक्का है। उत्तर-पूर्व चीन के हेलोंगच्यांग प्रांत में मक्का 50 प्रतिशत होता है। इस वर्ष के मध्य तक चीन में मक्के का भंडार और बढ़ने की उम्मीद है।

कृषि उत्पादन के साथ-साथ चीन में मांस के उत्पादों का उपभोग भी तेजी से बढ़ा है। 1.37 अरब जनसंख्या वाला चीन विश्व में अनाज और मांस का सबसे बड़ा उपभोक्ता देश है। हाल के वर्षों में चीनी नागरिकों की आय में बड़ा इजाफा हुआ है, जिसका प्रभाव उनकी खर्च करने की क्षमता और खान-पान पर भी पड़ा है। लोग मांस और सब्जियां आदि खाने में अधिक तेल का इस्तेमाल करने लगे हैं, जिससे सोयाबीन और तेल उत्पादन के अन्य स्रोतों की मांग में भारी इजाफा हुआ है। चीन में प्रति व्यक्ति वार्षिक मांस खाने के अनुपात में पिछले तीन दशकों में 9.2 गुना की बढ़ोतरी दर्ज की गई। आर्थिक सुधार लागू होने से पहले 1978 में एक साल में एक चीनी व्यक्ति औसतन 9 किलो से कम मांस का उपभोग करता था। अगर विश्व में तीन सबसे बड़े मांस उपभोक्ता देशों की बात करें तो इनमें न्यूजीलैंड, ऑस्ट्रेलिया और अमेरिका हैं। इन देशों में प्रति व्यक्ति सालाना औसतन 120 किलो है। लेकिन चीन की बड़ी आबादी के लिहाज से उपभोग की मात्रा बहुत अधिक है। इस तरह चीन में अमेरिका से दुगुनी मीट की खपत होती है।

प्राचीन समय से ही चीन में खेती योग्य भूमि की कमी रही है, लोग कम जमीन में ही अधिक उत्पादन करने के प्रयास करते रहे हैं। चीन में उत्तरी और पश्चिमी इलाकों में जमीन का विस्तार करने में बहुत ज्यादा सफलता हासिल नहीं हुई। इन क्षेत्रों में पूर्व और दक्षिण की तुलना में जमीन सूखी और ठंडी होती है, जिसे उपजाऊ बनाना आसान नहीं होता।

खाद्य पदार्थों का निर्यातक होने के साथ-साथ चीन सोयाबीन आदि का सबसे बड़ा आयातक देश भी है। आने वाले समय में चीन में खाद्य उत्पादों के आयात की ज्यादा संभावना है। जानकार कहते हैं कि शायद उत्पादक जमीन की कमी के कारण भविष्य में चीन के किसान फल, नट्स या सब्जियां खूब उगा सकते हैं, ताकि अधिक लाभ मिले। वहीं गेहूं और चावल आदि कम मात्रा में उगाकर उन्हें आयात भी किया जा सकता है।

विकास में बराबर की भागीदार हैं महिलाएं

चीनी सांख्यिकी ब्यूरो के आंकड़ों के अनुसार 2014 तक चीन में महिलाओं की आबादी 66.70 करोड़ थी, जबकि पुरुषों की जनसंख्या 70.07 करोड़। चीन की कुल आबादी 1 अरब 36 करोड़ से अधिक थी।

चीन लोक गणराज्य के जनक चेयरमैन माओ-त्से-तुंग ने कहा था : 'आधा आसमान महिलाओं का है'। महिलाएं आज हर क्षेत्र में पुरुषों के साथ कंधे से कंधा मिलाकर चल रही हैं। कुछ क्षेत्रों में पुरुषों से भी आगे निकल चुकी हैं। चीन की ही बात करें तो यहां महिलाओं की स्थिति भारत के मुकाबले काफी बेहतर है।

नए चीन से पहले ऐसा दौर भी था, जब समाज में महिलाओं को दोयम दर्जे का समझा जाता था। भेदभाव की शुरुआत बच्चे के जन्म के साथ ही होने लग जाती थी, जब लोग लड़के को तवज्जो देते थे। स्कूली शिक्षा की बात हो या फिर घर पर कामकाज, सभी में लड़के का विशेष खयाल रखा जाता था। विवाह आदि में भी लड़की की इच्छा के बजाय परिवार वाले तय करते थे कि उसका विवाह किसके साथ होना है। साथ ही उसका भावी पति कैसा हो, यह उसके परिवार की हैसियत पर निर्भर करता था। शादी के बाद पत्नी की जिम्मेदारी लड़के को जन्म देने और घर का काम करने तक ही सीमित होती थी। लड़के की चाहत के पीछे कारण यह होता था कि आगे चलकर वह वंश चला सकेगा। सिर्फ पुत्र ही बुढ़ापे में मां-बाप का सहारा बन सकता है, ऐसी सोच थी। लड़कियां पराया धन समझी जाती थीं क्योंकि शादी के बाद उन्हें दूसरे घर जाना होता था।

अरेंज मैरिज आम तौर पर मैचमेकर द्वारा दो परिवारों का मिलन कराकर की जाती थी। विवाह के वक्त दहेज के लेन-देन का चलन था। इसमें दुलहन की कीमत भी निर्धारित की जाती थी। वहीं लड़के के परिवार द्वारा लड़की को उपहार दिये जाते थे, जबकि लड़की के परिजन आभूषण, कपड़े व अन्य चीजें अपनी बेटी को देते थे, ताकि वह अपने पति के घर में इनका इस्तेमाल कर सके। शादियों में धन का लेन-देन भी होता था, विशेषकर खरीद-फरोख्त वाली शादी में, जिसमें महिलाओं को महज पुरुषों की संपत्ति समझा जाता था, जो बेचने और खरीदने के काम आती थी। इस तरह महिलाओं का खूब शोषण किया जाता था। धनी लोग उन्हें अपनी जरूरत के हिसाब से इस्तेमाल करते थे। बहुविवाह भी किए जाते थे। पुरुष कई महिलाओं से शादी कर सकता था। यह कानूनी तौर पर वैध माना जाता था। महिलाओं का इस्तेमाल तो किया जाता था, लेकिन उन्हें तलाक मांगने का अधिकार तक नहीं होता था। वे इन सब चीजों को सहने के लिए मजबूर होती थीं। अपने पतियों के खिलाफ आवाज उठाने की हिम्मत भी नहीं रखती थीं। महिलाओं के स्वास्थ्य पर भी कोई ध्यान नहीं दिया जाता था।

चीन में हुए गृहयुद्ध के दौर में लिंग-भेद दूर करने की कोशिश जारी रही। लेकिन चीन लोक गणराज्य की स्थापना के साथ ही समाज और कार्य-क्षेत्र में

महिलाओं का स्थान तेजी से उन्नत हुआ। पुरुषों के वर्चस्व वाले समाज में महिलाओं के कदम इतनी गति से बढ़ना आश्चर्य में डाल सकता है। इसका श्रेय 1949 से पहले चीन में हुए तमाम क्रांतिकारी आंदोलनों को जाता है, जिसमें महिलाओं ने भी बढ़-चढ़कर हिस्सा लिया।

क्रांति के दौरान परिवार के ढांचे में परिवर्तन आया, जिसमें महिलाओं की इज्जत और प्रतिष्ठा में भी व्यापक बदलाव आया। क्रांति में प्राचीन विचारों, आदतों, रीति-रिवाज व रूढ़िवादिता पर गहरी चोट की गई, क्योंकि रूढ़िवादी समाज में महिलाओं पर कई तरह की बंदिशें लगाई गई थीं। सामाजिक परिवर्तन होने के साथ-साथ महिलाओं को बराबरी का दर्जा दिया जाने लगा। समाज में पूरी तरह घुल चुकी मान्यताओं और विचारों को समाप्त करना आसान नहीं था। कम्युनिस्ट पार्टी ने महिलाओं को पुरुषों के साथ कंधे से कंधा मिलाकर चलने को प्रेरित किया।

नए चीन की स्थापना के साथ ही पूरे चीनी समाज में भारी परिवर्तन देखा गया, जिसमें लोगों को समान अधिकार दिये जाने पर बल दिया गया। इसी के साथ महिलाओं के जीवन में भी क्रांतिकारी बदलाव आया।

1950 में लाए वैवाहिक कानून में महिलाओं को तलाक देने का अधिकार प्रदान किया गया और बहु-विवाह प्रथा भी खत्म कर दी गई। इस कानून का मकसद लंबे समय से चली आ रही प्रथाओं को समाप्त करना था, ताकि समाज एक नई दिशा में चल सके, जिसमें महिलाओं की भागीदारी हो। इस कानून से महिलाओं को भी अपने निर्णय खुद लेने का अधिकार हासिल हुआ।

इसमें विशेष रूप से महिलाओं को गैर-कानूनी तरीके से रखैल के रूप में रखने पर पाबंदी लगाने पर जोर दिया गया, साथ ही बराबरी वाले परिवारों के बीच शादी के चलन को बढ़ावा दिया गया। पूर्व में अमीर लोग गरीब परिवार की लड़की से शादी करते थे, ताकि उसका आसानी से शोषण किया जा सके।

इस कानून के तहत महिलाओं को बहुत बड़ी ताकत हासिल हुई, क्योंकि महिलाएं पहले से कई पत्नियां रखने वाले पतियों को छोड़ने लगीं। विवाहेतर संबंध रखने वाले पुरुषों से तलाक लेने का चलन शुरू हुआ। हालांकि नए चीन की स्थापना से लेकर सत्तर के दशक तक तलाक लेने वालों की संख्या बहुत कम थी। दंग श्याओ फिंग के सत्ता में आने के बाद हुए आर्थिक खुलेपन से महिलाएं आर्थिक रूप से मजबूत होने लगीं, जिसका परिणाम महिला-पुरुष समानता के तौर पर सामने आने लगा। पहले परिवारों में विघटन बहुत कम होता था, महिलाओं के अधिकार बढ़ने से तलाक के मामलों में तेज इजाफा आया, क्योंकि अब तक वे पहले से कहीं अधिक सजग और जागरूक हो गई थीं। शुरुआत में तलाक के वक्त महिलाओं को घर या संपत्ति में समान अधिकार नहीं दिया जाता था, लेकिन वर्तमान में तलाक के वक्त संपत्ति आदि में महिला की हिस्सेदारी होती है।

1980 में वैवाहिक कानून पारित किया गया। इस कानून में अरेंज मैरिज और जबरन विवाह करने पर प्रतिबंध लगा दिया गया। महिलाओं को रखैल के तौर पर रखने, बहुविवाह, दहेज के लेन-देन पर भी प्रतिबंध जारी रहा। वहीं घर-परिवार में लड़के और लड़की के बीच अंतर को भी समाप्त करने पर विशेष ध्यान दिया गया।

हालांकि इस कानून के सख्ती से लागू होने के बावजूद शादी के मौके पर पैसे व उपहार आदि दिये जाते रहे। साथ ही पुरुषों के वर्चस्व को भी कमजोर किया गया और पुरुष तथा महिला दोनों को तलाक लेने का अधिकार दिया गया। ध्यान रहे कि इसी दौरान चीन में एक बच्चे की नीति भी लागू हुई, जिसका उद्देश्य जनसंख्या नियंत्रण के साथ-साथ महिलाओं और बच्चों के अधिकारों की रक्षा करना था।

1949 से पहले महिलाओं के स्वास्थ्य पर भी ध्यान नहीं दिया जाता था। स्वास्थ्य और इलाज की बात सिर्फ पुरुषों के लिए की जाती थी। 1966 से शुरू हुई सांस्कृतिक क्रांति के दौर में महिलाओं के हेल्थ केयर पर ध्यान देने का प्रावधान किया गया। वहीं कामकाजी महिलाओं की स्वास्थ्य जांच भी की जाने लगी।

21वीं सदी में महिलाओं की भूमिका और महत्त्व दुनिया के तमाम देशों में तेजी से बढ़ा। वर्तमान में चीनी महिलाओं की बात करें तो हर जगह महिलाएं काम करती हुई दिख जाएंगी। चीन में रहते हुए मुझे तमाम बातों ने प्रभावित किया है। उनमें से महिलाओं की स्थिति भी एक है। बड़ा शहर हो या छोटा, होटल हो या मॉल, हर जगह महिलाएं अपने काम को बखूबी अंजाम दे रही हैं। सरकारी ऑफिस के साथ-साथ निजी कंपनियों में भी महिलाओं की अहम भूमिका है। कार, बस, मेट्रो या ट्रेन चलाने में भी महिलाएं पीछे नहीं हैं। लगभग हर सेक्टर में पुरुषों के साथ-साथ महिलाएं काम करती हैं। रात में भी महिलाओं को बेखौफ इधर-उधर जाते हुए देखा जा सकता है। सुरक्षा एक बड़ा मुद्दा होता है, अगर महिलाएं सुरक्षित महसूस नहीं करतीं तो उनके लिए बेझिझक काम के लिए बाहर जाना आसान नहीं होता। रात के वक्त भी महिलाएं टैक्सी या बस में अकेली सफर कर सकती हैं। सुरक्षा के साथ-साथ महिलाओं के प्रति नजरिया भी महत्त्वपूर्ण होता है। चीनी समाज में महिलाओं को पूरा सम्मान हासिल है।

2015 में जारी एक रिपोर्ट के मुताबिक चीन में युवा उद्यमियों की संख्या पहले की तुलना में बढ़ रही है। 40 फीसदी उद्यमी 35 साल की उम्र से कम के हैं, इसमें महिलाओं का अनुपात 50 प्रतिशत है। चीनी महिला उद्यमियों के पास पश्चिमी देशों की अपनी उम्र की महिला उद्यमियों से ज्यादा संपत्ति है। हालांकि चीन में अपना कारोबार शुरू करने वाली अधिकांश महिलाओं के परिजन या रिश्तेदार पहले से ही बिजनेस में अपनी पैठ बना चुके होते हैं।

चीन में हुए तेज विकास के चलते युवा विकास की दौड़ में भाग रहे हैं। महिलाएं भी अपनी पढ़ाई और करियर पर विशेष ध्यान देती हैं। ऐसे में शादी देर में की जा रही

है। अगर कोई युवती लगभग 28 साल से ऊपर हो और उसका कोई ब्वॉय फ्रेंड (शादी न हुई हो) न हो तो उसे 'लेफ्टओवर वुमेन' कह दिया जाता है। हालांकि लेफ्टओवर वुमेन चीन में साल 2007 में सबसे पहले चलन में आया, जब चाइनीज वुमेंस फेडरेशन ने इस तरह की युवतियों को यह नाम दिया। ऐसा नहीं है कि ये युवतियां किसी लड़के के काबिल नहीं हैं, या कोई लड़का इन्हें पसंद नहीं करता; बल्कि ये युवतियां खूब पढ़-लिखकर अपना बेहतर करियर बनाना चाहती हैं। इस बीच इतना समय गुजर जाता है कि उनके पास प्यार करने के लिए वक्त नहीं होता। जब तक वे अच्छी जॉब या पद हासिल करती हैं, तब तक उम्र 30 तक पहुंच जाती है। शायद कुछ पारंपरिक सोच रखने वाले और पुरानी पीढ़ी के लोग सोचते हैं कि उन्हें जल्दी शादी कर लेनी चाहिए।

मैंने जब इस बारे में जानना चाहा तो इस तरह की कई युवतियां आत्मविश्वास से भरी हुई दिखीं। वे शादी तो करना चाहती हैं, लेकिन अपनी शर्तों पर—भले ही उनके परिचित कुछ कहें। दबाव के बावजूद वे अपने करियर को तवज्जो देती हैं। हां, कुछ युवतियों को चिंता जरूर होती है।

वैसे चीन में स्थानीय तौर पर कई तरह के नाम दिये जाते हैं। मसलन, कोई लड़का अमीर है, लंबा है और दिखने में सुंदर, तो उसे 'काव फू श्वाय' कहा जाता है, जबकि अगर कोई लड़की दिखने में गोरी-चिट्टी हो और धन-संपन्न भी, तो उसे 'बाय फू मेय' की संज्ञा दी जाती है।

चीन के प्रसिद्ध दार्शनिक कंफ्यूशियस ने लिखा था : 'चीनी लड़की को इस तरह पाला जाता था, जैसे वह शादी करने के लिए ही पैदा हुई हो! और पुरुष का अनुसरण करना ही उसका धर्म हो!'

तभी तो वह अपनी युवावस्था में अपने पिता और बड़े भाई का अनुसरण करती है। जब उसकी शादी हो जाती है, तो वह अपने पति का अनुसरण करती है। जब उसके पति की मृत्यु हो जाती है, तो वह अपने पुत्र का अनुसरण करती है।

स्क्वायर डांसिंग

चीन के शहरों और गांवों में किसी खुले मैदान या पार्क, किसी खाली जगह में सुबह या शाम को समूह में तेज संगीत के साथ डांस करना बहुत लोकप्रिय है। इनमें बजाए जाने वाले गाने आम तौर पर लोकप्रिय चीनी गीत होते हैं, जिसमें आधुनिक व पारंपरिक, दोनों का मिश्रण होता है। लेकिन इनके पास विदेशी संगीत का भी कलेक्शन होता है, जिसमें बॉलीवुड के गाने भी शामिल हैं। कई बार मैं ऐसे पार्कों में जा चुका हूं, जहां पर लोग भारतीय गानों के साथ थिरक रहे होते हैं। व्यायाम के तौर पर डांस करने की परंपरा प्राचीन चीन में थी, और नए चीन के निर्माण के बाद भी जारी रही। अस्सी के दशक से शुरू हुए आर्थिक विकास के चलते शहरों की आबादी में बड़ा इजाफा देखा गया, लेकिन लोगों के पास अपने

घर के पास व्यायाम करने की पर्याप्त जगह नहीं होती। साथ ही युवाओं का जीवन बहुत व्यस्त हो गया है। ऐसे में उम्रदराज लोग खुद को व्यस्त रखने के लिए डांस का सहारा लेते हैं। डांस के अलावा पार्कों में व्यायाम करने और घूमने वालों की संख्या भी कम नहीं होती। कुछ लोग थाई ची और मार्शल आर्ट भी करते हैं, पर आकर्षण का केंद्र तो डांस करने वाला समूह ही होता है। वैसे चीन में सांस्कृतिक क्रांति के दौर में लोकनृत्य व संगीत बहुत लोकप्रिय हुए थे, जिनका उद्देश्य लोगों को जागरूक करना होता था।

एक ग्रुप में नाचने वालों की संख्या एक दर्जन से लेकर सौ तक हो सकती है। डांस ग्रुप के मेंबर आम तौर पर स्वैच्छिक तौर पर पैसे जमा करते हैं, जिसका इस्तेमाल डांस आदि में काम आने वाली जरूरत की चीजों को खरीदने में किया जाता है। डांस करने वाले समूहों में आगे की पंक्ति में डांस करने वालों का स्तर अच्छा होता है या वे दूसरों से बेहतर होते हैं, जबकि डांस में कम निपुण लोग पीछे की पंक्तियों में रहते हैं। डांस करने वाले अधिकतर लोग स्पेशल ड्रेस या डांस के परिधान पहने होते हैं। इनके पास सीडी प्लेयर और साउंड बॉक्स भी होता है, जिसे बैटरी के सहारे बजाया जाता है।

बताया जाता है कि 45 साल की उम्र से अधिक के लगभग 70 प्रतिशत स्क्वायर डांस के फ़ैन हैं। इनकी संख्या कुल 100 मिलियन यानी 10 करोड़ होगी। हालांकि डांस करने वालों में अधिकतर चालीस से अधिक उम्र की महिलाएं होती हैं। हां, उनके साथ पुरुष भी होते हैं, लेकिन बहुत कम। वर्ष 2020 तक साठ साल व उससे अधिक उम्र के लोगों की संख्या 240 मिलियन यानी 24 करोड़ पहुंच जाएगी। दुनिया के तमाम देशों में चीनी नागरिक रहते हैं। अन्य देशों में रहने वाले चीनी भी अपनी इस परंपरा को बरकरार रखे हुए हैं।

इस तरह का डांस करना एक तरह से व्यायाम ही है। लोगों को इसके लिए एक अच्छी जगह मिल जाती है। वहीं लोगों को एक-दूसरे से मिलने और बातचीत करने का मौका भी मिलता है। खास कर उम्रदराज लोगों के पास युवाओं की तरह दोस्त बनाने या घूमने का ज्यादा अवसर नहीं होता है। आर्थिक विकास के चलते अधिकतर लोग बाहर नौकरी करते हैं।

शाम या सुबह के वक्त पार्क या किसी स्क्वायर से गुजरने पर डांस करने वाले दिखते हैं। मैंने देखा कि विदेशी लोग इसमें बड़ी रुचि लेते हैं। खुद मैं भी कई बार उन्हें एकटक देखता रहता हूं।

हालांकि पढ़ाई, नौकरी व शादी आदि के चलते तनाव झेल रहे चीनी युवाओं को यह गतिविधि ज्यादा पसंद नहीं है। वे व्यंग्य के तौर पर कहते हैं कि बुजुर्ग लोगों के पास बहुत समय होता है, इसलिए वे ऐसा करते हैं। हाल के वर्षों में महानगरों व शहरों में हर तरह के प्रदूषण में इजाफा हुआ है, इसमें ध्वनि प्रदूषण भी शामिल है। इसलिए कुछ लोग इसे बेवजह का शोरगुल मानते हैं। साथ ही घरों के आस-पास

तेज आवाज में म्यूजिक बजाने वालों के खिलाफ शिकायतें भी की जाती हैं, हालांकि चीन सरकार को बुजुर्गों के इस तरह संगीत बजाकर डांस करने में कोई एतराज नहीं है। यहां तक कि संबंधित मंत्रालयों ने स्थानीय लोगों को डांस आदि के लिए बेहतर जगह मुहैया कराने के निर्देश भी जारी किए हैं।

मेड इन चाइना : बेहतर होती छवि

आज विश्व के हर देश में चीन में बना हुआ सामान आसानी से मिल जाता है। भारत का जिक्र करें तो यहां की छोटी चीजों—लक्ष्मी और गणेश की मूर्तियों—से लेकर घड़ियां व बड़ी इलेक्ट्रॉनिक वस्तुएं भी चीन में उत्पादित होती हैं। भारत ही नहीं, विश्व के अन्य देशों की चीन पर निर्भरता अच्छी तरह समझी जा सकती है। अमेरिका व यूरोपीय देशों में भी चीन में तैयार वस्तुओं की भरमार है। 1978 तक एक गरीब देश कहलाने वाला चीन विश्व में दूसरी सबसे बड़ी आर्थिक ताकत बन चुका है।

'मेड इन चाइना' को लेकर अक्सर धारणा है कि चीन में निर्मित सामान खराब होता है। लेकिन चीन अपनी इस छवि को बदलने की कोशिश में लगा है। पिछले कुछ वर्षों से चीन में तैयार होने वाली वस्तुओं की गुणवत्ता में बहुत सुधार आया है। वैसे अब लेबर कॉस्ट भी चीन में महंगी पड़ने लगी है। इसलिए पहले की तुलना में चीनी वस्तुओं के दाम बढ़ने लगे हैं, जबकि सस्ते सामान बेचने वाली कंपनियां अब भारत, बांग्लादेश, वियतनाम आदि देशों का रुख करने लगी हैं।

अगर हम चीन को सिर्फ सस्ते सामान आदि के नजरिए से देख रहे हैं तो यह हमारी भूल है, आज चीन तकनीक में भी महारत हासिल कर चुका है। यहां न केवल बुलेट ट्रेन तैयार की जाने लगी है, बल्कि एयरक्राफ्ट का भी निर्माण होने लगा है। ट्रेन संचालन आदि में चीन का सुरक्षा रिकॉर्ड शानदार रहा है। इस क्षेत्र में चीन की विशेषज्ञता का लाभ उठाने की कोशिश अफ्रीका, यूरोप व एशिया में होने लगी है। भारत में जब से बुलेट ट्रेन चलाए जाने को लेकर चर्चा हो रही है, तब से जापान के साथ चीन का नाम भी चल रहा है, क्योंकि चीन के पास अमेरिका व पश्चिमी देशों के मुकाबले की तकनीक कम कीमत पर उपलब्ध है।

चीन की कई कंपनियां अब सस्ते सामान के बजाय गुणवत्ता पर फोकस करने लगी हैं। इस बाबत चीन सरकार की ओर से भी उन्हें मदद दी जा रही है। इस तरह चीन में बने उत्पादों की अच्छी ब्रांडिंग करने की पूरी कोशिश हो रही है। इस क्षेत्र से जुड़े जानकार कहते हैं कि चीन सस्ता सामान तैयार करता है, यह धारणा लोगों के मन में बहुत समय से बैठी हुई है। इसे बदलने में समय लगेगा।

चीन ने 'मेड इन चाइना, 2025' विजन भी लांच कर दिया है। इसका उद्देश्य चीन के उत्पादों की क्वालिटी पर ध्यान देने के साथ-साथ चीनी उद्योगों को अपग्रेड

करना है। यह योजना यूरोप खासकर जर्मनी से प्रेरित होकर तैयार की गई है। इसके लिए कंपनियों को वैश्विक उत्पादन व इनोवेशन नेटवर्क से जोड़ा जाएगा, ताकि चीन विश्व में मैन्युफैक्चरिंग की प्रमुख शक्ति बन सके। वैसे वर्तमान में चीन में विश्व की 20 प्रतिशत चीजें तैयार होती हैं।

भारत में रहते हुए मैंने देखा था कि मेड इन चाइना वस्तुएं बहुत सस्ती होती हैं और उनकी गुणवत्ता अच्छी नहीं होती। लेकिन चीन पहुंचने के बाद मैंने इस बारे में लोगों से जानने की कोशिश की। भारत में चीनी ब्रांड के मोबाइल कुछ हजार रुपए में मिल जाया करते थे, चीन में मुझे कुछ भी इतना सस्ता नहीं मिला। यहां के बाजारों और सुपर मार्केट में अच्छी क्वालिटी वाला सामान ज्यादा दिखाई देता है। चीन में लेबर कॉस्ट भारत की तुलना में महंगी होने के बावजूद वस्तुएं कैसे सस्ती बन जाती हैं, इसका एक जवाब यह है कि चीन सरकार निर्यात करने वाली चीनी कंपनियों को सब्सिडी देती है। वहीं कच्चा माल एक जगह से दूसरी जगह लाना-ले जाना आसान और सस्ता पड़ता है। उदाहरण के लिए भारत में अगर हम कोई सामान दिल्ली से मुंबई ट्रेन के जरिए भेजना चाहते हैं तो उसमें कम-से-कम 20 घंटे तो लग ही जाते हैं। वहीं चीन में बीजिंग से क्वांगचो की दूरी लगभग 2,294 किमी. है, लेकिन ट्रेन करीब आठ घंटे में पहुंचा देती है। ट्रेनों के साथ-साथ सड़कों व राजमार्गों की स्थिति भी बहुत अच्छी है। ऐसे में सड़क मार्ग से भी सामान बहुत जल्दी गंतव्य तक पहुंच जाता है।

इसकी एक वजह यह भी हो सकती है कि भारत व अन्य देशों को वस्तुएं क्वांगचो और ईवू आदि से भेजी जाती हैं। वहां से थोक में निर्यात की जाती हैं, तो सस्ती होंगी।

चीन पहुंचने के बाद मुझे पता चला कि लोग बड़ी संख्या में ब्रांडेड चीजें इस्तेमाल करते हैं। अमेरिका के एप्पल फोन या कोरिया का सैमसंग चीन पर सबसे अधिक नजर रखते हैं। अधिकांश चीनी युवाओं के हाथों में एप्पल का असली फोन दिखता है। आज का चीनी युवा ब्रांड के प्रति जागरूक है। इसलिए दुनिया की तमाम बड़ी कंपनियां यहां के युवाओं और ग्राहकों को ध्यान में रखकर अपने उत्पाद बनाती हैं। इसके साथ ही चीनी मोबाइल कंपनियां चाहे वह ह्वा वेई हो या फिर कुछ वर्षों से अनोखी बाजार रणनीति से भारत व अन्य देशों में अपनी पैठ बना चुकी श्याओ मी आदि, ये न केवल अच्छी क्वालिटी के फोन बना रही हैं, बल्कि निम्न मध्य वर्ग की जेब का भी खयाल रखती हैं। ऐसे में दूसरे देशों में निर्मित चीजों के लिए चीन से मुकाबला करना आसान नहीं होता।

मुझे बताया गया कि चीन अपने ग्राहकों के लिए उनकी जरूरत के हिसाब से सामान तैयार करता है। मसलन, चीन एक ही तरह की चीज अलग-अलग बाजारों के लिए अलग-अलग क्वालिटी की बनाता है। सबसे अच्छी क्वालिटी की चीज अमेरिका या यूरोप के मार्केट के लिए भेजी जाती है, जबकि एशियाई देशों को वही चीजें सस्ती कीमत पर चाहिए होती हैं, ऐसे में उनके हिसाब से सामान बनाया जाता है।

हालांकि पश्चिमी देशों में कभी-कभी चीन के सामान की गुणवत्ता पर सवाल उठाए जाते हैं। चीन से निर्यात होने वाली चीजों पर एंटी डंपिंग शुल्क भी लगाया जाता है।

छोटी चीजों के साथ अब चीन उच्च तकनीक के मामले में भी बाजी मार रहा है। एशियाई विकास बैंक के मुताबिक चीन ने विभिन्न उद्योगों में जापान को पीछे छोड़ दिया है। इससे पहले जापान एशिया के उच्च तकनीकी निर्यात के मामले में अव्वल था। एशिया के उच्च तकनीकी वस्तुओं, जैसे—मेडिकल उपकरण, एयरक्राफ्ट व दूरसंचार उपकरणों में चीन का शेयर वर्ष 2000 में महज 9.4 प्रतिशत था, जबकि 2014 में यह बढ़कर 43.7 फीसदी हो गया। वहीं जापान के निर्यात में 7.7 प्रतिशत की गिरावट दर्ज की गई। इसी तरहं मलेशिया और फिलीपींस के शेयर में भी कमी देखी गई है।

चीन हाल के वर्षों में कई उच्च तकनीकें स्वदेश में ही बनाने पर जोर दे रहा है। शोध व विकास पर भी ध्यान दिया जा रहा है। साथ ही प्रतिस्पर्धा भी बढ़ रही है।

एक बच्चे की नीति

चीन दुनिया की सबसे बड़ी आबादी वाला देश है, जिसकी जनसंख्या 1.37 अरब पहुंच चुकी है। चीन की यह स्थिति तब है, जब यहां तीन दशक से अधिक समय तक एक बच्चे की नीति जारी रही थी। आज चीन के बारे में चर्चा बुजुर्गों की बड़ी आबादी और युवाओं की तादाद में हुई कमी पर होती है। हाल ही में सरकार ने एक बच्चे की नीति में ढील देने का फैसला किया है, जो कि तेरहवीं पंचवर्षीय योजना के दौरान पूरी तरह अमल में आ जाएगी। इससे पहले भी चीन सरकार ने बीजिंग, शंघाई आदि शहरों में रहने वाले लोगों को कुछ समय पहले एक बच्चे की नीति से राहत दी थी। इसमें शर्त भी रखी गई थी कि पति या पत्नी में से एक सदस्य अपने मां-बाप की इकलौती संतान हो, तभी दूसरा बच्चा पैदा किया जा सकता था।

विश्व के लिए अपने दरवाजे खोलने के साथ ही वर्ष 1979 में चीन सरकार ने तेजी से बढ़ रही जनसंख्या पर लगाम कसने के लिए एक बच्चे की नीति लागू की। उस वक्त चीन की आबादी लगभग 97 करोड़ थी। इसके तहत, चीन की बहुसंख्यक हान जाति के जोड़ों को सिर्फ एक बच्चा पैदा करने की अनुमति दी गई। हान जाति के लोग चीन की कुल जनसंख्या का 91 प्रतिशत हैं। लेकिन अल्पसंख्यकों व ग्रामीण लोगों को इस नियम से छूट दी गई थी। गांवों में रहने वाले हान चीनी लोगों को दो बच्चे पैदा करने की छूट दी गई थी, बशर्ते कि पहला बच्चा लड़की हो। वहीं अगर बच्चा जन्मजात दोष के साथ पैदा हो या किसी गंभीर बीमारी से पीड़ित हो, तो ऐसी स्थिति में दूसरा बच्चा पैदा करने की अनुमति थी।

इस नीति के चलते चीन नई पीढ़ी की तादाद में व्यापक तौर पर कमी लाने में सफल रहा। नीति लागू होने के पहले 20 सालों में चीन अपनी आबादी 300 मिलियन यानी 30 करोड़ तक कम कर पाया। वन चाइल्ड पॉलिसी की आलोचना भी की जाती रही है। विशेषकर इससे लिंगानुपात गड़बड़ा गया है। चीन में सौ महिलाओं के मुकाबले 114 पुरुष बताए जाते हैं। हालांकि चीन में पढ़े-लिखे परिवारों में लड़के और लड़की में कोई अंतर नहीं किया जाता, लेकिन कुछ परिवारों में बेटे के प्रति चाहत दिखती है, जिसकी वजह से लड़कियों की संख्या में कमी आ रही है। हालांकि चीन में कुल प्रजनन दर 1.7 है, जो कि जर्मनी की 1.4 की तुलना में अधिक है।

लंबे समय तक जारी नीति का प्रभाव यह हुआ कि युवाओं और बच्चों की संख्या में कमी आ गई, जबकि बुजुर्गों की बढ़ती संख्या एक चुनौती के रूप में सामने है। 1979 में चीन की आबादी लगभग 97 करोड़ थी और कुल जनसंख्या का 5 प्रतिशत लोग 65 साल की उम्र के थे, लेकिन वर्तमान में 123 मिलियन आबादी यानी 9 फीसदी लोग इस उम्र से अधिक के हैं। चीन सरकार द्वारा जारी की गई रिपोर्ट के मुताबिक चीन 2030 तक दुनिया की सबसे बुजुर्ग आबादी वाला देश हो जाएगा। वर्ष 2050 तक बुजुर्गों की संख्या चीन की कुल आबादी की एक-चौथाई हो जाएगी।

मैं चीन में एक बच्चे की नीति के दौर में पैदा हुए कई युवाओं से मिल चुका हूं। उन्हें इस बात का मलाल रहता है कि उनके कोई भाई या बहन नहीं है, पर उन्हें गर्व भी होता है कि इस नीति के चलते ही वे अच्छी शिक्षा हासिल कर सके और उन्हें नौकरी पाने के बेहतर अवसर मिले। 1979 के बाद पैदा हुए तमाम युवा पढ़ाई के लिए विदेशों का रुख कर चुके हैं। अच्छी शिक्षा हासिल कर उन्होंने अपना शानदार करियर भी बनाया है।

पिछले दो दशकों के दौरान पैदा हुए बच्चों को लिटिल प्रिंस और लिटिल प्रिंसेस की संज्ञा भी दी जाती है, क्योंकि घर-परिवार में उन पर बहुत ध्यान दिया जाता है।

अब चीन में शादी-शुदा जोड़े को दो बच्चे पैदा करने की छूट मिल चुकी है। करीब 35 सालों से एक बच्चे की नीति के माहौल में ढल चुकी पूरी पीढ़ी की मानसिकता में बदलाव आ चुका है। कुछ लोग ऐसे हैं, जो इस नीति में परिवर्तन के बाद भी दूसरा बच्चा नहीं चाहते। बीजिंग में चीनी पढ़ाने वाली अध्यापिका वांग कहती हैं कि उन्हें दूसरा बच्चा नहीं चाहिए। कहती हैं कि नौकरी के साथ-साथ दूसरे बच्चे की देखभाल करने में मुश्किल आएगी, साथ ही पढ़ाई का खर्च भी उठाना होगा। स्कूल-कॉलेजों की भारी-भरकम फीस देना भी निम्न मध्य वर्ग के लोगों के लिए आसान नहीं है। हालांकि कई लोग ऐसे हैं, जिन्हें सरकार के इस फैसले का इंतजार था। जाहिर है कि उनके घर में फिर से किलकारी गूंजेगी। स्वास्थ्य और

शिक्षा मंत्रालय इस बाबत तैयारी में लगे हैं। शिक्षा मंत्रालय ने अगले तीन वर्षों में प्री-स्कूलों की व्यवस्था मजबूत करने का निर्देश दिया है, क्योंकि बेबी बूम की वजह से प्री-स्कूलों में बच्चों को भर्ती करवाने की काफी डिमांड होगी। वैसे नई नीति पूरी तरह लागू होने के बाद जन्म लेने वाले बच्चे अगले तीन सालों में प्री-स्कूलों में दाखिला ले पाएंगे।

आने वाले समय में चीन को इस क्षेत्र में चुनौती का सामना करना पड़ सकता है, क्योंकि चाइल्ड पॉलिसी में बदलाव के बाद स्कूलों पर दबाव बढ़ जाएगा। इसके साथ ही तेजी से बढ़ते शहरीकरण और छोटे शहरों से हो रहे पलायन का असर भी स्कूली शिक्षा पर दिख रहा है। बीजिंग आदि शहरों में नौकरी करने वाले तमाम लोग अपने बच्चे को प्री-स्कूल में भेजना चाहते हैं। कई लोग तो बच्चों को अच्छे स्कूलों में दाखिला दिलवाने के लिए स्कूल के नजदीक घर खरीदते हैं या किराए पर रहते हैं।

वैसे पिछले कुछ वर्षों में चीन सरकार ने प्री-स्कूल शिक्षा के क्षेत्र में व्यापक निवेश किया है।

साल 2013 के अंत तक चीन में कुल 1 लाख 98 हजार 600 प्री-स्कूल थे, 2010 की तुलना में 32 फीसदी का इजाफा हुआ, जबकि स्कूलों में पढ़ाने वाले शिक्षकों की संख्या 2.83 लाख है। इस दौरान 38.95 लाख बच्चों ने दाखिला लिया, जो कि 2010 के मुकाबले 9.18 लाख अधिक थे।

1979 में जब एक बच्चे की नीति लागू की गई थी, उसके बाद तीस से अधिक वर्षों में चीन में जनसंख्या वृद्धि-दर नियंत्रित रही, हालांकि भारत भी चीन से ज्यादा पीछे नहीं है। जिस रफ्तार से भारत की आबादी बढ़ रही है, उस लिहाज से अगले कुछ दशकों में भारत विश्व में पहले स्थान पर हो जाएगा।

स्वच्छता के प्रति जागरूक चीनी नागरिक

पिछले कुछ दशकों में चीन में साफ-सफाई के प्रति जागरूकता तेजी से बढ़ी है। जिस गति से देश ने विकास किया है, उसी गति से लोगों में अपने स्वास्थ्य और स्वच्छता के प्रति समझ बढ़ी है। मैंने महसूस किया है कि साफ-सफाई का स्तर दिन-ब-दिन सुधर रहा है। सफाई और सार्वजनिक चीजों का खयाल रखने के लिए स्थानीय नगर निगम या पालिका कितनी सजग हैं, इसका अंदाजा इसी से हो जाता है कि हर रोज सड़कों, गलियों में सौंदर्यीकरण या सफाई का काम चलता ही रहता है। देर रात या सुबह के वक्त टैंकरों के जरिए पूरे शहर की सड़कों की धुलाई की जाती है। बीजिंग या शंघाई के साथ-साथ छोटे शहरों में भी सड़कों पर धूल और मिट्टी का कण नहीं दिखता है। सड़कों में गड्ढे ढूंढ़ना मुश्किल होता है। शहरों में

चौड़ी-चौड़ी और निर्धारित लेन वाली सड़कें, चौड़े-चौड़े फुटपाथ चीन के विकास की गाथा कहते हैं। लंबी दूरी के राजमार्गों में भी वही चमकदार सड़कें दिखती हैं।

मुझे हांगकांग भी जाने का मौका मिला, जो बहुत आधुनिक वित्तीय सेंटर माना जाता है। वहां के बिजनेस सेंटर और शहर का मुख्य केंद्र तो पूरी तरह मॉडर्न नजर आ रहा था, लेकिन कुछ ही दूर जाने पर तंग गलियों और पुराने भवनों के आस-पास गंदगी देखी जा सकती है, जबकि चीन की मुख्य भूमि के कई शहर इससे कहीं बेहतर दिखते हैं।

आम तौर पर मजदूर रात के समय सड़कों के रख-रखाव का कार्य करते हैं, ताकि दिन के समय शहर के ट्रैफिक सिस्टम में कोई बाधा न पहुंचे।

यहां पर एक उदाहरण देना चाहूंगा। एक बार मैं रात को घर वापस आ रहा था, तब मैंने देखा कि हमारे इलाके की रोड के पास के चौड़े से फुटपाथ को मजदूरों ने लगभग 20 मीटर लंबाई में खोद रखा है। यह पहला मौका था जब मैंने इस तरह खुदाई का काम देखा। सुबह के वक्त जब मैं बाहर निकला तो मुझे समझ नहीं आया कि आखिर मजदूरों ने किस जगह पर खुदाई की थी। पूरा फुटपाथ पहले की तरह हो गया था और उस पर लोग चल रहे थे। भले ही किसी को यह बात छोटी लगे, पर मैं इससे बहुत प्रभावित हुआ। यह सिर्फ उदाहरण भर है—चीनी लोगों के अनुशासन और स्वच्छता के बारे में बताने के लिए।

बहुत छोटी-छोटी चीजें हैं जो चीन से सीखी जा सकती हैं। मसलन—लगभग हर पचास या सौ मीटर की दूरी पर एक कूड़ेदान होता है। ऐसे में जाहिर-सी बात है कि लोग कूड़ा निर्धारित जगह पर ही डालेंगे। इसके बाद भी अगर किसी ने कोई चीज जमीन पर फेंक दी है, तो सफाईकर्मी मुस्तैद दिखते हैं। वे अपने एक बैटरी-चालित बाइक में एक बड़ा चिमटा लेकर चलते हैं। कहीं पर भी कागज या कूड़ा दिखने पर उसे उठा लेते हैं। उसके बाद उसे कूड़ेदान में डाल दिया जाता है। वे बड़ी मेहनत और ईमानदारी से काम करते हैं। यह स्थिति तब है, जब कोई उनकी निगरानी भी नहीं कर रहा होता है।

कुछ समय पहले दक्षिणी चीन के शनचन शहर जाना हुआ। शनचन 1979 से पहले एक महज गांव था, लेकिन अब पूरी तरह आधुनिक शहर बन चुका है। शहर में जगह-जगह पर बेहतरीन पार्क बने हैं। ऐसे ही एक पार्क, जिसका नाम ल्यान ह्वा शान पार्क है, उस पार्क में तरह-तरह के सुंदर फूल-पौधों ने बहुत आकर्षित किया। काफी बड़े क्षेत्र में फैले इस पार्क में एक ऊंची जगह पर पहुंचने के लिए बेहतरीन सड़क बनाई गई है। यह सड़क बहुत साफ-सुथरी थी। जब हम वहां से नीचे उतर रहे थे कि मैंने देखा, हमारे सामने एक अधेड़ उम्र का व्यक्ति अचानक साइकिल से उतरा और सड़क से कुछ उठाने लगा। पहले-पहल मुझे लगा कि शायद उसने अपनी कोई गिरी हुई चीज उठाई होगी, लेकिन चंद कदम की दूरी के बाद वह फिर से साइकिल से नीचे उतरा और सड़क पर गिरे एक कागज के टुकड़े को उठा लिया।

तब तक मेरी समझ में आ गया था कि वह सफाई के लिहाज से ऐसा कर रहा है। उसने आगे भी कई जगहों पर ऐसे ही कोई गिरा टुकड़ा या कागज उठाया। अंत में उसे कूड़ेदान में डाल दिया। इसके बाद वह आराम से साइकिल पर बैठकर पार्क से बाहर निकल गया। इस बात से यह जाहिर होता है कि लोग स्वच्छता के प्रति कितने जागरूक होने लगे हैं। वह व्यक्ति कोई सफाईकर्मी नहीं था, इस बात की पुष्टि कुछ ही दूरी पर एक कूड़ा उठाने वाली महिला ने की, जो उस पार्क में काम करती थी।

चीन के नागरिक सार्वजनिक स्थलों पर स्वच्छता को लेकर सजग हो चुके हैं। कई लोग पार्क, रास्ते पर से कुत्ते आदि पालतू जानवरों के मल भी खुद कागज या टिश्यू पेपर से उठाते हैं। अधिकतर जगहें पूरी तरह साफ रहती हैं। चीन की तारीफ करनी चाहिए कि यहां पर इतनी बड़ी आबादी भी नियंत्रित ढंग से काम करती है।

ऊंची-ऊंची इमारतें बनाने के बाद भी चीन में वृक्षारोपण और पार्कों की हरियाली का खास खयाल रखा जाता है। बड़ी संख्या में मजदूर छोटे-छोटे पार्कों और सड़कों के किनारे लगाए गए पेड़-पौधों की कटाई-छंटाई करते रहते हैं। सड़कों का जाल बिछा है, पर सड़कों के दोनों ओर पेड़-पौधे लगाने के लिए जगह छोड़ दी जाती है।

सड़क के किनारे खाली जगहों पर लगाए गए सुंदर फूलों और पौधों को पानी देने का काम भी नियमित तौर पर किया जाता है। सरकार के संबंधित विभाग ये काम बड़ी जिम्मेदारी से करवाते हैं। उन्हें इसके लिए कोई विज्ञापन देने की जरूरत नहीं है। हम जैसे लोग यह अनुभव कर सकते हैं कि यहां कोरी घोषणाएं नहीं होती हैं, बल्कि धरातल पर काम होता है।

चीन में हाल के वर्षों में टॉयलेट्स की खरीद में काफी बढ़ोतरी हुई है। एक रिपोर्ट के मुताबिक, चीन में हर साल लगभग दो करोड़ टॉयलेट्स खरीदी जाती हैं। यह अमेरिका में खरीदी जा रही टॉयलेट्स की तुलना में दुगुनी हैं। चीन में कोई बड़ा अंतर्राष्ट्रीय सम्मेलन आयोजित हो या ओलंपिक जैसे खेल समारोह, चीन की एजेंसियां इसे एक अवसर के रूप में देखती हैं। इस दौरान स्वच्छता अभियान भी चलाया जाता है। 2008 के बीजिंग ओलंपिक को उदाहरण के तौर पर प्रस्तुत किया जा सकता है। एक रिपोर्ट के मुताबिक कुछ समय पहले तक बीजिंग में सार्वजनिक शौचालयों की संख्या 12 हजार से अधिक थी। वर्ष 2012 में बीजिंग के संबंधित विभाग ने शौचालयों को स्वच्छ बनाने की दिशा में कई कदम उठाए। इसमें सार्वजनिक शौचालयों में गंदगी न होने देने के सख्त निर्देश दिये गये, जिसमें टू फ्लाई रूल भी शामिल था। इस रूल के तहत किसी भी टॉयलेट में दो मक्खियों से अधिक नहीं होनी चाहिए। हालांकि इस निर्देश के बारे में सवाल भी उठाए गए। कहा गया कि इस बात की क्या गारंटी होगी कि मक्खियों की संख्या दो से अधिक है या कम ? इसके बावजूद यह कहना उचित होगा कि साफ-सफाई का स्तर पिछले कुछ सालों की तुलना में बहुत अच्छा हो चुका है।

हालांकि पश्चिमी देशों के मानकों के मुताबिक चीन को उतना स्वच्छ नहीं कहा जा सकता है, पर 1.37 अरब आबादी वाले देश में स्वच्छता बनाए रखना किसी चुनौती से कम नहीं है। चीन ने इस दिशा में सराहनीय काम किया है। चीन अब भी विकासशील देश है, इसलिए सुधार की गुंज़ाइश तो बनी ही रहती है, खासकर ग्रामीण इलाकों में टॉयलेट्स को साफ-सुथरा बनाने के लिए सरकार को कदम उठाने होंगे। शहरों की तुलना में यहां सुधार की गति थोड़ी धीमी कही जा सकती है।

पहले दक्षिणी चीन के प्रमुख शहर क्वांगचो में बहने वाली नदी पर्ल की हालत बहुत खराब थी। कहते हैं, पूर्व में कई टन कचरा इस नदी में फेंका गया था। नदी कचरे से अटी पड़ी थी। दिल्ली में यमुना की तरह। लेकिन एशियाई खेलों के आयोजन से पहले सरकार और स्थानीय नागरिकों ने इसे साफ करने का बीड़ा उठाया, जो हकीकत में तब्दील भी हो गया। इतना ही नहीं, एशियन गेम्स का भव्य उद्घाटन समारोह भी पर्ल नदी पर हुआ।

इसी तर्ज पर शहर की लुहू झील व उसके आसपास के स्थलों को स्वच्छ किया गया है। सख्त नियमों के तहत, झील में कूड़ा-करकट फेंकने और थूकने आदि पर पूरी तरह पाबंदी है। इसका सख्ती से पालन करवाने के लिए झील के आसपास 70 से अधिक सीसीटीवी कैमरे लगाए गए हैं। चीन के तमाम शहरों में सीसीटीवी कैमरे स्थापित किए जा रहे हैं। एशियन गेम्स के दौरान क्वांगचो में ही करीब ढाई लाख कैमरे लगाए गए, वहीं बीजिंग, शंघाई और दूसरे बड़े शहरों में तमाम जगहों पर कैमरे पहरा देते हैं। भले ही यह एक झील की सफाई की बात हो, लेकिन यह चीन में पर्यटक और सार्वजनिक स्थलों पर स्वच्छता पर दिये जा रहे जोर को दर्शाता है।

चीन की शिक्षा-व्यवस्था

चीन की आबादी में छात्रों और युवाओं का अनुपात भी कम नहीं है। चीन में शिक्षा पर निवेश जीडीपी का 4 फीसदी होता है। शिक्षा के क्षेत्र में फंडिंग केंद्र व प्रांतीय सरकारें देती हैं। फंडिंग ज्यादा या कम देश के विभिन्न प्रांतों और क्षेत्रों में अलग-अलग हो सकती है। 2015 तक चीन के सरकारी प्राइमरी व जूनियर मिडिल स्कूल के छात्रों की संख्या 28.8 मिलियन थी। हाल के कुछ दशकों में उच्च शिक्षा हासिल करने वाले छात्रों की संख्या में भारी बढ़ोतरी हुई है।

चीन की शिक्षा-व्यवस्था बहुत प्रतिस्पर्धा वाली और सख्त मानी जाती है, साथ ही विश्व की सबसे बड़ी शिक्षा-व्यवस्था भी। चीन में शिक्षा का ढांचा कुछ हद तक भारत की तरह है, जो तीन हिस्सों में बंटा हुआ है। प्राइमरी स्कूलों में छह साल की पढ़ाई होती है, उसके बाद तीन साल की पढ़ाई मिडिल स्कूल में और तीन साल की पढ़ाई हाईस्कूल में। फिर विश्वविद्यालय की शिक्षा। हालांकि शहरों में

प्राइमरी से पहले किंडर गार्टन दो या तीन साल का होता है। चीनी एजुकेशन सिस्टम को भाषा की मुश्किल की वजह से समझना कठिन होता है। चीन लंबे समय तक अंग्रेजी से परहेज करता रहा। इसका प्रमुख कारण अपनी भाषा और संस्कृति को बचाए रखना था। चीनी साहित्य, इतिहास आदि का वर्णन स्थानीय भाषा में ही मिलता है। लेकिन दुनिया के लिए अजूबा रहे चीन में हाल के वर्षों में विदेशी प्रभाव तेजी से बढ़ा है। स्कूलों में अंग्रेजी की पढ़ाई होने लगी है। चीन में निजी स्कूल बहुत कम होते हैं और सरकारी स्कूलों में अंग्रेजी एक विषय के तौर पर पढ़ाई जाती है, जबकि इंटरनेशल स्कूलों का पाठ्यक्रम पूरी तरह अंग्रेजी पर आधारित होता है। विज्ञान, गणित, इतिहास आदि सभी मुख्य विषय चीनी (मैंडरिन) में ही होते हैं। पर जिस तरह से अंग्रेजी ने अपनी वैश्विक पैठ बना ली है, चीन में भी उसका असर नजर आता है। चीन के लगभग हर शहर में अंग्रेजी सिखाने वाले संस्थान खुल चुके हैं, जहां पर चीनी परिजन अपने बच्चों को भेजते हैं। इन संस्थानों में महंगी फीस अदा करने में भी उन्हें कोई परेशानी नहीं होती—खासकर मध्यवर्ग के लोगों को। मां-बाप बच्चों को बेहतरीन शिक्षा दिलाने की हर संभव कोशिश करते हैं। एक बात दिलचस्प है कि यहां अमेरिकन या ब्रिटिश इंग्लिश उच्चारण को विशेष महत्त्व दिया जा रहा है। इसके चलते नेटिव स्पीकर्स की मांग बहुत ज्यादा है। बीजिंग, शंघाई, क्वांगचो जैसे महानगरों में निजी तौर पर अंग्रेजी पढ़ाने की फीस लगभग 200 से 450 युआन (दो हजार रुपये से साढ़े चार हजार रुपए) प्रति घंटा होती है। इसी से अंग्रेजी की अहमियत को समझा जा सकता है। पिछले तीन दशकों तक लागू वन चाइल्ड पॉलिसी की भी इसमें अहम भूमिका रही है। क्योंकि परिवार में एक ही बच्चा होता है, ऐसे में परिजन अपने बच्चे की परवरिश व शिक्षा में कोई कमी नहीं छोड़ना चाहते हैं।

सरकारी स्कूलों का स्तर कई विषयों में अच्छा कहा जा सकता है। हां, अंग्रेजी में सुधार की गुंजाइश है। सरकारी स्कूलों में मुख्य रूप से चीनी शिक्षक ही अंग्रेजी पढ़ाते हैं। लेकिन निजी किंडर गार्टन और प्राइमरी स्कूलों में विदेशी शिक्षक चीनी बच्चों को अंग्रेजी सिखाते हैं। चीनी मैंडरिन जानने वाले विदेशी टीचरों को अधिक महत्त्व दिया जाता है। पर कई स्कूल ऐसे भी हैं, जो विदेशी टीचर के साथ एक चीनी टीचर को भी रखते हैं, जिसे अंग्रेजी और चीनी दोनों का ज्ञान होता है। इस तरह बच्चों को अंग्रेजी समझने में आसानी होती है। अंग्रेजी के बढ़ते महत्त्व के बावजूद कामकाज और संचार की भाषा चीनी ही है। चीनी भाषा में अच्छी पकड़ के बिना किसी भी बड़े पद पर नहीं पहुंचा सकता।

9 वर्ष की अनिवार्य शिक्षा

यह जानना भी अहम है कि चीन में वर्ष 1986 में नौ वर्षीय अनिवार्य शिक्षा संबंधी कानून लागू किया गया। 2007 से देश के सभी ग्रामीण प्राइमरी और

मिडिल स्कूलों में शिक्षा शुल्क माफ कर दिया गया। बच्चों को निःशुल्क पुस्तकें मिलने लगी हैं, और गरीब छात्रों को छात्रवृत्ति भी। वर्ष 2008 से शहरों के प्राइमरी और मिडिल स्कूल भी मुफ्त शिक्षा-व्यवस्था के दायरे में लाए गए। पर भारत में जिस तरह मिड-डे डील योजना चल रही है, चीन के आम स्कूलों में ऐसी योजना नहीं है। चीन का दावा है कि बड़े विकासशील देशों में वह नौ वर्ष की अनिवार्य शिक्षा-व्यवस्था को लोकप्रिय बनाने का लक्ष्य हासिल करने वाला पहला देश है।

चीन में कुल 2 लाख 41 हजार 200 प्राइमरी स्कूल हैं। सरकारी आंकड़ों के मुताबिक प्राइमरी स्कूलों में बच्चों की दाखिला दर 99.79 प्रतिशत है। टीचरों की संख्या 56 लाख से ज्यादा है। मिडिल स्कूलों की संख्या 54 हजार से अधिक है, और इनमें पढ़ाने वाले टीचरों की संख्या 35 लाख 24 हजार से अधिक बताई जाती है। इसके बावजूद शहरों और गांवों में शिक्षा के स्तर में बहुत अंतर है। सरकार इस अंतर को पाटने के लिए समय-समय पर घोषणाएं करती रहती है।

मैं चीन में लगभग सात साल से रह रहा हूं। इस दौरान कई जगहों पर जाना हुआ। कुछ गांवों के स्कूलों में जाकर मैंने पाया कि बच्चे अंग्रेजी सीखने की पूरी कोशिश करते हैं, जबकि चीनी भाषा को तवज्जो दी जाती है। गांवों के स्कूलों में बुनियादी सुविधाओं की बात की जाए तो स्थिति ठीक-ठाक कही जा सकती है, लेकिन आधारभूत ढांचे व अन्य सुविधाओं में ये स्कूल शहरों के स्कूलों से बहुत पीछे लगते हैं।

पढ़ाई का दबाव

प्राइमरी और मिडिल स्कूलों में बच्चों के ऊपर पढ़ाई का काफी दबाव रहता है। शिक्षा का ढांचा कुछ इस तरह का है कि छात्रों को अपने विषयों को रटकर याद करने करने के लिए मजबूर होना पड़ता है। चीन में अक्सर जिस बात की शिकायत हर मध्यवर्गीय मां-बाप करते हुए मिल जाते हैं, वह है—बच्चों की पीठ पर भारी बस्ता और जरूरत से ज्यादा होम-वर्क। पहले तो उनका समय सुबह से शाम तक स्कूल में बीतता है। घर आने के बाद ये नौनिहाल होमवर्क करने में जुट जाते हैं। शनिवार और रविवार के दिन भी ये बच्चे होमवर्क पूरा करने में व्यस्त रहते हैं—परीक्षा में दूसरे छात्रों से आगे निकलने की होड़ के कारण, क्योंकि उनके मां-बाप भी नहीं चाहते कि उनका बच्चा पीछे रह जाए।

चीन की शिक्षा-व्यवस्था की कमी यह मानी जाती है कि इसमें बच्चों के ग्रेड और मार्क्स पर सबसे अधिक जोर दिया जाता है यानी जो बच्चा परीक्षा में जितने अधिक अंक लाता है, वह उतना ही प्रतिभावान माना जाता है। हलांकि इस आकलन को जायज नहीं ठहराया जा सकता। कई छात्र कम अंक लाने के बावजूद ज्यादा अंक लानेवाले छात्रों से अधिक प्रतिभावान होते हैं।

मिडिल स्कूल से हाईस्कूल में प्रवेश के लिए प्रवेश परीक्षा होती है, जिसमें एक से डेढ़ किमी. की दौड़ पूरी करना हर किसी छात्र के लिए अनिवार्य होता है। चीन के स्कूली सिस्टम में खेल अनिवार्य विषय के रूप में शामिल है।

बच्चों के ऊपर पढ़ाई के बोझ को कम करने के लिए शिक्षा मंत्रालय एक-दो बार आदेश जारी कर चुका है। इसमें प्राइमरी और मिडिल स्कूलों के टीचरों से कहा गया कि वे बच्चों को क्लास के बाद कोई होमवर्क न दें लेकिन इसका कोई खास असर दिखाई नहीं देता है, क्योंकि स्कूलों में मॉनटरिंग की व्यवस्था नहीं है, जिससे यह पता लग सके कि बच्चों को होम वर्क नहीं दिया जा रहा है।

चीन में पढ़ाई की ऐसी प्रतिस्पर्धा है कि यहां के बच्चे ग्लोबल स्तर पर भी अपनी पहचान बना चुके हैं। हाल में 65 देशों के बीच हुए प्रोग्राम 'फॉर इंटरनेशनल स्टूडेंट एसेसमेंट' (पीआईएसए) टेस्ट में चीन पहले स्थान पर रहा। हर तीन साल में पंद्रह साल के छात्र इस टेस्ट में शामिल होते हैं। इस सूची में कई विकसित देशों के छात्र गणित, विज्ञान आदि में अंक प्राप्त करने के मामले में चीनी छात्रों से पीछे रहे।

यूनिवर्सिटी की परीक्षा

हाईस्कूल के बाद विश्वविद्यालय प्रवेश के लिए छात्रों को एक अति महत्त्वपूर्ण परीक्षा पास करनी होती है। शायद यह चीनी छात्रों के जीवन का सबसे मुश्किल इम्तिहान होता है, जिसे पार करने के लिए छात्र एड़ी-चोटी का जोर लगा देते हैं।

दरअसल काव-खाव नाम की यह परीक्षा पूरे देश भर के छात्रों के लिए होती है, जो कि विश्वविद्यालयों में पढ़ना चाहते हैं। इन्हीं विश्वविद्यालयों में पढ़ाई के बाद उनका भविष्य निर्धारित होता है, और उन्हें जॉब मिलती है। चीन में सारा दारोमदार इन विश्वविद्यालयों पर ही होता है, भारत की तरह अलग से तकनीकी संस्थान नहीं होते। कहने का मतलब है कि डॉक्टर, इंजीनियर या प्रोफेसर बनने के लिए यूनिवर्सिटी की प्रवेश परीक्षा पास करनी होती है। यह परीक्षा दो दिनों के लिए आयोजित की जाती है। कुल साढ़े आठ घंटे की मैराथन परीक्षा होती है। लगभग हर वर्ष इस कॉलेज इंट्रेंस एग्जाम में लाखों छात्र बैठते हैं। वर्ष 2015 में 94.2 लाख छात्रों ने यह परीक्षा दी। इसी परीक्षा के अंक तय करते हैं कि छात्र किस विश्वविद्यालय में प्रवेश पाएंगे। इसके साथ ही उन्हें कौन से विषय पढ़ने को मिलेंगे, यह भी बहुत हद तक इसी परीक्षा के रिजल्ट पर निर्भर करता है। देश के टॉप विश्वविद्यालयों में दाखिला पाने वाले खुद पर गर्व कर सकते हैं, इसमें कोई शक नहीं है। अगर कोई छात्र एक बार में इस परीक्षा में अच्छे अंक नहीं हासिल कर पाता है तो यह फिर से उसकी तैयारी में जुट जाता है, ताकि अगली बार उसे किसी अच्छे विश्वविद्यालय में एडमिशन मिल सके।

जिस तरह चीन सरकार देश के एजुकेशन सिस्टम में बदलाव लाने की दिशा में कदम उठा रही है, आने वाले समय में इस व्यवस्था में जरूर सुधार आएगा।

चीन में क्रिकेट और अन्य खेल

चीन में क्रिकेट

क्रिकेट का इतिहास चार सौ वर्ष पुराना है, जो कि इंग्लैंड, भारत और ऑस्ट्रेलिया समेत राष्ट्रमंडल के कई देशों में बहुत लोकप्रिय है। भारत और दक्षिण एशिया में तो क्रिकेट को धर्म की संज्ञा तक दी जाती है और क्रिकेट खिलाड़ियों को भगवान का दर्जा दिया जाता है। शंघाई और हांगकांग को छोड़ दें तो चीन में 22 गज (याड्र्स) की पिच पर गेंद और बल्ले से खेले जाने वाला यह खेल बिलकुल नया है।

चीन में एशियन क्रिकेट काउंसिल ने क्रिकेट के बीज बोने का काम किया। चाइनीज क्रिकेट एसोसिएशन वर्ष 2004 में इंटरनेशनल क्रिकेट काउंसिल से संबद्ध (अफीलिएट) सदस्य बना और फिर राष्ट्रीय क्रिकेट टीम बनी, लेकिन चीन को अंतर्राष्ट्रीय क्रिकेट खेलने के लिए पांच साल इंतजार करने के बाद एसीसी ट्राफी चैलेंज में हिस्सा लेने का मौका मिला। चीन की राष्ट्रीय टीम (पुरुष) ने 2009 के बाद एशियन क्रिकेट काउंसिल द्वारा आयोजित टूर्नामेंट 2010 और 2014 के एशियन गेम्स में शिरकत की।

चीन ने 2010 में क्वांगचो में हुए एशियन गेम्स में बतौर मेजबान हिस्सा लिया। इसमें चीनी टीम ने श्रीलंका, पाकिस्तान, बांग्लादेश, अफगानिस्तान व यूएई आदि के खिलाफ मैच खेले। लेकिन इस टूर्नामेंट में आईसीसी के अधिकतर सदस्य देशों ने अपनी मुख्य टीमों को नहीं भेजा था।

2014 में संयुक्त अरब अमीरात में हुए एसीसी टी-20 कप में चीन की टीम एक भी मैच जीतने में सफल नहीं हो सकी। इस तरह टीम अंतिम पायदान पर रही। मैचों में हार का अंतर भी बहुत अधिक रहा। यूएई ने चीन को 209 रनों के विशाल अंतर से हराया, जो एक रिकॉर्ड भी है।

इसी बीच वर्ष 2007 में महिला क्रिकेट टीम भी अस्तित्व में आई, जब देश भर से 19 बेहतरीन क्रिकेटर्स चुनी गईं। टीम ने थाईलैंड की राजधानी बैंकाक में हुए एसीसी महिला टूर्नामेंट में भाग लिया। इस सीरीज में चीनी महिलाओं ने अच्छा प्रदर्शन किया और सेमीफाइनल तक का सफर हासिल किया। वहीं 2010 के एशियन गेम्स में यह टीम अंतिम चार में पहुंचने में सफल रही, जबकि टी-20 एशिया कप में भी अच्छा प्रदर्शन किया।

पिछले एक दशक में धीरे ही सही, क्रिकेट अपनी जड़ें चीन में फैला रहा है। अब तक बीजिंग, शंघाई, ल्याओनिंग, शानतोंग, थ्येनचिन, क्वांगतोंग, च च्यांग समेत नौ प्रांतों में क्रिकेट खेला जा रहा है और लगभग डेढ़ सौ से अधिक स्कूलों में भी छात्र क्रिकेट के गुर सीख रहे हैं। साथ ही चीन में प्रशिक्षक और रैफरी भी तैयार हो रहे हैं।

हालांकि हांगकांग के विशेष प्रशासनिक क्षेत्र में क्रिकेट बहुत पहले से खेला जा रहा है। हांगकांग अंतर्राष्ट्रीय स्तर पर अपनी अलग टीम उतारता रहा है, जबकि

शंघाई क्रिकेट क्लब वर्ष 1866 से अंतर्राष्ट्रीय टीमों के खिलाफ मैच खेलता रहा है, जो अनौपचारिक तौर पर चीन की राष्ट्रीय टीम है।

चीनी क्रिकेट एसोसिएशन के महानिदेशक ल्यूरोंग शाओ ने एक बार चीनी मीडिया से इंटरव्यू में कहा था कि चीन में क्रिकेट का स्तर ऊंचा उठाने के लिए जमीनी तौर पर काम करना होगा। इसके लिए बच्चों और युवाओं के बीच क्रिकेट को लोकप्रिय बनाने पर जोर दिया। उन्होंने बताया कि देश में कई प्राइमरी, मिडिल, हाईस्कूलों और विश्वविद्यालयों में क्रिकेट खेला जा रहा है। छात्र अक्सर क्रिकेट की प्रैक्टिस करते हैं।

हालांकि चीन की जनसंख्या और दूसरे खेलों में व्यापक रुचि के लिहाज से क्रिकेट समुद्र में बूंद की तरह कहा जाएगा। वैसे चीनी टीमों को भारत, पाकिस्तान व बांग्लादेश के कोच ट्रेनिंग दे रहे हैं। हाल के वर्षों में चीनी खिलाड़ियों ने विदेश जाकर प्रशिक्षण भी हासिल किया है।

चीनी क्रिकेट पर नजर रखने वाले जानकार मानते हैं कि आने वाले वर्षों में चीनी टीमें दूसरी टीमों को टक्कर दे सकती हैं, क्योंकि खेलों के प्रति चीनी लोग में जुनून है। वे अनुशासन में रहते हुए, खेल में टॉप पर आने की पूरी कोशिश करते हैं।

चीन की बड़ी आबादी और बाजार को देखते हुए क्रिकेट की व्यापक संभावना नजर आती है। अगर चीन आईसीसी का सदस्य देश बनने में सफल रहा और चोटी की टीमों में शामिल हुआ, तो यह क्रिकेट के विस्तार में बड़ी भूमिका निभा सकता है।

दूसरे खेलों में चीन

लोगों को यह जानकर आश्चर्य हो सकता है कि भारत जिस खेल में अच्छा है, चीन ने उस खेल में अपनी उपस्थिति नहीं के बराबर दर्ज कराई है। वहीं चीन की स्थिति जिन खेलों में बहुत अच्छी है, भारत का स्तर बहुत कमजोर है। पड़ोसी होने के बावजूद इन दोनों देशों में खेलों के स्तर में बहुत अंतर है।

क्रिकेट के अलावा दूसरे खेलों की बात करें तो चीन कई खेलों में शानदार प्रदर्शन करता रहा है। इसमें बैडमिंटन, टेबल टेनिस, वॉलीबॉल, तैराकी, एथलेटिक्स आदि प्रमुख हैं। बैडमिंटन और टेबल टेनिस में कई अंतर्राष्ट्रीय मुकाबले तो चीनी खिलाड़ियों के बीच ही होते हैं। इससे चीन की ताकत का अंदाजा लगाया जा सकता है।

बैडमिंटन में पिछले कई वर्षों से ओलंपिक मुकाबलों के फाइनल में भी रिजल्ट चीनी खिलाड़ियों के पक्ष में ही रहा। 2008 और 2012 के ओलंपिक के पुरुष एकल मुकाबले का गोल्ड लिन डैन ने ही जीता।

2008 के ओलंपिक में चीनी बैडमिंटन खिलाड़ियों ने पांच में से 3 स्वर्ण पदक जीते, वहीं विश्व चैंपियनशिप भी चीनी खिलाड़ी ही जीतते रहे हैं, जबकि टेबल टेनिस के बारे में कहा जाता है कि चीन में राष्ट्रीय चैंपियन बनना या नंबर वन होना

अंतर्राष्ट्रीय स्तर पर चैंपियन बनने से ज्यादा मुश्किल होता है, क्योंकि विश्व के चोटी के खिलाड़ी चीन के ही होते हैं।

अक्सर चीन में हर जगह लोग टेबल टेनिस और बैडमिंटन खेलते हुए देखे जा सकते हैं। एक अनुमान के मुताबिक चीन में लगभग 10 करोड़ से अधिक लोग बैडमिंटन खेलते हैं, जबकि टेबल टेनिस के दीवानों की संख्या भी कम नहीं है।

हाल के वर्षों में भारत में भी बैडमिंटन का स्तर सुधरा है। विशेषकर महिला बैडमिंटन में सायना नेहवाल व पी.वी. सिंधू ने चीनी खिलाड़ियों को कड़ी टक्कर दी है, वहीं पुरुष बैडमिंटन खिलाड़ी भी चीनी मांद में सेंध लगाने की पूरी कोशिश कर रहे हैं।

खेलों में कैसे बना सुपर पावर

आर्थिक महाशक्ति बनने के साथ-साथ चीन ने खेल जगत में भी अपना दबदबा कायम किया है।

खेलों में चीनी खिलाड़ियों का स्तर ऊंचा होने की कुछ वजहें हैं। जहां आधारभूत सुविधाएं अच्छी हैं, वहीं सरकार खिलाड़ियों को पूरा संरक्षण भी प्रदान करती है। बचपन से ही खिलाड़ियों को बेहतरीन ट्रेनिंग दी जाती है। खिलाड़ियों को खेल के अलावा किसी अन्य बात की चिंता करने की जरूरत नहीं होती।

चीन में एक स्लोगन 'च्वी क्व थी च' बड़ा प्रसिद्ध है। इसका मतलब है—खेलों में पूरे देश की शक्ति लगा देना, जिस पर सरकार और खेल विभाग पूरी तरह अमल करते हैं। यह एक संपूर्ण व्यवस्था है, जो कि जमीनी स्तर से शीर्ष तक पिरामिड की तरह काम करती है। साथ ही खेल संस्थानों की स्थिति सुधारने पर भी ध्यान दिया जाता है।

इसी के तहत विश्वस्तरीय एथलीट तैयार करने की प्रक्रिया बचपन से ही शुरू हो जाती है। किंडर गार्टन और प्राइमरी स्कूलों से प्रतिभावान बच्चों को चुन लिया जाता है। चुने गए बच्चों की प्रतिभा को निखारने, ट्रेनिंग आदि सभी खर्च सरकार उठाती है। इसका एक छोटा-सा उदाहरण है : हांगचो शहर। यहां से तैराकी में विश्व चैंपियन, ओलंपिक चैम्पियन, एशियाड व राष्ट्रीय चैम्पियन निकले हैं। लंदन ओलंपिक की सनसनी 16 साल की महिला तैराक ये श वन भी यही से हैं। हांगचो की शहरी व जिला टीम और खेल स्कूल हर साल पूरे शहर में 'टैलेंट सर्च प्रोग्राम' आयोजित करते हैं। शहरी टीम हर साल स्कूलों में 3 हजार बच्चों को चुनकर उन्हें ट्रेनिंग देती है। उनमें से 350 को विशेष प्रशिक्षण दिया जाता है।

हांगचो में 30 प्रतिशत से अधिक लोग नियमित रूप से तैराकी करते हैं। सिर्फ तैराकी ही नहीं, दूसरे खेलों के प्रति भी आम लोगों में बहुत उत्साह दिखता है। बैडमिंटन, टेबल टेनिस जैसे परंपरागत खेलों के अलावा महिला टेनिस, ट्रैक एंड फील्ड, स्विमिंग, डाइविंग, वेटलिफ्टिंग, शूटिंग आदि में भी चीनी खिलाड़ी शानदार प्रदर्शन कर रहे हैं।

पेशेवर खेलों के अलावा सार्वजनिक व्यायाम पर भी विशेष ध्यान दिया जाता है। सभी राज्य सरकारें सार्वजनिक व्यायाम के विकास को अपनी कार्य-रिपोर्ट में शामिल करती हैं। आधारभूत ढांचों के निर्माण व खेलों के विकास में हो रही फंड की कमी को पूरा करने के लिए खेल लॉटरी का सहारा लिया जाता है और आज आधारभूत संरचना, खिलाड़ियों के खर्च का बड़ा हिस्सा लॉटरी से होने वाली आमदनी से आता है। इस सबके चलते चीन में व्यायाम करना और खेल गतिविधि में हिस्सा लेना अधिकांश लोगों की जीवनशैली का एक भाग बन चुका है।

सरकार ने आम लोगों में खेलों के प्रति रुचि बढ़ाने के लिए बीजिंग ओलंपिक के बाद 'सार्वजनिक व्यायाम दिवस, 1995' शुरू किया, जो हर वर्ष 8 अगस्त को आयोजित किया जाता है। इसका असर 1996 में दिखाई दिया, जब 15.5 फीसदी शहरी लोग नियमित रूप से खेल या व्यायाम करने लगे और 2000 में यह बढ़कर 18.3 प्रतिशत हो गया। वर्तमान में इसके 30 फीसदी से अधिक पहुंचने का अनुमान है। अब तो हर इलाके की कम्युनिटी सरकारी तौर पर व्यायाम और खेल प्रतियोगिताएं आयोजित करवाती है। वर्ष 2006 तक देश में दस लाख से अधिक स्टेडियम थे, जिनमें 66 प्रतिशत स्कूलों में थे। शिक्षा मंत्रालय की पहल पर स्कूली स्टेडियमों को आम जनता के लिए खोला गया, ताकि वे खेलों में बढ़-चढ़कर हिस्सा ले सकें, साथ ही खेल शिक्षकों की संख्या भी बढ़ाकर सात लाख से अधिक कर दी गई है।

हाल के एक दशक में चीन में किस तेजी से खेलों का स्तर सुधरा है, इसका अंदाजा आंकड़ों से लगा सकते हैं। नए चीन को पहले सौ गोल्ड मेडल हासिल करने में करीब दो दशक लगे, जबकि सौ से दो सौ गोल्ड के बीच महज आठ साल का समय लगा।

चीन में खेलों को बढ़ावा दिया जाना महज खेलों के विकास को ही नहीं दर्शाता, बल्कि यह आम लोगों की सार्वजनिक क्षेत्र में भागीदारी व एकजुटता का भी प्रतीक है। जिस तरह सरकार ने पूरी ताकत खेलों के विकास में लगा रखी है, उसी तरह जनता भी जज्बे के साथ बढ़-चढ़कर इनमें हिस्सा लेती है। अगर पड़ोसी देश भारत को वैश्विक खेल मंच पर अपनी दमदार उपस्थिति दर्ज करानी है तो यहां के नीति-निर्धारकों को चीन से सबक सीखना पड़ेगा।

[हिंदुस्तान, 6 सितंबर, 2012]

महाशक्ति देश को चीन की चुनौती

चीन और अमेरिका के बीच तनाव कम होने का नाम नहीं ले रहा। इंटरनेट सर्च इंजन गूगल से शुरू हुए विवाद ने अब काफी गंभीर रूप ले लिया है। दोनों एक दूसरे पर आरोप-प्रत्यारोप लगा रहे हैं। नौबत यहां तक आ गई है कि चीन अमेरिकी कंपनियों

पर प्रतिबंध लगाने की धमकी दे रहा है, जबकि ओबामा प्रशासन भी झुकने के मूड में नहीं है। संकट के बावजूद दुनिया की सबसे बड़ी आर्थिक महाशक्ति अमेरिका और उभरती ताकत चीन के रिश्तों के भविष्य पर सवाल उठ खड़ा हुआ है। राजनीति से लेकर अर्थव्यवस्था तक में चीन का बढ़ता दखल अमेरिका को नहीं सुहा रहा, जबकि अफगान समस्याएं, स्वास्थ्य संबंधी बिल और बेरोजगारी पर काबू पाने में विफल ओबामा लोकप्रियता खो रहे हैं। सीएनएन और एक रिसर्च कॉरपोरेशन के सर्वेक्षण में 50 फीसदी लोग ओबामा के प्रदर्शन से नाखुश नजर आए। मेसाच्युसेटस में डेमोक्रेट उम्मीदवार की सीनेट के लिए हुई हार भी उनके लिए एक बड़ा झटका है।

गूगल साइबर हमले और इंटरनेट की स्वतंत्रता पर मचा हंगामा तो एक बहाना है, असली मसला चीन की ताकत में लगातार हो रहा इजाफा है, जिसे ओबामा पचा नहीं पा रहे। चीनी रक्षा विभाग का तेजी से आधुनिकीकरण हो रहा है तथा एशिया में भी उसकी भूमिका बढ़ती जा रही है। तिब्बत, म्यांमार, बांग्लादेश, पाकिस्तान, श्रीलंका में उसका प्रभाव बढ़ने के साथ-साथ उसकी नौसैनिक ताकत भी मजबूत हो रही है।

चीन पिछले वर्ष जर्मनी को पीछे छोड़कर दुनिया का सबसे बड़ा निर्यातक देश बन गया है। यह बात भी अमेरिका के लिए सिरदर्द बन रही है। चीन के साथ अपने रिश्तों में अमेरिका हमेशा मजबूत सहयोगी की भूमिका में रहा है और जब भी रिश्तों में खटास आई है, चीन ने उस पर तीखा रुख अपनाया है। वर्ष 1999 में यूगोस्लाविया स्थित चीनी दूतावास पर अमेरिकी बम हमले और 2008 में तत्कालीन राष्ट्रपति जॉर्ज बुश प्रशासन द्वारा ताइवान को हथियार बेचे जाने पर चीन ने प्रतिरोध जताया था। मगर पिछले कुछ समय से स्थिति तेजी से बदल रही है। वैश्विक मंदी से त्रस्त अमेरिका को ड्रैगन हर मोर्चे पर कड़ी टक्कर देने लगा है। चाहे गूगल पर हुए साइबर हमले का प्रकरण हो या तिब्बती धर्म गुरु दलाई लामा से ओबामा की मुलाकात का कार्यक्रम या ईरान पर और आर्थिक प्रतिबंध लगाने की मंशा—चीन पहले से ज्यादा कड़े तेवर दिखा रहा है।

अमेरिका को उसी की भाषा में जवाब देते हुए चीनी विदेश मंत्रालय, रक्षा और अन्य महत्त्वपूर्ण विभागों ने त्वरित कार्रवाई करते हुए अमेरिकी कंपनियों पर प्रतिबंध लगाने की घोषणा कर दी है। यही नहीं, ईरान और उत्तर कोरिया से जुड़े परमाणु कार्यक्रमों पर सहयोग न करने की भी उसने चेतावनी दे डाली है। चीन समझ रहा है कि अमेरिका के सामने अपनी ताकत का एहसास कराने का यही समय है, क्योंकि दुनिया में आर्थिक व राजनीतिक तौर पर उसकी भूमिका महत्त्वपूर्ण हो गई है। वैश्विक मंदी ने जहां तमाम देशों की हालत खस्ता कर रखी है, वहीं चीन आठ फीसदी से अधिक की आर्थिक वृद्धि दर कायम रखने में सफल रहा है। इसके बाद भी अगर अमेरिका द्विपक्षीय संबंधों में खुद को श्रेष्ठ आंकता है, तो यह उसकी भूल है।

हालांकि इस विवाद में अमेरिका भी चुप नहीं है। उसका आरोप है कि चीन द्विपक्षीय वायदे नहीं निभा रहा और अपनी मुद्रा का मूल्य कम-से-कम रखता है,

ताकि दूसरे देश को लाभ न हो। चीन के प्रति अमेरिकी नाराजगी का सुबूत यह है कि बीजिंग द्वारा दलाई लामा से न मिलने की चेतावनी देने के बावजूद अमेरिका तिब्बती धर्मगुरु से मिलने को तैयार दिख रहा है। चीन के विरोध के बावजूद दलाई लामा से मुलाकात न टालने और ताइवान को 64 अरब डॉलर के हथियार बेचने की प्रमुख वजह चीन को एक कड़ा संदेश देना है। अमेरिका अपने निर्यात पर चीन में किसी भी तरह की रोकटोक नहीं चाहता। उसे चीनी मुद्रा युआन का एक्सचेंज रेट कम होने के कारण ज्यादा लाभ नहीं मिल पा रहा है। लेकिन चीनी अर्थशास्त्रियों का कहना है कि बीजिंग डॉलर के मुकाबले युआन का एक्सचेंज रेट बढ़ाने को लेकर अमेरिका के सामने नहीं झुकेगा। बीजिंग ने मुद्रा और व्यापार के मुद्दे पर सख्त नीति अपनाने की अमेरिकी धमकी खारिज कर दी है। विवाद की इस कड़ी में जहां अमेरिका ने चीन से आयातित टायरों पर अतिरिक्त शुल्क लगा दिया है, वहीं चीन ने अमेरिका से आयातित चिकन पर अधिक चार्ज लगाने का ऐलान किया है। उसका कहना है कि अमेरिकी चिकन सस्ते दामों में बेचा जा रहा है, जो चीनी मुर्गी पालकों के हितों के खिलाफ है।

अगर दोनों देशों की नीतियों पर गौर करें, तो अफगानिस्तान से सेना न हटाने के फैसले पर राष्ट्रपति ओबामा को अमेरिकियों की आलोचना झेलनी पड़ रही है, जबकि चीनी जनता राष्ट्रीय मुद्दों पर सरकार के साथ खड़ी नजर आती है। कुल मिलाकर, अमेरिका और चीन के बेहतर संबंध न केवल घरेलू, बल्कि ग्लोबल शांति और स्थिरता के लिए भी जरूरी हैं। अब समय आ गया है कि वाशिंगटन चीन को अपनी बराबरी का दर्जा दे। दोनों के रिश्ते किस हद तक प्रभावित होते हैं, यह तो आने वाला वक्त ही बताएगा, लेकिन इतना तय है कि चीन अमेरिका के लिए एक बड़ी चुनौती बन गया है।

[अमर उजाला, 16 फरवरी, 2010]

चीन के खुदरा बाजार की सीख

चीन आज दुनिया की तमाम बड़ी कंपनियों के लिए सबसे पसंदीदा देशों में एक है। दो दशक पहले तक बड़े निवेशक चीन आने से घबराते थे, वर्तमान में स्थिति यह है कि चीन जापान को पीछे छोड़कर विश्व की दूसरी सबसे बड़ी अर्थव्यवस्था बन चुका है। जिस गति से चीन विकास कर रहा है, उससे अब तो अमेरिका भी घबराने लगा है।

चीन के सामाजिक-आर्थिक ढांचे में हुए व्यापक बदलावों ने खुदरा क्षेत्र के लिए भी जमीन तैयार की है। चीनी अर्थव्यवस्था में रिटेल सेक्टर के योगदान का अंदाजा इसी से लगाया जा सकता है कि यह कुल अर्थव्यवस्था का 14 फीसदी से

अधिक है, और इसका दायरा बड़ी तेजी से विस्तृत हो रहा है। साथ ही आगामी वर्षों में चीन के खुदरा बाजार में प्रतिस्पर्धा और बढ़ने की बात की जा रही है। वहीं भारत में इन दिनों रिटेल, इंश्योरेंस आदि में एफडीआई को अनुमति दिये जाने को लेकर मचे हंगामे के बीच पक्ष व विपक्ष में तमाम दलीलें दी जा रही हैं। साथ ही चीन में रिटेल की सफलता का तर्क भी पेश किया जा रहा है। ऐसे में सवाल यह है कि क्या चीन ने बिना कुछ सोचे-समझे विदेशी निवेशकों को अपने यहां व्यापार करने की अनुमति दे दी, या फिर सफलता उसे यूं ही हासिल हो गई?

अगर हमें ऐसा लगता है, तो हम किसी मुगालते में हैं। यह भी जानना जरूरी होगा कि जहां भारत में आर्थिक उदारीकरण की शुरुआत 1991 से हुई, वहीं चीन ने दंग स्याओ पिंग के नेतृत्व में 1979 में ही विश्व के लिए अपने देश के दरवाजे खोल दिये थे। इन वर्षों में चीन भारत ही नहीं, दुनिया के कई देशों से आगे निकलने में कामयाब रहा है। लेकिन खुदरा की बात करें तो उसने ओपन पॉलिसी लागू करने के तेरह वर्ष बाद 1992 में पहली बार 26 प्रतिशत एफडीआई को मंजूरी दी, इसके बाद इसे 49 फीसदी तक पहुंचने में दस साल लगे, ऐसा हुआ 2002 में। इस दौरान व्यापार की नई तकनीकों का लाभ उठाने व उत्पादकता बढ़ाने पर विशेष जोर दिया गया। सबसे महत्त्वपूर्ण बात यह भी है कि सरकार ने स्थानीय किसानों, उत्पादकों, निर्माण क्षेत्र से जुड़ी कंपनियों को लगातार प्रोत्साहित किया, ताकि वे विदेशी निवेशकों और बड़ी कंपनियों के साथ मुकाबला कर सकें। फिर जाकर वर्ष 2004 में रिटेल में सौ फीसदी प्रत्यक्ष विदेशी निवेश को हरी झंडी दी गई। इसके बावजूद सरकार का विदेशी रिटेलरों पर पूरा नियंत्रण रहता है, और उन्हें कच्चा माल ग्रामीण क्षेत्रों में स्थानीय किसानों व उत्पादकों से सीधे खरीदना होता है। सरकार ने किसानों के हितों को ध्यान में रखते हुए कपास व चावल आदि के लिए न्यूनतम खरीद मूल्य निर्धारित किया है, जो कि औसत बाजार मूल्य से थोड़ा अधिक होता है। इसके साथ ही सरकार किसानों को कृषि उत्पाद उगाने में सर्वोच्च प्राथमिकता देने के लिए आर्थिक मदद भी देती है। और हाल के वर्षों में किसानों से लिए जाने वाले कृषि-कर की व्यवस्था समाप्त कर दी गई है। गौरतलब है कि चीन में लगभग 30 करोड़ से अधिक किसान हैं। वर्ष 2006 से 2011 के बीच सरकार ने ग्रामीण क्षेत्रों में 4 खरब युआन लगाए। इसी दौरान अनाज उत्पादन, बीज, कृषि मशीनरी की खरीद आदि पर सब्सिडी 30.95 अरब युआन से बढ़ाकर 140.6 अरब युआन कर दी।

इसके अलावा स्थानीय निवेशकों को भी प्रोत्साहित करने के लिए वर्ष 2008 से विदेशी रिटेलर्स पर भी स्थानीय रिटेलर्स के बराबर कॉरपोरेट इनकम टैक्स लगाना शुरू किया, जबकि पहले उन्हें कर में कुछ छूट दी जाती थी।

चीन में रिटेल की सफलता की एक वजह यह भी है कि यहां के रिटेलर्स ने विदेशी रिटेल कंपनियों से बाजार प्रबंधन व नई तकनीक सीखकर लाभ उठाया है,

वहीं विदेशी रिटेलर्स ने भी चीन के बाजार में अपनी पकड़ मजबूत की है। रिटेल सेक्टर के फलने-फूलने के लिए शहरीकरण का भी बड़ा हाथ है। यहां एक नया मध्य वर्ग तैयार हो चुका है, जो इसी रिटेल मार्केट से खरीदारी करता है। 1980 से तुलना करें तो आज चीन की शहरी जनसंख्या 200 प्रतिशत बढ़ चुकी है। मैकेंसी रिसर्च स्टडी के मुताबिक 2025 तक दो-तिहाई लोग शहरों में रहने लगेंगे। ऐसे में तमाम शहर रिटेल हब के तौर पर उभर रहे हैं। जानकार कहते हैं कि जैसे-जैसे शहरीकरण बढ़ेगा, बड़े रिटेलर्स की पहुंच उतनी ही बढ़ेगी। वैसे अस्सी और नब्बे के दशक में लोगों की आय भी कम थी और शहरों की आबादी भी कम, लेकिन आर्थिक सुधारों के चलते छोटे शहरों से आकर महानगरों में बसे लोग मध्य वर्ग में शामिल हो चुके हैं। अनुमान है कि वर्ष 2025 तक दस लाख से अधिक आबादी वाले शहरों की संख्या 221 तक पहुंच जाएगी। ऐसे में चीन में रिटेल क्षेत्र में विकास की तमाम संभावनाएं हैं।

अगर देखा जाए तो चीन और भारत एशिया की तेजी से उभरती हुई ताकतें हैं, और मंदी के इस दौर में भी दोनों की विकास-दर अन्य देशों की तुलना में बेहतर है। लेकिन दोनों की बाजार व अर्थव्यवस्था का स्वरूप भिन्न-भिन्न है, परिस्थितियां भी अलग-अलग हैं। जहां रिटेल सेक्टर में एफडीआई से भारत में किराना स्टोरों व छोटे दुकानदारों की रोजी-रोटी को खतरा बताया जा रहा है, वहीं चीन में व्यापार का बड़ा हिस्सा कोऑपरेटिव सोसाइटी से संचालित होता है। इतना ही नहीं, चीन में श्रमिकों की मजदूरी कम होने की बात भी पुरानी पड़ चुकी है। हाल के वर्षों में हर साल इसमें 12 प्रतिशत की दर से इजाफा हो रहा है, जबकि विदेशी कंपनियों में मजदूरों के अधिकारों को ध्यान में रखते हुए सरकार ने ट्रेड यूनियन बनाने पर भी जोर दिया है। मजदूरी बढ़ने, रियल एस्टेट की कीमतों में उछाल आदि से चीन से कुछ विदेशी कंपनियां बांग्लादेश, वियतनाम, कंबोडिया आदि देशों में जाने लगी हैं। पर कुछ विदेशी कंपनियों के चीन में सफल न होने की अन्य वजहें भी हैं, क्योंकि वे स्थानीय लोगों व बाजार को ठीक से नहीं समझ पाती हैं, इसके चलते भी उन्हें अपना काम समेटना पड़ता है।

रिटेलर्स के कारोबार पर नजर डालें तो वर्ष 2010 में सबसे अधिक कारोबार करनेवाले रिटेलर्स विदेशी नहीं बल्कि चीनी थे। पहले नंबर पर चीनी रिटेल कंपनी सुनिंग होम एप्लाएंसेज थी, जिसने 11,103 मिलियन डॉलर की बिक्री की, जबकि दूसरी कंपनी भी चीनी थी। उसने 7,486 मिलियन डॉलर का बिजनेस किया। वहीं फ्रांसीसी कारफोर 5394 मिलियन डॉलर के साथ सातवें नंबर पर रहा। हालांकि वर्ष 2010 में वॉलमार्ट, कारफोर और टेस्को का खुदरा राजस्व वर्ष 2005 के 5 अरब डॉलर से बढ़कर 16 अरब डॉलर पहुंच गया और इसी अवधि में उनकी चीन से दूसरे देशों को निर्यात के लिए संयुक्त रूप से खरीद 24 अरब डॉलर से 56 अरब डॉलर हो गई, यानी विदेशी रिटेलर्स के साथ-साथ चीनी

उत्पादकों को भी काफी फायदा हुआ। वर्तमान में चीनी रिटेल कंपनियों की स्थिति लगातार मजबूत हो रही है। साल 2010 में दुनिया की सबसे बड़ी रिटेलर्स में पांच चीनी थी। यहां बता दें कि एक अरब 37 करोड़ की आबादी में सौ फीसदी एफडीआई के बावजूद रिटेल सेक्टर में विदेशी कंपनियों का प्रतिशत बहुत कम है।

रिटेल में एफडीआई के आने से चीनी उपभोक्ताओं को अच्छी चीजें कम दामों में मिलने लगीं, क्योंकि बड़े व नामी रिटेलर्स के प्रवेश के चलते जबरदस्त प्रतिस्पर्धा कायम हुई।

विश्लेषक कहते हैं कि बगैर आधुनिक खुदरा व वितरण तंत्र के कोई भी अर्थव्यवस्था पूरी तरह विकसित नहीं हो सकती है। यह बात चीन के मामले में सटीक भी बैठती है, जिसने हाल के वर्षों में इस दिशा में तेजी से कदम बढ़ाए हैं। अब पड़ोसी देश भारत कैसे किसानों के साथ-साथ किराना स्टोरों के हित बचा पाएगा, यह तो आने वाला वक्त ही बताएगा। अगर वास्तव में एफडीआई का लाभ आम किसानों और उपभोक्ताओं तक पहुंचाना है, तो सरकार को चीन से कुछ सीख तो लेनी ही होगी।

[हिंदुस्तान, 11 अक्टूबर, 2012]

सैन्य ताकत बढ़ाने पर है चीन का ज़ोर

चीन में हुए राजनीतिक परिवर्तन का भारत के लिए महत्त्व कम नहीं है। एशिया की तेजी से उभरती ताकतों के बीच विवाद जगजाहिर है। सीमा मसले का हल निकालना भारत व चीन दोनों सरकारों के लिए सबसे बड़ी चुनौती है। भले ही शी चिन फिंग के हाथों में अब सेना की कमान आ गई हो और वह पार्टी महासचिव भी बन चुके हैं, विश्लेषकों की नजर में सीमा-विवाद ऐसा है कि शी के लिए उसे सुलझाना आसान नहीं होगा। वर्तमान में दोनों देशों में जवाहरलाल नेहरू और माओ-त्से-तुंग जैसे नेता नहीं हैं, जो कोई बड़ा जोखिम उठाकर पड़ोसी की तरफ दोस्ती का हाथ बढ़ा सकें। वैसे दोनों पक्षों के बीच अब तक सीमा-विवाद पर 16 दौर की वार्ताएं हो चुकी हैं, जिनका नतीजा कुछ खास नहीं रहा।

हालांकि यह मुद्दा इतना भी बड़ा नहीं है कि युद्ध की नौबत आ जाए। अरुणाचल प्रदेश, अक्साई चिन और दलाई लामा के भारत में रहकर निर्वासित सरकार चलाना आदि मुद्दे भी विभिन्न मंचों से उठेंगे और स्थिति में व्यापक बदलाव नहीं आएगा। तिब्बत में भिक्षुओं के आत्मदाह करने की घटनाओं पर चीन दलाई लामा पर आरोप लगाता है। वह चाहता है कि भारत की ओर से इस दिशा में ऐसा कोई कदम न उठाया जाए, जिससे दलाई लामा और ताकतवर हों। भारत-

चीन संबंधों की राह में यह भी एक बड़ा रोड़ा है, इसे नई पीढ़ी के चीनी नेता समझते हैं। लेकिन भारत में दलाई लामा की जो हैसियत है, उसे देखकर लगता नहीं है कि भारत सरकार इससे आगे बढ़ पाएगी।

अगर इतिहास में झांकें तो, 1962 के युद्ध को बीते पचास साल से अधिक हो चुके हैं। समय-समय पर इस युद्ध की छाया द्विपक्षीय संबंधों पर पड़ती रहती है। साथ ही यह एक तरह से सबक भी देती है कि युद्ध से किसी समस्या का समाधान नहीं होता है। युद्ध से हटकर बात करें तो व्यापारिक सहयोग आने वाले समय में महत्त्वपूर्ण भूमिका अदा करेगा। 21वीं सदीं में वैश्विक माहौल काफी हद तक आर्थिक स्थिरता पर भी निर्भर करता है। ऐसे में आर्थिक संबंधों को तोड़ने का खतरा मोल नहीं लिया जा सकता है। चीन में पांचवीं पीढ़ी के नेता हों या भारत की यूपीए सरकार, दोनों संभल-संभलकर कदम आगे बढ़ाने की कोशिश में हैं। कई बार मीडिया में चीन के आक्रामक कदमों के संबंध में आने वाली सनसनीखेज खबरों से संबंधों में तनाव आता है, ऐसा चीन का आरोप है।

हालांकि भारत व चीन के सैन्य संबंध कभी स्थिर नहीं रहे हैं, लेकिन कुछ महीने पहले दोनों देशों की सेनाओं के बीच संयुक्त सैन्याभ्यास शुरू किए जाने का एलान स्वागतयोग्य कदम है। इससे दोनों देशों की सेनाओं के बीच की दूरी कुछ कम हो सकती है। पिछले 8 साल में पहली बार चीनी रक्षा मंत्री ने भारत का दौरा भी किया। इसके बावजूद भारत के मन में चीन की बढ़ती सैन्य ताकत को लेकर संदेह है। चाहे नौ सेना का आधुनिकीकरण हो या फिर थल सेना की आक्रामक रणनीति, भारत इसे खतरे के तौर पर देखता है। चीन के नए नेताओं को भारतसहित अन्य देशों को यह विश्वास दिलाने की भी चुनौती होगी कि चीन का रक्षा कार्यक्रम खुद की हिफाजत के लिए है, न कि किसी अन्य पर आक्रमण के लिए। हाल के समय में चीन ने अपनी सैन्य क्षमता को मजबूत करने पर विशेष जोर दिया है। बीजिंग में एक सप्ताह तक चली 18वीं कांग्रेस में भी सेना को आधुनिक बनाए जाने के काम में तेजी लाने का प्रस्ताव पारित हुआ। राष्ट्रपति हू जिन ताओ ने वर्ष 2020 तक सेना में मशीनीकरण और सूचनाकरण के काम को पूरा करने का लक्ष्य पेश किया। साथ ही चीन को समुद्री क्षेत्र में शक्तिशाली बनाने की बात कही गई है। चीन मानता है कि यह रणनीतिक लिहाज से बहुत महत्त्वपूर्ण है। वर्तमान में उसके जापान, फिलीपींस और वियतनाम आदि देशों के साथ समुद्री विवाद चल रहे हैं। साथ ही भारत की नौ सेना की बढ़ती ताकत से भी चीन वाकिफ है। वह जानता है कि हिंद महासागर में भारत का अच्छा दखल है, और इस पर भी वह निगाह बनाए हुए है। चीन के नए नेता इस बात पर जोर दे सकते हैं कि हिंद महासागर में सभी देशों को बेरोकटोक जाने की अनुमति मिले। शीत युद्ध के बाद चीन और भारत दोनों की समुद्री शक्ति काफी बढ़ चुकी है, ऐसे में टकराव की संभावना भी पहले से अधिक है।

इसके साथ ही भारत-चीन संबंधों में पाकिस्तान भी एक बड़ा कारक है। किसी भी मुसीबत में पाकिस्तान सीधे चीन की ओर हाथ फैलाता है। आने वाले समय में भी जब-जब भारत-पाक के बीच विवाद होगा, चीन पाकिस्तान के साथ खड़ा दिखेगा।

रक्षा बजट पर नजर डालें तो चीन के 2014 के रक्षा बजट में लगभग 7 फीसदी की बढ़ोतरी की गई है जो 155 अरब डॉलर है, जबकि 2015 में 144 अरब डॉलर था

चीनी विशेषज्ञ ली चुन रू के शब्दों में : 'चीन और भारत को अपने अतीत को भूलकर एक नए अध्याय की शुरुआत करनी चाहिए।' उनकी बातें व्यावहारिक जान पड़ती हैं। सीमा मुद्दे की वजह से दोनों के संबंध दो कदम आगे बढ़ते ही तीन कदम पीछे आ जाते हैं, इसलिए मसले को हल करने के लिए दोनों पक्षों को लचीला रुख अपनाना होगा।

वहीं डब्ल्यूटीओ के निदेशक पास्कल लेमी कहते हैं कि भारत और चीन जैसी तेजी से उभरती आर्थिक शक्तियां अब सिर्फ पॉलिसी टेकर्स नहीं रह गई हैं, वे वैश्विक व्यापार के तौर-तरीकों और ढांचे को भी व्यापक रूप से प्रभावित कर रही हैं। ऐसे में दोनों देशों के संबंध न केवल एशिया बल्कि समूची दुनिया के लिए भी खासे मायने रखते हैं। यह कहना गलत न होगा कि वर्तमान में दुनिया किस ओर करवट लेगी, यह बहुत हद तक भारत और चीन के कदमों पर निर्भर करता है।

[दैनिक जागरण, नवंबर, 2012]

प्रदूषण से जंग लड़ती एक राजधानी

चीन में हुए तेज विकास का नतीजा प्रदूषण के रूप में सामने आया है। विशेषकर बड़े शहरों में वायु की गुणवत्ता अच्छी नहीं है। चीन के नागरिक प्रदूषण की समस्या पर चर्चा करते रहते हैं। दिल्ली में रहते हुए मैंने कभी महसूस नहीं किया कि जिसे हम कोहरा या धुंध कहते हैं, वास्तव में वह प्रदूषण है। लेकिन चीन आने के बाद देखा कि लोग प्रदूषण और उससे स्वास्थ्य को होने वाले नुकसान के बारे में बात करते हैं।

यहां के लोगों में स्वास्थ्य के प्रति जागरूकता बहुत बढ़ चुकी है। घर से बाहर निकलने से पहले मोबाइल फोन में एप के जरिए एयर क्वालिटी का लेवल देखने के बाद ही लोग बाहर निकलते हैं। साथ ही अधिकतर लोग चेहरे पर मॉस्क लगाकर जाते हैं। मॉस्क भी तरह-तरह के आ चुके हैं। इतना ही नहीं, उच्च मध्य वर्ग के लोग अपने घरों में एयर प्यूरीफायर भी लगाने लगे हैं। चीन में लोग पीएम 2.5 और पीएम 10 के बारे में अच्छी तरह जानते हैं।

राजधानी दिल्ली की तरह ही चीन की राजधानी बीजिंग भी प्रदूषण से परेशान है। चीन सरकार को पहली बार वायु गुणवत्ता पर रेड अलर्ट जारी करना पड़ा, जबकि दिल्ली हाईकोर्ट की तल्ख टिप्पणी के बाद केजरीवाल सरकार ने निजी कारों के लिए सम-विषम फॉर्मूला अपनाने की योजना तैयार की है। शायद यह पहला मौका है, जब भारत में वायु प्रदूषण की समस्या को इतनी गंभीरता से लिया गया है। लेकिन लगभग दो करोड़ की आबादी और 60 लाख से अधिक कारों वाले बीजिंग में प्रदूषण पर काबू पाने के लिए विभिन्न तरह के उपाय बहुत पहले शुरू हो गए थे।

प्रदूषण की वजह से खराब होती चीन और बीजिंग की छवि को सुधारने का पहला बड़ा प्रयास 2008 के बीजिंग ओलंपिक से पहले हुआ। तब कारों को सम-विषम नंबरों के आधार पर चलाने का नियम लागू किया गया। इसके साथ ही प्रदूषण फैलाने वाले कारखानों को बीजिंग से सटे हबेई प्रांत में स्थानांतरित कर दिया गया। कारखानों के लिए भी उत्सर्जन संबंधी नियम सख्त कर दिये गए। वहीं सौर, पवन और अन्य अक्षय ऊर्जा में भारी निवेश किया जा रहा है। मगर तेज आर्थिक विकास का खामियाजा चीन को भुगतना पड़ रहा है। कोयले से चलने वाले सैकड़ों पावर प्लांट्स यहां अब भी हैं। चीन विद्युत उत्पादन के लिए 60 प्रतिशत से अधिक कोयले पर ही निर्भर है।

पिछले कुछ वर्षों के दौरान बीजिंग में एयर क्वालिटी नापने के लिए कई जगहों पर उपकरण लगाए गए हैं। इनके जरिए लोगों को पार्टिकुलेट मैटर के खतरों की जानकारी हासिल होती है। प्रदूषण के वक्त मास्क पहनने के अलावा बाहर ज्यादा न घूमने की हिदायत दी जाती है। बीजिंग की सड़कों से नौ लाख से अधिक पुराने वाहनों को भी हटाया गया है। सरकार पुरानी कारों को छोड़कर नई कारें लेने के लिए प्रोत्साहित कर रही है। इसके लिए दस अरब रुपए की सालाना सब्सिडी दी जा रही है। बीजिंग म्यूनिसिपल एनवायरमेंट प्रोटेक्शन ब्यूरो के मुताबिक, जो कोई भी इस तरह के वाहन चलाते हुए पकड़ा जाएगा, उसे 100 युआन (एक हजार रुपए) का जुर्माना देना होगा।

बीजिंग में आम तौर पर सोमवार से शुक्रवार तक एक दिन निर्धारित नंबर वाली कारें चलाने की इजाजत नहीं होती। शनिवार और रविवार को कोई पाबंदी नहीं है। यह व्यवस्था 13 सप्ताह के लिए होती है, जिसके बाद इसमें बदलाव होता है। कुछ विशेष अवसरों पर या प्रदूषण बढ़ जाने की स्थिति में सम-विषम सिस्टम पूरे सप्ताह के लिए लागू कर दिया जाता है। इस दौरान लोग या तो बस व मेट्रो से आते-जाते हैं या फिर कार पूल आदि का सहारा लेते हैं। जनवरी, 2012 से बीजिंग में नई कार खरीदने के लिए भी नियम लागू हैं। हर महीने यहां महज 17,600 कारें ही लॉटरी सिस्टम से खरीदी जा सकती हैं। दोपहिया वाहनों में केवल बैटरी चालित बाइक और साइकिलें ही सड़कों पर चलती हैं। पेट्रोल वाले मोटरबाइक आदि पर भारी

टैक्स लगाया गया है। शहर में जगह-जगह पर साइकिल स्टैंड हैं, जहां से छोटी दूरी तय करने के लिए किराए पर साइकिल ली जा सकती है।

निजी वाहनों पर सख्ती के बावजूद बीजिंग में एक जगह से दूसरी जगह जाने में कोई मुश्किल नहीं आती। सार्वजनिक परिवहन व्यवस्था सुलभ है। मेट्रो और बसों का तेजी से विस्तार किया गया है। 18 लाइनों वाली बीजिंग मेट्रो 527 किलोमीटर से अधिक लंबी रूट पर चलती है। वर्ष 2020 तक इसकी कुछ और नई लाइनें चालू करने की योजना है। वहीं लगभग 22,555 बसें बीजिंग पब्लिक ट्रांसपोर्ट और 1,348 बसें निजी ऑपरेटर द्वारा यहां संचालित हो रही हैं। प्रदूषण बढ़ने के कारण मेट्रो का एक ही किराया दो युआन यानी बीस रुपया रखा गया। बसों का किराया एक युआन से भी कम कर दिया गया था, हालांकि अब इसे बढ़ा दिया गया है।

पब्लिक ट्रांसपोर्ट को बढ़ावा देने के साथ यातायात नियमों का पालन करने के लिए महानगर में चप्पे-चप्पे पर सीसीटीवी कैमरे लगाए गए हैं। नियमों का उल्लंघन करने पर 200 युआन (2000 रुपए) का जुर्माना देना पड़ता है। बार-बार नियमों की अनदेखी करने पर लाइसेंस भी रद्द कर दिया जाता है। फिर से हासिल करने के लिए छह महीने बाद दोबारा से एग्जाम पास करना होता है। बताते चलें कि बीजिंग में बहुत कम स्थानों पर ट्रैफिक पुलिस तैनात रहती है, सारा काम तकनीक के माध्यम से होता है। इस तरह ट्रैफिक नियम तोड़ने की कोशिश न के बराबर होती है।

इतने उपाय करने के बावजूद अक्टूबर के बाद ठंड के मौसम में प्रदूषण का स्तर बढ़ना यहां आम बात है। इस साल अक्टूबर में वायु की औसत गुणवत्ता 74 रही, जबकि नवंबर में यह 118 थी। दिसंबर में औसत स्तर 150 के आसपास रहता है। 8 से 10 दिसंबर तक एयर क्वालिटी का लेवल 300 से अधिक पहुंच गया था। लेकिन सरकार ने इससे पहले ही 53 घंटों के लिए रेड अलर्ट जारी कर दिया, जो एक नई पहल है। मौसम विभाग के मुताबिक इस चेतावनी के लिए आधुनिक तकनीक का सहारा लिया गया। इसके जरिए प्रदूषित कणों के बहाव, डिसपर्सल पर मौसम के असर, हानिकारक पार्टिकिल्स और मौसम के बीच होने वाले एयरबोर्न केमिकल रिएक्शन का पता लगाया जाता है। इस वजह से 72 घंटे पहले प्रदूषण की सटीक और अगले दस दिन की अनुमानित भविष्यवाणी की जा सकती है। सरकार सिर्फ अलर्ट जारी करने तक ही सीमित नहीं रही; बल्कि बीजिंग के बाहर हबेई प्रांत में कई फैक्टरियों को आंशिक तौर पर बंद करने के निर्देश भी दिये गए। कर्मचारियों को जरूरी काम होने पर ही ऑफिस आने को कहा गया। बच्चों के स्वास्थ्य को ध्यान में रखते हुए स्कूल भी तीन दिनों तक बंद रहे। इससे प्रदूषण के स्तर में भारी कमी आ गई। आसमान पूरी तरह नीला हो गया और लोगों ने स्वच्छ हवा में सांस ली।

कोई भी सरकार कितने भी नियम बना ले, अगर जनता उन्हें न माने या जागरूक नहीं है तो नतीजा शून्य होगा। लेकिन चीन में सरकार द्वारा की गई घोषणाओं को लोग पूरी तरह मानते हैं। बीजिंग में होने वाले किसी भी अंतर्राष्ट्रीय

सम्मेलन या आयोजन के दौरान वाहनों और कारखानों पर कड़े नियम लगाए जाते हैं। पिछले साल हुए एपेक सम्मेलन के दौरान ऐसा ही किया गया था। स्कूलों में छुट्टियां कर दी गईं, जबकि तमाम सरकारी दफ्तर भी बंद रहे। इस वजह से वायु की गुणवत्ता बहुत अच्छी रही, जबकि इस साल सितंबर में द्वितीय विश्वयुद्ध में जापान की हार की 70वीं बरसी पर भी यही किया गया।

कहना होगा कि बीजिंग में दिल्ली के मुकाबले प्रदूषण का स्तर बहुत कम है। और बीजिंग की सड़कों, शहर में स्वच्छता आदि की स्थिति भी कई गुना बेहतर है। इसके बावजूद बीजिंग इस दिशा में कार्रवाई करने में ज्यादा गंभीर दिखता है। हालांकि चीन को एक फायदा यह भी है कि यहां एक पार्टी सिस्टम है, सरकार जो योजना बनाती है, वह हकीकत में लागू होती—चाहे उस पर दुनिया में कोई भी प्रतिक्रिया क्यों न हो। अब देखना यह है कि भारत की सरकारें वोट बैंक की राजनीति से ऊपर उठकर कितना कुछ कर पाती हैं। अगर लोगों को तमाम बीमारियों से बचाना है और हालत सुधारनी है तो दिल्ली को बीजिंग से कुछ तो सीखना ही होगा।

[हिंदुस्तान, 19 दिसंबर, 2015]

चीन की संस्कृति

चीन में विवाह

चीन में शादी के वक्त दोनों परिवारों द्वारा एक-दूसरे को उपहार देने का चलन खूब है। लड़के का परिवार भले ही विवाह के वक्त दहेज की मांग नहीं करता, लेकिन अप्रत्यक्ष तौर पर यह पहले ही तय हो जाता है कि दूल्हा नया अपार्टमेंट या घर लेगा, जबकि दुलहन कार या घर की जरूरत की चीजें। बड़े शहरों में शादी की उम्र के युवाओं के लिए अपार्टमेंट खरीदना किसी पहाड़ तोड़ने के समान होता है। उच्च मध्यवर्ग के लोग तो अपने बेटे को घर खरीदने में आर्थिक मदद देते हैं, लेकिन आम लोगों के लिए ऐसा करना आसान नहीं होता, जिसके चलते बेमेल शादियों का चलन बढ़ रहा है। ऐसे में पुरुष देर से शादी करते हैं, जबकि कई महिलाएं भी बेहतर करियर और जीवनसाथी की तलाश में जल्द विवाह नहीं करती हैं। हालांकि आज महिलाओं को आर्थिक आजादी हासिल हो चुकी है, लेकिन तीस वर्ष या उससे अधिक की उम्र तक शादी न करने वाली लड़कियों को लेफ्टओवर महिला की संज्ञा दी जाती है।

जो लड़के-लड़कियां खुद अपने लिए योग्य साथी की तलाश नहीं कर पाते हैं या ब्वॉय फ्रेंड/गर्ल फ्रेंड नहीं ढूंढ़ पाते, तो ऐसी स्थिति में उनके मां-बाप या बुजुर्ग पार्कों में एक छोटी-सी तख्ती या बोर्ड लेकर पहुंचते हैं, जिसमें उनके बच्चों का बायोडाटा या जानकारी होती है। कभी-कभी नोटिस बोर्ड पर भी सूचना चस्पां करते हैं, ताकि संबंधित लोग आकर उनके बारे में जान सकें।

एक बार मैं शाम के वक्त एक पार्क में गया, जहां कुछ बुजुर्ग लोग हाथ में बोर्ड लेकर घूम रहे थे। साथ ही कुछ ने बोर्ड पर नोटिस चस्पां कर रखा था। जानने पर पता चला कि वे अपने बच्चों के लिए लड़के-लड़की की तलाश में हैं। इसमें रुचि रखने वाले व्यक्ति को आगे उसका फोन नंबर दिया जाता है या अन्य जानकारी मुहैया कराई जाती है।

चीन में पुरुष के लिए विवाह की कानूनी उम्र 22 साल है, जबकि लड़की के लिए 20 वर्ष।

नैकेड मैरिज

हाल के वर्षों में परिवार और समाज की ओर से बढ़ते दबाव के बीच युवाओं ने एक नया तरीका खोज लिया है। एक बच्चे की नीति लागू होने के बाद पैदा हुए युवाओं

में 'नैकेड मैरिज' का चलन बढ़ रहा है। नैकेड मैरिज से मतलब है कि शादी करते वक्त घर, कार व अंगूठी और अन्य चीजें नहीं दी जाती हैं। यहां तक कि शादी के लिए आम तौर पर होने वाले समारोह का आयोजन भी नहीं किया जाता। इसे एक तरह से दो लोगों के बीच प्यार कहा जा सकता है, जिसमें भौतिक चीजों के लिए कोई स्थान नहीं होता। हालांकि भारत में हम इसे बिना दहेज की शादी भी कह सकते हैं। चीन में नैकेड मैरिज का चलन पिछले छह-सात साल से है।

हाल के वर्षों में रहन-सहन का खर्च बढ़ने, नौकरी में जबरदस्त प्रतिस्पर्धा आदि से युवाओं को भारी दबाव का सामना करना पड़ रहा है। ऐसे में युवाओं के लिए घर, कार खरीदना बहुत मुश्किल होता है। आंकड़ों के मुताबिक तीस साल से अधिक की उम्र के पचास प्रतिशत से अधिक युवा न तो घर खरीद पाने में सक्षम हैं और न ही कार खरीद पाते हैं। ऐसे में नैकेड मैरिज के अलावा युवाओं के पास कोई चारा नहीं है। इनमें से कुछ युवा शादी रजिस्टर्ड करवाने के बाद पैसे जमा कर शादी-समारोह भी करवाते हैं।

परंपरागत विवाह

समय बदलने और चीनी क्रांति के बाद विवाह की परंपरा में भी बदलाव आ चुका है। अब शादी के वक्त युवक और युवती की इच्छा को ध्यान में रखा जाता है। यह कहना गलत नहीं होगा कि अधिकांश युवा अपना जीवन-साथी खुद ढूंढ़ते हैं। जिनके मां-बाप अपने बच्चों को उनका पार्टनर ढूंढ़ने में मदद करते हैं, वे भी अपने लाड़लों की पसंद का पूरा खयाल रखते हैं।

लेकिन प्राचीन समय में विवाह दूसरे ढंग से होते थे। उस वक्त तीन बातों को सबसे अधिक महत्त्व दिया जाता था। ये जीवन के तीन सबसे सुखद क्षण कहे जाते थे : पहला, शाही परीक्षा में सफल होना; दूसरा, शादी और तीसरा, पुत्र की प्राप्ति। छिन राजवंश से लेकर चीन के अंतिम छिंग राजवंश तक यानी दो हजार से अधिक वर्षों तक चीन सामंती व्यवस्था की जंजीरों में जकड़ा रहा। उस पूरे काल में किसी व्यक्ति के लिए शादी करने का मतलब बहुत महत्त्वपूर्ण होता था। जहां लड़कों के लिए शादी का मतलब खुशहाल जीवन व परिवार की प्रतिष्ठा से जुड़ा होता था, वहीं लड़की के परिवार के लिए लड़की को पराये घर भेजना होता था। लंबे समय तक वे अपनी लड़की से नहीं मिल पाते थे।

आज के दौर में जहां विवाह के वक्त लड़की और लड़के की पसंद को तवज्जो दी जाती है, वहीं प्राचीन समय में शादी का फैसला परिवार का होता था।

परंपरागत विवाह में कुछ नियमों और शिष्टाचारों पर विशेष ध्यान दिया जाता था। आम तौर पर विवाह में तीन पत्र शामिल होते थे, जिनमें सगाई का पत्र, उपहार देने की सूची और विवाह का पत्र होता था। इसके साथ छह तरह के शिष्टाचार भी होते थे, जिसके बाद औपचारिक तौर पर शादी की रस्म संपन्न होती थी।

सबसे पहले प्रस्ताव दिया जाता था, जिसमें शादी के उम्मीदवार लड़के के परिजन लड़की के घर शादी का प्रस्ताव लेकर जाते थे। लड़के के परिवार के साथ मैचमेकर (आम तौर पर महिला होती थी) भी जाती थी। पहली बार मैचमेकर को चाय नहीं पिलाई जाती थी। वह केवल मेहमान के तौर पर जाती थी। शादी तय होने पर मैचमेकर को महंगे उपहार के साथ भोजन कराया जाता था। भारत में जिस तरह पारंपरिक शादियां होती थीं, उसी तरह चीन में भी लड़का और लड़की एक-दूसरे को सिर्फ शादी के दिन ही देख पाते थे। इसके साथ कुंडली आदि भी मिलाई जाती थी, जैसाकि भारत में अमूमन होता है। इसी तरह युवक और युवती की राशिचक्रों का भी ध्यान रखा जाता था। चीन में भी लड़के के परिवार वाले भविष्य बताने वाले को लड़की का नाम और जन्म दिन बताते थे, ताकि यह पता लगाया जा सके कि उक्त लड़की उनके लड़के के लिए उचित है या नहीं। इससे यह भी अंदाजा लगाया जाता था कि उक्त जोड़ा विवाह के बाद सुखी जीवन बिता पाएगा या नहीं। यह तय होने पर कि शादी सुखी रहेगी और दोनों एक-दूसरे से मैच करते हैं तो मैचमेकर लड़की के घर जाकर उन्हें उपहार देती थी और बताती थी कि शादी की बात आगे बढ़ाई जा सकती है। इसे सगाई का पक्का होना कहा जाता था। इसके पश्चात् बारी आती थी शादी के उपहार की, जो इस पूरी प्रक्रिया में सबसे महत्त्वपूर्ण समझा जाता था। आम तौर पर लड़के परिजनों द्वारा लड़की को उपहार स्वरूप कुछ चीजें दी जाती थीं, जिसका मकसद लड़की के अच्छे जीवन बिताने से होता था।

गांव और पर्यटन

चीन में लगभग दस लाख गांव हैं—विश्व के कुल गांवों का एक-तिहाई। प्रत्येक गांव में औसतन 916 लोग रहते हैं। गांवों में अधिकतर मकान निजी आवास व सामुदायिक भवन होते हैं, जिनमें अक्सर बैठक भवन, धार्मिक भवन आदि होते हैं। कहीं-कहीं गांवों में लोगों के घर एक दूसरे घरों से सटे होते हैं, जबकि कुछ अलग-अलग होते हैं। आम तौर पर गांव के मुखिया या व्यापारी आदि के घर बड़े और आम लोगों से बेहतर होते हैं। जो घर आजकल सीमेंट आदि से बनाए गए हैं, उनमें तो टॉयलेट आदि की सुविधा होती है, जबकि पुरानी शैली के घर या वे ग्रामीण जिनकी आर्थिक स्थिति उतनी मजबूत नहीं है, वे कपड़े धोने व टॉयलेट आदि के लिए सार्वजनिक जगह का इस्तेमाल करते हैं।

चीन में भी पलायन एक बड़ी समस्या है। बेहतर नौकरी और काम की तलाश में लोग शहरों की ओर पलायन करने लगे हैं। पचास से सत्तर के दशक का ऐसा भी दौर था, जब चेयरमैन माओ की नीति के अनुसार पढ़े-लिखे नौजवानों को गांवों में भेजा गया। इसका मकसद था, वे भी गांवों की मुश्किल जिंदगी से रूबरू हों और

उससे सीख लें। इसके चलते गांवों की जनसंख्या में तेजी से इजाफा हुआ। 1979 में खुले द्वार की नीति लागू होने के बाद चीन दुनिया की फैक्टरी कहलाने लगा और लोगों ने अपने गांव छोड़कर शहरों का रुख किया। इसी दौर में लागू हुई एक बच्चे की नीति का असर गांवों में भी दिखता है, इस नीति का पालन प्रांत विशेष या फिर वहां के नियमों पर भी निर्भर करता है। युवा गांव में रहने के बजाय नजदीक के कस्बों या महानगरों का रुख करते हैं। जो कुछ लोग गांवों में रहते भी हैं तो उनके बच्चे किसी बड़े गांव या कस्बे के स्कूल में पढ़ने जाते हैं। ऐसे में गांवों में सिर्फ बुजुर्ग ही दिखते हैं। जिन बुजुर्गों के बच्चे दूसरी जगहों पर चले जाते हैं, वे खेती आदि का काम खुद ही करते हैं।

कुछ जगहों पर महिलाओं की संख्या ज्यादा होती है, क्योंकि घर के पुरुष काम के लिए बाहर गए होते हैं; जबकि दूसरी जगहों पर युवा लड़कियां काम की तलाश में शहर चली जाती हैं, और वहां युवा घर पर खेती का काम करते हैं। जिन घरों के पुरुष और महिला दोनों शहरों की ओर जाते हैं, उनके बच्चे घरों पर रहते हैं। उनकी देखभाल का जिम्मा उनके दादा-दादी या दूसरे करीबी रिश्तेदारों पर होता है। नए साल के मौके पर घर लौटने पर वे आपस में मिल पाते हैं।

इसमें कोई दो राय नहीं कि किसी भी देश के विकास की राह में गांवों की भूमिका को नजरअंदाज नहीं किया जा सकता है। इस लेख के माध्यम से आपको कुछ ऐसे गांवों के बारे में बताएंगे, जहां के लोगों का जीवन स्तर अच्छा है। चीन में कई ऐसे गांव हैं जिन्हें आदर्श गांव की संज्ञा दी जा सकती है। इन गांवों को देखकर लगता है कि काश, मुझे भी यहां रहने का मौका मिलता। बिजली, पानी, इंटरनेट, होटल आदि सभी मूलभूत सुविधाएं यहां मौजूद हैं। लेकिन उत्तरी चीन और दक्षिणी चीन के गांवों में साफ फर्क नजर आता है। दक्षिण चीन के गांव तमाम सुविधाओं और प्राकृतिक सुंदरता लिये होते हैं जबकि उत्तरी चीन में ऐसा कुछ भी नहीं है। यह अंतर भौगोलिक विषमता और क्षेत्र विशेष की स्थिति की वजह से भी हो सकता है।

गांवों को किस तरह पर्यटन और विकास के साथ जोड़ा जाता है, यह मैंने दक्षिणी चीन में देखा है। जब आप इन आदर्श गांवों के बाहर से गुजरते हैं तो लगता है कि विकास की गंगा बहुत पहले से यहां पहुंची हुई है। गांवों के बाहर एक गेट होता है। ऐसे गांवों में प्रवेश करने के लिए पर्यटकों को टिकट खरीदना होता है, इसके बावजूद गांवों में बड़ी संख्या में पर्यटक आते हैं जो चीन सरकार और लोगों के प्रयासों की तारीफ करते नहीं थकते। भारत में रहते हुए मैंने कभी सोचा भी नहीं था कि एक गांव में प्रवेश करने के लिए लोगों को पैसे खर्च करने होंगे। मैं अगर पहले यह बात किसी को बताता तो वह मुझ पर यकीन नहीं करता।

दो साल पहले गर्मियों के दिनों में मैं दक्षिणी चीन के आंह्वेई प्रांत में स्थित ह्वांग शान यानी पीले पहाड़ घूमने गया। इस खूबसूरत पहाड़ के नजदीक एक गांव के

घरनुमा होटल में रात बिताई। जेड वैली नाम के इस गांव से ह्वांगशान की दूरी लगभग 33 किमी. होगी। वहां की शानदार, साफ-सुथरी सड़कें और हरे-भरे जंगल किसी को भी अपनी सुंदरता से लुभा सकते हैं। इस पहाड़ में घूमने के लिए हमें करीब 300 युआन (तीन हजार रुपए) की टिकट खरीदनी पड़ी। वहां हजारों की संख्या में लोग टिकट खरीदने के लिए लाइन में लगे थे। भीड़ इतनी कि मानो लोग कुंभ के मेले में जा रहे हों! जिसे टिकट मिल जाता, उसकी खुशी का कोई ठिकाना नहीं रहता।

वाकई में वह एक ऐतिहासिक और विशेष आकर्षण वाला गांव है, जहां चीन के तमाम बड़े नेता भी जा चुके हैं। उनमें हू चिन थाओ, जियांग जेमिन आदि नेता शामिल हैं।

गांव में कई प्राचीन भवन और वस्तुएं और झील मौजूद हैं। यहां एक भवन के भीतर दीवार पर तीन बड़ी तस्वीरें देखने को मिलीं। पता चला कि उन तीनों के नाम वांग थे। आजकल वांग चीन में एक आम नाम है, लेकिन इन तस्वीरों के मध्य वाला वांग होउ करीब 2600 वर्ष पूर्व चीन का पहला व्यक्ति था, जिसका नाम वांग था। अन्य दो वांगों में से एक तो इस गांव का ही वांग था, जबकि दूसरा पूरे प्रांत में पहला वांग। इसी हॉल में एक महिला की भी बड़ी सी तस्वीर टंगी थी। उस दौर में किसी भी महिला को इस हॉल में प्रवेश करने की इजाजत नहीं थी, लेकिन गांव के विकास में उस महिला के योगदान को देखते हुए उसे अनुमति दी गई थी।

यह गांव 880 साल पहले स्थापित किया गया था। इस गांव में दो या तीन धनी व्यक्ति थे, लेकिन वांग दिंग क्वेई गांव के सबसे अमीर व्यक्ति थे। बताते हैं कि उनके घर की कीमत लगभग 70 मिलियन युआन थी। वहां अध्ययन, मनोरंजन, बैठक समेत तमाम आलीशान कमरे मौजूद थे। खेलने का कमरा भी था। वहां अक्सर मा च्यांग खेलते थे, लेकिन इस बात का ध्यान रखा जाता था कि खेलते वक्त ज्यादा शोर न हो। इसलिए कमरे के ऊपर 'शोरगुल निषेध' का उल्लेख किया गया था।

सरकारी प्रतिनिधि नहीं होने के कारण वांगडिंग के मन में हमेशा इस बात की कसक बनी रहती थी कि काश, उनके बच्चे सरकारी प्रतिनिधि बन पाते! इसलिए उन्होंने एक स्टडी रूम भी बनवाया था।

वहां एक हॉल में सौ युवकों की लकड़ी से बनी मूर्तियां भी थीं। कहते हैं कि वांग चाहते थे कि उनके कई पुत्र हों जो वंश को आगे बढ़ाएं। इससे जाहिर होता है कि चीन में महिलाओं का कोई खास स्थान नहीं था। घर के भीतर हमें दो दिलचस्प छिद्र भी मिले। जानने पर पता चला कि वहां से लड़कियां दूसरे कमरे में मौजूद लड़कों को देख सकती थीं और अपने लिए उचित जीवनसाथी तलाश सकती थीं। लेकिन लड़कों को इस बात का पता नहीं चलने दिया जाता था।

कुछ साल पहले मई दिवस की छुट्टियों में मुझे दक्षिणी चीन के ही स्छ्वान प्रांत के छंगदू जाने का मौका मिला। छंगदू एक सुंदर शहर है, जो पांडा संरक्षण केंद्र की

वजह से भी सैलानियों के बीच बहुत लोकप्रिय है। पांडा को देखने के बाद मैं छंगदू से कुछ घंटों की दूरी पर स्थित अमेई पर्वत पहुंचा। यहां की प्राकृतिक सुंदरता भी मन मोह लेती है। इसी पर्वत से कुछ किलोमीटर दूर स्थित अमेई काउंटी में एक और गांव जाने का अवसर मुझे मिला।

सड़क के बिलकुल नजदीक यह गांव मुझे शहरों की आपाधापी और दौड़-भाग से कहीं अच्छा लगा। गांव में सड़क के किनारे एक छोटी सी नदी बहती है, वहां गांव के लोगों ने नदी में अपनी बतखें छोड़ रखी थीं। दर्जनों की संख्या में ये बतखें पानी में खूब मजे कर रही थीं। मेरा मन बार-बार गांव के इस शांत वातावरण में बतखों और स्वच्छ पानी को देखने को कर रहा था। यह मई का महीना था, लेकिन वहां का मौसम बहुत अच्छा था। हल्की बारिश की बूंदें रोमांच पैदा कर रही थीं। गांव में लोगों ने मुर्गियां और सूअर पाल रखे थे, और कुछ लोग शहर में जाकर नौकरी भी करते हैं। चीन के शहरों की तरह यहां भी मुझे बूढ़े-बुजुर्ग बहुत दिखे। कुछ युवाओं से भी बात की। मैंने पूछा कि वे शहर में नौकरी करने क्यों नहीं जाते? वे बोले कि शहर की महंगाई-भरे जीवन से अच्छा गांव है, क्योंकि यहां साफ पानी है, अपने खेत हैं और मकान भी इतना बड़ा कि कोई चिंता नहीं है।

शाम का वक्त था और मैं नदी की तरफ बढ़ रहा था। तभी मुझे कुछ बच्चे खेलते-कूदते हुए दिख गए। मैं उत्सुकता से उनके पास पहुंचकर बात करने लगा। शुरुआत में वे थोड़े डरे और सहमे से लगे, पर कुछ ही देर में उनसे हमारी दोस्ती हो गई। उन्होंने मुझे अंग्रेजी में कविता और अन्य चीजें सुनाईं। बच्चों से मिलकर इस बात का पता चला कि चीन के गांवों में भी अंग्रेजी सीखने की होड़ लगी है। ये बच्चे भी अंग्रेजी सीख रहे हैं, हालांकि शहरी बच्चों की तुलना में उनका स्तर कमजोर था। वहां के बच्चे भी सपने देखते हैं। कोई डॉक्टर तो कोई टीचर बनना चाहता है।

इसी गांव के किनारे एक छोटी सड़क बनी हुई है—स्थानीय लोग अपने वाहन यहां से ले जाते हैं। गांव में पानी, बिजली, इंटरनेट—सभी चीजें मौजूद हैं। साथ ही जरूरत की लगभग हर वस्तु गांव के घरों में है। घर भले ही छोटे हैं, पर साफ-सफाई का ध्यान रखा गया है। उस गांव को एक तरह से आदर्श गांव कहा जा सकता है।

उत्तर-पश्चिम चीन में स्थित गानसू प्रांत के चिंग थाई गांव में भी जाने का मौका मिला। यह गांव गानसू की राजधानी लानचो से 30-40 किमी. दूर है। यह इलाका प्राकृतिक रूप से सूखा और बंजर जमीन वाला है। बारिश भी कम होती है। यह चीन के सबसे पिछड़े प्रांतों में से एक माना जाता है। मेरे चीनी दोस्त मुझे एक चीनी स्कूल का दौरा करवाना चाहते थे। मैंने इसके लिए हां कर दी। वह स्कूल मुख्य सड़क मार्ग से कुछ किलोमीटर की दूरी पर था। हम एक वैन में बैठकर इस स्कूल तक पहुंचे थे। लेकिन मुख्य सड़क से स्कूल तक का रास्ता

उबड़-खाबड़ था। दूर-दूर तक कोई दुकान या अस्पताल नजर नहीं आ रहा था। स्कूल की स्थिति भी दक्षिणी चीन के स्कूलों से खराब थी। स्कूल के टॉयलेट आदि से इसका अंदाजा लगाया जा सकता था। वहां पहुंचने पर मैंने कई बच्चों से बात की। इस स्कूल में भी बच्चों को अंग्रेजी एक विषय के तौर पर पढ़ाई जाती है। टूटी-फूटी अंग्रेजी में बच्चों ने मुझसे कई सवाल दागे, जैसे—मेरा शौक क्या है, मुझे कौन सा खेल पसंद है, आदि।

पर्यटकों का पसंदीदा देश है चीन

पर्यटन के लिहाज से भी चीन दुनिया में सबसे लोकप्रिय पर्यटक स्थलों में से एक बन चुका है। हालिया रिपोर्टों के अनुसार विश्व में सबसे ज्यादा खर्च करने के मामले में चीनी पर्यटक नंबर एक हैं। हर साल दस करोड़ से अधिक विदेशी पर्यटक चीन पहुंचते हैं, जबकि उसी अनुपात में चीनी नागरिक भी विदेश घूमने जाते हैं। चीन में कई तरह के पर्यटक स्थल हैं, जिनमें प्राकृतिक, ऐतिहासिक, सांस्कृतिक व लोक-संसाधन प्रमुख हैं।

चीन में हुए आर्थिक विकास और आधुनिकीकरण का असर पर्यटन उद्योग और उससे होने वाली आय के रूप में स्पष्ट देखा जा सकता है। सत्तर के दशक में शुरू की गई खुले द्वार की नीति के बाद चीन ने विकास की छलांग लगाई। टूरिज्म सेक्टर में भी व्यापक वृद्धि हुई। चीन सरकार ने विश्व के लोगों को यह दिखाने की पूरी कोशिश की कि चीन घूमने-फिरने के लिए एक अच्छी जगह है। इस पहल के साथ ही चीन में विदेशी पर्यटकों का आना शुरू हुआ, जबकि सत्तर के दशक तक सिर्फ गिने-चुने विदेशी ही चीन पहुंच पाते थे।

कहा जाता है कि जिस देश का आधारभूत ढांचा अच्छा होगा, वहां पर्यटक भी बड़ी संख्या में आकर्षित होंगे। यह ध्यान में रखते हुए इंफ्रास्ट्रक्चर की स्थिति सुधारने पर विशेष ध्यान दिया गया। सड़क व रेल मार्ग की स्थिति में क्रांतिकारी बदलाव आया, जबकि शहरों में सिटी प्लानिंग पर जोर देते हुए भवनों का निर्माण किया गया। इसमें विदेशी निवेश के सहारे बड़े-बड़े होटल तैयार हुए। कई ऐतिहासिक स्थल, जो पुराने या जीर्ण-शीर्ण हो चुके थे, उनका पुनर्निर्माण किया गया।

विदेशी पर्यटकों को चीन में आम तौर पर कोई परेशानी नहीं आती है; हां, भाषा की समस्या जरूर आती है। सुरक्षा के लिहाज से चीन के शहरों की स्थिति बहुत अच्छी है। दिन-रात पर्यटक जहां जाना चाहें, आराम से आ-जा सकते हैं। बीजिंग का ही उदाहरण दिया जा सकता है। जहां मेरा अपार्टमेंट है, वहां बड़ी संख्या में विदेशी रहते हैं। लोगों का देर रात तक आना-जाना बना रहता है। यहां तक कि

महिलाएं भी टैक्सी लेकर आती-जाती हैं। पब्लिक ट्रांसपोर्ट सिस्टम बहुत अच्छा है, जिसमें बसों के साथ-साथ मेट्रो सेवा भी शामिल है। विदेशी लोगों का चीनी लोग 'अतिथि देवो भव:' की तरह सत्कार करते हैं।

बड़ी संख्या में विदेशी चीन में नौकरी कर रहे हैं, चीनी भाषा व अन्य विषयों की पढ़ाई करने वाले बाहरी छात्रों की संख्या भी लगातार बढ़ रही है। हाल के वर्षों में यूरोप आदि देशों में आई मंदी का असर चीन के पर्यटन बाजार पर भी पड़ा है, पर इतना नहीं कि चीन की स्थिति खराब हो जाए।

वर्ल्ड टूरिज्म ऑर्गनाइजेशन की रिपोर्ट के अनुसार फ्रांस, अमेरिका और स्पेन के बाद चीन चौथा सबसे लोकप्रिय पर्यटक देश है। आंकड़े भी इसकी तस्दीक करते हैं। 2015 में जनवरी से अक्टूबर तक दस करोड़ विदेशी पर्यटक चीन पहुंचे। वर्ष 2014 की तुलना में इसमें 4 प्रतिशत का इजाफा दर्ज किया गया। चाइना टूरिज्म एकेडमी के मुताबिक इस साल इनबाउंड टूरिज्म से होने वाली आय 47.4 अरब डॉलर रही, जिसमें विदेशी नागरिकों ने 28.5 अरब डॉलर खर्च किए। इन सबमें दक्षिण कोरिया, जापान और वियतनाम के लोगों की संख्या सबसे अधिक है।

चीन के ऐतिहासिक पर्यटक स्थल

चीन में ऐतिहासिक स्थलों के संरक्षण पर विशेष जोर दिया गया है। उन्हें अच्छी तरह संवारा गया है। आप किसी भी स्थल पर जाएं, वहां हर तरह की व्यवस्था है। उसका मूल स्वरूप बरकरार रखते हुए वहां बहुत काम किया गया है। ये तमाम ऐतिहासिक व सांस्कृतिक महत्त्व की इमारतें पर्यटकों को बरबस अपनी ओर खींचती हैं। छोटे शहर हों या बड़े, ऐतिहासिक और महत्त्वपूर्ण स्थलों को देखने के लिए लोगों की भारी भीड़ रहती है। इसके नजदीक मेट्रो व बस स्टेशन भी हैं। लेकिन यहां से बाहर निकलने के बाद चौक तक पहुंचने में ही लंबा वक्त लग जाता है। क्योंकि वहां लोगों की लंबी कतारें लगी होती हैं।

लंबी दीवार

साल 2009 में चीन पहुंचने के कुछ समय बाद ही मुझे ठंड के दिनों में पहली बार बीजिंग के बाहर ग्रेट वॉल पर चढ़ने का अवसर प्राप्त हुआ। सर्दी के बावजूद मेरे जोश में कोई कमी नहीं थी, क्योंकि मैं उस 'दीवार' से वास्तव में रूबरू होना चाहता था, जिसके बारे में दुनिया बात करती है। आखिरकार इंतजार खत्म हुआ और मैं कुछ सहकर्मियों के साथ वहां पहुंचा। जैसा किताबों में पढ़ा था, 'दीवार' उससे भी अधिक आकर्षक और अद्‌भुत लगी। अब तक पांच बार इस 'दीवार' को देखने जा चुका हूं। हर बार एक अनुभव और रोमांच होता है। दीवार के टॉप पर चढ़ना कुछ

लोगों के लिए थोड़ा मुश्किल होता है। लेकिन ग्रेट वॉल पहुंचने के बाद इस प्वाइंट पर पहुंचे बिना चैन नहीं आता। चीन में एक कहावत है कि चीन आने पर यदि कोई व्यक्ति ग्रेट वॉल नहीं जा पाया, तो उसकी यात्रा अधूरी मानी जाती है।

दीवार पत्थर, मिट्टी, लकड़ी और अन्य चीजों से मिलकर तैयार हुई है। बताते हैं कि ईसा पूर्व 7वीं शताब्दी से लेकर 16वीं शताब्दी तक चीन के राजवंशीय सम्राटों ने इस महान दीवार के कई हिस्से बनाए। यह इस बात का भी प्रमाण है कि चीनी लोग उस वक्त भी दीवार निर्माण के काम में कुशल थे। एक पुरातात्त्विक सर्वे के मुताबिक यह दीवार चीन की उत्तरी सीमा में पूर्व में दानदोंग से पश्चिम में लॉप झील तक लगभग 6,350 किमी. के दायरे में फैली है। दूसरे सर्वेक्षण में दीवार के सभी हिस्सों को जोड़कर उसकी लंबाई लगभग 21 हजार 196 किमी. है। अंतरिक्ष से देखने पर भी यह दीवार स्पष्ट दिखाई देती है।

इस दीवार को बनाने का मुख्य मकसद आक्रमणकारियों से अपने देश की रक्षा करना था। उस दौर में आज की तरह के आधुनिक हथियार या यंत्र विकसित नहीं थे, इसलिए तत्कालीन शासकों ने यह तरीका अपनाया। जो भी सम्राट सत्ता में आता था, उसे दीवार का निर्माण करवाने की सनक होती थी। इसलिए इसे अलग-अलग कालों में तैयार किया गया। आक्रमणकारियों से बचने के अलावा दीवार का इस्तेमाल परिवहन, माल व लंबी यात्राओं में होता रहा, साथ ही सीमा पार से आने वाले लोगों पर भी नजर रखी जाती थी। चीन के शासक इस दीवार को इधर-उधर आने-जाने के लिए भी प्रयोग करते थे। यह दीवार पूरी तरह सुरक्षित और अभेद्य भी नहीं रही। कई आक्रमणकारियों ने इसे नष्ट किया। सन् 1211 में मंगोल शासक चंगेज खां ने इस दीवार को तोड़कर चीन पर हमला किया था। वर्तमान में सुरक्षित दीवार का अधिकांश हिस्सा मिंग राजवंश के दौर का है।

दीवार के नाम भी अलग-अलग काल में भिन्न-भिन्न रखे गए। सबसे प्रचलित नाम 'वान ली छांग छंग' है, जिसका अर्थ है—दस हजार मील लंबी दीवार यानी महान दीवार।

वैसे तो दीवार में कई जगहों से प्रवेश किया जाता है, लेकिन राजधानी बीजिंग से लगी दीवार ही पर्यटकों के बीच ज्यादा लोकप्रिय है। दीवार के हिस्सों का पुनर्निर्माण भी किया जा चुका है, इसलिए यहां दीवार दूसरे इलाकों की तुलना में ज्यादा व्यवस्थित लगती है। दूसरी जगहों पर संरक्षण के अभाव में दीवार के कई हिस्से टूट चुके हैं और दीवार पर चढ़ना आसान नहीं रह गया है। बीजिंग की मी युन काउंटी में भी लंबी दीवार कई जगहों पर टूटी है। मैं दीवार के इस हिस्से में भी जा चुका हूं। कुछ जगहों पर तो पर्यटकों को इस पर चढ़ने की अनुमति नहीं है, क्योंकि यह खराब हालत में है।

चांग च्या खौउ के नजदीक लंबी दीवार का सबसे प्रसिद्ध हिस्सा है, जबकि पातालिंग के दक्षिण में जूयोंग दर्रा है। दीवार का यह हिस्सा बीजिंग की सुरक्षा की

दृष्टि से भी अहम माना जाता है। पत्थरों और ईंटों से बनी दीवार 7.8 मीटर ऊंची और 5 मीटर चौड़ी है, जबकि चिनशानलिंग में दीवार बहुत ऊंची और तेज ढलान वाली है। दीवार का यह हिस्सा 11 किमी. लंबा है।

हाल के वर्षों में दीवार के कई अज्ञात नए हिस्सों का पता चला है। पहले दीवार मिट्टी, पत्थरों व लकड़ी से बनाई गई थी, लेकिन मिंग राजवंश के काल में ईंटों का बहुत इस्तेमाल किया गया, जिसमें टाइल्स, चूना व पत्थर आदि का भी प्रयोग हुआ क्योंकि ईंटें पत्थर आदि की तुलना में ज्यादा टिकाऊ होती है।

टेराकोटा वारियर्स

चीन के प्राचीन शहरों तथा लंबे समय तक राजधानी रहे शहरों में शीआन प्रमुख है। यहीं मौजूद है टेराकोटा वारियर्स। चीन आने वाले पर्यटकों की ट्रेवल सूची में टेराकोटा वारियर्स का नाम प्रमुख रूप से जुड़ा रहता है। चीन में टेराकोटा आर्मी या टेराकोटा वारियर्स—1974 में शान सी प्रांत की राजधानी, ऐतिहासिक शहर शीआन के लिन थोंग जिले में—स्थानीय किसानों द्वारा खोजे गए थे। इसके तुरंत बाद पुरातत्त्व विभाग हरकत में आया और खुदाई शुरू की गई। यह बीसवीं सदी में पुरातात्त्विक खुदाई में मिले सबसे महत्त्वपूर्ण अवशेष माने जाते हैं। जब किसान पानी का कुआं खोद रहे थे, ली पहाड़ पर छिन सम्राट के मकबरे से लगभग डेढ़ किमी. की दूरी पर विश्वप्रसिद्ध योद्धाओं की मूर्तियां मिलीं। इससे पहले भी समय-समय पर टेराकोटा के टूटे हुए अवशेष मिलते रहे थे जिसमें ईंट, टाइल्स व चिनाई करने से जुड़ी चीजें शामिल थीं। पक्की मिट्टी की भिन्न-भिन्न मुद्रा वाले सैनिक हैं, जिनके साथ घोड़े भी मौजूद हैं। ईसवी पूर्व तीसरी शताब्दी की ये मूर्तियां चीन के पहले सम्राट छिन श हुआंग की सेना की हैं, जिनका उद्देश्य सम्राट की रक्षा करना था। इस सेना में 8 हजार सैनिक, 130 रथ, 520 घोड़े व 150 अश्वारोही सेना के घोड़े और हथियार हैं।

इन मिट्टी के योद्धाओं के निर्माण के इतिहास की बात करें तो महज 13 साल की उम्र में ईसवी पूर्व तीसरी शताब्दी में गद्दी पर बिठाए गए, छिन श हुआंग चीन के पहले सम्राट बने। उन्होंने अपना मकबरा बनाने के लिए काम शुरू किया। इसके निर्माण में लगभग ग्यारह वर्ष लगे। माना जाता है कि तमाम दफनाई गई महत्त्वपूर्ण चीजें सम्राट की मृत्यु के बाद भी उनकी रक्षा करने के लिए बनाई गई थीं।

खुदाई के बाद 1975 में चीन सरकार ने संबंधित विभाग को यहां एक संग्रहालय स्थापित करने का निर्देश दिया। तैयार होने से लेकर अब तक छिन टेराकोटा वारियर्स म्यूजियम पर्यटकों के बीच बहुत लोकप्रिय रहा है। संग्रहालय में मौजूद योद्धाओं और घोड़ों को देखकर ऐसा लगता है जैसे वे युद्ध के लिए सन्नद्ध हों! इन मूर्तियों को देखकर यह अंदाजा लगाया जा सकता है कि प्रत्यक्ष रूप में सम्राट की सेना कितनी मजबूत रही होगी।

अक्टूबर, 2010 से छिन टेराकोटा योद्धा, घोड़ों और छिन श हुआंग मकबरे को एक साथ जोड़ दिया गया। इस तरह इस विशाल क्षेत्र को सम्राट छिन का मकबरा (म्यूजियम) नाम दिया गया। इसे पहली बार अक्टूबर, 1979 में आम लोगों के लिए खोला गया। 1987 में यूनेस्को द्वारा विश्व सांस्कृतिक विरासत सूची में शामिल यह मकबरा 16,300 वर्ग मीटर क्षेत्र में फैला है।

इन मिट्टी के बने योद्धाओं की ऊंचाई, पोशाक व बालों की स्टाइल उनके पद के हिसाब से निर्धारित की गई है। सबसे ऊंचे योद्धा जनरल थे।

फॉरबिडन सिटी

बीजिंग के केंद्र थ्येन आन मन चौक की उत्तर दिशा में प्रतिबंधित शहर यानी फॉरबिडन सिटी स्थित है, जिसे चीनी में कु कोंग कहा जाता है। प्राचीन समय में इस शाही महल के क्षेत्र में आम लोगों को आने-जाने की इजाजत नहीं थी। यह विशिष्ट लोगों के लिए खुलता था। कालांतर में यहां आम लोगों को भी जाने की इजाजत मिल गई। अब तो यह एक प्रसिद्ध पर्यटक स्थल है। यहां पहुंचकर इसकी विशालता देखकर आश्चर्य होता है। संभवत: यह दुनिया में सबसे बड़ा पैलेस कॉम्प्लेक्स है, जो 74 हैक्टेयर क्षेत्र में फैला है। यह आयताकार है। यह पांच शताब्दियों तक शाही महल रहा। बताया जाता है कि यह मिंग और छिंग राजवंश के दौरान चौबीस सम्राटों का शाही महल था। वर्ष 1924 में चीन के अंतिम सम्राट के समय तक मिंग राजवंश के चौदह सम्राट और छिंग राजवंश के दस सम्राटों ने यहीं से देश का शासन चलाया। इसे मिंग राजवंश (1368-1644) के दौरान लगातार चौदह सालों में बनाया गया। सम्राट की विशेष अनुमति के बिना इसमें प्रवेश नहीं किया जा सकता था, इसलिए इसका नाम फॉरबिडन सिटी यानी प्रतिबंधित शहर पड़ गया।

हालांकि इसे पैलेस म्यूजियम भी कहा जाता है, जो 52 मीटर गहरी और 10 मीटर ऊंची दीवारों से घिरा है। इसमें 8,700 कमरे हैं। दीवार की हर तरफ एक द्वार बना हुआ है। दो द्वारों के बीच की दूरी लगभग 960 मीटर है, जबकि पूर्वी और पश्चिमी द्वार एक-दूसरे से 750 मीटर की दूरी पर हैं। फॉरबिडन सिटी के अंदर ही दीवारों पर टावर बने हुए हैं, जिनसे महल और शहर का दृश्य साफ नजर आता है।

फॉरबिडन सिटी दो हिस्सों में बंटी है—उत्तरी और दक्षिणी भाग। दक्षिणी भाग यानी बाहरी कोर्ट, जहां पर सम्राट बैठा करते थे। उत्तरी हिस्से में वे शाही परिवार के साथ रहा करते थे।

शाही महल का निर्माण 1407 में शुरू हुआ और लगभग 1420 में पूरा हुआ। बताया जाता है कि इस महल के निर्माण में दस लाख से अधिक मजदूरों ने काम किया, साथ ही बड़ी संख्या में कारीगरों ने भी। यहां के लिए पत्थर बीजिंग के ही फांगशान जिले से लाए गए, जबकि अन्य चीजें दूसरे प्रांतों से लाई गईं।

वर्ष 1987 में यूनेस्को ने इसे विश्व सांस्कृतिक विरासत सूची में शामिल किया।

चीन की राजनीतिक सत्ता का केंद्र बीजिंग

चीन की राजधानी बीजिंग को आज न केवल विश्व के सबसे प्रमुख शहरों में गिना जाता है, बल्कि इसका इतिहास भी तीन हजार साल पुराना है। चीन की चार प्रसिद्ध प्राचीन राजधानियों में से इसे एक माना जाता है। इस शहर की आबादी दो करोड़ को पार कर चुकी है। और यह विश्व का तीसरे सबसे बड़ा शहर है, साथ ही वित्तीय केंद्र शंघाई के बाद चीन का दूसरा सबसे शहर भी। लगभग आठ शताब्दियों से चीन की राजनीतिक सत्ता का केंद्र रहा बीजिंग, महलों, मंदिरों, बगीचों, पार्कों, मकबरों आदि के लिए जाना जाता है। इसके साथ ही यह शहर कला, संस्कृति व अध्ययन के केंद्र के रूप में भी अपनी पहचान रखता है। इतिहासकार कहते हैं कि दुनिया में बीजिंग की तरह लंबे समय तक राजनीति और संस्कृति के मुख्य केंद्र रहे शहर बहुत कम हैं। बीजिंग के इतिहास और संस्कृति की गहराई का पता इसी से चल जाता है कि यहां यूनेस्को द्वारा घोषित सात विश्व विरासत स्थल हैं, जिनमें लंबी दीवार, फॉरबिडन सिटी (प्रतिबंधित शहर) प्रमुख हैं।

बीजिंग में परिवहन-व्यवस्था

दुनिया के अन्य देशों की राजधानियों की तरह बीजिंग में भी बड़ी आबादी रहती है। देश के कोने-कोने से लोग बेहतर करियर की तलाश में बीजिंग पहुंचते हैं। नागरिकों को शहर में एक जगह से दूसरे जगह जाने के लिए परिवहन-व्यवस्था का इस्तेमाल करना होता है। तमाम लोगों की शिकायत रहती है कि उनके कई घंटे बस, कार या फिर मेट्रो में सफर करने में लग जाते हैं। इतनी बड़ी जनसंख्या के लिए परिवहन-व्यवस्था सुलभ करवाना किसी भी देश की सरकार के लिए चुनौती हो सकती है।

स्थानीय प्रशासन ने लोगों को बेहतर सुविधा प्रदान करने के लिए अच्छा ट्रांसपोर्ट सिस्टम तैयार किया है। इसमें सड़क मार्ग के साथ-साथ मेट्रो का भी बड़ा योगदान है।

बीजिंग मेट्रो

बीजिंग में 1969 में मेट्रो सेवा की शुरुआत की गई थी, जो चीन की पहली मेट्रो लाइन भी है। आज हम जिसे लाइन-एक के नाम से जानते हैं, वही पहली मेट्रो थी। कोरियाई युद्ध के बाद बीजिंग में मेट्रो लाइन चालू करने की योजना 1953 में सोवियत संघ की मदद से तैयार की गई थी। इसका मकसद लोगों के लिए सार्वजनिक परिवहन-व्यवस्था उपलब्ध कराने के साथ-साथ सुरक्षा के लिहाज से भी था। जरूरत पड़ने पर हथियार व अन्य साजो-सामान यहां रखा जा सकता था, साथ ही सेना भी इसका इस्तेमाल कर सकती थी।

बीजिंग की चौड़ी-चौड़ी सड़कें भी उस वक्त छोटी लगने लग जाती हैं, जब सड़कों पर जाम लग जाता है। यहां निजी कारों की संख्या 60 लाख से अधिक पहुंच गई है, जबकि 2002 में सिर्फ 18.99 लाख थी। पिछले दस सालों में बीजिंग में वाहनों की संख्या में 30 लाख का इजाफा हुआ, जिनमें 70 प्रतिशत से ज्यादा निजी वाहन हैं। वाहनों की तेजी से बढ़ती संख्या पर लगाम लगाने के लिए संबंधित विभाग और सरकार ने सख्त नियम लागू किए हैं, जिनमें कारों के लिए सम-विषम नियम लागू करना शामिल है। कई लोगों ने नियमों से बचने के लिए दूसरी कार खरीदीं, पर सरकार ने अब दूसरी कार खरीदने पर भी पाबंदी लगा दी है। साथ ही पहली कार खरीदने के लिए भी नंबर लेना होता है, क्योंकि हर महीने में निर्धारित संख्या में ही कारें बिक सकती हैं।

आज मेट्रो को बीजिंग की लाइफ लाइन कहा जाए, तो गलत नहीं होगा। मेट्रो यानी चीनी भाषा में 'ति थ्ये' ने बीजिंग की सड़कों से बहुत बड़ा बोझ कम किया है। बीजिंग मेट्रो में कुल 18 लाइनें हैं, जिनकी लंबाई 554 किमी. है। ये मेट्रो ट्रेनें 334 स्टेशनों पर रुकती हैं। शंघाई के बाद यह दुनिया की दूसरी सबसे लंबी मेट्रो लाइन है। मेट्रो के महत्त्व को इसी से समझा जा सकता है कि यह रोजाना लगभग 92 लाख यात्रियों को ढोती है। कभी-कभी मेट्रो में सफर करने वालों की संख्या इससे भी अधिक पहुंच जाती है। बीजिंग में पहले कई वर्षों तक सिर्फ मेट्रो की दो लाइनें ही चलती रहीं, जिसमें लाइन-एक और लाइन-दो शामिल थी। बीजिंग ओलंपिक की मेजबानी हासिल करते ही चीन सरकार ने वर्ष 2002 से सबसे अधिक ध्यान बीजिंग की परिवहन-व्यवस्था और इंफ्रास्ट्रक्चर को सुधारने में दिया, क्योंकि चीन को इस बात अंदाजा था कि ओलंपिक उसके लिए एक वरदान साबित हो सकता है। इसके लिए जरूरी था, महानगर की परिवहन-व्यवस्था को दुरस्त करना। इस पर सरकार ने पूरा जोर लगा दिया। 2002 से 2008 तक सरकार ने मेट्रो लाइनों के निर्माण और संचालन में 63 अरब युआन खर्च किए। इसमें नई लाइनों का निर्माण किया गया, जिसमें एयरपोर्ट एक्सप्रेस का संचालन भी शुरू हुआ। मेट्रो का व्यापक तौर पर विस्तार होने से बीजिंग में सार्वजनिक व्यवस्था की स्थिति में काफी सुधार आया है।

बस-कार सिस्टम

इसके अलावा सड़कों को चौड़ा बनाकर बसों को विशेष तवज्जो दी गई है। बीजिंग में 23 हजार से अधिक बसें 1050 रूटों पर रोजाना दौड़ती हैं। रोजाना सवा करोड़ से अधिक यात्री इन बसों के जरिए इधर-उधर जाते हैं। बीजिंग की अधिकांश बसों में सिर्फ ड्राइवर ही बस में मौजूद होता है। कंडक्टर का काम मशीनें करती हैं। यात्रियों को मशीनों में अपने कार्ड टच करने होते हैं। जिसके पास कार्ड नहीं होता, उसे ड्राइवर के सामने बने बॉक्स में बस का किराया डालना होता है। सभी बसें

सीसीटीवी कैमरों से लैस हैं, यात्रियों की सुविधाओं को देखते हुए कुछ बसों में वाइ-फाइ की व्यवस्था भी की गई है। बीजिंग के केंद्र में कुछ जगहों पर बिजली-चालित बसें भी चलती हैं। बीजिंग सार्वजनिक बस-सेवा की शुरुआत 1921 में हुई। प्राचीन चीन से आधुनिक चीन की परिवहन-व्यवस्था में जमीन-आसमान का अंतर आ चुका है।

साइकिलों का बढ़ता चलन

नए चीन के गठन के बाद साठ से अस्सी के दशक तक साइकिल सड़कों की शान होती थी। साइकिल का महत्त्व और लोकप्रियता ऐसी थी कि चीन को 'साइकिलों का देश' कहा जाता था। एक तरह से सड़कें साइकिलों के लिए बनी होती थीं। जहां साइकिलों के लिए तीन-तीन लेन की सड़कें होती थीं, वहीं मोटर वाहनों के लिए सिर्फ एक लेन। एक स्थान से दूसरे स्थान जाने के लिए लोग दो पहियों का इस्तेमाल करते थे। न ट्रैफिक जाम की चिंता और न प्रदूषण की। लोग बड़े आराम से बीजिंग के एक कोने से दूसरे कोने में पहुंच जाया करते थे। साइकिल चीन में कितनी अहम थी, इससे पता लग जाता है कि विवाह या दूसरे अवसरों पर साइकिल उपहार के तौर पर दी जाती थी। यहां तक कि 1986 में तत्कालीन अमेरिकी उपराष्ट्रपति जॉर्ज बुश सीनियर को भी दो साइकिलें चीन सरकार ने तोहफे में दीं।

इसके कुछ साल बाद यानी नब्बे के दशक में चीन में कार का चलन शुरू हुआ और सड़कों पर बड़े वाहनों और ट्रैफिक लाइटों की बाढ़-सी आ गई। बावजूद इसके साइकिलों का वर्चस्व कायम था। चीन में जारी आर्थिक विकास का असर सड़कों पर भी दिखने लगा। साल 2000 तक साइकिलों की जगह कारें लेने लगीं। साइकिलों के लिए बने बड़े-बड़े लेन सिकुड़ने लगी, जबकि कारों व बसों के लिए चौड़ी सड़कें तैयार हो रही थीं। कार-बाजार का किस तेजी से विस्तार हुआ, यह अंदाजा लगाया जा सकता है। 2015 की बात करें तो हर बड़े शहर में ही लाखों की संख्या में कारें हैं, हजारों बसें हैं और दूसरे वाहन, जबकि साइकिल कहीं हाशिये पर चली गई है।

बीजिंग की बात करें तो यह कभी साइकिलों का शहर कहलाता था, अब हर जगह कारें ही कारें नजर आती हैं, जिससे वायु प्रदूषण में बहुत इजाफा हुआ है। इसके मद्देनजर सरकार प्रदूषण व ट्रैफिक जाम की स्थिति से निपटने के लिए साइकिलों के इस्तेमाल को बढ़ावा दे रही है। बिजली से चलने वाली बाइकों का चलन बढ़ रहा है। इस तरह लोग न केवल ट्रैफिक जाम से बच पाते हैं, बल्कि पर्यावरण को बचाने में भी योगदान दे रहे हैं। इस बाबत साइकिलों के लिए निर्धारित लेन भी तैयार की गई हैं। इन लेनों में कभी-कभी बड़ी गाड़ियां दिख ही जाती हैं। हां, वैसे सड़कों पर कारों की संख्या में कमी लाने के लिए कड़े नियम

लागू किए गए हैं। इसके अलावा शहर में जगह-जगह पर साइकिल स्टैंड बनाए गए हैं, विशेषकर मेट्रो स्टेशन व बस स्टेशनों के नजदीक। हर स्टैंड में दर्जनों साइकिलें खड़ी रहती हैं। इस तरह शहर में हजारों की संख्या में साइकिलें किराए पर मिलने लगी हैं। लोग एक कार्ड 30 युआन यानी लगभग 300 रुपए में खरीदकर साइकिल किराए पर ले सकते हैं। हां, 200 युआन की सिक्योरिटी मनी जमा करनी होती है। प्रत्येक दिन किराए पर लेने पर पहला घंटा मुफ्त होता है, उसके बाद हर घंटे दो युआन के हिसाब से लिये जाते हैं। ये साइकिलें जीपीएस सिस्टम से लैस होती हैं। मेरे घर के नजदीक भी कई साइकिल स्टैंड बने हुए हैं। स्थानीय लोग इन साइकिलों का खूब इस्तेमाल कर रहे हैं। लोग सप्ताहांत पार्क या माउंटेन आदि जाने के लिए भी साइकिलों का इस्तेमाल करते हैं। लोगों में साइकिल चलाने की रुचि बढ़ने लगी है। मैंने ध्यान दिया है कि आजकल लोग साइकिल को एक व्यायाम के तौर पर भी प्रयोग करने लगे हैं। बड़ी उम्र के लोगों के साथ-साथ युवा भी साइकिल का इस्तेमाल करते हैं।

पूर्व का वेनिस सूचोउ

वैसे चीन में कई खूबसूरत पर्यटक स्थल हैं, जिनमें सूचोउ एक है। उसे पूर्व का वेनिस भी कहा जाता है। अब वेनिस की संज्ञा दी गई हो तो आप सोच ही सकते हैं कि यहां की ब्यूटी कैसी होगी!

शहर में हर जगह हरियाली ही नजर आती है। पूरा शहर चारों ओर से पानी की छोटी नहरों से घिरा हुआ है। इतना ही नहीं, सूचोउ की सुंदरता में चार चांद लगाते हैं यहां के गार्डन। दक्षिण-पूर्वी चीन के च्यांगसू प्रांत के दक्षिण-पूर्व में यांग्त्ज नदी के निचले छोर पर बसा हुआ है सूचोउ। वैसे तो यह लगभग 45 लाख की आबादी वाला शहर है, लेकिन रात के वक्त घूमने निकल जाइए तो इंडिया के हिल स्टेशन की याद ताजा करता है, खासकर परंपरागत शैली के बाजार व गलियां और दुपहिया वाहनों की आवाज अलग ही अहसास कराती है।

कुछ साल पहले सूचोउ जाना हुआ, इससे पहले मैं उत्तरी चीन के कुछ शहरों में जा चुका था। पर दक्षिण-पूर्वी चीन स्थित इस शहर का नजारा ही कुछ और दिखा। यहां पहुंचते ही सबसे पहले रेलवे स्टेशन प्रभावित करता है, जिसे किसी एयरपोर्ट से कम नहीं आंका जा सकता। स्टेशन से बाहर निकलने पर हर तरफ हरे-भरे पेड़-पौधे मानो स्वागत करने के लिए तैयार हों!

तेजी से विकास कर रहे चीन ने वाकई सूचोउ की नेचुरल ब्यूटी को जिस तरह सहेजकर रखा है, वह अपने-आपमें एक मिसाल है। शहर की पहचान यहां के गार्डन हैं, जो सोंग, युआन, मिंग व छिंग राजवंशों की कला व ढांचे को दर्शाते हैं। इनमें

चोउचंग युआन, ल्योयुआन, शच् लिन आदि गार्डन सूचोउ के प्रतीक के तौर पर भी जाने जाते हैं। यहां के बगीचे यूनेस्को की सूची में शामिल किए जा चुके हैं।

बगीचों से बाहर कदम रखते ही कैनाल यानी नहरें दिखाई पड़ती हैं। सूचोउ को नहरों का शहर कहा जाता है। बताते हैं कि कैनाल पुराने समय में शहरी यातायात और लोगों की आवाजाही के मार्ग के रूप में इस्तेमाल होती थी। यों कहें तो कोई दो राय नहीं होगी कि एक तरह से यह कैनाल सिटी की लाइफलाइन थी। जिस व्यक्ति की जितनी बड़ी हैसियत, वह कैनाल यानी पानी के उतने ही नजदीक रहता था। अभी भी उस वक्त के अमीर लोगों के घर सूचोउ पहुंचने पर देखे जा सकते हैं। आज शहर में सड़कों का जाल बिछ चुका है, पर नहरें अब भी पर्यटकों के आकर्षण का केंद्र बनी हुई हैं।

सूचोउ दक्षिण-पूर्व चीन के च्यांगसू प्रांत में स्थित है। इसकी दूरी शंघाई से लगभग सौ किमी. होगी। यह चीन की प्रसिद्ध नदी यांगतज के निचले छोर पर स्थित है। यह चीन के प्राचीन शहरों में से एक माना जाता है। इसका इतिहास लगभग ढाई हजार साल पुराना बताया जाता है। हान राजवंश के दौरान यह शहर खूब फला-फूला। सोंग राजवंश से लेकर अब तक सूचोउ चीन का एक अहम वाणिज्यिक शहर बना रहा। इसके बाद के राजवंशों के दौरान भी इस शहर का विकास होता रहा। आधुनिक दौर की बात करें तो खुले द्वार की नीति लागू होने के बाद सूचोउ ने इतनी तेज रफ्तार से विकास किया कि इसकी विकास-दर कई वर्षों तक 14 फीसदी से अधिक रही।

खाने-पीने के शौकीन चीनी

चीन के खान-पान की संस्कृति और विविधता पर चीन के इतिहास का व्यापक असर दिखता है। कहा जाता है कि प्राचीन समय में लगभग हर राजवंश के दौर में खाने की नई विधि (रेसिपी) निकाली गई। चीन के अंतिम राजवंश छिंग राजवंश के समय तक ऐसा होता रहा। इस दौर तक पहुंचते-पहुंचते चीन में पाककला अपने चरम पर पहुंच चुकी थी। तरह-तरह के भोजन अपने अलग-अलग स्वाद और आकर्षण के लिए जाने जाते थे। खाने की दावत देने के अलावा परोसने के तरीके का खास खयाल रखा जाता था।

चीन की भोजन-परंपरा से अनजान किसी व्यक्ति को पहली बार यह देखकर आश्चर्य हो सकता है, क्योंकि मेज के ऊपर बड़े बर्तन (सार्वजनिक प्लेट) में खाद्य पदार्थ रखा होता है। मेज के चारों ओर बैठे लोग बारी-बारी से अपनी चॉपस्टिक से खाना उठाते हैं।

चीन में खाने और शिष्टाचार की बात हो, पर चॉपस्टिक का जिक्र न हो, ऐसा संभव नहीं है। दूसरे देशों में जिस तरह चम्मच, छुरी-कांटा आदि को भोजन ग्रहण

करने का अहम माध्यम माना जाता है, उसी तरह चीन में चॉपस्टिक का स्थान है। चॉपस्टिक दिखने में बहुत साधारण सी लकड़ी, स्टील या प्लास्टिक की पतली डंडियों की तरह लगती हैं, लेकिन इनका इतिहास चीनी सभ्यता के साथ जुड़ा हुआ है। बताया जाता है कि चॉपस्टिक का चलन शुरू होने से पहले लोग हाथ से खाना खाते थे। प्राचीन समय में चॉपस्टिक को 'चु' कहा जाता था। उस दौर में लोग या तो खाने को उबालते थे या फिर उसे भाप देकर पकाते थे। ऐसे में चॉपस्टिक से सब्जियां या मांस को उठाना, चम्मच की तुलना में ज्यादा आसान होता था।

भारत में घर पर जब भी खाना परोसा जाता है, तो सभी सदस्यों को अलग-अलग बर्तनों में दिया जाता है। लेकिन चीन में जब आप टेबल पर बैठे होते हैं तो पहले बड़े-बड़े बर्तनों में सर्व किया जाता है। उसके बाद टेबल के चारों ओर बैठे लोग अपनी-अपनी चॉपस्टिक से बार-बार खाना उठाते रहते हैं—चाहे फिर सब्जी हो या मीट या अन्य चीजें।

अगर आप किसी होटल में खाने जाएं या किसी के घर मेहमान बनकर, खाने की मेज पर बैठे व्यक्ति आपसे अधिक उम्र के हों, वरिष्ठ हों तो खाते वक्त उनका अनुसरण करने की जरूरत होती है। वहीं आपका मेजबान भी इस बात का पूरा खयाल रखेगा कि शिष्टाचार निभाया जाए। अगर आप खाने के लिए औपचारिक तौर पर आमंत्रित हैं तो खाना शुरू करने से पहले मेजबान घर के बड़े सदस्य आपके सम्मान में कुछ न कुछ बोलेंगे। चीनी लोग एक साथ मिल-बैठकर आराम से खाने में यकीन रखते हैं।

खाने के साथ गर्म पानी या चाय जरूर दी जाती है। आपकी टेबल पर एक गर्म पानी की केतली या फिर ग्रीन टी रख दी जाएगी। कहा जाता है कि गर्म पानी या ग्रीन टी से भोजन को पचाने में मदद मिलती है। परंपरागत तौर पर चीन में भोजन के साथ ठंडे पेय पीने का चलन नहीं है। माना जाता है कि ये स्वास्थ्य के लिए अच्छे नहीं होते, पर आजकल पश्चिमी पेय पदार्थों व चीनी पेय भी लोग पीने लगे हैं।

अधिकांश चीनी लोग समय के बड़े पाबंद होते हैं। यह बात भोजन करते वक्त भी दिखती है। रोजाना निर्धारित समय पर भोजन करते हैं। मसलन नाश्ता सात से आठ बजे तक होता है। नाश्ते में अक्सर लोग चावल व बीन्स का बना पॉरिज, ब्रेड, नूडल्स व मीट खाते हैं। चीनी लोग नाश्ते को बहुत महत्त्व देते हैं, इसलिए लोगों के लिए नाश्ता करना आवश्यक समझा जाता है।

खाने से जुड़ी चीजों से स्वास्थ्य को होने वाले लाभ के बारे में चीनी लोगों को पता होता है। साथ ही इससे जुड़ी कहावतों आदि पर भी लोग विश्वास करते हैं। खाते वक्त मछली को क्यों पूरा और ताजा परोसा जाता है, इसके पीछे भी एक कहावत है। कहा जाता है कि 'मछली का सिर और पूंछ भोजन में शामिल होने का अर्थ, किसी चीज की संपूर्णता और किसी कार्य के पूर्ण हो जाने से होता है'।

खाने को लेकर एक और कहावत भी प्रसिद्ध है : 'रेन श थिए, फान श कांग'। इसका शाब्दिक अर्थ है—इंसान लोहा होता है, जबकि खाना स्टील। इसका मतलब यह हुआ—कोई भी व्यक्ति खाली पेट अच्छी तरह काम नहीं कर सकता यानी खाना बहुत जरूरी है।

चीन में भिन्न-भिन्न क्षेत्रों का भोजन भी अलग-अलग होता है। क्योंकि चीन एक बड़ा देश है, ऐसे में खान-पान में क्षेत्र के हिसाब से विविधता होना भी लाजमी है। उत्तर और दक्षिण के खाने के स्वाद में बड़ा फर्क होता है। पूरब और पश्चिम के खाने में भी अंतर दिखता है।

समुद्रतल से अधिक ऊंचाई वाले क्षेत्रों, जैसे—छिंगहाई व तिब्बत आदि के लोगों का मुख्य भोजन भेड़, याक आदि का मांस होता है। वहां की जलवायु सब्जी, चावल, गेहूं आदि उगाने के लिए ठीक नहीं होती। ऐसे में लोग मांस पर ही ज्यादा निर्भर होते हैं। यहां सब्जियों आदि की तुलना में मांस और उससे बने हुए पदार्थ सस्ते मिलते हैं।

दक्षिणी चीन मौसम उष्ण कटिबंधीय होता है। काफी संख्या में नदियां और झीलें होती हैं, जबकि बारिश भी दक्षिण में उत्तर चीन के मुकाबले कहीं ज्यादा होती है। वहां का मौसम चावल की खेती के लिए बहुत अच्छा होता है। इसलिए चावल व उससे बनी चीजें स्थानीय लोगों का मुख्य भोजन होती हैं। नूडल्स भी चावल से बनाई जाती हैं। पत्तों में लिपटा हुआ चावल भी खाया जाता है, जिसे चोंगज के नाम से जानते हैं। हालांकि मांस व अन्य सब्जियां भी लोग अपने भोजन में लेते हैं। वहीं केक आदि भी खाए जाते हैं। लेकिन हाल के दशकों में हुए तेज विकास का नतीजा व्यंजनों में हुए मिश्रण के तौर पर भी दिखता है। आजकल उत्तर का भोजन दक्षिण में भी मिल जाता है और दूसरे इलाकों का भी।

क्वांगतोंग के भोजन में ताजगी का खास ध्यान रखा जाता है। खाने को ज्यादा नहीं पकाया जाता, ताकि उसके पोषक तत्त्व और उसका असली रंग बरकरार रहे। क्वांगतोंग सहित समुद्र तटीय इलाकों में रहने वाले लोग सी-फूड भी खाना पसंद करते हैं, जिसमें स्टीम्ड फिश व शैल फिश प्रमुख होती है।

पूर्वी चीन के च्यांगसू, च च्यांग व शंघाई और उससे सटे प्रांतों के भोजन की चर्चा कम होती है। वैसे यह मीठा और तेलीय माना जाता है। यहां भी नदियां, झीलें और समुद्र मौजूद हैं। इसलिए सी-फूड व ताजे पानी की मछली भी इन इलाकों के भोजन में शामिल होती है।

वैसे चीन में आम तौर पर मांसाहार का चलन है, परन्तु बौद्ध धर्म में विश्वास करने वाले कुछ लोग और स्वास्थ्य संबंधी कारणों से शुद्ध शाकाहारी भोजन भी करते हैं। लेकिन चीन में कई सब्जियों के साथ मांस भी पका दिया जाता है। परंपरागत तौर पर खाने का स्वाद बढ़ाने के लिए मांस के टुकड़े डाल दिये जाते हैं। यह शाकाहारी विदेशी व्यक्ति के लिए असहज भरी स्थिति हो सकती है। इसके

साथ ही भारत व अन्य पश्चिमी देशों से हटकर चीन में खाने के अंत में डिजर्ट (मिष्ठान आदि) आदि नहीं परोसा जाता, पर खाने के साथ कुछ मीठी चीजें खाई जाती हैं, जिसमें पा पाव फान भी शामिल होती है। मीठी चीजें आम तौर पर फ्राई होती हैं। हां, हाल के वर्षों में भोजन के अंत में कुछ फल खाने का चलन बढ़ा है, जिसमें मुख्य रूप से तरबूज, संतरा, अंगूर, पपीता आदि होते हैं। इसके साथ ही लाल बीन्स से तैयार मीठा और गर्म सूप भी पिया जाने लगा है।

पेकिंग रोस्ट डक

बीजिंग की सबसे प्रसिद्ध डिश पेकिंग रोस्ट डक (पेकिंग की भुनी बतख) को माना जाता है। कहा जाता है कि अगर आपने बीजिंग आने के बाद लंबी दीवार नहीं देखी या पेकिंग डक का स्वाद नहीं लिया तो फिर आपकी यात्रा अधूरी रही। पेकिंग डक को तैयार करने की परंपरा राजवंशों के दौर से चली आ रही है। बतख को काटने के बाद उसे भट्ठी में भूनकर तैयार किया जाता है। इसके बाद बतख के मांस को पतले-पतले टुकड़ों में काटा जाता है, जिसमें सॉस, गाजर, मूली, खीरा आदि को स्लाइस के तौर पर पतला काटकर सजाया जाता है। इसके बाद पैन केक रोल में रखकर खाया जाता है। वहीं मांस के टुकड़े भी लोगों की मेज पर परोसे जाते हैं।

बीजिंग और अन्य शहरों में पेकिंग डक वाले कुछ प्रसिद्ध रेस्टोरेंट हैं, जहां आम रेस्टोरेंट की तुलना में बतख का मांस महंगा मिलता है। बावजूद इसके लोगों की बहुत भीड़ लगी होती है।

स्ट्रीट फूड

स्ट्रीट फूड के मामले में भी चीन में बहुत विविधता देखने को मिलती है। आम तौर पर हर शहर में खाने की एक प्रसिद्ध सड़क या स्ट्रीट होती है, जहां पर तरह-तरह के स्थानीय फास्ट फूड या स्ट्रीट फूड खाने को मिलते हैं।

इसके अतिरिक्त शहर के विभिन्न इलाकों में स्ट्रीट फूड आसानी से मिल जाता है। इस तरह के फूड का आनंद लेने वाले लोगों के पास या तो समय की कमी होती है या फिर वे स्ट्रीट फूड का स्वाद लेना चाहते हैं, जो कि रेस्टोरेंट में मिलने वाले भोजन से ज्यादा चटखारेदार और स्वाद वाला होता है।

स्ट्रीट फूड में भेड़ के मांस या मटन व चिकन के बने कबाब लोगों के बीच बहुत लोकप्रिय हैं। विशेषकर फुर्सत के वक्त बीयर या शराब के साथ लोग सड़कों के किनारे बैठकर खाते हैं।

इसके अलावा बीजिंग के नजदीक थ्येनचिन शहर का पारंपरिक ऑनियन एंड एग केक भी स्ट्रीट फूड का हिस्सा है। अंडे और मैदे के मिश्रण का केक फ्राइ कर बनाया जाता है, जिसमें प्याज और सब्जियां होती हैं। इसमें लोगों की मांग पर मीट या मिर्च डाली जाती है।

वहीं शीआन शहर व उसके आसपास के क्षेत्रों से निकला चीनी स्टाइल का बर्गर भी चीन के कई शहरों में फास्ट फूड के तौर पर मिलता है।

पश्चिमी भोजन

चीन में हाल के वर्षों में पश्चिमी भोजन का चलन तेजी से बढ़ा है। बड़ी संख्या में दूसरे देशों के व्यंजन परोसने वाले रेस्टोरेंट भी खुल चुके हैं। वहीं फास्ट फूड या जंक फूड में मैकडोनल्ड्स, केएफसी, सबवे, पिज्जा हट चीन के हर शहर में खुल चुके हैं, हालांकि कुछ दशक पहले तक इनकी संख्या बहुत कम थी। इन रेस्टोरेंट में फोर्क, चाकू आदि का इस्तेमाल किया जाता है। लेकिन चीनी रेस्टोरेंट में अब भी चॉपस्टिक या चम्मच का ही प्रयोग होता है।

किसी कटोरे या बर्तन में सीधे खड़े नहीं किया जाता है। इसे अशुभ माना जाता है। कहा जाता है कि चीनी लोग मृत व्यक्ति की याद में अगरबत्ती जलाते वक्त ऐसा करते हैं। साथ ही चॉपस्टिक को प्लेट या कटोरे में बार-बार टकराना भी अच्छा नहीं माना जाता। ऐसा भिखारी भीख मांगते वक्त करते हैं।

चीन में नववर्ष

ऐतिहासिक और सांस्कृतिक रूप से भारत और चीन बहुत समृद्ध देश माने जाते हैं। विकास की तेज रफ्तार पकड़ चुके चीन में परंपराओं और त्योहारों का महत्त्व कम नहीं हुआ है। हां, बदलते समय के साथ इन्हें मनाने के तरीकों में जरूर बदलाव आया है।

भारत की तुलना में चीन में त्योहार कम होते हैं। लेकिन ये त्योहार लोगों को पूरी तरह अपनी परंपरा और संस्कृति से जोड़े रखने में अहम भूमिका निभाते हैं।

वसंत त्योहार (छुन चिए) चीन में सबसे महत्त्वपूर्ण त्योहार होता है। वसंत त्योहार यानी नववर्ष को चंद्रमा का नववर्ष भी कहा जाता है। यह त्योहार चीनी लोगों के लिए इतना खास होता है कि वे इस मौके पर अपने गांव (घर) वापस जाते हैं। विदेश में रहने वाले स्वदेश लौट आते हैं। यह पारिवारिक मिलन का एक विशेष अवसर होता है।

चीनी पंचांग के अनुसार, यह त्योहार 23 दिसम्बर से शुरू होता है और नये साल की 15 जनवरी को युआन श्याओ यानी लालटेन उत्सव तक चलता है।

वसंत त्योहार का इतिहास 4000 वर्ष पुराना है। कहते हैं कि पहले वसंत त्योहार का कोई नाम नहीं था, और इसे मनाने की निश्चित तारीख भी नहीं थी। ईसा पूर्व 2100 साल पहले, मू उपग्रह के एक चक्र पूरा करने को 'स्वेई' कहा गया था। ईसा पूर्व 1000 वर्ष पहले इसे 'नीयन' नाम दिया गया। उस वक्त 'नीयन' का मतलब अच्छी फसल वाला साल माना जाता था।

इस त्योहार को लेकर किवदंती और कहानियां भी हैं। बताते हैं कि सैकड़ों वर्ष पहले नववर्ष की शुरुआत 'नीयन' नामक एक काल्पनिक राक्षस के साथ लड़ाई से हुई। नीयन अक्सर नववर्ष के पहले दिन आता था और पशुओं, फसलों, और गांव वालों को, खास तौर से बच्चों को मारकर खा लिया करता था। ग्रामीण लोग खुद को बचाने के लिए हर वर्ष की शुरुआत में अपने-अपने दरवाजों के सामने खाना रख देते थे। यह समझा जाता था कि नीयन उन लोगों का बना हुआ खाने के बाद हमला नहीं करता था। एक बार उन्होंने देखा कि नीयन बच्चों द्वारा पहने हुए लाल रंग के कपड़ों को देखकर दूर भागता है। इस पर लोगों को समझ में आ गया कि राक्षस सिर्फ लाल रंग से डरता है। उसके बाद जब भी नया साल आता, लोग अपनी खिड़कियों और दरवाजों पर लाल रंग के लालटेन या लाल रंग की चीजें लटकाने लगे। किवदंती यह भी है कि वह ढोल की आवाज से भी डरता था। इसके साथ ही लोग बांस की नली में बारूद भरकर धमाका भी करने लगे। बताते हैं कि लोगों द्वारा ये उपाय किए जाने के बाद, नीयन नाम का राक्षस गांव में फिर कभी नहीं आया।

इस त्योहार के मौके पर चीन के कार्यालयों में एक सप्ताह से पंद्रह दिन तक की छुट्टियां होती हैं। त्योहार से पहले ही बाजारों व सुपर मार्केट्स आदि को पूरी तरह सजा दिया जाता है। वहां लोग जमकर खरीददारी करते हैं। इस दौरान लोगों का जोश देखने लायक होता है। वैसे तो चीन के बड़े शहरों में लोगों को कामकाज से फुर्सत नहीं होती, लेकिन इस अवसर पर लोग सब कुछ भूल जाते हैं।

नए साल यानी वसंत त्योहार के पहले सप्ताह को स्वर्णिम सप्ताह भी कहते हैं। नववर्ष के मौके पर परिवहन व्यवस्था पर दबाव बहुत बढ़ जाता है। क्योंकि हर कोई अपने परिवार के साथ नया साल मनाना चाहता है, ऐसे में सड़क मार्ग, रेल मार्ग व हवाई मार्ग—तीनों काफी व्यस्त रहते हैं। सबसे ज्यादा भीड़ ट्रेनों में होती है। नए साल के गोल्डन वीक में लाखों लोग ट्रेनों के जरिए सफर करते हैं। हर साल नववर्ष के महीने में लगभग तीन अरब से अधिक लोग ट्रेन से यात्रा करते हैं। वैसे आजकल कुछ लोग इस दौरान अपने परिवार के साथ सैर-सपाटे पर भी जाने लगे हैं।

चीनी नववर्ष के दौरान मेले भी आयोजित होते हैं। पूरे सप्ताह भर विभिन्न पार्कों और बाजारों में परंपरागत मेले होते हैं। बताया जाता है कि परंपरागत मेलों का इतिहास लगभग 2 हजार वर्ष पुराना है। मेलों के दौरान कई गतिविधियां आयोजित की जाती हैं। इनमें खाने की चीजें, करतब, तमाशे और लोकनृत्य बहुत आकर्षण का केंद्र होते हैं। मेलों में लोगों की भारी भीड़ होती है। बच्चों के लिए भी मेलों में आनंद उठाने के लिए बहुत कुछ होता है।

चीनी नववर्ष को मनाने की परंपरा और तरीके बहुत विविध माने जाते हैं। इस अवसर पर खाने-पीने की तमाम वस्तुएं खरीदी जाती हैं। इसके साथ ही लोग अपने

घरों की सफाई करते हैं और नए साल के पोस्टर आदि लगाए जाते हैं। साफ-सफाई करने के पीछे यह वजह मानी जाती है कि घर में किसी बुरी चीज का वास न हो। अपनी हैसियत के हिसाब से नए कपड़े आदि भी खरीदे जाते हैं। हां, इस दौरान एक-दूसरे को उपहार देने का रिवाज भी है। घरों की खिड़कियों और दरवाजों पर लाल रंग के कागज (छ्वन ल्येन) की कटिंग को सजाकर लगाया जाता है। उनमें 'सौभाग्य', 'खुशी', 'संपन्नता' या 'दीर्घायु' शब्द लिखे हुए होते हैं। त्योहार के दौरान, बाजारों में इन चित्रों की बहुत बिक्री होती है।

सबसे अहम और विशेष नववर्ष की पूर्व संध्या और पहला दिन होता है। पूर्व संध्या पर घर के सभी लोग एक साथ भोजन करते हैं। आम तौर पर परिवार के सबसे वरिष्ठ सदस्य के घर पर खाना खाया जाता है।

मैंने त्योहार पर लोगों में अलग ही तरह का उत्साह देखा है। नववर्ष की पूर्व संध्या पर चीन के टीवी चैनलों पर रंगारंग प्रोग्राम चल रहे होते हैं, जिसमें बड़े-बड़े कलाकार और हस्तियां हिस्सा लेते हैं। ये प्रोग्राम इतने लोकप्रिय होते हैं कि लोग बिलकुल भी मिस नहीं करना चाहते हैं। एक तरह से स्वादिष्ट भोजन का आनंद लेते हुए टीवी भी देखा जाता है। त्योहार के अवसर पर रिश्तेदारों, दोस्तों के घर जाकर उपहार भी दिये जाते हैं।

वैसे चीन के अलावा सिंगापुर, थाईलैंड, मलेशिया, इंडोनेशिया, मॉरिशस व फिलीपींस समेत विश्व के तमाम देशों में यह त्योहार बड़े हर्षोल्लास से मनाया जाता है।

होंग पाउ यानी लाल लिफाफा

बच्चों को इस त्योहार का बड़ा इंतजार रहता है, क्योंकि उन्हें इस अवसर पर न केवल ढेर सारी चीजें खाने को मिलती हैं बल्कि परिवार के बड़े सदस्यों की ओर से लाल रंग का लिफाफा भी मिलता है। इस लिफाफे को 'होंग पाउ' कहा जाता है। दरअसल माता-पिता व परिवार के दूसरे बड़े सदस्य लिफाफे में बच्चों को लकी मनी भेंट करते हैं। विवाहित जोड़े या बुजुर्ग भी लाल रंग के लिफाफे देते हैं। लिफाफे के अंदर पैसे होते हैं। लिफाफा मिलने के बाद उसे तुरंत नहीं खोला जाता। ऐसी मान्यता है कि लिफाफे में पैसे समान संख्या में होने चाहिए। वैसे चीन में छह और आठ को शुभ माना जाता है। अंक छह यानी लिउ सुनने में सरल और सहज लगता है, जबकि आठ अंक को कैंटनीज में फा कहते हैं, जो सुनने में पैसे और संपत्ति की तरह होता है।

चीन में मान्यताओं और परंपराओं पर जोर दिया जाता है। कहते हैं कि अगर किसी शादी-शुदा व्यक्ति से लाल लिफाफा मांगने पर यदि उसने नहीं दिया तो नए साल में उसका भाग्य रूठा हुआ रहेगा। हालांकि लोग खुशी-खुशी छोटे बच्चों को लिफाफा भेंट करते हैं। चार से जुड़े हुए अंकों में पैसे नहीं दिए जाते, क्योंकि चार का

मतलब चीनी में मृत्यु से भी होता है। ऐसे में लोग दो, छह, आठ आदि से जुड़े अंकों में पैसे देते हैं।

लाल लिफाफे के अलावा आम तौर पर बड़े लोग छोटों को उपहार देते हैं जिसमें खाने की चीजें या मिठाई होती हैं। इन छोटे उपहारों को नववर्ष के अवसर पर मित्र, परिजनों में बांटा जाता है।

मध्य शरद त्योहार

चीन के प्रमुख त्योहारों में चोंग छियु चिए यानी मध्य शरद त्योहार भी शामिल है। इसे मून केक त्योहार के रूप में भी जाना जाता है। यह आम तौर पर सितंबर महीने में होता है। लूनर कैलेंडर के अनुसार, यह त्योहार हर वर्ष आठवें महीने की पंद्रह तारीख को पड़ता है, इस मौके पर चंद्रमा की रोशनी सबसे तेज होती है और पूर्ण चांदनी रात होती है। इस त्योहार पर छोटे बच्चों को कहानी सुनाने का भी रिवाज है। कुछ विद्वानों का मानना है कि इसकी शुरुआत फसल तैयार हो जाने के उत्सव के तौर पर शुरू हुई। मध्य शरद त्योहार के मौके पर चीनी लोग स्वादिष्ट खाना खाते हैं, विशेष तौर पर मून केक खाते हैं और चंद्रमा की खूबसूरती को निहारते हैं, साथ ही चंद्रमा की पूजा भी की जाती है। जैसाकि अन्य त्योहारों में होता है, इस दिन भी पारिवारिक मिलन होता है।

प्राचीन समय में फसल तैयार हो जाने के बाद चंद्रमा की पूजा कर, उसे भोजन अर्पित करने का भी चलन था। वर्तमान में भी ऐसा किया जाता है, साथ ही अगरबत्तियां भी जलाई जाती हैं। दक्षिणी चीन में ड्रैगन और लायन डांस भी इस त्योहार के मौके पर होते हैं। इस त्योहार के दौरान चीन के कुछ स्थानों पर परंपरागत रूप में शादी-विवाह भी संपन्न होते थे। लड़कियां चंद्रमा की पूजा करती थीं, ताकि उनकी मनोकामना पूरी हो सके। कुछ क्षेत्रों में युवा लड़के-लड़कियां नृत्य भी करते थे, अपने जीवन साथी को पाने के लिए। लड़कियां अपने रूमाल या एक कपड़े को भीड़ में फेंकती थीं। रूमाल को पकड़कर लौटाने वाले युवा पुरुष को लड़की के साथ बातचीत करने और अपने प्यार का इजहार करने का अवसर दिया जाता था। लेकिन आजकल इस परंपरा में थोड़ा बदलाव आया है। इस त्योहार के दौरान पति अपनी पत्नी और उसके माता-पिता को उपहार देता है।

इस त्योहार पर मून केक तैयार करने के साथ-साथ अपने दोस्तों, रिश्तेदारों को बांटा जाता है। हालांकि इन दिनों बाजारों में तरह-तरह के केक मौजूद होते हैं। केक गोल आकार में बनाए जाते हैं। चीनी परंपरा के अनुसार, गोल आकार संपूर्णता और एकता का प्रतीक होता है। त्योहार के दौरान सार्वजनिक अवकाश

रहता है और लोग अपने परिजनों के साथ मून केक खाते हैं, जिसका मतलब परिवार की खुशहाली और संपूर्णता होता है।

बताते हैं कि पहली बार मून केक शब्द जहां दक्षिणी सोंग राजवंश के समय में प्रचलन में आया, वहीं चंद्रमा को निहारने और उसकी पूजा करने का चलन चोउ राजवंश के दौर से चला आ रहा है। उस दौर में लोग पूर्ण चंद्रमा का स्वागत करने के लिए समारोह का आयोजन करते थे। इस दौरान विभिन्न प्रकार के फल और मून केक खाए जाते थे। थांग राजवंश और सोंग राजवंश में यह परंपरा और मजबूत हुई, जब उच्च पदों पर आसीन लोग शानदार भोज आयोजित करने लगे।

चीन में मनाए जाने वाले हर त्योहार के बारे में पौराणिक कथाएं भी प्रचलित हैं। शरद त्योहार कब और कैसे अस्तित्व में आया है, इसको लेकर भी कहानियां हैं।

कहते हैं कि एक व्यापारी ने थांग राजवंश के सम्राट थाय चोंग को श्योंगनू (मंगोल) के खिलाफ जीत हासिल करने पर लूनर कैलेंडर के आठवे महीने के पंद्रहवें दिन केक प्रस्तुत किए। सम्राट ने केक स्वीकार करने के बाद, चंद्रमा की ओर देखते हुए मुस्कुराते हुए कहा, 'मैं केक का आनंद उठाने के लिए एक विशेष जानवर को आमंत्रित करूंगा'। इसके पश्चात् सम्राट ने अपने मंत्रियों के साथ केक साझा किए, तभी से पूरे देश में केक खाने की परंपरा शुरू हो गई।

छिंग मिंग त्योहार

छिंग मिंग त्योहार की बात करें तो यह भी परंपराओं से संबद्ध त्योहार है। इसका मतलब साफ-सफाई से होता है। छिंग का अर्थ साफ और मिंग अर्थ उज्ज्वल से होता है। वैसे इस त्योहार के कई नाम हैं, मसलन इसे पूर्वजों को याद करने का दिन, कब्र की सफाई का दिन, साफ-सफाई का दिन आदि। यह त्योहार ग्रेगोरियन कैलेंडर के मुताबिक 4 या 5 अप्रैल को होता है। वर्ष 2008 से इस त्योहार पर आम तौर पर तीन दिन का अवकाश होता है।

इस परंपरागत मौके पर कब्र पर जाकर पूर्वजों को सम्मान दिया जाता है, उनकी पूजा की जाती है। फूल-माला चढ़ाई जाती है। साथ ही उनकी कब्र साफ की जाती है। फिर खाना, चाय, शराब आदि चीजें वहां पर रखी जाती हैं। इसके अलावा अगरबत्तियां रखने और जलाने का भी रिवाज है। विलो की टहनी भी गाड़ी जाती है। माना जाता है कि ये टहनियां छिंग मिंग पर भटकने वाली दुष्ट आत्माओं को भगाने में मदद करती हैं। इसके साथ ही कागज के पैसे और कागज से बनी कार, घर, फोन आदि वस्तुएं जलाई जाती हैं। माना जाता है कि लोगों को जीवन के बाद भी इन चीजों की जरूरत होती है। वहीं परिवार के सभी सदस्य अपने पूर्वजों की कब्रों के सामने तीन से नौ बार खोउ-थोउ यानी घुटनों के बल बैठकर सिर झुकाते हैं और

अपने परिवार की खुशी के लिए आशीर्वाद मांगते हैं, जोकि परिवार में वरिष्ठता के क्रम के अनुसार किया जाता है। कब्रस्तान पर पूर्वजों की पूजा करने के बाद पूरा परिवार वहां पर खाना भी खाता है, वह खाना जो पूर्वजों के लिए लाया गया था। यह पूर्वजों के साथ परिवार का पुनर्मिलन का प्रतीक भी कहा जाता है। साथ ही इसे ठंडे भोजन का दिन भी कहते हैं। छिंग मिंग के मौके पर मीठे हरे रंग की राइस बॉल्स, दलिया, केक व अंडे आदि खाए जाते हैं। पहले कब्र की सफाई करने के दिन से एक दिन पहले कोल्ड फूड डे होता था। लेकिन आजकल दोनों त्योहार मिलकर एक हो गए हैं। पहले इस दिन खाने को गर्म नहीं किया जाता था। वैसे अब भी लोग छिंग मिंग के दौरान ठंडा खाना खाते हैं। छिंग मिंग के अवसर पर पतंग उड़ाने की भी परंपरा है। बच्चों के साथ-साथ बड़ी उम्र के लोग भी पतंग उड़ाते हैं। पतंगें न केवल दिन में उड़ाई जाती हैं, बल्कि देर शाम यानी अंधेरा होने के बाद भी। हल्की लालटेनों को पतंग या फिर धागे से बांधकर उड़ाया जाता है। रात के वक्त आसमान में उड़ती पतंगें तारों की तरह टिमटिमाती नजर आती हैं। यह भी मान्यता है कि पतंग के धागे को तोड़ दिया जाता है, ताकि वह मुक्त रूप से आसमान में उड़ सके। ऐसा करने से अच्छा भाग्य मिलता है और बीमारियों से छुटकारा भी।

छिंग मिंग त्योहार का इतिहास 2,500 वर्ष पुराना है। बताते हैं कि ईसा पूर्व 732 में थांग सम्राट शुआनजोंग ने इसकी शुरुआत की, क्योंकि उस वक्त चीन में धनाढ्य लोग अपने पूर्वजों के सम्मान में अनावश्यक और खूब खर्च किया करते थे। शुआनजोंग ने इस पर रोक लगाने के लिए ऐलान किया कि एक विशेष अवसर पर ही अपने पूर्वजों का सम्मान हो यानी छिंग मिंग त्योहार का दिन उसके लिए चुना गया। इस दौरान ही लोगों को अपने पूर्वजों की कब्रों पर जाने के लिए कहा गया। इसके बाद धीरे-धीरे इसने परंपरा का रूप ले लिया।

ड्रैगन बोट फेस्टिवल

ड्रैगन बोट फेस्टिवल को तुआन वू फेस्टिवल के नाम से भी जाना जाता है। यह लूनर कैलेंडर के पांचवें महीने की पांचवीं तारीख को होता है। हालांकि ग्रेगोरियन कैलेंडर के मुताबिक यह अक्सर मई और जून के महीने में पड़ता है। साल 2015 में 20 जून को हुआ था। इस दौरान सूरज की रोशनी बहुत तेज होती है। यह त्योहार सिंगापुर, थाईवान और हांगकांग में भी मनाया जाता है। इस मौके पर चोंग ज खाया जाता है। चोंग ज बांस की पत्तियों में चिपचिपे चावल को लपेटकर बनाया जाता है। साथ ही शराब भी पी जाती है। वैसे तो इस अवसर पर परंपरागत रूप से ड्रैगन नावों की दौड़ पूरे चीन में होती है; लेकिन दक्षिण चीन में यह ड्रैगन नावों की दौड़ बहुत ज्यादा लोकप्रिय है, क्योंकि वहां नदियां ज्यादा हैं।

वैसे इस त्योहार को मनाए जाने के बारे में कुछ कहानियां हैं, लेकिन सबसे पुख्ता और प्रचलित कहानी कवि छ्वी युआन के बारे में है। इस त्योहार को चीन के पहले कवि छ्वी युआन की याद के रूप में भी मनाया जाता है। बताते हैं कि उक्त कवि चौउ राजवंश के दौरान छू रॉयल हाउस में अहम जिम्मेदारी संभालते थे। लेकिन तत्कालीन सम्राट द्वारा ज्यादा शक्तिशाली राज्य छिन के साथ विलय करने का फैसला किया गया। छ्वी युआन इसके विरोध में राज्य छोड़कर चले गए। उन पर देशद्रोह का आरोप भी लगाया गया। निर्वासन के दौरान छ्वी ने तमाम कविताओं की रचना की। लगभग 28 साल बाद छिन ने छू पर कब्जा कर लिया। निराशा में छ्वी युआन ने मि लुव नदी में आत्महत्या कर ली। कहा जाता है कि स्थानीय लोग छ्वी युआन का बहुत आदर करते थे। उन्होंने छ्वी को बचाने या उनका मृत शरीर पाने के लिए अपनी नावें दौड़ाईं। वर्तमान में नाव दौड़ाने की परंपरा यहां से आई है। लेकिन जब वे लोग कवि को नहीं खोज सके, तो उन्होंने नदी में चिपचिपे चावल के गोले (जोंग ज) बनाकर पानी में डालने शुरू किए, ताकि मछलियां छ्वी के शरीर को खाने के बजाय चावल खाएंगे।

चीन में कुंगफू और शाव लिन मंदिर

चीन का जिक्र होते ही लोगों के मन में लंबी दीवार, टैराकोटा वारियर्स और मार्शल आर्ट का खयाल आता है। मार्शल आर्ट, जिसे वुशु यानी कुंगफू के नाम से भी जाना जाता है। चीन कुंगफू के लिए पूरी दुनिया में प्रसिद्ध है। साथ ही इसका चीनी इतिहास में भी बहुत महत्त्व है। कुंगफू पर आधारित कई लोकप्रिय फिल्में भी बन चुकी हैं। चीनी फिल्मों के साथ-साथ हॉलीवुड फिल्मों में भी चीनी अभिनेता जैक चेन व अन्य चीनी कलाकार अभिनय कर चुके हैं। यहां तक कि कार्टून फिल्म कुंगफू पांडा भी बन चुकी है। वैसे माना जाता है कि 1982 में अभिनेता जेट ली की फिल्म 'शाव लिन टेंपल' से 'मार्शल आर्ट' युवाओं के बीच लोकप्रिय हुआ।

वैसे कुंगफू का मतलब—अध्ययन, सीखने या अभ्यास से होता है, जिसके लिए धैर्य, ऊर्जा और समय की जरूरत पड़ती है। कुंगफू किसी भी स्किल को कहा जा सकता है, जो कठिन परिश्रम और अभ्यास के जरिए हासिल किया जाता है। कहा जाता है कि सेल्फ डिफेंस के लिए कुंगफू का इस्तेमाल किया जाता है। कुंगफू सीखने वालों का मकसद दूसरों पर आक्रमण करना नहीं होता।

चीन में कुंगफू से जुड़ा हुआ शाव लिन नाम का प्राचीन मंदिर है। कहा जाता है कि कुंगफू का जन्म इसी मंदिर में हुआ था। यही से कुंगफू दुनिया के तमाम क्षेत्रों में फैला और प्रसिद्ध हुआ। चीन में मार्शल आर्ट के कई संप्रदाय माने जाते हैं, जिनमें

शाव लिन कुंगफू को सर्वश्रेष्ठ माना जाता है। एक तरह से शाव लिन मंदिर और कुंगफू एक-दूसरे के पर्याय कहे जा सकते हैं।

शाव लिन मंदिर मध्य चीन के हनान प्रांत में दंग फंग शहर के सोंग नामक पहाड़ पर स्थित है। इसे 2010 में यूनेस्को की विश्व सांस्कृतिक व प्राकृतिक धरोहरों की सूची में शामिल किया गया था, जबकि वर्ष 1983 में चीन सरकार ने इसे चीन का महत्त्वपूर्ण बौद्ध धर्म मंदिर घोषित किया। वहीं 2007 में इसे फाइव स्टार चीनी राष्ट्रीय पर्यटन स्थलों की सूची में भी शामिल किया गया। इसे चीनी जैन बौद्ध धर्म व शाव लिन मार्शल आर्ट का उद्गम स्थल भी कहा जाता है। शहर के शोरगुल-भरे माहौल से दूर सोंग पहाड़ में चीड़ के वृक्ष और फूल, पक्षियों की चहचहाहट और प्राकृतिक सौंदर्य पर्यटकों का ध्यान आकृष्ट करते हैं। यहां न केवल मार्शल आर्ट के प्रति रुचि रखने वाले लोग आते हैं, बल्कि बौद्ध धर्म में विश्वास करने वाले भी।

मुझे भी वर्ष 2012 में कुंगफू के केंद्र शाव लिन मंदिर जाने का अवसर प्राप्त हुआ था। यहां पहुंचने पर मन में अलग तरह की अनुभूति होती है। शांत वातावरण में भिक्षुओं को गेरुए रंग के वस्त्रों में अभ्यास करते देखा जा सकता है। कुंगफू का अभ्यास करते वक्त उनकी भाव-भंगिमाएं बहुत सरल लगती हैं, लेकिन उनके करतब देखकर आश्चर्य होने लगता है। मसलन उनकी फुर्ती और चपलता किसी को भी प्रभावित कर सकती है। यहां पर देश भर से कुंगफू सीखने और उसके प्रति जुनून रखने वाले छात्र आते हैं। कुछ दशक पहले तक यह बहुत लोकप्रिय था, हालांकि शहरों से ज्यादा लोग अपने बच्चों को कुंगफू सीखने नहीं भेजते हैं, क्योंकि इसमें काफी मेहनत और लगन की जरूरत होती है। यहां का जीवन घर से बिलकुल अलग होता है। वुशू में पारंगत होने के लिए एक तरह की साधना करनी होती है। ग्रामीण क्षेत्रों से अधिक संख्या में बच्चे यहां आते हैं।

मंदिर में हॉल ऑफ हेवनली किंग्स, महावीर हॉल, पगोड़ा फारेस्ट, धर्मा गुफा व मार्शल आर्ट ट्रेनिंग सेंटर प्रमुख हैं। वहीं मंदिर परिसर में मौजूद कई विशाल वृक्ष मानो कुंगफू के इतिहास को बयां कर रहे हों! इन वृक्षों पर गड्ढे या निशान देखे जा सकते हैं। पूछने पर पता चला कि इन वृक्षों के साथ भिक्षु अभ्यास भी किया करते थे, जिस वजह से इनमें निशान अब तक दिखते हैं।

शाव लिन मंदिर में भिक्षु लगभग डेढ़ हजार वर्ष से कुंगफू का अभ्यास करते आ रहे हैं। बताया जाता है कि यह तरीका बोधि धर्म द्वारा इजाद किया गया था, जिसका उद्देश्य भिक्षुओं को उनके स्वास्थ्य में सुधार करने के तरीके और आत्मरक्षा करना सिखाना था। शाव लिन कुंगफू में थोंग च कुंग भी होता है, जो किशोरों द्वारा किया जाता है। उसमें लचीलेपन व ताकत पर जोर दिया जाता है।

मंदिर में होने वाले प्रमुख अनुष्ठान व पूजा-अर्चना महावीर हॉल में की जाती हैं। हॉल में 18 बौद्ध अर्हत भद्र पूर्वी व दक्षिणी दीवार के साथ खड़े हैं। साथ ही

हॉल में बुद्ध की तीन प्रतिमाएं भी स्थापित की गई हैं, जिसमें शाक्यमुनि बुद्ध, फार्मासिस्ट बुद्ध और अमिताभ बुद्ध शामिल हैं। इनके बगल में ही किंगनारो और धर्मा खड़ी मुद्रा में स्थापित किए गए हैं।

इसके साथ ही यहां पगोड़ा फारेस्ट भी है, जिसका इस्तेमाल बौद्ध धर्म के प्रतिष्ठित लोगों को दफनाने में किया जाता रहा है। इनके आकार की बात करें तो प्रत्येक पगोड़ा की ऊंचाई 15 मीटर से कम होती है। पगोड़ा का आकार और उसकी परत उक्त भिक्षु की हैसियत और प्रतिष्ठा आदि पर निर्भर करती है। यह फॉरेस्ट चीन के पगोड़ा परिसर में बना सबसे बड़ा फारेस्ट माना जाता है।

वहीं शाव लिन मंदिर में म्यूजियम भी स्थित है। इसमें अक्सर मार्शल आर्ट का प्रदर्शन किया जाता है। इसमें न केवल बौद्ध धर्म से जुड़े ग्रंथ बल्कि मार्शल आर्ट के बारे में भी पुस्तकें रखी गई हैं।

बताया जाता है कि प्राचीन समय में यह इलाका बहुत समृद्ध था और यातायात सुविधा होने की वजह से यह दूसरे देशों के साथ आवागमन का केंद्र था। उस दौरान भारत से बड़ी संख्या में बौद्ध धर्म के प्रचार-प्रसार के लिए बौद्ध भिक्षु चीन आते थे। उनमें अर्हत भद्र भी शामिल थे। उत्तरी वेइ राजवंश के सम्राट ने भारतीय बौद्ध भिक्षु अर्हत भद्र के स्वागत में यह मंदिर ईसवी पूर्व 495 में बनवाया था। अर्हत भद्र ने यहां आकर बौद्ध धर्म के उपदेशों का प्रचार-प्रसार करने के अलावा उनका चीनी भाषा में अनुवाद भी किया। इसके साथ ही यहां पर कई चीनी भिक्षुओं ने भारतीय भिक्षुओं की देखरेख में भारतीय बौद्ध ग्रंथों का चीनी भाषा में अनुवाद किया। वहीं भारत से बोधि धर्म भी चीन पहुंचे और इसी मंदिर में रहने लगे। चीन पहुंचने के बाद बौद्ध धर्म कई संप्रदायों में बंट गया जिनमें जेन या छान त्सुंग संप्रदाय प्रसिद्ध हैं। चीन के बाद यह संप्रदाय उत्तर-पूर्वी एशिया में भी फैला। बताया जाता है कि बोधि धर्म द्वारा शुरू किया गया यह संप्रदाय ईसवी पूर्व दसवीं शताब्दी तक समूचे चीन में अपनी जड़ें फैला चुका था। लेकिन श्वी राजवंश के दौरान चीन में गृहयुद्ध शुरू हुआ। इसका असर शाव लिन मंदिर पर भी पड़ा और यह आक्रमणकारियों का निशाना बना। यहां रह रहे भिक्षुओं ने अपनी रक्षा के लिए एक दल तैयार किया। कहते हैं कि शाव लिन कुंगफू यानी मार्शल आर्ट भी उसी काल में शुरू हुआ था।

भिक्षु छोटी उम्र के किशोर से लेकर बुजुर्ग भी हो सकते हैं। इतना ही नहीं, भिक्षु यहां पर प्राचीन चीनी शैली में रोगियों का इलाज भी करते हैं। दवा भी जड़ी-बूटियों से बनी होती है। रोजाना यहां कई रोगी पहुंचते हैं।

शाव लिन जाने के लिए ह नान प्रांत की राजधानी चंग चोउ शहर पहुंचा जा सकता है। चंग चोउ देश के सभी प्रमुख शहरों से रेलमार्ग से जुड़ा है। चंग चोउ से रोजाना शाव लिन मंदिर के लिए बसें चलती हैं। हालांकि लुओ यांग से भी शाव लिन मंदिर जाने के लिए बसें संचालित होती हैं। लुओ यांग भी रेल के जरिए दूसरे हिस्सों से जुड़ा हुआ है। ये बसें कुछ ही घंटों में शाव लिन मंदिर तक पहुंचा देती हैं।

विशालकाय पांडा

दुनिया भर में कई ऐसे पशु-पक्षी हैं, जिनका अस्तित्व खतरे में है। पांडा भी उनमें से एक है। इसे विशालकाय पांडा (जायंट पांडा) के नाम से भी जाना जाता है, जो कि भालू की प्रजाति का होता है। इसके शरीर में सफेद और काले रंग की धारियां होती हैं। विश्व में सबसे अधिक पांडा मध्य और दक्षिण-पश्चिम चीन में पाए जाते हैं। इसमें स्छवान प्रांत का छंगदू और आसपास के क्षेत्र प्रमुख हैं।

पांडा के बारे में बचपन में किताबों में पढ़ा करता था और बीजिंग के चिड़ियाघर में पहली बार अपनी आंखों से देख भी चुका था, फिर भी मन में ख्वाहिश थी कि इस आलसी और गोल-मटोल से पांडा को उसके होम टाउन जाकर देखूं। वर्ष 2013 में मई दिवस की छुट्टियों में छंगदू जाना हुआ, और वहां उपनगर स्थित पांडा बेस में करीब से देखने का मौका भी मिला। वर्ष 1987 में स्थापित पांडा बेस करीब 106 हेक्टेयर क्षेत्र में फैला है। यहां पहुंचकर लगता है, मानो आप किसी दूसरी दुनिया में पहुंच गए हों! पांडा की पूरी लाइफ स्टाइल यहां आकर समझी जा सकती है। बेबी से लेकर वयस्क पांडा मस्ती करते हुए दिख जाते हैं।

अधिकतर बड़े पांडा पेड़ों पर लटके हुए रहते हैं या फिर आदतन आराम फरमा रहे होते हैं। कहा जाता है कि पांडा या तो बांस खाने में व्यस्त रहता है या फिर नींद या आराम करने में। इस तरह यह लोगों के आकर्षण का केंद्र बना रहता है। पांडा की हर हरकत यानी मूवमेंट पर लोग खुश हो जाते हैं, और बच्चे इसे देखने के लिए उत्सुक रहते हैं।

वैसे छंगदू स्थित पांडा बेस पूरी तरह से एक नेशनल पार्क जैसा है। यहां पर रिसर्च सेंटर, किचन, म्यूजियम और हॉस्पिटल आदि पर्यटकों का ध्यान अपनी ओर खींचते हैं। इसके साथ ही झील, बांस का पूरा जंगल और हैबीटाट भी यहां पांडा की खातिर बनाया गया है। वैसे पांडा ठंडे प्रदेश का प्राणी है। और जब मैं वहां पहुंचा तो मौसम जरा गर्म था, ऐसे में बचाव के लिए ठंडे पानी का छिड़काव और अन्य उपाय किए गए थे। साथ ही कुछ ऐसी जगहें भी हैं, जहां लेटकर पांडा को ठंडक का अहसास होता है। वैसे पांडा खुद भी छायादार वृक्षों के आसपास या ठंडी जगह पर चला जाता है।

बेबी पांडा : वजन सौ ग्राम

वर्ष 1987 में जब यह पांडा बेस स्थापित हुआ था, उस समय जंगलों से महज 6 वयस्क पांडा बचाकर इस बेस में रखे गए थे। लेकिन अब तक 250 से अधिक नन्हे पांडा पैदा हो चुके हैं।

शिशु पांडा को बचाए रखना आसान काम नहीं होता। पहली बार यह पता चला कि यह गोल-मटोल शरीर वाला पांडा पैदा होते वक्त महज 50 से 100 ग्राम

वजनी होता है, जो कि अपनी मां के वजन का 1/900 हिस्सा होता है। वैज्ञानिक भाषा में इसे इममैच्योर बेबी भी कहते हैं। अभी तक यह नहीं पता लग सका है कि आखिर पांडा का नन्हा मेहमान इतना छोटा क्यों होता है।

बेबी पांडा को दूध, सेब व अन्य पोषक आहार दिया जाता है। एक या दो वर्षों तक इसकी विशेष देखभाल की जाती है। पैदा होते वक्त बेबी पांडा के शरीर में बाल नहीं होते और न ही कोई रंग होता है। कुछ महीने के बाद उसके शरीर में काली व सफेद रेखाएं दिखने लगती हैं।

इन सब चुनौतियों के बावजूद पांडा बेस के कर्मचारियों का दावा है कि पिछले दो दशकों से भी अधिक समय से जंगल से कोई पांडा नहीं लाया गया है।

आंकड़ों के मुताबिक, सत्तर के दशक के आखिर में विश्व-भर में महज 1,000 पांडा बचे थे। इसे देखते हुए इस दुर्लभ जानवर को बचाने के प्रयास शुरू हुए। इसके परिणामस्वरूप साल 2014 तक दुनिया में मौजूद पांडा की संख्या बढ़कर 1,864 पहुंच गई। पिछले एक दशक में पांडा की संख्या में 17 फीसदी बढ़ोतरी हुई है।

बचपन की मुश्किल समय को गुजारकर जब पांडा जवान होते हैं तो उनका कद लगभग 4 से 6 फीट लंबा हो जाता है, जिसमें 13 सेमी. की पूंछ भी शामिल होती है। मेल पांडा का वजन करीब 150 किलो तक हो सकता है, जबकि फीमेल पांडा 75 से 125 किलो तक होती है। वैसे औसतन वयस्क पांडा का वजन 100 से 115 किलो के बीच होता है। पांडा का जीवनकाल 15 से 20 साल तक होता है।

भोजन की बात करें तो पांडा का मुख्य भोजन बांस की तने और पत्तियां होती हैं। एक वयस्क पांडा एक दिन में 12 से 38 किलो बांस खा लेता है, जो कि उसके खुद के वजन का 40 प्रतिशत होता है, हालांकि पांडा के भोजन में कुछ मात्रा में अन्य पौधे व मांस भी शामिल होता है। एक और रोचक बात कि पांडा प्रतिदिन लगभग 14 घंटे खाने में ही व्यस्त रहता है।

वैसे पांडा एकांत या अकेलेपन में रहना पसंद करता है, लेकिन जवान होने पर उसे भी प्रेमी की जरूरत महसूस होती है। इंसानों की तरह पांडा भी बहुत सोच-समझकर अपना पार्टनर ढूंढ़ता है। कई बार तो पार्टनर खोजना बहुत मुश्किल होता है, क्योंकि पांडा आसानी से किसी दूसरे को पसंद नहीं करता। पांडा पार्क और चिड़ियाघरों के कर्मचारियों के लिए यह सबसे बड़ा सवाल होता कि कैसे उसे उचित और पसंद का साथी दिलाया जाए।

पांडा बेस जाकर लगा कि चीन में पांडा के संरक्षण को लेकर कितना काम हो रहा है। चीन के प्रयासों का ही नतीजा है कि पांडा अब एक राजनयिक दूत के तौर पर भी काम आने लगा है। हाल के वर्षों में चीन ने मलेशिया सहित कई देशों को पांडा भेंट कर अपनी दोस्ती प्रगाढ़ की है। सत्तर के दशक में चीन ने अमेरिका व जापान के चिड़ियाघरों को लोन के तौर पर पांडा दिये। इसे पांडा डिप्लोमेसी का नाम दिया गया।

छिंगहाई का दौरा

छिंगहाई प्रांत का जिक्र होते ही दिमाग में ऊंचे-ऊंचे पठार और घास के मैदान याद आते हैं। अक्सर चरवाहों के जीवन के बारे में मन में खयाल आता है। सर्द मौसम में कठोर जीवन जीने वाले लोगों की दिनचर्या को लेकर सोचने का मन करता है। चीन आने के बाद कई बार तिब्बत स्वायत्त प्रदेश के विकास की चर्चा सुनी। भूदास व्यवस्था से आजाद होकर तिब्बती लोग किस तरह का जीवन बिता रहे हैं, यह जानने की इच्छा होती है। तिब्बत से ही सटा छिंगहाई प्रांत है। जब मुझे पता लगा कि पश्चिम चीन में स्थित छिंगहाई जाने का मौका मिलने वाला है, तो मैं उत्साहित था। इसलिए नहीं कि पेइचिंग के बाहर किसी दूसरे क्षेत्र में जा रहा हूं, बल्कि इसलिए कि तिब्बती बहुल इस प्रांत की अपनी अलग विशेषता होने के कारण यह दूसरे प्रांतों से अलग है।

20 सितंबर, 2014 की सुबह हम एयरपोर्ट के लिए चल पड़े। एयरपोर्ट से छिंगहाई प्रांत की राजधानी शी निंग के लिए विमान में बैठे। शी निंग पहुंचते ही नीला आसमान और खुशगवार मौसम मानो हमारा इंतजार कर रहा था। साथ ही तेज धूप खिली हुई थी और मौसम बीजिंग के जैसा लग रहा था। जैसाकि हमें बताया गया था कि छिंगहाई में मौसम बहुत ठंडा होता है, इसलिए हम गर्म कपड़े अपने साथ ले गए थे। एयरपोर्ट से होटल के लिए जाते वक्त मैंने महसूस किया कि छिंगहाई प्रांत भी विकास की राह में तेजी से आगे बढ़ रहा है। गगनचुंबी इमारतें और साफ-सुथरी सड़कें देखकर वहां हो रहे विकास का पता चलता है।

होटल में कुछ देर आराम के बाद हम डिनर के लिए एकत्र हुए। डिनर में जैसाकि आम तौर पर चीन में होता है, कई तरह के स्थानीय व्यंजन परोसे गए। लगभग दो घंटे डिनर की टेबल पर बिताने के बाद हम होटल के कमरे में चले गए। अगली सुबह 21 सितंबर को उठने पर देखा कि बारिश हो रही है और ठंड है। लेकिन हमें सुबह 8.30 बजे शहर के एक छोर पर मौजूद था आर स यानी गेलुक संप्रदाय के प्रसिद्ध बौद्ध मंदिर ले जाया गया। बारिश के बावजूद हमारे उत्साह में कोई कमी नहीं थी। था आर मंदिर एक बौद्ध मंदिर है। बताया जाता है कि भीतरी चीन में तमाम विशेषताओं वाला यह एकमात्र मंदिर है। यह गेलुग संप्रदाय के छह मंदिरों में से एक है। मंदिर में स्वर्णजड़ित छत और अन्य चीजें हैं। मंदिर में सोने से बना एक छोटा हॉल भी है, जिसे लंबी उम्र के लिए दुआ मांगने वाला हॉल भी कहते हैं।

उसके बाद हम परंपरागत तिब्बती औषधि म्यूजियम और सांस्कृतिक म्यूजियम में गए। इस म्यूजियम ने मुझे बहुत आकर्षित किया। विशेषकर वहां मौजूद तिब्बती वस्तुओं ने। थांगखा पेंटिंग तो उस म्यूजियम की शान बढ़ा रही थी। बताया जाता है कि थांगखा की लंबाई 600 मीटर है, जिसे 400 कलाकारों ने 4 साल की मेहनत के बाद तैयार किया। इसे बनाने में एक करोड़ युआन खर्च हुए, वहीं पेंटिंग के लिए कई

वर्ष पहले से तैयारी की गई थी। इस थांगखा को कलात्मक ढंग से बनाया गया है कि वह हर किसी को आश्चर्यचकित कर देता है। 600 मीटर लंबे थांगखा में शानदार पेंटिंग की गई है। किसी भी जगह पर कोई कमी नजर नहीं आती। जैसे यह ब्रश से नहीं, मशीन ने तैयार की हो!

22 सितंबर की सुबह शी निंग में हमारी मुलाकात एक फोटोग्राफर से हुई। उनसे हुई बातचीत में पता लगा कि वे छिंगहाई झील के आसपास के इलाके में मौजूद तिब्बती हिरनों और पक्षियों को बचाने के प्रयास में लगे हैं। उन्होंने अपनी तमाम फोटो के माध्यम से हमें दिखाया कि उन्हें जानवरों और प्रकृति से कितना प्यार है। तिब्बती जाति के उक्त फोटोग्राफर लगभग दो दशकों से इस काम में लगे हुए हैं। वे बड़े गर्व से कहते हैं कि वे जानवरों को बचाने में अपना योगदान देते हैं। शिकारी जब बेजुबान जानवरों का शिकार करते हैं, तो उन्हें बहुत दुख होता है। उन्होंने छिंगहाई झील के आसपास की स्थिति के बारे में भी विस्तार से हमें बताया। उनसे साक्षात्कार के बाद हम छिंगहाई झील ख ख शिली की ओर चल पड़े।

22 तारीख को दोपहर बाद भी बारिश जारी थी और हम एक छोटे से काउंटी स्तरीय कस्बे हाई नान चोउ के लिए अपनी कार में चल पड़े। शहर से बाहर जाते ही हमारी कार पठारीय इलाकों से गुजरने लगी। बहुत ही शानदार दृश्य नजर आ रहे थे। मन कर रहा था कि कार से उतरकर वहां घूमूं, लेकिन बारिश के चलते कार रुकने पर भी बाहर नहीं जा सकते थे। रास्ते में सड़क किनारे सैकड़ों भेड़ और याक घास चरते हुए दिख रहे थे। मैंने इससे पहले कभी इतनी भेड़ों और याकों को नहीं देखा था। याक भी दो रंग के—सफेद और काले।

रास्ते में एक जगह पर हमारी कार रुकी तो एक व्यक्ति को सफेद याक के साथ खड़ा देखा। मुझसे रहा नहीं गया। मैं कार से उस सुंदर याक की फोटो के लिए उतरा लेकिन बारिश के चलते फिर कार में बैठ गया। मेरे मन में एक ही बात बार-बार घूम रही थी कि काश, मौसम साफ होता तो कितना अच्छा होता!

हाइनान चोउ पहुंचने के बाद 23 सितंबर को हमें सूरज के दर्शन हुए। हम सुबह हाइनान चोउ में ही स्थित एक तिब्बती बहुल प्राइमरी स्कूल में गए, जहां हान चीनी, तिब्बती और अंग्रेजी भाषा की पढ़ाई होती है। उस स्कूल में जाकर हमने तिब्बती बच्चों की पढ़ाई के स्तर की जानकारी ली। उस स्कूल में 1089 बच्चे पढ़ते हैं। उन बच्चों के रहने के लिए डॉरमेटोरी भी बनी हुई है। एक छोटे से कस्बे में होने के बावजूद स्कूल का स्तर अच्छा कहा जा सकता है। बच्चों को लगभग सभी तरह की सुविधाएं और साधन उपलब्ध थे, जो उस जगह पर मुहैया कराए जा सकते थे। बच्चों की चीनी और तिब्बती भाषा में अच्छी पकड़ थी। अंग्रेजी भी जानते थे, हालांकि अंग्रेजी उतनी बेहतर नहीं कह सकते। वहां पढ़ाई करने वाले कुछ बच्चे तिब्बत जा चुके थे। बच्चों के बीच खुद को पाकर मुझे लानचो की याद आई, जब मैं पिछले साल वहां की काउंटी में स्थित एक स्कूल में गया था। इस तिब्बत बहुल

बच्चों के स्कूल में हमने लगभग दो-ढाई घंटे बिताए। इस दौरान बच्चों और शिक्षकों से बात करने का मौका भी मिला। स्कूल में पढ़ रहे बच्चे डॉक्टर, शिक्षक आदि बनना चाहते हैं। बच्चों को स्कूल में मिलने वाले भोजन की बात करें तो वह भी बहुत अच्छा था। उन्हें बहुत कम पैसों में नाश्ता, लंच और डिनर मुहैया कराया जाता है, जिसमें दूध, दही, मांस, चावल और फल आदि शामिल हैं। यहां तक कि बच्चों को दिये जाने वाले भोजन का चार्ट भी वहां बना हुआ था, जिससे पता चला कि स्कूल में सब निर्धारित ढंग से किया जाता है। इतना ही नहीं, हमने स्कूल में बच्चों की कैंटीन में लंच किया, जो कि एक शानदार अनुभव था। यादगार लंच करने के बाद हम होटल वापस लौटे।

24 सितंबर को हम छिंगहाई झील देखने गए, जो कि हमारे दौरे का एक बड़ा आकर्षण था। छिंगहाई झील के बारे में बहुत सुना था, लेकिन अपनी आंखों से देखकर झील की असली खूबसूरती का अहसास हुआ। यह झील हाइनान और हाइ बेई तिब्बती स्वायत्त प्रिफेक्चर के मध्य में है। उसका तलीय क्षेत्र, 4, 317 वर्ग किमी. है, जबकि झील की औसत गहराई 21 मीटर है। छिंगहाई झील, जो चीन की सबसे बड़ी झील है, यहां भारत समेत कई देशों के प्रवासी पक्षी आते हैं।

छिंगहाई झील के आसपास घूमने के दौरान हमें पता चला कि यहां फ्री वाई-फाई की सुविधा भी मिली हुई है। यह बड़े आश्चर्य की बात थी, क्योंकि हममें से किसी ने भी इसकी कल्पना नहीं की थी। यह इस बात का संकेत है कि चीन में किस तरह से पर्यटक स्थलों को सुविधाओं से लैस किया जा रहा है।

छिंगहाई झील के किनारे एक स्कल्पचर पार्क भी स्थापित किया गया है, जहां दुनिया भर के प्रसिद्ध कवियों की मूर्तियां लगी हुई हैं, जिनमें नोबेल पुरस्कार विजेता और जाने-माने भारतीय कवि रवींद्रनाथ टैगोर की प्रतिमा भी शामिल है। छिंगहाई झील एकदम शांत थी। वहां हमें कई मनोहारी दृश्य देखने को मिले। जब हम पहुंचे थे, सूरज निकला हुआ था, फिर भी हमें ठंडक महसूस हो रही थी। बताते हैं कि यह झील सर्दी के मौसम में लगभग तीन महीने फ्रीज हो जाती है यानी झील का पानी बर्फ में तब्दील हो जाता है।

छिंगहाई झील की खूबसूरती का आनंद उठाने के बाद नजदीक में ही स्थित चोंग गोंग चिए नाम के चरवाहे के घर पहुंचे। मुख्य सड़क से कुछ ही दूरी पर चरवाहे का घर था। 26 वर्षीय इस चरवाहे के दो बच्चे हैं, जो तिब्बती बहुल स्कूल जाते हैं। उसके पास लगभग 300 भेड़ हैं, जो उसकी कमाई का एक बड़ा साधन हैं। वह सड़क किनारे एक रेस्टोरेंट भी चलाता है। उसके घर पहुंचने पर उसने हमारा स्वागत परंपरागत तिब्बती शॉल (हाथा) ओढ़ाकर किया। यह मेरा किसी तिब्बती के घर में पहला अनुभव था।

उस तिब्बती के घर में लगभग सभी चीजें मौजूद थीं। कहीं से भी नहीं लग रहा था कि यह एक चरवाहे का घर है, जबकि मैं चरवाहों के कठिन जीवन के बारे में

सोचा करता था। तिब्बती लोग स्वभाव से बड़े विनम्र और गर्मजोशी से स्वागत करने वाले होते हैं। अगर किसी तिब्बती के घर जाते हैं तो आपको नमकीन घी की चाय जरूर पिलाई जाती है।

पठारीय क्षेत्र से गुजरने के दौरान मौसम बहुत साफ था। रास्ते में बड़ी संख्या में याक व भेड़ दिखे। भेड़ अक्सर सड़क पार करती हुई या घास चरती हुई नजर आई।

25 सितंबर को हम क अर मू कस्बे की तरफ चल पड़े। वहां हम दो तिब्बती लोगों के घर गए, जिन्हें सरकार ने रहने को घर दिये हुए थे। इस इलाके में लगभग 407 तिब्बती लोगों के घर थे। उनके घर शहरों की किसी कॉलोनी की तरह लग रहे थे। बताते हैं कि पहले वे लोग चरवाहे का जीवन बिताते थे, लेकिन अब शहर के नजदीक बेहतर जीवन जी रहे हैं। उनके घरों में भी हमारा स्वागत परंपरागत तिब्बती चाय के साथ हुआ। उसके बाद हम वहां से 40 से 50 किमी. की दूरी पर स्थित रेगिस्तान गए, जहां चारों ओर रेत ही रेत थी और वहां जाते वक्त हमने ऊंट और घोड़े आदि भी देखे। अक्सर रेगिस्तान बहुत गर्म होते हैं, लेकिन उस रेगिस्तान में न तो कहीं गर्मी थी और न थकान ही महसूस की। हमने वहां बड़ा आनंद उठाया।

27 सितंबर की सुबह हम ख ख सी ली के लिए चल दिये। ख ख सी ली एक निर्जन और संरक्षित क्षेत्र है, जहां मौसम बहुत ठंडा होता है। वहां बीच में खुन लुन शान नाम का एक पहाड़ भी था, जिसकी ऊंचाई समुद्र की सतह से लगभग 4,763 मीटर है। उस पूरे इलाके में बर्फबारी हो रही थी, लेकिन बाहर का नजारा बेहद खूबसूरत था। वहां पहुंचने पर मेरे अंदर बड़ा रोमांच पैदा हुआ। इतनी ऊंचाई पर पहली बार जाने का मौका जो मिला था। पहले कुछ लोगों ने डराया था कि ऊंचाई पर अक्सर सिरदर्द या शरीर में अकड़न आदि की शिकायत होती है, क्योंकि वहां ऑक्सीजन की मात्रा कम होती है, लेकिन मेरे साथ ऐसा कुछ भी नहीं हुआ। मैंने वहां के शानदार नजारे का लुत्फ उठाया। वैसे ख ख सी ली जाते वक्त हम जिस सड़क से गुजर रहे थे, वह तिब्बत की राजधानी ल्हासा जाती है। हमें कुछ लोग मिले जो अपनी कार और मोटरसाइकिल से तिब्बत जा रहे थे। इतनी ऊंचाई पर हमने तिब्बत जाने वाली ट्रेन भी देखी, जो अपने-आपमें किसी आश्चर्य से कम नहीं था। सचमुच में चीन सरकार ने तिब्बत और उसके आसपास के इलाकों के विकास के लिए बहुत कुछ किया है।

28 सितंबर की सुबह हम नमकीन झील देखने गए। वहां मौजूद सफेद नमक बर्फ की तरह लग रहा था। झील के पास ही म्यूजियम भी है, जहां पर हर चीज नमक से बनी हुई थी।

29 सितंबर की सुबह वापस छिंगहाई झील की तरफ गए। वहां कुछ देर रुकने के बाद हम शीनिंग लौटे। आखिर में 30 सितंबर को बीजिंग के लिए रवाना हुए। इस तरह 10 दिन की यात्रा बेहद रोमांचक और कई नए अनुभव हासिल करने वाली रही।

एक अदद आशियाने की तलाश

प्राचीन समय में चीन में जमीन सामंतों के हाथों में होती थी। आम लोगों के पास अधिकार न के बराबर थे। लेकिन भूमि-सुधारों की शुरुआत कम्युनिस्टों के सत्ता में आने के साथ ही शुरू हो गई थी। वर्ष 1930 में ओल्ड रेवोल्यूशनरी बेस (च्यांगशी सोवियत और शान कान निंग सीमा क्षेत्र में) में भूमि-सुधार चलाए गए। इसमें मध्यम और अमीर किसानों को अपनी जमीन का कुछ हिस्सा रखने की इजाजत दी गई, लेकिन जिन जमींदारों की जमीन ली गई थी, उन्हें गुजारा करने लायक पर्याप्त भूमि दी गई। द्वितीय विश्वयुद्ध के बाद भूमि-सुधारों ने अधिक रेडिकल टर्न लिया, जो कि 1948 तक जारी रहे। 1949 में नए चीन की स्थापना के बाद चीन में भूमि के मालिकाना हक और नियंत्रण नीति में कई बार बदलाव हुए, वहीं ग्रामीण जमीन संबंधी बदलाव 1956 में हायर एग्रीकल्चरल प्रोडक्शन कोऑपरेटिव्स की स्थापना के साथ हुए। इसके पश्चात् गांवों में प्राइवेट लैंड ओनरशिप को भूमि-सुधारों के साथ खत्म कर दिया गया। इसके तहत सरकार या सामूहिक हाथों में भूमि आ गई।

चीन में 1950 से 1952 के बीच हुआ भूमि-सुधार विश्व के इतिहास में सबसे बड़े भूमि-सुधारों में से एक माना जाता है, जिसमें 7.5 करोड़ किसानों को दुबारा से जमीन बांटी गई।

विदेशों के लिए दरवाजे खोलने के साथ ही वर्ष 1978 में चीन ने आर्थिक सुधारों की शुरुआत की। इसके अंतर्गत विदेशी निवेशकों को विशेष क्षेत्रों में फैक्टरियां व कंपनियां आदि स्थापित करने की इजाजत संबंधी महत्त्वपूर्ण फैसला किया गया। विशेष इलाकों तथा समुद्रतटीय शहरों में स्थापित विदेशी कंपनियों से किराया / शुल्क वसूला जाने लगा। 1980 में इस्तेमाल में लाई जाने वाली जमीन की कीमत तय की गई। इसी के साथ हाउसिंग सेक्टर के निजीकरण का रास्ता साफ हो गया। अस्सी के दशक में ही हाउसिंग सेक्टर में सुधार की कवायद शुरू हुई। 1988 में भूमि के लेन-देन की अनुमति देने के लिए संविधान में संशोधन किया गया। इस बदलाव के बाद हाउसिंग इंडस्ट्री का निजीकरण हुआ। नब्बे के दशक में घर किराए पर देने के नियमों में बदलाव किया गया, जबकि सार्वजनिक घरों की बिक्री और संपत्ति के अधिकार की विस्तृत व्याख्या की गई। इसी दौरान अफोर्डेबल हाउसेज व कमोडिटी हाउसेज की कीमतें तय हुईं। यह योजना निम्न और मध्यम आय वाले लोगों को ध्यान में रखकर शुरू की गई। इस तरह के घर को बनाने में आई लागत से 3 से 5 प्रतिशत अधिक कीमत में बेचे जाते थे, जबकि कमोडिटी हाउस खरीदने, किराए पर लगाने का निर्धारण बाजार भाव के हिसाब से होता था।

अफोर्डेबल हाउसिंग योजना के तहत बिल्डिंग बनाने वाले प्रॉपर्टी डीलर को जमीन लेने और उस पर बिल्डिंग खड़ी करने में भारी सब्सिडी दी जाती थी। और

लोगों को सस्ते दाम में घर मिलते थे। लगभग 1997 तक चीन में काम करने वाले सरकारी कर्मचारियों को मुफ्त में सरकार की ओर से घर मिलते थे, लेकिन 1998 से इसमें बदलाव हुआ और संबंधित मंत्रालय या विभाग अपने कर्मचारियों को मुफ्त की बजाय कम कीमत पर घर मुहैया कराने लगे। अपार्टमेंट के आकार, जगह आदि उक्त कर्मचारी के संस्थान में पद और कार्य अवधि पर निर्भर करते थे। संस्थान के अपार्टमेंट्स के लिए फंडिंग सरकार द्वारा की जाती थी या सब्सिडी दी जाती थी। आजकल अधिकांश संस्थानों ने यह योजना बंद कर दी है।

वर्तमान चीन के हाउसिंग सिस्टम की बात करें तो ये तीन तरह के होते हैं : कमोडिटी हाउस, अफोर्डेबल हाउस और रेंटल प्रॉपर्टी। बताते हैं कि नब्बे के दशक में अफोर्डेबल मकानों की संख्या 25 प्रतिशत थी। लेकिन निजीकरण और लोगों की आय में इजाफा होने से 2010 में इस तरह के मकान सिर्फ तीन फीसदी ही थे। आजकल लगभग 85 प्रतिशत घर निजी होते हैं।

चीन का संविधान कहता है कि किसी भी संस्थान या व्यक्ति को बिना अनुमति के जमीन खरीदने, बेचने या लीज पर लेने-देने या गैरकानूनी ढंग से जमीन का ट्रांसफर करने का अधिकार नहीं है। जमीन पर सरकार या समुदाय का अधिकार होता है। गांवों में किसान जमीन पर खेती आदि तो कर सकता है, लेकिन उसे बेच नहीं सकता। लेकिन सरकार निर्माण-कार्य व सरकारी काम के लिए किसानों से जमीन ले सकती है। उसके बदले में उन्हें शहर या कस्बे की आवासीय सोसायटी में घर मुहैया किया जाता है, साथ ही जमीन की कीमत भी। शहरी लोग गांवों में जमीन नहीं खरीद सकते।

शहरों में रहने वाले लोगों के पास सस्ते घर खरीदने के लिए संबंधित शहर का 'हू खोउ' यानी रेजिडेंस परमिट होना चाहिए, जो कि बाहरी लोग के लिए आसान नहीं होता। साथ ही अन्य आवश्यकताएं भी पूरी करनी होती हैं। खरीदने से पहले पांच साल तक सोशल सिक्योरिटी और टैक्स अदा करने की भी शर्त है। घर खरीदने वाले की आय व कुल संपत्ति निर्धारित मानकों से कम होनी चाहिए। इस तरह के सस्ते घर को खरीदे जाने पर पांच साल तक नहीं बेचा जा सकता है। बेचते वक्त भी यह शर्त होती है कि उसे ज्यादा महंगे दामों पर नहीं बेच सकते। वहीं कुछ शहरों में अविवाहित लोग घर नहीं खरीद सकते।

यहां बता दें कि चीन में आवासीय संपत्ति खरीदने वाले व्यक्ति का मालिकाना अधिकार 70 वर्षों के लिए निर्धारित होता है, यानी प्रॉपर्टी लीज पर दी जाती है। यह समय-सीमा खत्म होने के बाद उक्त व्यक्ति का अधिकार उस संपत्ति पर नहीं रहता है। जैसाकि हम बता चुके हैं कि चीन में कुछ दशक पहले तक लोगों की निजी संपत्ति नहीं होती थी। जब से संपत्ति निजी हाथों में आनी शुरू हुई, अमीर लोग अपार्टमेंट खरीदने और बेचने का काम करने लगे। इससे भी घर महंगे हो गए। हाल के कुछ वर्षों में चीन सरकार ने हाउसिंग सेक्टर में आए उछाल को शांत करने की

कोशिश की है। इसके तहत कुछ कदम उठाए गए हैं। जिसके पास एक अपार्टमेंट पहले से ही हो, और वह दूसरा अपार्टमेंट खरीदना चाहता है तो उसे भारी टैक्स चुकाना होगा। साथ ही बैंक से लोन भी ऊंची ब्जाज दरों पर मिलेगा। पर जानकार बताते हैं कि इस तरह के कदमों का भी कोई खास असर नहीं पड़ा है।

हाउसिंग और प्रॉपर्टी सेक्टर देश की अर्थव्यवस्था और वृद्धि-दर में अहम भूमिका निभाता है। यह सेक्टर चीन की अर्थव्यवस्था का 15 प्रतिशत है। हाल के वर्षों में प्रॉपर्टी की कीमत में भारी उछाल आया है। आसमान छूती कीमत के चलते तमाम घर खाली पड़े हैं। कुछ शहरों में गगनचुंबी इमारतें खाली पड़ी हैं, हालांकि सरकार के हस्तक्षेप के बाद कीमतें कम हुई हैं। वैश्विक आर्थिक मंदी का प्रभाव चीन पर भी दिख रहा है और 60 फीसदी से अधिक लोग अपना अपार्टमेंट खरीदने में सक्षम नहीं हैं। महानगरों में बेहतर भविष्य की तलाश में आए युवाओं के सामने दोहरी चुनौती खड़ी है। पहले कोई स्थिर नौकरी ढूंढ़नी होती है। अगर नौकरी मिल भी गई तो घर खरीदने की चिंता।

विदेशियों के लिए नियम

पिछले कुछ सालों से चीन में रहने वाले विदेशी नागरिकों की संख्या में तेजी आई है। विशेषकर यूरोप में छाए संकट और चीन की मजबूत अर्थव्यवस्था आदि के कारण बड़ी संख्या में विदेशी चीन की ओर आकर्षित हो रहे हैं। सरकार ने इसे ध्यान में रखते हुए प्रॉपर्टी अधिनियम को थोड़ा सरल बनाया है। अगर कोई विदेशी राजधानी बीजिंग में घर खरीदना चाहता है तो उसे बीजिंग म्यूनिसिपल पब्लिक सिक्योरिटी ब्यूरो की ओर से सर्टिफिकेट देना होता है, जिसमें इस बात का सबूत दिया जाता है कि उक्त व्यक्ति चीन में कम-से-कम एक साल से रह रहा है। घर खरीदने वाला व्यक्ति किसी दूसरे काम के लिए घर का इस्तेमाल नहीं कर सकता। इसके अलावा कमर्शियल इस्तेमाल के लिए घर खरीदने वालों को पहले एक कंपनी स्थापित करनी पड़ती है।

बर्फ का शहर हार्बिन

उत्तर-पूर्वी चीन में ल्याओनिंग, चिलिन और हेलोंगच्यांग प्रांत आते हैं। मुझे यहां भी घूमने का अवसर मिला। मैं विशेष तौर पर हेलोंगच्यांग प्रांत की राजधानी हार्बिन शहर का उल्लेख करूंगा। जनसंख्या के लिहाज से यह चीन के दस सबसे बड़े शहरों में से एक है, साथ ही पर्यटन व व्यापार के लिए भी जाना जाता है। पड़ोसी देश रूस से नजदीक होने और रूसी नागरिकों की मौजूदगी से यहां की चीजों में रूसी प्रभाव देखने को मिलता है। हार्बिन की आबादी लगभग एक करोड़ से

अधिक है। इसे आइस सिटी यानी बर्फीले शहर या आइसी प्रिंसेस के नाम से भी जाना जाता है। जैसाकि नाम से ही जाहिर है, यहां ठंड भी वैसी ही पड़ती है। सर्दियों में पारा शून्य से 35 डिग्री तक नीचे चला जाता है। वर्ष 2011 में नए साल के अवसर पर मुझे हार्बिन जाने का मौका मिला। मैंने सुना था कि यहां ठंड बहुत पड़ती है, इसलिए जितना हो सकता था, उतने गर्म कपड़े अपने साथ रखकर ले गया। वहां पहुंचने के बाद जिंदगी में पहली बार ऐसी ठंड से मुकाबला हुआ, बयां करना मुश्किल है। हाड़ कंपा देने वाली सर्दी में भी बड़ी संख्या में पर्यटक यहां पहुंचते हैं। यहां कई दर्शनीय स्थल हैं, और कई तरह के विंटर स्पोर्ट व प्रोग्राम भी होते हैं, जिसमें आइस लैंडस्केपिंग, बर्फ में एक्टिविटी, लाइव शो, मॉडर्न 3 डी लाइट परफॉर्मेंस आदि प्रमुख हैं।

मगर सबसे अधिक लोकप्रिय है स्नो एंड आइस वर्ल्ड व सन आयलैंड। दिन में यह किसी कांच के महल की तरह नजर आता है, लेकिन रात में जैसे ही इस पारदर्शी दुनिया में रंगीन रोशनी पड़ती है तो इसकी खूबसूरती में और चार चांद लग जाते हैं। इस फेस्टिवल की शुरुआत 1999 में हुई, तब से हर वर्ष सर्दियों में यह आयोजित किया जाता है। यहां प्रवेश करने के बाद ऐसा लगता है कि आप बर्फीली दुनिया में आ गए हैं, क्योंकि यहां हर चीज बर्फ से ही बनी है—सीढ़ियों से लेकर दरवाजे या फिर गुंबद या गौतम बुद्ध की विशाल प्रतिमा आदि तक। प्राचीन समय के भवनों के अद्‌भुत व आकर्षक नमूने भी बर्फ द्वारा तैयार किए जाते हैं। इस तरह के यहां 2 हजार से ज्यादा बर्फ की बनी बड़े आकार की मूर्तियां व ढांचे हैं। सभी मूर्तियों व भवनों के ढांचों को बेहद खूबसूरत अंदाज में तैयार किया गया है। इनकी वास्तुकला देखकर कोई कह नहीं सकता है कि ये सब बर्फ की जादूगरी है। यहां निर्मित सौ मीटर से भी ऊंचे एक ढांचे को विश्व में बर्फ के सबसे ऊंचे ढांचों में से एक बताया जाता है। आइस एंड स्नो फेस्टिवल की लोकप्रियता का अंदाजा इसी बात से लगाया जा सकता है कि हर साल सर्दी के मौसम में लाखों देशी-विदेशी सैलानी इस अनोखी दुनिया में रोमांचित होने आते हैं। करीब 6 लाख वर्ग मीटर क्षेत्र में फैले आइस वर्ल्ड में देश की विविध संस्कृतियों व परंपराओं की झलक भी मिलती है। दावा है कि यह दुनिया का सबसे बड़ा आइस व स्नो थीम पार्क है।

आइस वर्ल्ड के अलावा और भी जगहें हैं, जहां लोग जाना बहुत पसंद करते हैं। उनमें से साइबेरियन टाइगर पार्क एक है। यहां पर दुर्लभ साइबेरियन टाइगर के अलावा शेर, चीता, इंडियन बंगाल टाइगर, लेपर्ड भी आराम से घूमते व मस्ती करते हुए नजर आते हैं। उन्हें मस्ती करते देख लगता ही नहीं कि पारा शून्य से 30 डिग्री नीचे है। इसके अलावा एक स्कीइंग सेंटर भी है। उसी से लगा है एक पूल, जिसके चारों ओर भी बर्फ ही बर्फ है, लेकिन उस जानलेवा ठंड में भी कुछ लोग नंगे बदन पानी में छलांग लगाकर तैराकी करते हैं।

हार्बिन के इतिहास पर नजर डालें तो वह भी काफी रोचक रहा है और इसे राजनीतिक, आर्थिक, सांस्कृतिक व संचार केंद्र के रूप में भी जाना जाता है। हार्बिन असल में एक मानछू शब्द है, जिसका मतलब है—ऐसी जगह, जहां मछली का जाल सुखाया जाता हो। वैसे प्राचीन समय में बसासत के प्रमाण 2200 ईसा पूर्व के आसपास के मिलते हैं, लेकिन आधुनिक शहर का निर्माण 1898 में एक छोटे से गांव से हुआ। इसका श्रेय पोलैंड के एक इंजीनियर एडम जिडोलवस्की को जाता है। हालांकि इसी दौर से यह शहर रूस के प्रभाव में रहा है, और रूस की मदद से ही पूर्वी चीन रेलवे लाइन बिछाई गई। बाद में रूस और चीन के बीच रेल लाइन के जरिए भी आवाजाही शुरू हुई। इसे ट्रांस-साइबेरियन रेलवे कहा जाता है।

वर्ष 1904-05 में रूस-जापान युद्ध के दौरान हार्बिन रूसी सैन्य संचालन का बेस भी हुआ करता था। युद्ध में हार के बाद इस क्षेत्र में रूस का प्रभाव कुछ कम होने लगा, पर 1917 की महान अक्टूबर क्रांति में हारे हुए रूसी व्हाइट गार्ड व शरणार्थियों ने दिसंबर, 1918 में हार्बिन में प्रवेश किया। सोवियत यूनियन के बाहर यह सबसे बड़ा रूसी एन्क्लेव बना और रूसी यहूदियों ने हार्बिन यहूदी समुदाय की स्थापना की। लेकिन कुछ वर्षों के बाद जापान के हस्तक्षेप के कारण बड़ी संख्या में यहूदी हार्बिन छोड़कर चले गए। लेकिन द्वितीय विश्वयुद्ध के बाद फिर से परिदृश्य बदला और सोवियत सेना ने 20 अगस्त, 1945 को हार्बिन पर नियंत्रण कर लिया और फिर कोमिंतांग कभी भी यहां अपना सिक्का नहीं जमा पाई। इसके बाद 1946 में शहर का प्रशासन सोवियत सेना ने चीन की जनमुक्ति सेना के हाथों में सौंप दिया, वहीं दूसरी ओर यह शहर तेजी से विकास की दिशा में आगे बढ़ रहा था। 1905 के बाद अमेरिका व जर्मनी समेत 33 देशों के प्रतिनिधि हार्बिन पहुंचे, जबकि 16 देशों ने यहां अपने कांसुलेट स्थापित किए। इसके बाद कई औद्योगिक, वाणिज्यिक व बैंकिंग कंपनियां भी खुलीं और चीनी लोगों ने भी ब्रुइंग, फूड व टेक्स्टाइल इंडस्ट्री आदि में कारोबार करना शुरू किया। इसके साथ ही हार्बिन की पहचान अंतर्राष्ट्रीय स्तर पर बनने लगी। 1913 में ही यहां विभिन्न देशों व क्षेत्रों की 45 भाषाएं बोली जाने लगी थीं। इसके साथ-साथ यह चीन-रूस व्यापार के लिहाज से अहम सेंटर रहा है। 1920 में इसे चीन की फैशन कैपिटल कहा गया था, क्योंकि पेरिस व मॉस्को से नए डिजाइन यहां शंघाई से भी पहले पहुंच जाते थे। नए चीन की स्थापना के बाद पहली पंचवर्षीय योजना में सबसे अधिक प्रोजेक्ट व निर्माण-कार्य रूस की मदद से पूरे हुए, क्योंकि सोवियत यूनियन व हार्बिन के बीच यातायात की बेहतर सुविधाएं मौजूद थीं। वर्तमान में भी यहां रेल व सड़क यातायाता का जाल बिछा हुआ है, सात महत्त्वपूर्ण हाईवे यहां से गुजरते हैं, जबकि रोजाना 138 ट्रेनें भी यहां से पास होती हैं। इतना ही नहीं, यहां की भूमि चीन के सबसे ज्यादा उपजाऊ क्षेत्रों में से एक मानी जाती है। इसे ब्लैक अर्थ नाम दिया गया है, जो कि एग्रीकल्चर बिजनेस के हब के रूप में विख्यात है।

इसके अलावा पूरे हेलोंगच्यांग प्रांत में लगभग 1900 नदियां बहती हैं जबकि हार्बिन बंदरगाह भी शिपिंग का प्रमुख केंद्र है। शहर की वास्तुकला पूरी तरह से रूसी व यूरोपीय शैली की है और साल 2010 में इसे 'यूनेस्को सिटी ऑफ म्यूजिक' का दर्जा भी हासिल हो चुका है।

[कादंबिनी, अप्रैल, 2012]

चीन का राष्ट्रीय दिवस

जहां तक राष्ट्रीय दिवस की बात है तो पूरे देश में एक सप्ताह तक उत्सव जैसा माहौल रहता है। इस दौरान 7 दिन का राष्ट्रीय अवकाश होता है। चीन में इस पूरे हफ्ते को गोल्डन वीक भी माना जाता है। यह अवसर बड़े लोगों के साथ साथ छोटे बच्चों के लिए भी अहम होता है। वे छुट्टी में मौज-मस्ती करने का कोई मौका नहीं छोड़ते हैं।

1 अक्टूबर, 1949 को माओ-त्से-तुंग के नेतृत्व में चीनी कम्युनिस्ट पार्टी ने च्यांग काय शेक की लिबरेशन ताकतों को परास्त करने की घोषणा की। इसके बाद थ्येन अन मन क्षेत्र में भव्य समारोह का आयोजन किया गया। इसके साथ ही चेयरमैन माओ ने चीनी गणराज्य की नींव रखी और चीन का पहला राष्ट्रीय झंडा भी लहराया। उस समारोह में 3 लाख सैनिक व बड़ी तादाद में आम जनता मौजूद थी।

नेशनल डे पर हर जगह लाल झंडों के साथ लाल लालटेनें दिखाई देती हैं। खासकर सरकारी भवनों व ऑफिस के बाहर व दुकानों के साथ-साथ स्टोर में भी। इस दौरान जुलूस, आतिशबाजी से लेकर संगीत कार्यक्रम, नेशनल डे कंसर्ट जैसे कई प्रोग्राम होते हैं।

60 साल के बाद भी आज चीनी लोगों में नेशनल डे मनाने का उत्साह जरा भी कम नहीं हुआ है। वे चीन की अच्छी स्थिति के लिए चीनी कम्युनिस्ट पार्टी के चेयरमैन माओ को याद करना नहीं भूलते। बीजिंग की सड़कों पर लोग चीनी भाषा में अखबार पढ़ते हुए भी नेशनल डे की बात करते हैं। आम लोगों में अपने राष्ट्रीय दिवस के लिए एक अलग ही भावना देखने को मिलती है।

[अमर उजाला, 30 सितंबर, 2009]

भारत और चीन

ह्वेनसांग की भारत-यात्रा

चीनी भिक्षु ह्वेनसांग, जिन्हें चीन में श्वेन चांग कहा जाता है, वह एक विद्वान, घुमक्कड़ और अनुवादक के रूप में जाने जाते हैं। थांग राजवंश के दौरान भारत और चीन के बीच सांस्कृतिक और धार्मिक आदान-प्रदान बढ़ाने में उनकी अहम भूमिका रही। वह न केवल भारत से बौद्ध सूत्र चीन लाए, बल्कि चीनी संस्कृति का प्रसार पश्चिम की ओर करने में उन्होंने महत्त्वपूर्ण योगदान दिया।

उनका जन्म 602 ईसवी में हनान प्रांत में एक गरीब परिवार में हुआ था। जल्द ही उनके मां-बाप का निधन हो गया था। बचपन से ही उन्हें धार्मिक पुस्तकें पढ़ने का शौक था। साथ ही लेखन में भी उनकी रुचि थी। ह्वेनसांग महज 13 साल की आयु में ही प्रशिक्षु भिक्षु बन गए। स्वेई राजवंश के पतन के दौरान राजनीतिक और सामाजिक अस्थिरता का माहौल था, इसकी वजह से उन्होंने सछ्वान प्रांत के छंगदू जाने का फैसला किया, जहां वह 622 ईसवी में 20 साल की उम्र में पूर्णतः भिक्षु बने। इसी दौरान उन्होंने बड़ी मेहनत से बौद्ध सूत्रों के अध्ययन के साथ ही विदेशी भाषाओं का अध्ययन भी शुरू कर दिया। उन्होंने संस्कृत की भी पढ़ाई की।

इसी बीच वह छांग आन यानी वर्तमान के शीआन पहुंचे। वहां सम्राट थाय चोंग का शासन था। यहां रहते हुए ह्वेनसांग ने भारत जाने का मन बनाया, हालांकि ह्वेनसांग से पहले फाह्यान भारत भ्रमण पर जा चुके थे। ह्वेनसांग को पूरे चीन में भ्रमण के बाद इस बात का अहसास हो गया था कि चीन में उस समय मौजूद बौद्ध धर्म से जुड़ी चीजें संपूर्ण नहीं थीं। उनमें भारत में बौद्ध धर्म के बारे में सटीक विवरण नहीं दिया गया था। सन् 629 में ह्वेनसांग भारत-यात्रा पर निकल पड़े।

थांग राजवंश के प्रारंभिक वर्षों में रेशम मार्ग के अधिकांश क्षेत्र तुर्कों के नियंत्रण में थे। ऐसे में पश्चिमी क्षेत्रों में जाना प्रतिबंधित था। ह्वेनसांग छांग आन यानी आज के शीआन के रास्ते छिपकर आगे बढ़े, और गानसू प्रांत के वूवेई पहुंचे। उनका आगे बढ़ना जारी रहा। फिर लंबी दीवार के पश्चिमी छोर पर स्थित यू मन गुआन दर्रे के नजदीक पहुंचे और फिर वह रेगिस्तान के रास्ते चलते हुए काओछांग (थुरपान) पहुंचे। वहां के सम्राट ने ह्वेनसांग का बहुत आदर किया। वहां से वह ताकलामाकन के खतरनाक रेगिस्तान को चीरते हुए आगे बढ़ने लगे। आगे जाकर उनका एक ऊंचे और मुश्किल पहाड़ों से सामना हुआ लेकिन उन्होंने हार नहीं मानी। उन पहाड़ों को पार कर यात्रा जारी रखी और फिर ताशकंद से समरकंद की ओर बढ़ने लगे।

समरकंद फारसी लोगों के नियंत्रण में था। ह्वेनसांग की बुद्धिमत्ता से वहां का स्थानीय सम्राट भी प्रभावित हुआ। यहां से ह्वेनसांग दक्षिण की ओर बढ़ चले। इसके साथ ही वह बर्फ से ढके पामीर के पठारों को पार कर प्रसिद्ध लौह दरवाजों से गुजरते हुए दक्षिण में अमू दरया और तरमेज पहुंचे, जहां उनकी मुलाकात बड़ी संख्या में बौद्ध भिक्षुओं से हुई। यहां से पूरब दिशा की ओर बढ़ते हुए कुंदुज में कुछ समय के लिए ठहरे। यहीं पर उनकी भेंट धर्मासिम्हा नाम के भिक्षु से हुई। इसके पश्चात् ह्वेनसांग ने अपनी यात्रा का मार्ग पश्चिम की तरफ मोड़ लिया। रास्ते से वह बाल्ख यानी वर्तमान के अफगानिस्तान में पहुंचे। यहां पर उन्होंने कई बौद्धस्थल और अवशेष देखे, जिनमें नवविहार भी शामिल था। यहीं पर उनकी मुलाकात तीन हजार से अधिक गैर-महायान संप्रदाय के भिक्षुओं से हुई। उनमें प्रजनाकर नाम के एक भिक्षु भी थे, जिनसे ह्वेनसांग ने बौद्ध धर्म की पांडुलिपियों का अध्ययन किया। यहां उन्हें महाविभास के महत्त्वपूर्ण लेख भी मिले। इसके बाद प्रजनाकर भी उनके साथ हो लिए। यहां से दक्षिण दिशा की ओर गुजरते हुए उन्हें कई मठ दिखाई दिये।

यहां से पूर्व की ओर बढ़ते हुए आधुनिक काबुल से लगभग 60 किमी. दूर कपीसि की राजधानी गए, जहां पर सौ से अधिक मठ देखे और छह हजार से अधिक बौद्ध भिक्षु। यहां पर ह्वेनसांग ने धार्मिक बहसों में हिस्सा लिया, और अपने ज्ञान का प्रदर्शन किया। यहीं पर उनकी भेंट पहली बार हिंदुओं और जैन धर्म के अनुयायियों से भी हुई। इसके बाद वह अदिनापुर यानी आज के जलालाबाद पहुंचे।

इसके पश्चात् भी ह्वेनसांग की यात्रा जारी रही। उन्होंने पेशावर से होते हुए सिंधु नदी को पार किया, फिर वह महायान बौद्ध की राजधानी तक्षशिला की ओर बढ़े। 631 ईसवीं में वह कश्मीर पहुंचे। वहां पर समघाय यासस नाम के एक बौद्ध भिक्षु से मिले। उनके साथ अध्ययन किया। इसी दौरान उन्होंने कई बौद्ध भिक्षुओं के साथ अध्ययन जारी रखा। साथ ही उन्होंने राजा कनिष्क के आदेश पर चतुर्थ बौद्ध परिषद के बारे में लिखा।

634 में वह पंजाब गए, फिर दक्षिण की ओर से यमुना नदी के किनारे मथुरा पहुंचे। उस समय मथुरा में बौद्ध धर्म की शाखाएं थीं, और बड़ी संख्या में बौद्ध भिक्षु भी थे। इसके पश्चात् वह पूर्व की ओर बढ़ते हुए गंगा नदी को पार कर मतिपुरा पहुंचे, जहां मठ में उन्होंने मित्रसेन की देखरेख में अध्ययन किया।

यहां से फिर वह दक्षिण की ओर कपिथा की ओर मुड़ गए। कहा जाता है कि गौतम बुद्ध यहां स्वर्ग से नीचे उतरे थे। इसके बाद ह्वेनसांग का पड़ाव कन्नौज में रहा। कन्नौज हर्षवर्धन के साम्राज्य की राजधानी थी। हालांकि हर्षवर्धन का शासन ज्यादा लंबा नहीं चला, लेकिन वह शांति और समृद्धि के लिए जाना जाता था। इस दौरान विद्वान, कलाकार और धार्मिक गुरु दूर-दूर से आते थे, जिसमें ह्वेनसांग भी शामिल थे। ह्वेनसांग ने इस दौरान बौद्ध धर्म से जुड़ी शुरुआती पांडुलिपियों का भी

अध्ययन किया। इसके बाद वे अयोध्या के लिए चल दिए, तत्पश्चात् कौसंबी की ओर। फिर वह वर्तमान के दक्षिणी नेपाल से होते हुए उत्तर-पश्चिम की तरफ श्रावस्ती पहुंचे और फिर कपिलवस्तु। बुद्ध की जन्मस्थली लुंबनी पहुंचकर वह रुक गए।

सन् 637 में वह लुंबनी से कुसीनगर के लिए बढ़े, फिर सारनाथ पहुंचे, जहां पर बुद्ध ने अपना पहला उपदेश दिया था। यहां पर ह्वेनसांग को डेढ़ हजार बौद्ध भिक्षु मिले। फिर वाराणसी के रास्ते वह वैशाली, पाटलिपुत्र और बोधगया पहुंचे। इसके बाद स्थानीय बौद्ध भिक्षुओं के साथ नालंदा गए, और वहां अध्ययन किया। इस दौरान वह तमाम विद्वानों के संपर्क में आए। यहां पर उन्होंने तर्कशास्त्र, संस्कृत आदि का अध्ययन किया। यहीं पर वह शीलभद्र से मिले, जिनका नाम बड़े सम्मान के साथ लिया जाता था। शीलभद्र से ह्वेनसांग ने बौद्ध धर्म की बारीकियों को सीखा।

नालंदा से ज्ञान अर्जित कर ह्वेनसांग आगे बढ़ते गए और वर्तमान के बांग्लादेश पहुंचे। वहां पर भी उन्हें बौद्ध धर्म से जुड़ी हुई चीजें और मठ दिखे। इसी तरह आगे बढ़ते हुए वह हिंदू राजा कुमार भास्कर वर्मन के निमंत्रण पर कामरूप के राज्य पहुंचे, और वहां लगभग तीन महीने गुजारे। इसके बाद ह्वेनसांग को राजा हर्षवर्धन के अनुरोध पर दुबारा कन्नौज पहुंचाया गया।

गौरतलब है कि 643 ईसवी में महाराजा हर्षवर्धन ने कन्नौज में धार्मिक महोत्सव का आयोजन किया था। इसमें कई राजाओं के अलावा बड़ी संख्या में बौद्ध भिक्षु, ब्राह्मण, विद्वान, जैन धर्माचार्यों के अलावा नालंदा विश्वविद्यालय के शिक्षकों ने शिरकत की थी। ह्वेनसांग ने इस अवसर पर महायान धर्म पर व्याख्यान व प्रवचन दिये थे। यहां पर उन्हें विद्वान के रूप में सम्मानित किया गया।

इसके बाद ह्वेनसांग ने दक्षिण को प्रस्थान किया और अमरावती पहुंचे। वहां कुछ समय रुककर अध्ययन किया। इसके बाद वह कांची पहुंचे, जो कि पल्लवों की राजधानी थी और बौद्ध धर्म का केंद्र भी।

भारत पहुंचने के लिए ह्वेनसांग रेशम मार्ग से होते हुए आगे बढ़ रहे थे, लेकिन इन क्षेत्रों में पड़ने वाले राज्यों के शासक उन्हें अपने साथ रखना चाहते थे। खासकर ह्वेनसांग की बुद्धिमानी और ज्ञान के बारे में जानकर ये शासक काफी प्रभावित हुए और फिर उन्हें भारत जाने के लिए मदद की।

लगभग चार वर्षों की मुश्किल यात्रा के बाद ह्वेनसांग आखिर में भारत पहुंचने में सफल रहे। ह्वेनसांग को भारत पहुंचने में न केवल बारिश, धूप और तूफानों का सामना करना पड़ा, बल्कि डाकुओं और लुटेरों से भी बचते हुए अपनी यात्रा जारी रखनी पड़ी। भारत पहुंचने पर लोगों ने इस भिक्षु को बहुत सम्मान दिया।

भारत में लंबा समय बिताने के बाद ह्वेनसांग चीन को लौट चले। चीन लौटने की यात्रा के दौरान भी ह्वेनसांग को कम मुश्किलों का सामना नहीं करना पड़ा।

लेकिन उन्होंने लौटते वक्त भी अपने समय का इस्तेमाल किया। मार्ग में भी अध्ययन करते रहे। साथ ही बौद्ध धर्म और चीन के बारे में जानने की इच्छा रखने वालों को पढ़ाया। इस दौरान मार्ग में पड़ने वाले देशों की संस्कृति से भी रूबरू हुए। भले ही भारत में उन्होंने बहुत ज्ञान प्राप्त किया हो, मार्ग में उन्हें सम्मान मिला हो, लेकिन चीन के लिए तो वह भगोड़े थे, क्योंकि वह बिना अनुमति के बाहर गए थे।

जब सन् 645 में वे चीन के शीआन पहुंचे तो उनके पास हीनयान और महायान के 600 से अधिक सूत्रों का महत्त्वपूर्ण खजाना था। इसके साथ ही ह्वेनसांग अपने साथ बुद्ध की मूर्तियां और अवशेष भी चीन लेकर आए थे।

इसी बीच ह्वेन सांग ने थांग राजवंश के तत्कालीन सम्राट थाय चोंग को एक पत्र भेजा, जिसमें उन्होंने भारत में बौद्ध धर्म संबंधी ज्ञान हासिल करने की बात कही। यह जानने के बाद सम्राट ने उनका गर्मजोशी से स्वागत किया। चीन वापस लौटने के पश्चात् भी ह्वेनसांग ने अपना कार्य जारी रखा और भारत से लाए हुए बौद्ध सूत्रों का चीनी भाषा में अनुवाद करते रहे।

छांग आन में उन्होंने अनुवाद संस्थान की स्थापना की, जहां पूर्वी एशिया के देशों से छात्र आते थे। इसके अलावा उन्होंने बौद्ध धर्म के प्रचार-प्रसार का काम किया, और अध्यापन भी करते रहे।

भारत में लंबा समय बिताने के बाद चीन में आने पर बौद्ध धर्म अधिक लोकप्रिय हुआ, लोगों को धर्म से जुड़ी तमाम बातें समझ में आने लगीं। इससे चीन में बौद्ध धर्म के प्रसार के साथ ही रेशम मार्ग से जुड़े देशों में भी बौद्ध धर्म का प्रसार हुआ। कोरिया और जापान में भी बौद्ध धर्म की जड़ें फैलीं।

चीन में टैगोर की लोकप्रियता

चीन में अगर सर्वकालिक प्रसिद्ध भारतीय व्यक्तियों की बात करें तो कवि, लेखक, संगीतकार व पेंटर रवींद्रनाथ टैगोर का नाम सबसे ऊपर आता है। यहां पर अक्सर टैगोर के नोबेल पुरस्कार, उनकी कविताओं और उनके व्यक्तित्व की चर्चा होती है, चीनी लोग उन्हें चीन-भारत दोस्ती का प्रतीक भी मानते हैं।

टैगोर तीन बार चीन पहुंचे थे। पहली बार टैगोर 12 अप्रैल, 1924 को व्याख्यान देने के लिए चीन पहुंचे। उस दौरान चार मई के आंदोलन के बाद चीन में विदेश से विद्वानों को बुलाने और उनके लेक्चर आदि सुनने के लिए प्रयास हो रहे थे। बीजिंग लेक्चर एसोसिएशन के अध्यक्ष ल्यांग छी छाओ ने भी भारत से टैगोर को बुलाया, उन्हें निमंत्रण भेजने की सूचना फैलते ही विवाद भी पैदा हुआ। बताया जाता है कि कई लोगों ने उनका स्वागत किया, लेकिन कुछ अल्ट्रा लेफ्ट और रेडिकल लोगों को टैगोर से खतरा लग रहा था। उन्हें इस बात का अंदेशा था कि टैगोर के विचार

युवाओं को प्रभावित कर सकते हैं। ऐसे मौके पर टैगोर की कविताएं भी लोगों को अध्यात्म की ओर ले जा सकती थीं। लेकिन उन्हें आमंत्रित करने वालों ने उन्हें पूरा सहयोग दिया और उनके साथ खड़े रहे। उनका सम्मान भी किया। चीन आने के बाद वे चीन के विभिन्न शहरों—शंघाई, बीजिंग, हांगचो, नानचिंग, चीनान, थाई युआन और वूहान—में अपने विचार व कविताएं लोगों के सामने रखते रहे।

रवींद्रनाथ ठाकुर (टैगोर) को चीन से कितना लगाव हो गया था, इसका अंदाजा इसी से लगाया जा सकता है कि वर्ष 1924 में लगभग एक महीने बाद चीन से लौटते वक्त उनके साथी और प्रसिद्ध चीनी कवि श्यू चीमो ने उनसे पूछा कि 'आपकी कोई चीज तो नहीं छूटी?' टैगोर ने हंसते हुए कहा कि 'मेरा दिल चीन में ही छूट गया है।' साल 2015 में 'चीन में छूटा टैगोर का दिल' नामक पुस्तक भी प्रकाशित की गई है। उन्हें दुबारा मार्च, 1929 में चीन आने का अवसर मिला। इसके बाद वे जापान पहुंचे। जापान से लौटते वक्त फिर वह चीन पहुंचे, तारीख थी 11 जून, 1929। तीसरी बार वे कुछ दिन ही चीन में रुके।

चीनी समाचार-पत्रों और अन्य माध्यमों से पता चलता है कि टैगोर का नाम चीन आने से बहुत पहले ही चीनी लोगों की जुबान पर चढ़ चुका था। गौरतलब है कि चीन-जापान युद्ध को लेकर गुरुदेव ने जापानी सैन्यवाद की मुखालफत की थी। इससे पहले वे अफीम व्यापार के खिलाफ लेख लिख चुके थे, जिसमें अफीम से चीन को हो रहे नुकसान के बारे में सख्त टिप्पणी की गई थी। ऐसे में आम चीनी लोग उन्हें अपना मित्र मानने लगे थे।

हाल के दशकों में चीन में टैगोर की रचनाओं का अध्ययन करने और उनसे लगाव रखने वालों की तादाद बहुत बढ़ी है। चीनी लोगों को इस बात पर गर्व होता है कि वे 1913 में नोबेल पुरस्कार जीतने वाले पहले एशियाई थे। पिछले लंबे समय से उनकी कविताओं, जीवनी आदि से संबंधित पुस्तकों का चीनी भाषा में अनुवाद जारी है। इसमें कवि पिंग सिन और लेखक व अनुवादक चन चन तुव का नाम प्रमुख तौर पर लिया जा सकता है, जिन्होंने उनकी कविताओं का अंग्रेजी से चीनी भाषा में अनुवाद किया। उनकी 400 से अधिक रचनाएं चीनी भाषा में उपलब्ध हैं। चाइना सेंट्रल कम्युनिस्ट पार्टी इंस्टीट्यूट के प्रो. दोंग यौव छन भी टैगोर के जीवन पर पुस्तक लिख चुके हैं।

'टैगोर और चीन' पुस्तक में उनके पहले चीन दौरे और चीनी लोगों में उनके प्रति दीवानगी का वर्णन किया गया है। साथ ही उनके द्वारा चीन में दिये गए व्याख्यान और उसके प्रभाव की चर्चा भी पुस्तक में लेखक वांग पांग वेई ने की है। इतना ही नहीं, उनकी बांग्ला भाषा से चीनी में 36 पुस्तकों का संकलन चाइना पीपुल्स प्रेस की ओर से 2015 में प्रकाशित किया गया है, जबकि आजकल विश्वविद्यालयों में छात्र टैगोर के बारे में लिखने वाले लेखकों की पुस्तकों का कलेक्शन भी इकट्ठा कर रहे हैं।

साल 2011 में टैगोर की 150वीं जयंती मनाई गई। इस दौरान चीन के तमाम विश्वविद्यालयों, जिसमें शनचन, थ्येनचिन, बीजिंग, हांगचो के विश्वविद्यालय शामिल हैं, में उनके बारे में विचार-गोष्ठी, कविता आदि पर सम्मेलन आयोजित किए गए। इसके साथ ही भारतीय साहित्य पर चर्चा में भी टैगोर के बारे में विद्वानों ने विचार-विमर्श किया।

विश्वकवि टैगोर चीनियों के बीच महात्मा गांधी या द्वितीय विश्वयुद्ध के दौरान चीन में जान गंवाने वाले डॉक्टर द्वारकानाथ कोटनिस से भी ज्यादा लोकप्रिय हैं। उनके काम और जीवन के बारे में शोध हो रहा है। चीन के कई विश्वविद्यालयों में उनकी प्रतिमाएं भी लगाई गई हैं। मैंने पता लगाने की कोशिश की कि टैगोर को शुरुआत से ही चीनी लोग इतना क्यों पसंद करते हैं। मुझे बताया गया कि चीन में प्राचीन चीन के राजवंशों के बारे में कविताएं स्कूली पाठ्यक्रम में शामिल होती हैं। उस काल के कवि बहुत जटिल कविताएं लिखा करते थे। उन्हें समझने के लिए बहुत विस्तृत वर्णन करने की जरूरत होती है। साथ ही चीनी लोगों को कविताएं पढ़ने की आदत नहीं थी।

लेकिन जैसे ही चीनी लोगों को टैगोर की रचनाओं को पढ़ने का अवसर मिला, उन्हें मानो एक नया संसार मिल गया। दूसरा, उनका व्यक्तित्व। उनकी कविताओं के वाक्य सरल और छोटे होते हैं, जो कि प्रकृति, प्रेम और शांति पर आधारित होते हैं। ऐसे में उनकी रचनाएं चीनी नागरिकों के मन को छू गईं। कहा जा सकता है कि चीनी लोगों को उनके लिखने का स्टाइल बहुत पसंद आता है।

उस वक्त तक चीनी भाषा आज से ज्यादा मुश्किल होती थी, लेकिन कवियों और लेखकों ने इनका अनुवाद सरल भाषा में किया, जिसको आम लोगों ने हाथों-हाथ लिया।

यू क्वांग युए बांग्ला भाषा और टैगोर के कार्य से गहराई से जुड़ी हुई हैं। वह कहती हैं कि कविताओं के बजाय उनके लेख और उपन्यासों का अनुवाद ज्यादा मुश्किल होता है। वह बताती हैं, 'अस्सी के दशक की बात है, जब मैं स्कूल में थी। पहली बार मैंने उनकी कविता रेडियो पर सुनी थी। मैं तब से ही उनकी मुरीद हो गई। जीवन के बारे में सकारात्मक सोच आ गई।'

उनके अनुसार, टैगोर की कविताएं उस दौर में किशोरों के मन में ज्यादा गहराई से असर करती थीं। शायद मनोरंजन के साधन भी कम होते थे। बच्चों और युवाओं को उनकी कविताएं पढ़ने के बाद नए उत्साह का संचार होता था।

चीन में मिडिल स्कूल और यूनिवर्सिटी के छात्र टैगोर की कविताओं को पढ़ते आए हैं। उनकी पुस्तकें बुक स्टोर, लाइब्रेरी में आसानी से उपलब्ध हैं। हालांकि आजकल वे इंटरनेट के माध्यम से भी टैगोर की कविताओं को पढ़ने लगे हैं।

बकौल यू क्वांग युए, एक बार लंदन जाने पर वह शेक्सपियर के घर गईं, तो वहां टैगोर की भी प्रतिमा लगी देखी। यह उनके लिए सुखद आश्चर्य से कम नहीं था।

एक बात और दिलचस्प कही जा सकती है। भले ही टैगोर को कविता संग्रह 'गीतांजलि' के लिए नोबेल मिला हो, पर चीन में उनकी सबसे लोकप्रिय कविता 'फ्लाइंग बर्ड' या 'स्ट्रे बड्र्स' है। उसके बाद 'क्रेसेंट मून', 'गार्डनर' और 'गीतांजलि' हैं।

आम चीनी लोग उनकी कविताओं के बारे में तो जानते हैं, उनके उपन्यास आदि से ज्यादा परिचित नहीं हैं।

डॉ. कोटनिस का योगदान

1937 में जापान ने चीन के खिलाफ आक्रमण कर दिया। भारत के तत्कालीन प्रधानमंत्री जवाहरलाल नेहरू ने चीनी लाल सेना के कमांडर चू दे की अपील पर एक छोटा चिकित्सा दल चीन भेजा। इससे पता चलता है कि उस वक्त चीन का साथ देने और चीनी जनता का इलाज करने के लिए भारतीय डॉक्टर कितने आतुर थे। कुल सात सौ से अधिक लोगों ने इस दल में शामिल होने के लिए पंजीकरण करवाया।

चीन जाने वाले दल में डॉ. एम. अटल, डॉ. एम. चोलकर, डॉ. द्वारकानाथ कोटनिस, डॉ. डी. मुखर्जी और डॉ. बी.के. बसु शामिल थे। दल का नेतृत्व डॉ. अटल ने किया। डॉ. चोलकर नागपुर के थे, जबकि डॉ. मुखर्जी कलकत्ता से थे। वहीं वामपंथी विचारों वाले डॉ. बसु ढाका से थे।

भारतीय राष्ट्रीय कांग्रेस के अध्यक्ष, नेताजी सुभाष चंद्र बोस ने डॉक्टरों को चीन भेजने के लिए फंड आदि की व्यवस्था करवाई। इस दल के चीन में रहने के दौरान 1939 में जवाहरलाल नेहरू भी चीन दौरे पर आए थे। उनका छोंगछिंग शहर में स्वागत किया गया था।

17 सितंबर, 1938 को जब यह दल क्वांगचो पहुंचा तो, उनके स्वागत के लिए चाइना डिफ़ेंस लीग के अध्यक्ष सोंग छिनलिंग व उनके साथी मौजूद थे। इसके बाद दल के सदस्यों ने हान खोउ, ई छांग, छोंगछिंग और अन्य स्थानों पर काम किया।

वूहान में, जनरल ये च्यांगयिंग ने दल के स्वागत में भाषण देते हुए कहा कि भारतीय मेडिकल मिशन ने चीन पहुंचकर, चीनी नागरिकों की जापान के खिलाफ युद्ध में जीत हासिल करने के संकल्प को मजबूत किया है।

इसी दौरान दल के सदस्यों को चीनी नाम दिया गया। हर किसी के नाम के अंत में ख्वा रखा गया, जिसका अर्थ चीन से होता है। भारत-चीन सांस्कृतिक एसोसिएशन के संस्थापक थान युआनशान ने कोटनिस का नाम ख दी ख्वा रखा।

जापानी बलों द्वारा क्वांगचो में अपना नियंत्रण करने के बाद भारतीय दल के सदस्यों ने युद्धग्रस्त क्षेत्रों में जाने की इच्छा जताई। कोटनिस ने यान आन, जहां जापान के साथ भीषण संघर्ष चल रहा था, वहां भेजे जाने का आग्रह किया। हालांकि

फरवरी, 1939 में कोटनिस के पिता के देहांत के बाद भी उनकी प्रतिबद्धता कम नहीं हुई। इसके बाद वे यान आन पहुंच गए, जहां माओ-त्से-तुंग और चीनी कम्युनिस्ट पार्टी के अन्य नेताओं ने उनका स्वागत किया। मार्च, 1939 में कोटनिस ने यान आन से 15 किमी. दूर क्वायमाव मॉडल हॉस्पिटल में काम करना प्रारंभ किया। जुलाई, 1939 में भारतीय दल ने चाउ-इन-लाइ के दाहिने हाथ में हुए फ्रैक्चर को ठीक करने के लिए सर्जरी भी की।

दल के सदस्यों ने अपने कार्य के अलावा अध्ययन भी जारी रखा, जिसमें रूसी और चीनी भाषा सीखना भी शामिल था। इसके साथ ही कोटनिस ने छात्र आंदोलनों में भी अहम भूमिका निभाई। वह अपने मेडिकल दल के सदस्यों में सबसे अच्छी चीनी बोलते थे। कई बार उन्होंने अपने दल की ओर से चीनी में भाषण दिए, साथ ही घायल चीनी सैनिकों और मरीजों से चीनी में बात भी किया करते थे। दिसंबर, 1939 को कोटनिस, अटल और बसु शांसी स्थित वू श्यांग काउंटी के आठवीं रूट आर्मी के मुख्यालय पहुंचे, जहां जापान के साथ संघर्ष चल रहा था।

वहां पहुंचने के बाद वे लाल सेना के कमांडर चू दे से मिले और उनके साथ गुरिल्ला युद्ध की रणनीति पर चर्चा की। फरवरी, 1940 में अटल तबियत ठीक न होने के कारण भारत वापस लौट गए, जबकि कोटनिस और बसु चीन में ही रहे। इसके पश्चात् वे 129वीं डिविजन के साथ रहे और आर्मी की लाइफ का अनुभव किया। बाद में वे हबेई प्रांत के थांग काउंटी में क कोंग गांव में चले गए, जहां पर स्वास्थ्य विभाग का कार्यालय था।

सितंबर, 1940 में कोटनिस और बसु दोनों अपनी मेडिकल टीम के साथ सौ रेजिमेंट वाले महायुद्ध में चीनी सैनिकों की मदद देने के लिए पहुंचे। कोटनिस शुरुआत में चीन में अपना कार्यकाल पूरा कर मेडिकल की आगे की पढ़ाई के लिए सोवियत संघ जाना चाहते थे, लेकिन युद्ध के बाद उन्होंने क कोंग गांव में रहना ही पसंद किया।

हबेई प्रांत के शीच्यांच्वांग शहर में बैथ्यून अंतर्राष्ट्रीय शांति अस्पताल की स्थापना 1940 में हुई, और डॉ. कोटनिस जनवरी, 1941 में इस अस्पताल के पहले निदेशक बने। इसी साल उन्होंने क्व छिंग लैन, जो कि एक स्वास्थ्य स्कूल में टीचर थी, उनके साथ विवाह कर लिया। उनका एक बेटा भी हुआ, जिसका नाम ख इन ख्वा रखा गया। इसका मतलब 'भारत' और ख्वा का अर्थ 'चीन' से था। उसका नाम चीन-भारत मैत्री का प्रतीक के तौर पर रखा गया।

कोटनिस लगातार जापान के खिलाफ गतिविधियों में शामिल रहते थे। कम्युनिस्ट पार्टी से प्रभावित कोटनिस पार्टी में शामिल होना चाहते थे। इसके बाद 7 जुलाई, 1942 को उन्होंने औपचारिक तौर पर कम्युनिस्ट पार्टी की सदस्यता ग्रहण कर ली।

चीन में रहते हुए सैनिकों और स्थानीय लोगों का बेहतर ढंग से इलाज करने और उनसे संपर्क कायम करने के लिए कोटनिस ने चीनी भाषा का अभ्यास जारी

रखा। उन्होंने चीन आने से पहले ही चीनी सीखने की कोशिश शुरू कर दी थी। भारत से चीन के लिए जहाज में रवाना हुए दल में दो चीनी व्यक्ति भी थे, कोटनिस उनके साथ चीनी का अभ्यास किया करते थे।

कनाडा के प्रसिद्ध डॉक्टर नार्मन बैथ्यून से कोटनिस बहुत प्रेरित हुए। एक बार कोटनिस ने उनकी समाधि पर प्रतिज्ञा की कि वह भी बैथ्यून की तरह जीवन बिताना चाहते हैं। कोटनिस ने कुछ ही वर्षों में 900 से अधिक सर्जरी की। खास तौर पर सौ रेजिमेंट वाले महायुद्ध के दौरान कोटनिस मोर्चे पर लगातार 13 दिनों तक काम करते रहे। उन्होंने 800 से अधिक घायलों का इलाज किया। उनमें 585 लोगों की सर्जरी की गई। कोटनिस का अपने काम के प्रति कितना लगाव था, इससे पता चलता है। वह लड़ाई के दौरान लगातार तीन दिन-तीन रात बिना सोए काम करते रहे।

खुद कोटनिस का स्वास्थ्य ठीक नहीं था, और वे मिरगी की समस्या से भी पीड़ित थे। बीमारी की वजह से वह बहुत कमजोर हो गए थे। उन्हें उनके सहयोगियों ने दूसरी जगह जाने को कहा, ताकि वह थोड़ा आराम कर सकें, कोटनिस वहां से नहीं जाना चाहते थे। उनका कहना था कि 'स्थिति लतातार खराब हो रही है, और घायलों की संख्या भी बढ़ रही है। जब मैंने देखा कि आठ रूट आर्मी के सैनिक जी-जान से लड़ रहे हैं, और खून बहा रहे हैं, मुझे लगता है, उनके सामने मेरी बीमारी कुछ भी नहीं है। मैं आखिरी दम तक काम करता रहूंगा।'

थकान आदि के चलते कोटनिस की हालत दिन-ब-दिन खराब होती जा रही थी। ऐसे में उनकी पत्नी क्व छिंग लैन उनका खयाल रखती थी। लेकिन 9 दिसंबर, 1942 के दिन उन्होंने सुबह के वक्त सर्जरी की थी, लेकिन इस महान डॉक्टर के लिए यही दिन जीवन का आखिरी दिन साबित हुआ। और दोपहर के बाद क कोंग गांव में उनकी मृत्यु हो गई। तब कोटनिस महज 32 साल के थे।

कोटनिस की मृत्यु पर चीन के कई प्रमुख नेताओं ने दुख जताया, जिसमें माओ-त्से-तुंग, चू दे, चाउ-इन-लाइ आदि शामिल थे।

माओ-त्से-तुंग ने कहा था : 'सेना ने मदद का एक हाथ खो दिया है, राष्ट्र ने एक दोस्त खो दिया है, हमें उनकी अंतर्राष्ट्रीय भावना को हमेशा याद रखना चाहिए।'

चाउ-इन-लाइ ने उनके परिवार को भेजे संदेश में कहा : 'उनका नाम चीन और भारत में उनके योगदान के लिए याद किया जाएगा। उनका निधन आजादी चाहने वाले सभी लोगों के लिए एक सामूहिक क्षति है, हम आपके दुख के साझेदार हैं।'

प्रसिद्ध फिल्म-निर्माता और निर्देशक वी. शांताराम ने 1945 में कोटनिस के जीवन पर 'डॉक्टर कोटनिस की अमर कहानी' फिल्म बनाई।

1949 में कोटनिस को हबेई प्रांत के शीच्यांच्वांग में शहीदों के कब्रस्तान में दफनाया गया, साथ ही उनकी मूर्ति भी लगाई गई, जबकि 1976 में बैथ्यून अस्पताल द्वारा कोटनिस स्मृति हॉल का निर्माण करवाया गया।

इसके उद्‌घाटन समारोह में कोटनिस के साथी डॉक्टर बी.के. बसु को भी आमंत्रित किया गया था। बसु ने भारतीय मेडिकल मिशन के चीन में युद्ध के दौरान के अनुभवों को एक किताब का रूप भी दिया है।

कोटनिस स्मृति हॉल की बात करें तो इसमें कोटनिस से जुड़े 200 से अधिक चित्रों को रखा गया है। साथ ही कोटनिस द्वारा इस्तेमाल की गई कुछ वस्तुएं भी यहां पर सहेजकर रखी गई हैं।

हबेई प्रांत के थांग काउंटी के क कोंग गांव में रहने वाले 89 साल के बुजुर्ग वांग शिन छन जापान के साथ चले युद्ध के दौरान गांव में बाल दस्ते के अध्यक्ष थे, जिनका काम हथियारों के साथ अपने घरों की रक्षा करना होता था। उन्होंने एक बार चीनी पत्रकारों को बताया कि उनकी नजर में कोटनिस एक अंतर्राष्ट्रवादी योद्धा थे, जिन्होंने चीनी जनता की बहुत मदद की। कोटनिस ने क कोंग गांव में जो काम किया , उसे लोग नहीं भूले हैं। इसी जगह पर बैथ्यून स्वास्थ्य स्कूल और बैथ्यून अंतर्राष्ट्रीय शांति अस्पताल स्थित है।

बल्लभ ने चीन को देखा करीब से

जानकी बल्लभ लंबे समय से चीन में रह रहे हैं या यूं कहें कि उनकी आधी जिंदगी भारत और आधी चीन में बीती है। मूल रूप से उत्तराखंड, अल्मोड़ा के रहने वाले बल्लभ जब पहली बार चीन पहुंचे तो चीन सामंती जकड़नों से मुक्त होकर खुली हवा में सांस ले रहा था। चेयरमैन माओ के नेतृत्व में नए चीन की स्थापना हो चुकी थी। यह नवनिर्माण का दौर था। बल्लभ ने चीन के समाजवाद में कदम रखने से लेकर आधुनिक चीन बनने की विकास यात्रा को करीब से देखा है। उन्होंने वामपंथी साहित्य और माओ की रचनाओं का हिंदी में अनुवाद भी किया है। यहां संक्षिप्त में प्रस्तुत हैं उनके अनुभव के कुछ अंश :

'वर्ष 1956 से अब तक चीन के विभिन्न ऐतिहासिक कालों में मैंने अपने जीवन के 22 साल चीन में व्यतीत किए हैं। इस बीच नए चीन को बहुत करीब से देखा और समझने की कोशिश की है। भारतीय समाज के मूल्यों के बीच पला-बढ़ा होने के कारण चीन पहुंचकर मुझे बिल्कुल नयापन महसूस होने लगा। विदेशी भाषा प्रकाशन गृह के लगभग सभी हिंदी भाषी कर्मचारी रेलवे स्टेशन पर मेरा स्वागत करने पहुंचे थे। उनमें कुछ लड़के और कुछ लड़कियां थीं। प्लेटफार्म पर उतरते ही दो लड़कियों ने मेरे दोनों हाथों में हाथ डालकर कदम आगे बढ़ाए। युवक और युवतियों के बीच कोई अंतर न देखकर मैं भारतीय संस्कारों के कारण चकित रह गया। मेरे फ्लैट में पहुंचने तक उन हिंदी भाषी लड़कियों ने मेरा हाथ नहीं छोड़ा। उनके स्नेह को देखकर मैं गद्‌गद हो उठा। मुझे पक्के तौर पर अनुभव होने लगा कि चीन में लिंग-भेद की वजह से लोगों के व्यवहार में किसी प्रकार की विषमता नहीं है। यह नए चीन के बारे

में मेरा पहला इंप्रेशन था, जो बाद के दौर में चीनी महिलाओं की मुक्ति के बारे में मेरी धारणा को संबल प्रदान करने के लिए बहुत उपयोगी साबित हुआ। चीन में महिलाओं और पुरुषों में कोई भेदभाव नहीं किया जाता। दफ्तरों या कारखानों में महिला और पुरुष कंधे से कंधा मिलाकर काम करते हैं। उनके बीच दोस्ताना संबंध होते हैं, मजाक-मजाक में कभी-कभी लड़के लड़कियों को घूंसा भी मार देते हैं, जबकि लड़कियां भी प्रत्युतर में ऐसा ही करती हैं। पुरुष और स्त्री के बीच का यह स्वस्थ पारस्परिक संबंध किसी भी कारोबार के वातावरण को बहुत स्वस्थ रखता है। हमारे विभाग में तीन-चार युवतियां काम करती थीं, वे निस्संकोच अकेले मुझसे मिलने मेरे घर आती रहती थीं, यह भी मेरे लिए नई बात थी।

'इतना ही नहीं, चीन के कर्मचारियों के वर्किंग कल्चर ने भी मुझे प्रभावित किया, समय पर काम शुरू करना और समय पर समाप्त करना उनकी आदत बन चुकी थी। लंच के लिए पूरे ऑफिस में घंटी बजती थी। लंच के बाद काम शुरू करने के लिए भी घंटी का इस्तेमाल किया जाता था। पूर्वाह्न और अपराह्न में दो बार का ब्रेक ऐसा होता था, जिस दौरान सभी लोग बाहर खुले मैदान में पहुंचकर संगीत की धुन पर व्यायाम करते थे, जो कि कर्मचारियों की हेल्थ के लिए उपयोगी था। यह सिस्टम लगभग पूरे देश में लागू था, लेकिन अर्थव्यवस्था की लंबी छलांग के दौरान काम के समय की पाबंदी खत्म हो गई थी। लोगों को निर्धारित समय से कई घंटे अधिक काम करना पड़ता था। मुझे याद है कि हमारे विभाग में एक बार 24 घंटे लगातार काम किया गया, और एक छोटी पुस्तिका 24 घंटे में प्रकाशित की। इसका अंग्रेजी से हिंदी में अनुवाद मैंने किया था। लगभग सौ पेज की पुस्तिका का नाम 'संशोधनवाद का खंडन' था। अनुवाद से टाइपिंग, टाइप सेटिंग, प्रूफ रीडिंग तक का सारा काम इतने कम समय में पूरा करना आसान नहीं होता। विदेशी भाषा प्रकाशन गृह में अनुवाद की पांडुलिपि को मूल चीनी से मिलाने का काम चीनी कर्मचारी करते थे।

'पचास के दशक में लंबी छलांग के बाद दक्षिणपंथी विरोधी आंदोलन पूरे देश में फैल गया। इस आंदोलन के दौरान चीन के बहुत से शीर्ष बुद्धिजीवियों और उच्च अधिकारियों को उनके पदों से हटा दिया गया। उनके विचारों की चीर-फाड़ करके उनमें दक्षिणपंथी तत्त्वों की खोज शुरू कर दी गई। विदेशी भाषा प्रकाशन गृह के निदेशक भी इस आंदोलन की चपेट में आ गए। उन्हें भी पद से हटा दिया गया। यह माओ के अति-वामपंथी भटकाव का एक उदाहरण था।'

चीन में बढ़ रही है हिंदी की लोकप्रियता

यकीन जानिए, हिंदी सीख रहे हैं चीनी लोग। अंग्रेजीदां होते भारतीयों के लिए इससे बड़े आश्चर्य की बात और क्या हो सकती है कि पड़ोसी देश चीन के युवाओं के

बीच हिंदी लोकप्रिय हो रही है। इतना ही नहीं, हिंदी की पढ़ाई के बाद उन्हें जॉब के अच्छे ऑफर भी मिल रहे हैं। भारत-चीन के राजनीतिक रिश्तों का भी उन पर कोई असर नहीं पड़ रहा है।

भारत में आम तौर पर चीन को लेकर लोगों के मन में शक्तिशाली व खतरनाक छवि बनी है, लेकिन तस्वीर का दूसरा पहलू यह है कि चीनी बुजुर्ग व युवा पीढ़ी भारतीय संस्कारों व हिंदी को आत्मसात् कर रही है। एक तरफ भारतीय युवा हिंदी छोड़ अंग्रेजी के पीछे भाग रहे रहे हैं, मगर चीनियों में हिंदी सीखने के प्रति खास उत्साह है। बाकायदा यहां हिंदी दिवस भी चीनी लोगों के द्वारा गंभीरता से मनाया जाता है। लोगों का मानना है कि हिंदी भारत और चीन के सम्बन्ध सुधारने में एक महत्त्वपूर्ण कड़ी साबित हो सकती है।

गौरतलब है कि बीजिंग में ही विभिन्न विभागों में कई ज्यादा छात्र-छात्राएं, हिंदी भाषा का अध्ययन कर रहे हैं। पेकिंग विश्वविद्यालय के हिंदी विभाग में दर्जनों छात्र-छात्राएं हैं। इतना ही नहीं, चीन के कई विश्वविद्यालयों में हिंदी पढ़ाई जा रही है। हिंदी सीख चुके युवाओं के पास ऑफर आते हैं। खासकर बिजनेस सेक्टर, विदेश मंत्रालय, दुभाषिये के लिए भी हिंदी जानने वालों की डिमांड होती है जहां अच्छा वेतन भी मिल रहा है।

पेकिंग विश्वविद्यालय में हिंदी विभाग की स्थापना 1942 में ही हो गई थी। पेकिंग यूनिवर्सिटी में सेंटर फॉर साउथ एशियन स्टडीज के च्यांग चुंग ख्वेई से जब मैंने यह पूछा कि क्या हिंदी पढ़ने से छात्रों को नौकरी मिलती है तो उनका जवाब था—क्यों नहीं! उन्हें दूसरी भाषाओं के मुकाबले बेहतर मिलती है। एम.ए. कर रहे चाव वेई भी उन छात्रों में से एक हैं जो भारत को समझने व अच्छे भविष्य के लिए हिंदी का अध्ययन कर रहे हैं। युवाओं के हिंदी सीखने की सबसे बड़ी वजह यह है कि उन्हें भारत में बिजनेस करने, कॉरपोरेट सेक्टर आदि में नौकरी के बेहतर अवसर नजर आते हैं...इसके अलावा भी कई क्षेत्र हैं, जहां चीनियों को हिंदी का अभ्यास करते देखा जा सकता है। नृत्य हो या संगीत, कला सीखने के लिए कई युवा खुद को हिंदी-संस्कृति में ढालने लगे हैं। जहां भरत नाट्यम व कथक जैसे मुश्किल नृत्य में भी पारंगत हो रहे हैं, वहीं तबलावादन को लेकर भी उनमें एक अलग ही जज्बा दिखाई देता है। भरत नाट्यम सीखने के बाद अब शिक्षक ईशा उर्फ़ जियांग कहती हैं कि भारतीय नृत्य वास्तव में बहुत रुचिकर है।

अन्य चीनी युवा भी कहते हैं कि वे भारतीय परम्पराओं से काफी प्रभावित हैं। भारत व चीन के बीच रिश्तों की कड़वाहट भी उन्हें रोक नहीं सकती। चीन में हिंदी को आगे ले जाने में 'चाइना रेडियो इंटरनेशनल' की भी अहम भूमिका है, जो पिछले छह दशक से हिंदी सेवा का प्रसारण कर रहा है।

वहीं बीजिंग में ही तीन विश्वविद्यालयों में हिंदी पढ़ाई जाती है। इसमें पेकिंग विश्वविद्यालय, चीन संचार विश्वविद्यालय और विदेशी भाषा विश्वविद्यालय

शामिल हैं। बीजिंग के अतिरिक्त कुछ दूसरे शहरों में भी हिंदी पढ़ाई जाती है, जिनमें क्वांगचो, शंघाई, खुनमिंग और शीआन आदि हैं। कुल मिलाकर चीन के ग्यारह विश्वविद्यालयों में हिंदी पढ़ाई जा रही है।

चीन के क्वांगतोंग विदेशी भाषा विश्वविद्यालय में हिंदी के प्रोफेसर गंगाप्रसाद शर्मा कहते हैं कि हिंदी की स्थिति मजबूत हो रही है। भारत एक उपभोक्ता देश है, चीन जैसे उत्पादक देशों की नजर भारत के बाजार पर है, जहां लोग हिंदी बोलते और समझते हैं।

चीन में हिंदी का महत्त्व बढ़ रहा है। क्वांगतोंग विदेशी भाषा विश्वविद्यालय में ही 80 से अधिक चीनी छात्र हिंदी सीख रहे हैं। ये छात्र हिंदी के क्षेत्र में अपना भविष्य बनाना चाहते हैं। कुछ छात्र दुभाषिये का काम भी कर रहे हैं। कुछ विशेष अध्ययन और उच्चशिक्षा के लिए भारत जाते हैं। कुछ शिक्षक बनना चाहते हैं। ये छात्र न केवल हिंदी का अध्ययन कर रहे हैं, भारत की सांस्कृतिक समृद्धि को भी समझना चाहते हैं।

इसके अलावा तमिल, बांग्ला व उर्दू आदि भाषाएं भी चीन के विश्वविद्यालयों में पढ़ाई जाती हैं।

चीनियों के लगाव को देखकर निश्चित तौर पर यह कहा जा सकता है कि चीन में हिंदी का भविष्य उज्ज्वल है। उम्मीद है कि भारत में हिंदी के नीति-निर्धारक भी इससे कुछ सबक लेकर हिंदी में जान फूंकेंगे।

[दैनिक जागरण, अक्टूबर, 2009]

हिंदी ने मेरी जिंदगी बदल दी

[चीनी छात्र वान जिन ज़ुन की ज़ुबानी]

2005 में मुझे पेकिंग विश्वविद्यालय में विदेशी भाषा पढ़ने का मौका मिला। उस समय मुझे पता नहीं था कि हिन्दी किस देश की भाषा है। लेकिन पता नहीं क्यों, मैंने हिन्दी ही अपना विषय चुना।

विश्वविद्यालय में मैंने चार साल तक हिन्दी भाषा का अध्ययन किया। हिन्दी एक कुंजी की तरह लगती है जिसने भारत का दरवाजा खोला। वह एक पुल भी है जिसने मेरे और भारत के बीच संपर्क बढ़ाया। हिन्दी से मुझे भारत के बारे में काफी जानकारी मिली, जैसे—भारत का शानदार इतिहास, समृद्ध संस्कृति, विविध धर्म और बॉलीवुड फिल्म व स्टार आदि। पहले मेरे लिए भारत कोहरे के आवरण में एक रहस्यपूर्ण देश था। मुझे सिर्फ़ यही पता था कि भारत दुनिया के चार प्राचीन सभ्यता वाले देशों में से एक है। हिन्दी के पुल से कोहरे का आवरण पार कर मुझे एक अतुल्य भारत नजर आया। जैसे-जैसे मैं हिंदी भाषा को करीब से जानता गया, मुझे भारत के

बारे में और अधिक जानकारी होती गई। इसके साथ ही मेरे दिल में भारत जाने की इच्छा भी तीव्र होने लगी। अंततः वर्ष 2008 में मुझे यह अवसर मिल ही गया।

लेकिन भारत जाते समय मुझे काफी मुश्किलों का सामना करना पड़ा। सबसे पहली दिक्कत मेरे सामने तब आई जब मुझे आगरा के केंद्रीय हिंदी संस्थान जाना था। जबकि वह संस्थान मात्र ऐसे छात्रों को प्रवेश देता है, जिनकी उम्र 21 और 35 के बीच होती है जबकि मेरी उम्र महज 20 साल थी। कोई शक नहीं कि मेरा आवेदन अस्वीकार कर दिया गया। लेकिन मेरे लिए सौभाग्य की बात यह है कि भारत में एक शिक्षक की मदद से चार महीने बाद मैंने वहां जाने का अवसर हासिल कर लिया। मैं इतना खुश था कि सारी मुश्किलों को भूल गया।

भारत जाते समय बीजिंग हवाई अड्डे पर कोहरे की वजह से मेरा विमान कई घंटों तक उड़ान नहीं भर सका। लंबे इन्तजार के बाद भी हवाई अड्डे पर मुझे ठीक समय पर विमान बदलने की सूचना नहीं मिली। अंतिम समय में बड़ी घबराहट के साथ मैं विमान पर चढ़ा। लेकिन जब मैं भारत पहुंचा, मुझे पता चला कि हवाई अड्डे के कर्मचारियों की गलती के कारण मेरा सामान दिल्ली नहीं पहुंचा। उस समय मुझे ऐसा लगा, जैसे आसमान मेरे ऊपर गिर गया हो, क्योंकि मैंने कल्पना भी नहीं की थी कि सामान के बिना एक अनजान देश में मैं कैसे रह सकूंगा। लेकिन यही सबसे बड़ी मुश्किल नहीं थी। एक बड़ी मुश्किल सामने थी जब हवाई अड्डे से निकलते समय मुझे लेने वाले व्यक्ति नहीं मिले। मेरे दुख का कोई ठिकाना नहीं था। लेकिन किसी तरह कोशिश कर दिल्ली में रहने वाले एक चीनी दोस्त की मदद से आखिरकार मैं आगरा पहुंच ही गया। एक कहावत है, यहां मैं उसे याद करना चाहता हूं : जहां चाह वहां राह। इस तरह मेरी चाहत ने मुझे भारत की मंजिल तक पहुंचा दिया।

आगरा संस्थान में सब कुछ ठीक था, खाने के अलावा। पहले मुझे भारतीय खाने की आदत नहीं थी और अक्सर पेट भरने के लिए केला खाता था। चीन में एक 'पश्चिम की तीर्थ-यात्रा' नामक पुराना और प्रसिद्ध उपन्यास है। उसमें एक बंदर है, जिसका नाम सुन ऊखुङ है, मुझे उस बंदर की याद आ गई। क्योंकि उसकी तरह मेरे भारत जाने के रास्ते में भी कई मुश्किलें आई थीं और केला बंदर का सबसे प्रिय भोजन होता है।

हिन्दी की वजह से मुझे बॉलीवुड फिल्मों के बारे में पता चला। और फिर मुझे फिल्मों से लगाव हो गया। अब तक मैं दर्जनों हिन्दी फिल्में देख चुका हूं। मुझे शाहरुख खान और ऋतिक रोशन बहुत पसंद हैं। मेरा सपना भविष्य में कभी न कभी उन दोनों से मिलने का है।

चार साल की पढ़ाई के बाद मुझे रेडियो में हिंदी से जुड़ा हुआ एक काम मिल गया। इस तरह हिन्दी मेरी आजीविका का साधन बन गई। अब मैं यह कह सकता हूं कि हिन्दी ने मेरी जिन्दगी बदल दी।

हिंदी को बढ़ावा दे रहे चिन दिंग हान

प्रोफेसर चिन दिंग हान भारत और हिंदी जगत के लिए कोई नया नाम नहीं है। उन्होंने चीन-भारत के बीच भाषा और संस्कृति को जोड़ने में एक पुल की तरह काम किया है।

यहां बता दें कि 85 साल की उम्र में भी चिन दिंग हान हिंदी के प्रचार-प्रसार में जुटे हैं। वर्ष 2015 में उन्हें भारतीय साहित्य अकादमी की ओर से सर्वोच्च सम्मान प्रदान किया गया। साहित्य अकादमी का सर्वोच्च सम्मान हासिल करने पर उन्होंने कहा कि 'यह सम्मान पाकर मुझे और अधिक काम करने की प्रेरणा मिलेगी।' बकौल चिन दिंग हान : 'यदि चीनी और भारतीय जनता की मित्रता यांत्सी नदी और गंगा नदी हो तो मेरा काम उसमें एक बूंद की तरह है। मैंने जिंदगी भर हिंदी का काम किया है, इसलिए हिंदी मेरे लिए सब कुछ है।' इसके साथ ही उन्होंने बीजिंग विश्वविद्यालय में छात्रवृत्ति कोष की स्थापना के लिए एक लाख युआन की राशि देने की घोषणा की। इस राशि से हिंदी सीखने वाले उन छात्रों को आर्थिक मदद मिलेगी, जिन्हें पढ़ाई का खर्च उठाने में मुश्किलें आती हैं।

गौरतलब है कि प्रोफेसर चिन दिंग हान का जन्म हूनान प्रांत की राजधानी छांगशा में वर्ष 1930 में एक पढ़े-लिखे परिवार में हुआ था। उनके पिता इंजीनियर थे, जबकि मां टीचर थी। उनके घर में पढ़ाई का अच्छा माहौल था, जिसका असर प्रोफेसर चिन दिंग हान के जीवन पर पड़ा।

उन्होंने कॉलेज के दिनों में ही बौद्ध भिक्षु ह्वेन सांग का यात्रा-वृत्तांत 'जर्नी टु द वेस्ट' पढ़ लिया था, जिसमें ह्वेन सांग ने सातवीं सदी में बौद्ध पांडुलिपियों की खोज में की गई अपनी भारत-यात्रा का उल्लेख किया है। ह्वेन सांग ने भारत में उनके स्वागत और वहां के धार्मिक विद्वानों से विचार-विमर्श के बारे में लिखा है। ह्वेन सांग 17 वर्षों की यात्रा के बाद बौद्ध ग्रंथों की पांडुलिपियों के साथ वापस चीन लौटे थे। 'जर्नी टु द वेस्ट' ने चिन दिंग हान पर गहरा प्रभाव डाला। वे बताते हैं कि उक्त यात्रा-वृत्तांत के अध्ययन के बाद उनकी भारतीय साहित्य और संस्कृति में रुचि बढ़ने लगी। वह उम्र के इस पड़ाव पर भी जारी है।

दिलचस्प बात यह है कि वर्ष 1950 में वे बीजिंग यूनिवर्सिटी में पढ़ाई तो अंग्रेजी की कर रहे थे, लेकिन उसी दौरान लगाव हिंदी से भी हो गया और फिर उन्होंने हिंदी को आत्मसात् करने की ठान ली। हिंदी की पढ़ाई के पश्चात् उन्हें बीजिंग यूनिवर्सिटी में ही हिंदी प्राध्यापक के तौर पर अध्यापन का मौका मिल गया। इससे उनका हिंदी भाषा और साहित्य से लगाव बढ़ता चला गया। वर्ष 1959 में उन्होंने प्रेमचंद के प्रसिद्ध हिंदी उपन्यास 'निर्मला' का चीनी भाषा में अनुवाद किया। बाद में उन्होंने 16वीं सदी के हिंदी कवि गोस्वामी तुलसीदास द्वारा रचित महाकाव्य 'रामचरितमानस' का भी चीनी में अनुवाद किया। उन्होंने जहाँ यशपाल के हिंदी उपन्यास 'झूठा सच' के एक खंड का अनुवाद किया, वहीं उन्होंने 'हिंदी-चीनी शब्दकोश', 'हिंदी का आधारभूत पाठ्यक्रम' आदि पुस्तकों का भी अनुवाद किया।

उन्होंने 13वें और 16वें अंतर्राष्ट्रीय रामायण सम्मेलन में अध्यक्ष की भूमिका निभाने के साथ, दसवें अंतर्राष्ट्रीय हिंदी संगोष्ठी की अध्यक्षता भी की। वर्ष 1993 में तत्कालीन भारतीय राष्ट्रपति शंकरदयाल शर्मा ने प्रोफेसर चिन दिंग हान को 'विश्व हिंदी मानद पुरस्कार' से सम्मानित किया। वर्ष 2001 में उन्हें 'जॉर्ज ग्रीसन अवार्ड' से भी नवाजा गया।

यहां बता दें कि 'जॉर्ज ग्रीसन अवार्ड' विश्व हिंदी भाषा अनुसंधान आदि के क्षेत्र में सबसे बड़ा पुरस्कार है। इसके लिए हर साल सिर्फ एक विदेशी विद्वान को चुना जाता है। चीन की ओर से अब तक प्रोफेसर चिन दिंग हान ही यह सम्मान हासिल कर पाए हैं।

प्रोफेसर चिन दिंग हान कहते हैं कि भारत और चीन, दोनों प्राचीन सभ्यता वाले देश हैं और इनकी अलग-अलग विशेषताएं हैं। ये पड़ोसी देश एक-दूसरे से सांस्कृतिक क्षेत्र में बहुत कुछ सीख सकते हैं।

चीन में योग हो रहा लोकप्रिय

भारत में प्राचीन काल से ही योग को एक आध्यात्मिक प्रक्रिया के तौर पर जाना जाता रहा है। एक ऐसी प्रक्रिया—जिसमें शरीर, मन और आत्मा, तीनों को एक साथ जोड़ने का काम होता है। योग को सही तरीके से जीवन जीने का विज्ञान भी कहा जाता है। भारत में ऋषि-मुनियों ने योग और ध्यान के जरिए अपने जीवन को सार्थक रूप दिया। माना जाता है कि सैकड़ों वर्ष पहले जब भारत से चीन सहित कई देशों में बौद्ध धर्म का प्रसार हुआ, तब योग शब्द की गूंज उन देशों में भी सुनाई देने लगी।

इसी क्रम में वर्ष 1893 में स्वामी विवेकानंद ने भी अमेरिकी विश्वविद्यालय में योग के बारे में अपने विचार को विस्तृत रूप दिया था। और फिर पश्चिमी देशों में भी योग के प्रति रुचि बढ़ने लगी।

नए चीन की स्थापना से पहले कृष्णामाचार्य की छात्रा इंदिरा देवी ने शंघाई में योग के स्कूल की स्थापना की और छोटे स्तर पर लोग चीन में योग सीखने लगे।

90 के दशक में चीन में योग करने वालों की संख्या में इजाफा होने लगा। यही दौर था, जब पश्चिम के शिक्षकों की चीन में मांग बढ़ने लगी। 2003 में भारत से योगी मोहन चीन पहुंचे। उन्होंने बीजिंग में योग-सेंटर स्थापित किया।

योग को अंतर्राष्ट्रीय पहचान दिलानेवाले दिवंगत योग गुरु बी.के.एस. अयंगर भी चीन पहुंचे।

वर्ष 2000 तक शायद ही किसी को अंदाजा होगा कि चीन में योग की लोकप्रियता इतनी बढ़ सकती है। माना जाता है कि चीन में योग डेढ़ करोड़ से अधिक लोगों की रोजमर्रा की जिंदगी का हिस्सा बन चुका है। योग के प्रति

दीवानगी का आलम यह है कि छोटे-बड़े शहरों में हजारों योग सेंटर खुल चुके हैं। साथ ही व्यायामशालाओं (जिम) में भी लोग योग को कसरत के तौर पर कर रहे हैं। सुबह, दोपहर के वक्त या शाम को योग की शिक्षा लेते हैं।

अधिकतर बड़ी कंपनियों में जिम के साथ योग सेंटर भी खुले हैं। मेरे घर के पास भी कर्मचारियों व लोगों के स्वास्थ्य को ध्यान में रखकर योग की कक्षा चलती है, जो मंगलवार व गुरुवार को दोपहर में होती है। चीन में योग युवाओं खासकर महिलाओं के बीच लोकप्रिय है। योग करने वाले पुरुषों की संख्या बहुत कम है। शुरुआत में योग सिखाने वाले अधिकांश शिक्षक विदेशी होते थे, लेकिन पिछले कुछ समय से चीनी लोग योग को करियर के तौर पर अपनाने लगे हैं। कई युवतियां योग सीख रही हैं और शिक्षक भी बन रही हैं।

बढ़ते प्रदूषण और कामकाज की आपाधापी के बीच लोगों में खुद को फिट और तनावमुक्त रखने की इच्छा बढ़ रही है। चीन में हुए विकास के कारण भी लोगों की जीवनशैली बेहतर हुई है। एक बड़ा मध्य वर्ग तैयार हो चुका है, जो अपने और अपने परिवार के लोगों के स्वास्थ्य पर बहुत ध्यान देने लगा है। इसके लिए खान-पान और व्यायाम पर जोर दिया जा रहा है। चीन में धर्म या अध्यात्म के बजाय योग के शारीरिक पहलू पर अधिक फोकस किया जा रहा है। योगाभ्यास करने वालों को इसके बारे में ज्यादा कुछ नहीं पता कि यह किस धर्म से जुड़ा है (जैसाकि भारत में कुछ लोग योग को हिंदू धर्म से जोड़कर देखते हैं)—हां, उन्हें इस बात की जानकारी जरूर है कि योग भारत की देन है, और चीन के फिल्म सितारे भी इसके प्रति आकर्षित हो रहे हैं। इसके चलते योग का बाजारीकरण भी तेजी से हुआ है, जैसाकि मैंने पहले भी लिखा है कि चीन में योग सीखने का चलन-सा हो गया है। योग को समर्पित अच्छे शिक्षकों और प्रशिक्षण संस्थानों की कमी है। इस क्षेत्र में कुछ ऐसे लोग भी आ चुके हैं, जिनकी योग पर पकड़ मजबूत नहीं है। वे योग के क्षेत्र में भारी संभावना को देखते अपना करियर बनाना चाहते हैं, क्योंकि योग सिखाने वालों को अच्छा वेतन मिल रहा है; या फिर संस्थान चलाने वाले, सीखने की इच्छा रखने वाले लोगों से, भारी फीस वसूलते हैं।

ऋषिकेश के मोहन चीन में कमा रहे हैं नाम

ऋषिकेश, उत्तराखंड से योग शिक्षक मोहन के वर्ष 2003 में चीन पहुंचने से पहले चीन में पश्चिमी शिक्षक ही योग सिखाया करते थे। हाल के दशकों में वह पहले भारतीय व्यक्ति थे, जिन्होंने चीनी लोगों को योग से रूबरू करवाया।

ऋषिकेश को योग का विश्वकेंद्र भी कहा जाता है। मोहन बताते हैं कि उन्होंने ऋषिकेश में ही योग की शिक्षा ग्रहण की थी, लेकिन उन्होंने शिक्षक बनने की नहीं सोची थी। वैसे मोहन ऋषिकेश में परमार्थ निकेतन में योग पढ़ाते थे। वहां दुनिया के तमाम देशों के योग-प्रेमी अक्सर आते हैं। इसी दौरान चीन से एक युवती यिन यान

व उसके दोस्त एक सप्ताह की ट्रेनिंग के लिए ऋषिकेश आए। जब वे वापस गए, तो उन्होंने मोहन को एक महीने योग सिखाने के लिए चीन बुलाया। बात 2003 की है। चीन पहुंचने के बाद कई लोगों को मोहन ने योग की शिक्षा दी। एक महीने बाद मोहन तो भारत वापस लौट आए, लेकिन चीनी लोगों को योग से लगाव हो गया था। बस, क्या था, उन्होंने छह महीने बाद फिर से योगी मोहन को चीन बुला लिया।

उसके बाद से मोहन चीन में योग गुरु बनकर रह गए हैं। मोहन चीन में ही विवाह भी कर चुके हैं और अब तो उनके दो बच्चे भी हैं।

उनका योग-सेंटर चीन में योग सिखाने वाले सबसे प्रसिद्ध संस्थानों में से एक है। सिर्फ बीजिंग में ही तीन बड़े सेंटर हैं, जिसकी शाखाएं चीन के तमाम शहरों में खुल चुकी हैं।

मुख्य तौर पर योग के चार भेद हैं : राज योग, कर्म योग, भक्ति योग और ज्ञान योग। उसके बाद हठ योग आता है।

योगी मोहन कहते हैं कि उनके संस्थान में पारंपरिक हठ योग सिखाया जाता है। यहां पर भारत की ही तरह के हठ योग की ट्रेनिंग दी जाती है। लेकिन हठ योग में भी कई तरह की स्टाइल होती हैं। चीन में आजकल हठ योग, अष्टांग, अयंगर योग, हॉट योग आदि लोकप्रिय हैं।

चीनी लोग बड़ी गंभीरता से योग सीखते हैं। योग की सभी अच्छी पुस्तकों का चीनी भाषा में अनुवाद हो चुका है, जिनमें हठ-प्रदीपिका, पतंजलि योग-सूत्र प्रमुख हैं। इन पुस्तकों का अध्ययन करने से चीनी लोगों की योग के बारे में धारणा बदल चुकी है।

दिवंगत योग गुरु बी.के.एस. अयंगर जब चीन पहुंचे, तो योग के प्रति वहां के लोगों की दीवानगी देख उन्होंने भारत और चीन के बीच योग के क्षेत्र में सहयोग की अपार संभावना व्यक्त की थी। उन्होंने कहा था : 'हो सकता है, एक दिन चीन भारत को योग के क्षेत्र में पीछे छोड़ दे!'

अयंगर ने अमेरिका व पश्चिमी देशों में भारतीय योग को नई पहचान दिलाई, यहां तक कि उन्होंने कई बड़ी हस्तियों को भी योग करने के लिए प्रेरित किया।

पिछले कुछ वर्षों से चीन में योग से जुड़े बड़े सम्मेलन और कार्यक्रम भी आयोजित होने लगे हैं। 2011 में चीन अंतर्राष्ट्रीय योग सम्मेलन का आयोजन हुआ। योग की बढ़ती लोकप्रियता के चलते योगासन प्रतियोगिताएं भी आयोजित की जाने लगी हैं। इसी तरह की एक प्रतियोगिता में विजेताओं को भारत घूमने का अवसर प्रदान किया गया।

चीनी प्रोफेसर वांग शु यिंग के शब्दों में : 'सदियों पहले बौद्ध धर्म के प्रसार से चीन ने भारत को जाना, और चीन एक बार फिर से योग के द्वारा भारत के नये रूप को जानना चाहता है।'

चीन में योग की व्यापक संभावना को देख भारत सरकार भी समय-समय पर यहां कार्यक्रम आयोजित करवा रही है। वैसे 13 जून, 2015 को चीन के युन्नान मिनज़ू यूनिवर्सिटी में पहली बार भारत द्वारा योग संस्थान (सरकारी) की स्थापना हुई है। हर साल भारत से दो शिक्षकों को इस यूनिवर्सिटी में भेजा जाएगा, जबकि संस्थान के छात्रों को भी भारत में पढ़ाई करने के अवसर मिलेंगे।

भारतीय प्रधानमंत्री नरेंद्र मोदी ने मई, 2015 में जब चीन का दौरा किया था, उस यात्रा के दौरान भारतीय योग और चीन के थाई ची की चर्चा हुई थी। मोदी ने बीजिंग में योग-थाई ची संयुक्त प्रोग्राम में भी हिस्सा लिया था।

मोदी ने 27 सितंबर, 2014 को संयुक्त राष्ट्र महासभा में प्रति वर्ष अंतर्राष्ट्रीय योग दिवस मनाए जाने का प्रस्ताव रखा था। मोदी की कोशिश रंग लाई और 11 दिसंबर, 2014 को संयुक्त राष्ट्र के 193 सदस्यों ने 21 जून को योग दिवस के रूप में मनाए जाने का प्रस्ताव स्वीकार किया। 21 जून, 2015 को पहला अंतर्राष्ट्रीय योग दिवस मनाया गया। इस अवसर पर 192 देशों ने हिस्सा लिया। और दुनिया के करीब 30 करोड़ से अधिक लोगों ने योगाभ्यास किया। चीन में इस अवसर पर कई जगहों पर हजारों की संख्या में लोगों ने योगाभ्यास किया।

श्रीश्री रविशंकर का आर्ट ऑफ लिविंग चीन में पहले से ही चल रहा है। वहीं ब्रह्मकुमारी द्वारा संचालित राज योग भी चीन में किया जाता है। इसे भी आम तौर पर महिलाएं करती हैं। ऐसी ही एक महिला हैं छंग खाय चिए, जो वर्ष 1995 से राज- योग कर रही हैं, यहां तक कि अब उनका पूरा परिवार शाकाहारी हो चुका है। राज-योग करने वाले हर साल भारत के माउंट आबू में होने वाले विश्व सम्मेलन में हिस्सा लेने जाते हैं।

योग गुरु बाबा रामदेव भी चीन में योग संस्थान खोलने जा रहे हैं। वे साल 2016 तक योग पीठ सेंटर की शाखा स्थापित करने वाले हैं। वैसे बाबा रामदेव के कई देशों में सेंटर चल रहे हैं। लेकिन चीन में पहली बार खुलेगा।

भारत-चीन युद्ध

भारत-चीन युद्ध के पांच दशकों के बाद इन दोनों देशों के रिश्तों में नई गरमाहट है। द्विपक्षीय व्यापार 74 अरब डॉलर को पार कर चुका है। दो साल से रुका सैन्याभ्यास फिर से शुरू हो चुका है। सीमा-विवाद और न गहराए, इसके लिए साझा व्यवस्था पर दोनों पक्ष तैयार हो गए हैं। दोनों देशों को इसका एहसास हो चुका है कि संबंध सिर्फ सीमा के मुद्दे पर आकर स्थिर नहीं हो सकते हैं, क्योंकि कई क्षेत्रों में व्यापक सहयोग और आदान-प्रदान की साझा संभावनाएं हैं।

अगर दो क्षण रुककर पचास साल पहले के घटनाक्रम पर नजर दौड़ाएं, तो कुछ चीजें साफ होती हैं। ब्रिटिश पत्रकार नेविले मैक्सवेल ने अपनी चर्चित पुस्तक

'इंडियाज चाइना वार' में लिखा है कि भारत द्वारा युद्ध का फैसला जल्दबाजी में उठाया गया कदम था। तत्कालीन प्रधानमंत्री पंडित जवाहरलाल नेहरू ने अपने सेनाधिकारियों पर आंख मूंदकर भरोसा किया और चीन को कमजोर समझने की गलती की। कुछ चीनी विश्लेषकों का मानना है कि सोवियत संघ और चीन के रिश्तों में आई दरार के कारण भारत यह समझ बैठा था कि चीन उतना ताकतवर नहीं रहा, जबकि चीन को संघर्षों का अच्छा अनुभव था। माओ-त्से-तुंग और जनमुक्ति सेना के अधिकारी नेहरू और उनके सैन्य रणनीतिकारों से कहीं बेहतर थे। बाद में नेहरू ने संसद में खुद स्वीकार किया था कि हम आधुनिक सचाई से दूर हो गए थे। हम एक बनावटी माहौल में रह रहे थे, जिसे हमने ही तैयार किया था।

चीन का भी मानना है कि 'हिंदी-चीनी भाई-भाई' का नारा देने वाले नेहरू की अदूरदर्शिता इस युद्ध की वजह रही। दरअसल नए चीन की स्थापना के बाद उस पर मैकमोहन रेखा को स्वीकार करने के लिए दबाव डाला जा रहा था, जबकि यह रेखा उसकी सहमति के बिना ही खींची गई थी। 1962 से पहले मैकमोहन रेखा के कुछ उत्तरी इलाकों में चीनी सेना का कब्जा था। जब इस क्षेत्र में भारत ने चीनी सैनिकों पर आक्रमण किया, तो चीन ने इसे गंभीर हमला मानते हुए कार्रवाई की। युद्ध में भारत को पटखनी देने के बाद चीनी सेना एकतरफा युद्ध विराम का ऐलान कर पुराने क्षेत्र में वापस लौट गई। हालांकि इसके पीछे तत्कालीन सोवियत संघ, अमेरिका और ब्रिटेन द्वारा भारत को सैन्य मदद देने की तैयारी भी एक वजह थी। चीन आज भी सैन्य शक्ति के मामले में भारत से बहुत आगे है। चीन की सैन्य ताकत को भारत के साथ-साथ पश्चिमी देश भी खतरे के तौर पर देखते हैं। चीन के रक्षा बजट पर भी सवाल उठते हैं, जबकि अमेरिका की तुलना में चीन का रक्षा बजट बहुत कम है।

जहां तक चीन में भारतीयों के प्रति नजरिया का मामला है, तो यहां भारत-विरोध जैसी कोई भावना नहीं है। भारत के बारे में चर्चा करने पर लोग योग, बौद्ध धर्म, बॉलीवुड फिल्मों और संगीत का जिक्र करने लगते हैं। हाल के दिनों में बॉलीवुड की 'थ्री इडियट्स' यहां बहुत लोकप्रिय हुई है। पचास साल पहले का युद्ध भी आम चीनियों के लिए अब कोई मुद्दा नहीं है। उनका कहना है कि अब हमें आगे की ओर देखना चाहिए। उनके दिल में भारतीयों के लिए शत्रुता नहीं है, क्योंकि भारत के साथ विवाद ऐसा है, जिसे सुलझाया जा सकता है। 'रिसर्च एंड फाउंडेशन ऑफ इंटरनेशनल इश्यू इन चाइना' के प्रमुख वांग यूशंग कहते हैं कि चीन और भारत के संबंध बेहतर हो सकते हैं, पर अमेरिका इस क्षेत्र में अपने हित साधने के लिए दोनों देशों को आपस में बांटे रखना चाहता है। ऐसे में संघर्ष से किसी को लाभ नहीं पहुंचेगा।

भाषाविशेषज्ञ जानकी बल्लभ कहते हैं कि भारत और चीन के संबंध बहुत पुराने रहे हैं और पचास साल पहले के युद्ध से इस रिश्ते पर कोई बहुत बड़ा असर नहीं पड़ा है। चीन के सुदूर गांवों में जाने पर आज भी भारत और भारतीयों के प्रति

मैत्री का भाव दिखाई देता है। और इसका असर बहुत गहरा है। गांव में चले जाइए, लोग भारत के प्रति मैत्री का भाव रखते हैं। यहां तक कि 1962 के युद्ध के बाद भी चीन में भारत-विरोधी भावना उस तरह नहीं दिखी। हालांकि पिछले दिनों कुछ भारतीय व्यापारियों के साथ हुए गलत व्यवहार से ऐसी धारणा बनी थी। फिर बीजिंग की वीजा नीति भी कई बार भारत-विरोधी दिखती है, लेकिन जमीनी धरातल पर ऐसा कुछ नहीं है।

युद्ध के पचास साल के अवसर पर कुछ चीनी बुद्धिजीवी स्वीकार करते हैं कि यदि चीन ने भी थोड़ा संयम बरता होता, तो इस युद्ध को टाला जा सकता था, क्योंकि युद्ध के बाद भी सीमा-विवाद जस का तस है, जबकि इस पर लगभग 16 दौर की वार्ताएं हो चुकी हैं। अरुणाचल प्रदेश, जिसे चीन दक्षिणी तिब्बत कहता है। अक्साई चिन, दलाई लामा और तिब्बत आदि को लेकर दोनों देशों के बीच का विवाद भी कायम है।

उल्लेखनीय है कि भारत आज भले ही चीन को प्रमुख प्रतिद्वंद्वी मानता है, मगर चीन के लिए जापान और अमेरिका का महत्त्व कहीं अधिक है। ऐसे में उसका ध्यान विशेष तौर पर भारत की ओर नहीं है। भारत-चीन युद्ध की 50वीं वर्षगांठ पर भी जहां भारतीय मीडिया में तमाम खबरें आ रही हैं, वहीं चीन में इस मुद्‌दे को तवज्जो नहीं दी गई है। सिर्फ एक अखबार ने भारतीय मीडिया की टिप्पणी का हवाला देकर चीन की आर्थिक शक्ति का उल्लेख करते हुए लिखा है कि पिछले पचास वर्षों में चीन की सैन्य शक्ति निश्चित रूप से भारत से बेहतर है। न केवल सैन्य क्षेत्र में, बल्कि आर्थिक क्षेत्र में भी चीन ने इस दौरान उल्लेखनीय प्रगति की है।

आज भारत-चीन युद्ध से जुड़ी कोई सुगबुगाहट बीजिंग में नहीं दिखती। चीन जहां अमेरिका और जापान पर अधिक ध्यान दे रहा है, वहीं आम चीनी नागरिक भारत को अपना दोस्त मानता है। चीनी मीडिया ने भी उस युद्ध को लगभग अनदेखा कर दिया है। उसका फोकस भारत-चीन कारोबार पर ही अधिक है।

[अमर उजाला, 22 अक्टूबर, 2012]

नई चुनौतियों से रूबरू पड़ोसी

दुनिया की प्राचीन संस्कृतियों वाले पड़ोसी देश भारत व चीन इस बार अपने राजनयिक संबंधों की 60वीं वर्षगांठ मना रहे हैं। अतीत पर नजर डालें तो बीते छह दशकों में दोनों के रिश्ते काफी उतार-चढ़ाव भरे रहे हैं। 1962 के युद्ध की काली छाया भी अक्सर सीमा-विवाद के रूप में पड़ती दिखाई देती है। इस मसले पर दोनों पक्ष तमाम घोषणाओं के बावजूद दो कदम आगे बढ़ते ही तीन कदम पीछे हट जाते हैं। पिछले साल भी अरुणाचल के मुद्‌दे पर मनमोहन सिंह के बयान के बाद भारत

की ड्रैगन के साथ तनातनी हो गई थी। लेकिन जल्द ही दोनों को इसका अहसास हो गया कि शब्दों की लड़ाई से किसी को भी फायदा नहीं पहुंचेगा। हालांकि पूर्व में कई बार ऐसे मौके भी आए जब रिश्तों की डोर मजबूत होने के संकेत मिले—चाहे वे पचास के दशक के शुरुआती साल हों या फिर 1978 के बाद का समय।

विवादों से हटकर बात की जाए तो दुनिया की एक-तिहाई आबादी वाले इन दोनों देशों को उभरती हुई मजबूत आर्थिक शक्ति माना जाने लगा है। मंदी के दौर में भी, खासकर चीन की विकास-दर तमाम देशों के मुकाबले बेहतर रही है, वहीं आंकड़ों में भारत भी चीन से अधिक पीछे नहीं है। जानकार मानते हैं कि दोनों की अंदरूनी नीतियां बहुत हद तक ठोस व सफल रही हैं। अमेरिका के लिए भी यह संकेत है कि वह इन्हें साथ लेकर ही खुद को मजबूत बनाए रख सकता है, क्योंकि भारत-चीन का असर न केवल एशिया बल्कि पूरी दुनिया पर पड़ता है।

वैसे 60वीं वर्षगांठ के मौके को भारत व चीन खास मान रहे हैं। इसमें राजनीतिक विचार-विमर्श के अलावा आर्थिक व सांस्कृतिक आदान-प्रदान को भी बढ़ावा देने की बात कही जा रही है। भारत अपना समारोह चीन में मनाएगा और चीन भारत में। इतना ही नहीं, भारतीय सांस्कृतिक दल चीन के 33 शहरों में भी कार्यक्रम प्रस्तुत करेंगे। गत वर्ष की कड़वाहट को छोड़ दें तो हाल के दिनों में चीन ने बार-बार दोहराया है कि भारत उसका एक अच्छा सहयोगी होने के साथ-साथ पड़ोसी भी है। चीनी प्रधानमंत्री वेन जिया बाओ ने भारत-चीन के बेहतर संबंधों पर सकारात्मक रुख दिखाया है, जबकि भारत की ओर से भी उचित माहौल बन रहा है।

अगर अतीत पर नजर डालें तो भारत एक अप्रैल, 1950 को चीन से राजनयिक संबंध स्थापित करने वाला सोलहवां देश बना, और पहला गैर-समाजवादी देश। जहां भारत ने के.एम. पनिक्कर को चीन में अपना पहला राजदूत नियुक्त किया, वहीं चीन ने युवान चोंगस्यान को भारत भेजा। हालांकि उस दौरान भी तिब्बत का मुद्दा उठने लगा था। वर्ष 1954 में चीनी प्रीमियर चाउ-इन-लाइ के भारत दौरे व जवाहरलाल नेहरू की चीन-यात्रा के दौरान दोनों पक्षों के बीच व्यापार व अन्य द्विपक्षीय मामलों पर समझौते किए गए। इसमें तिब्बत पर आठ साल का महत्त्वपूर्ण समझौता (पंचशील) शामिल था। हालांकि लद्दाख के अक्साई चिन क्षेत्र को भारतीय मानचित्र पर दर्शाए जाने से चीन नाराज हो गया। उसने भारत पर हिमालयन रेंज में अपना अवैध विस्तार करने का आरोप लगाया।

इसके बाद कुछ सालों तक दोनों देशों के मध्य विश्व शांति के मकसद से कई अहम मुद्दों पर सहमति कायम हुई। चाउ ने भारत के सामने अक्साई चिन के बदले उत्तर-पूर्वी हिस्से को देने का प्रस्ताव रखा, जिसे भारत ने ठुकरा दिया। और सीमा-विवाद की परिणति 20 अक्टूबर, 1962 के युद्ध के रूप में देखने को मिली, इसके बावजूद सीमांकन का मसला सुलझ नहीं पाया। यहां बता दें कि चीन की सीमा 14 देशों के साथ मिलती है, पर सिर्फ भारत के साथ ही इस विवाद का हल नहीं निकला

है। गौरतलब है कि भारत व चीन के संबंधों का सबसे खराब दौर साठ से सत्तर के दशक के बीच का था। उन दिनों चीन-पाकिस्तान संबंधों में सुधार हुआ और वह भारत के मुद्दे पर पाकिस्तान को समर्थन देने लगा।

मगर वर्ष 1979 में तत्कालीन सोवियत संघ द्वारा अफगानिस्तान पर आक्रमण किए जाने के पश्चात् भारत व चीन नजदीक आते दिखे। उस दौर में चीन ने पाकिस्तान के प्रति अपने नरम रुख में बदलाव करने के साथ-साथ सिक्किम व भूटान के सवालों पर भी लचीलापन दिखाया, जबकि 1981 से 1987 तक दोनों में सीमा-विवाद के मसले पर कई बार वार्ताएं रद्द हुईं, लेकिन उनका कोई भी नतीजा नहीं निकल पाया। वर्ष 1988 में राजीव गांधी की चीन-यात्रा से द्विपक्षीय रिश्तों में सुधार आया और विज्ञान-तकनीकी सहयोग व सीधी हवाई सेवा शुरू करने समेत कई द्विपक्षीय संबंधों पर सहमति बनी, मगर 1998 में भारत के नाभिकीय परीक्षण के बाद एक बार फिर तनाव बढ़ गया। हालांकि वर्ष 2003 में प्रधानमंत्री अटल बिहारी वाजपेयी की चीन-यात्रा ने संबंधों को फिर से पटरी पर लाने में अहम भूमिका निभाई। इस दौर में व्यापारिक रास्ते भी खुलने लगे और गत 10 वर्षों में चीन-भारत व्यापार में आई तेजी से इसके सबूत भी मिलते हैं। वर्ष 2000 में चीन द्वारा भारत को करीब 1.5 अरब डॉलर का माल निर्यात किया गया, जबकि 2008 में यह बढ़कर 32 अरब डॉलर हो गया। इस दौरान भारत द्वारा चीन को निर्यातित माल की राशि 760 मिलियन डॉलर से 20 अरब डॉलर पहुंच गई।

जनवरी, 2008 में प्रधानमंत्री मनमोहन सिंह की चीन-यात्रा को काफी सफल करार दिया गया, लेकिन अरुणाचल दौरे में मनमोहन के एक बयान ने (अरुणाचल प्रदेश भारत का हिस्सा है) चीन को उत्तेजित कर दिया। फिर कुछ ही समय में दोनों ओर से डैमेज कंट्रोल के प्रयास शुरू हुए।

राजनीतिक विश्लेषकों का मानना है कि सीमा-विवाद समेत दलाई लामा व अन्य संवेदनशील मसलों पर दोनों देशों को पब्लिक स्टेटमेंट देने से बचना चाहिए, क्योंकि इससे किसी भी पक्ष का दीर्घकालिक फायदा नहीं होगा।

जवाहरलाल नेहरू विश्वविद्यालय में अंतर्राष्ट्रीय राजनीति व राजनयिक मामलों के प्रोफेसर स्वर्ण सिंह कहते हैं कि बीते साठ सालों में दोनों देशों के संबंधों में परिपक्वता आई है। उनके मुताबिक भारत-चीन के पास रिश्ते बेहतर करने का यह एक नया मौका है। जलवायु परिवर्तन पर कोपनहेगन सम्मेलन में कार्बन उत्सर्जन में कमी लाने आदि मुद्दों पर दोनों देश कुछ करीब आए हैं। दोनों जिस तरह अमीर देशों की नीतियों के खिलाफ एकजुट हुए, वह एक अच्छा संकेत कहा जा सकता है। ऐसे में फिलहाल सैन्य टकराव की कोई आशंका नजर नहीं आती है।

दोनों देशों की भलाई इसी में है कि वे इन सब मसलों से ऊपर उठकर 21वीं सदी में तमाम चुनौतियों का मिलकर सामना करें।

[हिंदुस्तान, 3 अप्रैल, 2010]

मनमोहन सिंह का चीन दौरा

चीनी प्रधानमंत्री ली ख छ्यांग ने मई में अपनी विदेश यात्रा के पहले पड़ाव के रूप में भारत को चुना। ठीक पांच महीने बाद 22 अक्टूबर को भारतीय प्रधानमंत्री मनमोहन सिंह बीजिंग पहुंच रहे हैं। 1954 के बाद यह पहला मौका होगा, जब एक साल के भीतर दोनों देशों के प्रधानमंत्रियों ने एक-दूसरे देश की यात्रा की हो। इस मौके पर दोनों पक्षों को बेहतर समन्वय, सार्थक चर्चा और समझौतों की उम्मीद है। विशेषकर सीमा सहयोग समझौते (बीडीसीए) पर दस्तखत की। इस समझौते को साकार करने के लिए पिछले कुछ समय से दोनों पक्षों के उच्च स्तरीय अधिकारी काम कर रहे हैं। इसमें अचिह्नित सीमा क्षेत्र के अलावा अन्य विवादित मुद्दे शामिल हैं। बीडीसीए के तहत दोनों देश विवादित इलाकों में अपनी सैन्य गतिविधि कम करने पर सहमत हो सकते हैं। इसका मकसद सीमा पर बेवजह तनाव को खत्म करना बताया जाता है।

चीन में एक तरह से मनमोहन की यात्रा से पहले सकारात्मक माहौल तैयार करने की कोशिश हुई है। अगर समझौता हुआ तो कहा जाएगा कि मनमोहन के चीन दौरे में दोनों देशों ने कुछ उपलब्धि तो हासिल की, क्योंकि 1962 के युद्ध के बाद लगभग 16 दौर की वार्ताएं सीमा-समस्या पर हो चुकी हैं। दोनों पक्ष कभी इस मसले पर दो कदम आगे बढ़ते हैं, तो कभी तीन कदम पीछे।

इसके साथ ही वे सीमा पर अपनी स्थिति मजबूत करने में जुटे हैं। चीन के बेहतरीन आधारभूत ढांचे के जवाब में भारत ने भी लगभग 4 हजार किमी. लंबी सीमा के आसपास सड़कें और निगरानी टॉवरों के निर्माण का काम शुरू किया है। चीनी थिंक टैंक भारत के इस कदम से चिंतित हैं। वे मनमोहन सिंह के सामने यह मुद्दा उठा सकते हैं, जबकि भारत के अधिकारी भी सीमा में घुसपैठ और गतिविधियों पर नियंत्रण लगाने की मांग करेंगे। वीजा-विवाद भी बातचीत में शामिल हो सकता है। भारत की नाराजगी के बावजूद चीन अरुणाचल प्रदेश और जम्मू-कश्मीर के नागरिकों को नत्थी वीजा देता आया है। हाल में अरुणाचल की दो युवा तीरंदाज नत्थी वीजा के चलते चीन नहीं आ पाईं। 2010 के बाद चीन अरुणाचल के नागरिकों को इस तरह का वीजा दे रहा है। इससे पहले चीनी दूतावास इस प्रदेश के लोगों को कोई भी वीजा जारी नहीं करता था। चीन के रुख को देखकर लगता नहीं कि वह मनमोहन की यात्रा के दौरान वीजा-नीति में कोई बदलाव लाएगा। चीनी विदेश मंत्रालय की प्रवक्ता के बयान से यह साफ हो जाता है।

यहां बता दें कि विवादित सीमा के पूर्वी क्षेत्र में 90 हजार वर्ग किमी. इलाके पर चीन अपना दावा करता है, जबकि भारत का आरोप है कि चीन ने पश्चिम में कम-से-कम 38 हजार वर्ग किमी. क्षेत्र पर कब्जा किया है।

दोनों देश सीमा और विवादित क्षेत्र को लेकर अपने-अपने दावे करते हैं। कोई भी पक्ष झुकने को तैयार नहीं है। भारत अक्साई चिन को अपना बताता है, जबकि अरुणाचल के बड़े क्षेत्र को चीन अपना हिस्सा मानता है।

सीमा और वीजा-विवाद के अतिरिक्त द्विपक्षीय व्यापार बढ़ाने की दिशा में चीनी और भारतीय नेता ध्यान केंद्रित करेंगे। यह ऐसा पहलू है जिस पर दोनों पक्ष विवाद की छाया नहीं पड़ने देना चाहते हैं। वर्ष 2000 में द्विपक्षीय व्यापार महज 3 अरब डॉलर था, और 2011 में 74 अरब डॉलर पहुंच गया, पर आर्थिक मंदी आदि वजहों से 2012 में घटकर 66 अरब डॉलर रह गया है। इसमें भी भारत को घाटा हो रहा है, जिसे संतुलित करने की मांग भारत ने की है। इस पर चीन ने आईटी समेत कुछ अन्य क्षेत्रों में भारतीय कंपनियों को अपने यहां काम करने की अनुमति दी है।

भारत की विकास-दर कम होने के चलते विदेशी निवेशकों ने भी भारत की ओर कोई विशेष रुचि नहीं दिखाई, यह देश के लिए चिंता का विषय है। ऐसे में मनमोहन चीनी निवेशकों को रिझाने का मौका हाथ से नहीं जाने देंगे। हाल में वे अंतर्राष्ट्रीय मंचों से भारत में व्यापार की बेहतर संभावनाओं पर जोर देते रहे हैं। इंडोनेशिया और ब्रुनेई के अलावा आसियान के साथ भी व्यापारिक रिश्ते मजबूत करने पर उनका फोकस रहा है। वहीं चीन में भी विकास की गति पहले से कुछ धीमी है। जाहिर है कि चीनी कंपनियों के लिए भारत एक बड़ा बाजार है, लेकिन वीजा मिलने में होने वाली दिक्कतों से भी बिजनेस पर असर पड़ता है। इस परिप्रेक्ष्य में मनमोहन की चीनी राष्ट्रपति शी चिन फिंग व प्रधानमंत्री ली ख छ्यांग के साथ भी चर्चा होने की उम्मीद है। इसमें वीजा-नियमों में कुछ ढील दिये जाने की संभावना है।

वैसे यह साल चीन-भारत संबंधों के लिहाज से कुछ बेहतर कहा सकता है। चीन में हुए सत्ता-परिवर्तन के बाद चीनी राष्ट्रपति ने द्विपक्षीय रिश्ते सुधारने के लिए पांच-सूत्रीय फार्मूला पेश किया। डरबन में ब्रिक्स बैठक के दौरान मनमोहन और शी के बीच चर्चा हुई। साथ ही चीन ने सीमा-विवाद के निपटारे के लिए दोनों ओर से व्यापक प्रयास किए जाने की अपील की। इस वर्ष की शुरुआत में ही कुछ सालों से बंद रक्षा-वार्ता फिर से चालू हुई। शीघ्र ही दोनों देशों की सेनाओं के बीच संयुक्त सैन्य अभ्यास शुरू होने के आसार हैं। मनमोहन की यात्रा इस मायने में खास है कि दोनों देश एशिया की स्थिरता पर गंभीर विचार-विमर्श कर सकते हैं। विशेषकर अफगानिस्तान, पूर्वी एशिया और आतंकवाद के खिलाफ एकजुट होने पर। अगले साल नाटो और अमेरिकी सेना अफगानिस्तान से हट जाएंगी। ऐसे में क्षेत्र में शांति कायम करने में भारत की भूमिका अहम रहेगी। चीन भी इस बाबत रुचि दिखाने लगा है, जबकि पहले वह अफगानिस्तान के मसले पर मध्यस्थता करने को इच्छुक नहीं था। बदली परिस्थितियों में उसकी विदेश नीति में भी परिवर्तन आया है।

थोड़ा पीछे जाएं तो चीनी प्रधानमंत्री पद संभालने के बाद पहले विदेश दौरे में भारत पहुंचे। यह चीन की नीति में आए बदलाव का ही नतीजा है। चीन ने खुद स्वीकार किया है कि वह विदेश नीति और कूटनीति के नए चरण में प्रवेश कर रहा है, जिसमें पड़ोसी देशों का साथ होना जरूरी है। दक्षिणी एशिया में भारत के प्रभाव को चीन समझता है। हालांकि पीएम के भारत दौरे से पहले अप्रैल में सीमा पर खासा

तनाव हो गया था। दोनों पक्षों के सैन्य प्रतिनिधियों और संबंधित नेताओं ने मिल-बैठकर मामले को शांत किया। चीनी प्रधानमंत्री ने दिल्ली पहुंचकर संदेश दिया कि भारत और चीन धैर्य से काम ले रहे हैं। भारत की ओर से भी इस मसले पर कोई आक्रामक बयानबाजी नहीं हुई।

[दैनिक जागरण, 20 अक्टूबर, 2013]

नरेन्द्र मोदी की चीन यात्रा

नरेंद्र मोदी चीन, मंगोलिया और दक्षिण कोरिया—तीन देशों की यात्रा पर 14 मई को निकल रहे हैं। भले ही वह एशिया के तीन देशों का दौरा करेंगे, लेकिन चीन दौरे को सबसे अहम माना जा रहा है। दुनिया की सबसे बड़ी आबादी वाले दो देशों के शीर्ष नेताओं की मुलाकात पर रिश्ते बेहतर होने की उम्मीद है।

इस दौरे पर राजनीतिक और कूटनीतिक मुद्दों पर चर्चा होगी, लेकिन व्यापार पर सबसे अधिक जोर रहने की संभावना है। गौरतलब है कि पीएम बनने के बाद मोदी विदेश दौरों पर भारत में निवेश आकर्षित करने का कोई मौका नहीं छोड़ रहे। चीन इस क्षेत्र में बड़ी भूमिका निभा सकता है। शी चिनफिंग जब भारत आए थे, तब भी एक दर्जन समझौतों पर दस्तखत हुए थे। दुनिया में सबसे अधिक 4 ट्रिलियन डॉलर फॉरेन एक्सचेंज रिजर्व वाला चीन भी भारत में निवेश करने का इच्छुक है। हाल के वर्षों में भारत में चीनी निवेश में इजाफा हुआ है। मेक इन इंडिया, स्मार्ट सिटी, इंफ्रास्ट्रक्चर डेवलपमेंट और रेलवे प्रोजेक्ट में चीन की रुचि है। हाई स्पीड रेल नेटवर्क स्थापित करने में चीन को विशेषज्ञता हासिल है। विश्व का सबसे लंबा हाई स्पीड रेल मार्ग चीन में है। वहीं भारत को अपने आधारभूत ढांचे में व्यापक बदलाव के लिए भारी पूंजी की आवश्यकता है। वह इस अवसर का लाभ उठाना चाहेगा और बिजनेस सेक्टर भी इसी उम्मीद में है। भारत और चीन के बीच द्विपक्षीय व्यापार लगभग 70 अरब डॉलर है। हालांकि व्यापार असंतुलन भी एक बड़ी समस्या है, इस पर भारत चीन को अपनी चिंताओं से अवगत करा चुका है। मोदी की यात्रा के दौरान इस पर चर्चा हो सकती है। शी के भारत दौरे के वक्त भी व्यापार बढ़ाने और संतुलन पर ध्यान दिया गया था। व्यापार घाटा कम करने के लिए आईटी, फार्मा, फाइन केमिकल्स, बायो टेक्नोलॉजी, नैनो टेक्नोलॉजी और अन्य क्षेत्रों में भारत को चीन में निवेश के अधिक मौकों की तलाश है। उम्मीद है कि चीनी पक्ष इस पर गौर करेगा।

यहां बता दें कि पिछले साल सितंबर में जब चीनी राष्ट्रपति शी चिनफिंग ने भारत की धरती पर कदम रखा तो उनके दौरे को ऐतिहासिक कहा गया। वह मोदी के गृह राज्य गुजरात गए थे। इसी क्रम को आगे बढ़ाते हुए मोदी चीनी नेता के यहां शांसी प्रांत जाएंगे, जबकि शंघाई में भारतीय समुदाय को संबोधित करने की भी

संभावना है। चीन में पढ़ रहे भारतीय छात्रों की संख्या में हर साल इजाफा हो रहा है। बिजनेस और नौकरी करने वाले लोगों की तादाद भी बढ़ रही है। ऐसे में चीन में मौजूद भारतीय मोदी के दौरे को आशा की नजर से देख रहे हैं।

वैसे भारत और चीन के बीच सीमा-विवाद जगजाहिर है और इस मुददे पर दोनों देशों का नजिरया भी अलग-अलग है। शी चिनफिंग के भारत दौरे से ठीक पहले सीमा पर तनाव पैदा हुआ था। इस बार दोनों पक्षों की कोशिश है कि बेवजह विवाद न हो। यह भी सच्चाई है कि सीमा पर पिछले कई दशकों से एक भी गोली नहीं चली है। जब मोदी और शी चिनफिंग की मुलाकात होगी तो वे भारत में हुई बातचीत का सिलसिला आगे बढ़ाएंगे।

मोदी ने चीन जाने से पहले इस बात के संकेत भी दिये हैं। मोदी ने टाइम मैगजीन को दिये इंटरव्यू में कहा था कि भारत और चीन ने सीमा-विवाद से निपटने और द्विपक्षीय संबंधों को लेकर 'इतिहास से सबक' सीखा है। मोदी का यह बयान वक्त की नजाकत को देखते हुए सही कहा जा सकता है।

जानकार मानते हैं कि सीमा मुद्दे का हल बातचीत के जरिए ही संभव है। दोनों ओर से पिछले कुछ वर्षों में प्रयास भी तेज हुए हैं। भारत और चीन की सेनाओं के बीच बेहतर संवाद कायम हुआ है, जो सीमा पर शांति बनाए रखने में महत्त्वपूर्ण भूमिका निभा रहा है। चीनी राष्ट्रपति के भारत दौरे के बाद कहा गया था कि दोनों पक्ष सीमा-विवाद के निपटारे की दिशा में काम करेंगे। मार्च में भारत और चीन के बीच सीमा-वार्ता दिल्ली में हुई थी। मोदी के चीन पहुंचने पर बात आगे बढ़ सकती है। दोनों पक्ष वास्तविक नियंत्रण रेखा को परिभाषित करना चाहते हैं, ताकि बार-बार विवाद की स्थिति से बचा जा सके।

सीमा-विवाद के इतर बात करें तो दोनों देशों की अर्थव्यवस्था तेजी से आगे बढ़ रही है। विश्व बैंक और आईएमएफ ने भारत की विकास-दर 7 से 8 प्रतिशत रहने का अनुमान लगाया है, जो चीन के लिए भी अच्छा संकेत है। इससे चीनी कंपनियां भारत में व्यापार करने को उत्साहित हैं। भारत को आधारभूत ढांचे में व्यापक बदलाव करने की आवश्यकता है। मोदी इस बात से वाकिफ हैं और उनका चीन से नाता पुराना है। गुजरात का मुख्यमंत्री रहते हुए कई बार चीन आ चुके हैं। चीनी कंपनियों की गुजरात में व्यापक मौजूदगी से यह पता चलता है कि चीन को मोदी रास आते हैं। कोई आश्चर्य नहीं होना चाहिए कि प्रधानमंत्री बनने के बाद अपनी पहली चीन-यात्रा में मोदी निवेशकों को लुभाने का पूरा प्रयास करेंगे। मोदी के पीएम बनने पर चीन सरकार ने उनकी छवि को सकारात्मक ढंग से पेश किया था। चीन मानता है कि मोदी भारत को विकास की पटरी पर दौड़ाने की क्षमता रखते हैं।

लंबे समय से चीन में रह रहे और फिक्की के एग्जीक्यूटिव डायरेक्टर व पुंज लॉयड के प्रेजिडेंट अतुल डालाकोटी मोदी के दौरे को बहुत महत्त्वपूर्ण करार देते हैं। बकौल डालाकोटी, प्रधानमंत्री बनने के बाद पहली चीन-यात्रा के विशेष मायने हैं।

चीनी राष्ट्रपति के भारत दौरे के 8 महीने बाद मोदी की चीन–यात्रा खास रहने वाली है। चीनी नेता का भारत दौरा भी कई मायनों में सफल रहा था। राजनीतिक और आर्थिक लिहाज से भी मोदी का दौरा अहम होगा। इससे दोनों देशों के रिश्ते एक नए चरण में प्रवेश करेंगे, ऐसी उम्मीद है।

चीन में बिजनेस कर रहे व्यापारी भी इस दौरे से उत्साहित हैं। इसके चलते चीन की राजधानी बीजिंग, शंघाई और अन्य शहरों में बिजनेस मीटिंग्स हो रही हैं। साथ ही भारत और चीन के बिजनेस प्रमुखों के बीच भी राउंड टेबल होंगी। इस दौरान व्यापार और संस्कृति आदि क्षेत्रों में समझौते होंगे।

चीन और भारत के बेहतर संबंध न केवल एशिया बल्कि समूची दुनिया के लिए अहम हैं। क्षेत्रीय समस्याओं के साथ–साथ अंतर्राष्ट्रीय मामलों पर दोनों सहयोग कर रहे हैं, जिसमें जलवायु परिवर्तन और आतंकवाद प्रमुख हैं। भारत आतंकवाद का शिकार है, जबकि चीन भी हाल के वर्षों में आतंकी गतिविधियों से त्रस्त रहा है। दोनों पक्ष एक–दूसरे से सहयोग करने की अपेक्षा रखते हैं। मोदी और शी चिन फिंग की भेंट के दौरान इस पर विचार–विमर्श हो सकता है।

इस साल चीन और भारत के बीच राजनयिक संबंध स्थापना की 65वीं बरसी मनाई जा रही है। इस दौरान दोनों देशों में कई कार्यक्रम आयोजित हो रहे हैं। इसमें एक–दूसरे देश में पर्यटन आदि को बढ़ावा देने पर फोकस है। इसी कड़ी में 14 मई को भारत–चीन मैत्री विषय पर फिल्में रिलीज की जाएंगी, जिसमें आमिर खान और जैकी चेन को एक साथ देखना लोगों के लिए बड़ा आकर्षण होगा। चीन में बॉलीवुड फिल्में खासी लोकप्रिय हैं, जिसमें आमिर और शाहरुख खान चीनी लोगों में जाने–पहचाने चेहरे हैं। भारत और चीन के रिश्ते सदियों पुराने हैं, लेकिन फिल्म, कला और संगीत आदि में सहयोग बहुत कम हो रहा है। इसे ध्यान में रखते हुए चीनी राष्ट्रपति के भारत दौरे के वक्त दोनों देशों के बीच फिल्म–जगत में आदान–प्रदान बढ़ाने के लिए समझौता हुआ था। मोदी जब चीन में होंगे तो इस पर बातचीत आगे बढ़ेगी।

[हिंदुस्तान, 12 मई, 2015]

भारत–चीन के बीच बढ़ी आवाजाही

भारत और चीन के बीच हाल के दिनों में जारी तनाव के बाद उच्च स्तरीय आवाजाही शुरू हो चुकी है, विवाद भी फिलहाल के लिए ठंडा पड़ गया लगता है। दोनों देशों ने इस बार जिस तरह सीमा मसले को सुलझाने की कोशिश की है, उससे लगता है कि पिछले वर्ष सीमा मुद्दे को लेकर स्थापित मैकेनिज्म का असर दिखने लगा है। चीन भी मान रहा है कि भारत का रुख सकारात्मक है और वह द्विपक्षीय संबंधों को बेहतर करने का इच्छुक है। इसी माहौल में भारतीय विदेश मंत्री सलमान खुर्शीद का

भी दो दिवसीय चीन दौरा अहम माना जा रहा है, जबकि जल्द ही चीनी प्रधानमंत्री ली ख छ्यांग भी भारत की यात्रा करने वाले हैं।

वैसे इसे संयोग कहें या विडंबना, जब भी एशिया की इन दो शक्तियों के बीच बड़े स्तर पर आवाजाही होनी होती है, उससे पहले कुछ न कुछ विवाद जरूर खड़ा हो जाता है। हालांकि वर्तमान में समस्या ज्यादा गंभीर नहीं हो पाई। जानकार कहते हैं कि दोनों पक्ष मुद्दे की गंभीरता और जटिलता को समझते हैं, इसलिए वे जल्दबाजी में नहीं हैं। सलमान खुर्शीद के दौरे को लेकर चीन भी उम्मीद लगाए है। उसे लगता है कि यह यात्रा विश्वास बहाली की दिशा में अहम साबित होगी।

गौरतलब है कि इससे पहले लगभग तीन सप्ताह तक दोनों देशों के बीच सीमा मुद्दे पर विवाद गहरा गया था, ऐसे में एक बार फिर लगने लगा था कि भारत और ड्रैगन के संबंध पटरी से उतर सकते हैं। लेकिन ऐसा नहीं हुआ। चीनी विदेश मंत्रालय का कहना है कि भारत और चीन ने समय पर उचित ढंग से विवाद को हल किया, जिसमें दोनों देशों के हितों को ध्यान में रखा गया है। चीन इस मामले की संवेदनशीलता को समझता है, यह चीनी नेताओं और अधिकारियों के बयानों से पता लगता है। वे बेवजह किसी तरह के मसले को तूल नहीं देना चाहते हैं। खुर्शीद की वर्तमान यात्रा के संदर्भ में भी यही कहा जा सकता है।

चीनी अधिकारियों का कहना है कि चीन भारत के साथ स्वस्थ और स्थिर संबंध कायम करना चाहता है। अगर चीनी मीडिया की बात करें तो वह भी भारतीय विदेश मंत्री के दौरे को सकारात्मक तरीके से देख रहा है। अखबार लिखते हैं कि दोनों पड़ोसियों के बीच सीमा क्षेत्र में विवाद हो गया था। वह इसके लिए भारतीय मीडिया का हवाला देते हैं कि चीनी सेना ने भारतीय क्षेत्र में प्रवेश किया था। हालांकि चीन ने फिर दोहराया है कि उसने किसी भी तरह से सीमा का उल्लंघन नहीं किया है। और एक सीमा संधि के लिए दोनों देशों को संयुक्त रूप से काम करना होगा, इस तरह की संधि जो कि दोनों पक्षों को स्वीकार्य हो।

उधर भारतीय विदेश मंत्रालय की ओर से भी संयमित बयान आया है। कहा गया है कि भारत और चीन वास्तविक नियंत्रण में स्टेटस को बनाए रखने पर सहमत हुए हैं।

यहां बता दें कि गत अप्रैल महीने में चीन के लद्दाख क्षेत्र में भारतीय सीमा में घुसने संबंधी खबरों के बाद तनाव बढ़ गया था। भारतीय मीडिया में तो यहां तक अटकलें लगाई जाने लगी थीं कि मामला हाथ से निकल चुका है और भारत को अब चीन को सबक सिखाना चाहिए। लेकिन इसके बाद दोनों तरफ से सैन्य अधिकारियों की बैठकें हुईं, जिसके बाद मसला कुछ शांत हुआ। इतिहास को देखते हुए यह कहा जा सकता है कि आने वाले समय में भले ही कोई बड़ा विवाद खड़ा न हो, पर कभी न कभी तनाव तो पैदा ही होगा क्योंकि दुनिया की तेजी से उभरती इन दो ताकतों के बीच सीमा काफी लंबी है, और इसका सही निर्धारण होना बाकी है। वैसे 1962 के

युद्ध के बाद सीमा मुद्दे को सुलझाने के लिए दोनों देशों के बीच 16 दौर की वार्ता हो चुकी है, फिर भी कोई खास प्रगति हासिल नहीं हो पाई है।

वहीं एकेडमी ऑफ मिलिटरी साइंस के शोधकर्ता मा चुन कहते हैं कि वर्तमान सीमा-विवाद दोनों देशों के बीच कोई अंतिम विवाद नहीं होगा, परन्तु भारत और चीन के पास दृढ़ इच्छाशक्ति और समुचित वार्ता व्यवस्था है, जो इस विवाद को अधिक बढ़ने से रोकने में सक्षम लगती है। चीन ने जोर देते हुए कहा है कि हालिया तनाव का दोनों देशों के रिश्तों पर असर नहीं पड़ा है, इसका ताजा उदाहरण खुर्शीद की चीन-यात्रा है। कुछ चीनी विश्लेषक यह भी मानते हैं कि यह विवाद इतना बड़ा नहीं था, पर भारतीय मीडिया ने सनसनी के लिए इस मुद्दे को जरूरत से अधिक तूल दिया। और दोनों देशों की सरकारों की पहल के बाद मीडिया भी कुछ शांत हो गया लगता है।

खुर्शीद के बाद चीनी प्रधानमंत्री ली ख छ्यांग भारत जाएंगे, ऐसे में कहा जा सकता है कि आने वाले दिनों में दोनों देशों के बीच विश्वास बहाली और संबंध बेहतर करने के कुछ अवसर होंगे। भले ही सीमा मुद्दे पर ज्यादा बात न बने, लेकिन आर्थिक और व्यापारिक क्षेत्र में प्रगति हासिल होने के व्यापक आसार हैं।

[मई, 2013 में प्रकाशित डायरी]

चीनी लोगों की नजर में मोदी

चीनी लोग मोदी को राष्ट्रवादी नेता के तौर पर देखते हैं। उन्हें लगता है कि वह सीमा-विवाद को हल करने की दिशा में पहल कर सकते हैं। वे यह भी मानते हैं कि मोदी भारत की अर्थव्यवस्था को पटरी पर लाने के काबिल हैं। यदि भारत आर्थिक दृष्टि से मजबूत हुआ तो चीनी कंपनियों को भी फायदा मिलेगा। मोदी के गुजरात मॉडल से भी चीनी जनता प्रभावित है।

चीनी विश्वविद्यालय की छात्रा श्याओली कहती हैं कि भारत और चीन भले ही पड़ोसी हैं, मगर एक-दूसरे के बारे में लोगों को बहुत कम जानकारी है। राष्ट्रपति शी जिन पिंग का भारत दौरा रिश्तों को प्रगाढ़ बनाने और एक-दूसरे को समझने और जानने का बढ़िया मौका है। लोग चाहते हैं कि चीन और भारत के बीच व्यापार बढ़े। इसका लाभ दोनों देशों की अर्थव्यवस्थाओं को होगा। हालांकि श्याओली भारत और जापान के बीच बढ़ रही नजदीकियों को चीन के लिए चिंता का सबब बताती हैं। वहीं राजनीति में दिलचस्पी न रखने वाली मंग कहती हैं कि किताबों में भारत और चीन के बीच सीमा-विवाद पढ़ा है। उम्मीद करती हूं कि विवाद जल्द से जल्द सुलझे। वह कहती हैं कि मुझे तो बॉलीवुड फिल्में अच्छी लगती हैं। 'थ्री ईडियट्स' कई बार देखी है। योग में भी रुचि है। मौका मिला तो वह ताजमहल देखने भारत जरूर जाना चाहेंगी। वहीं एक युवा श्वेफंग का मानना है कि चीन को भारत की रेलवे परियोजनाओं में मदद

करनी चाहिए। मैंने टीवी पर देखा है कि भारत में ट्रेनों की हालत बहुत खराब है। लोग ट्रेन की छत पर भी सफर करते हैं। बुजुर्ग सुंग कहते हैं कि उन्हें 1962 के युद्ध के बारे में पता है। युद्ध से किसी को फायदा नहीं होता। भलाई इसी में है कि भारत और चीन एकजुट होकर काम करें, जिससे दुनिया को एशिया का लोहा मानना पड़ेगा।

[अमर उजाला, 16 सितंबर, 2014]

चीनी राष्ट्रपति का भारत दौरा

भारत और चीन की तुलना करें तो 1970 के दशक तक दोनों देशों की विकास-दर लगभग एक जैसी थी, लेकिन 'खुले द्वार' की नीति लागू के बाद से 2010 तक चीन की विकास-दर 9.5 प्रतिशत से अधिक रही। साल 2010 में विकास की रफ्तार पकड़ चुके चीन ने जापान को पीछे छोड़ दिया। इस तरह अमेरिका के बाद चीन विश्व की दूसरी सबसे बड़ी अर्थव्यवस्था बन गया।

जबकि भारत ने चीन से लगभग दो दशक बाद आर्थिक उदारीकरण की नीति लागू की। हालांकि पिछले कुछ वर्षों में भारत की विकास-दर भी अच्छी रही है।

चीन बड़ी उत्सुकता से भारत की नरेंद्र मोदी सरकार के कामकाज पर निगाहें गड़ाए हुए है। एक चाय बेचनेवाले के देश का प्रधानमंत्री बनने की कहानी चीनी लोगों की जुबान पर भी है। जापान दौरे पर नरेंद्र मोदी और शिंजो अबे के बीच जो घनिष्ठता दिखी, उसे चीनी लोग चुनौती के तौर पर नहीं लेते। उन्हें उम्मीद है कि मोदी और जिन पिंग दोनों देशों के रिश्ते को और बेहतर बनाएंगे। 1962 के भारत-चीन युद्ध पर चीन में बेहद कम बात होती है। सीमा-विवाद में भी लोगों को ज्यादा रुचि नहीं है। इसमें भी पीढ़ियों का अंतर दिखता है। उम्रदराज लोग सीमा-विवाद पर चर्चा जरूर कर लेते हैं मगर युवा पीढ़ी इससे आगे बढ़ते हुए विकास और व्यापारिक रिश्ते मजबूत करने पर जोर देती है।

भारत और चीन विश्व की उभरती शक्तियां हैं। सीमा-विवाद को छोड़ दें तो दोनों देशों के बीच तनाव का कोई दूसरा मुद्दा नहीं है। नेता और जनता दोनों ही आपस में नजदीकियां चाहते हैं। 17 सितंबर, 2015 को चीन के राष्ट्रपति शी जिन पिंग जब भारत के दौरे पर पहुंचे तो चीन के लोगों ने इसे अच्छी पहल बताया। शी जिन पिंग भारतीय प्रधानमंत्री नरेन्द्र मोदी के जन्मदिन पर अहमदाबाद गए, जहां उनका शानदार स्वागत किया गया। शी को अहमदाबाद स्थित हवाई अड्डे पर 'गार्ड ऑफ ऑनर' दिया गया। प्रधानमंत्री नरेंद्र मोदी हयात होटल में शी चिनफिंग के स्वागत के लिए मौजूद थे। इस दौरान तीन सहमति पत्रों (एमओयू) पर हस्ताक्षर हुए। इनमें गुजरात में इंडस्ट्रियल पार्क और अहमदाबाद तथा चीन के क्वांगचो शहर के बीच हुआ 'सिस्टर सिटी' समझौता शामिल हैं। साथ ही क्वांगतोंग प्रांत और गुजरात राज्य के बीच भी समझौता हुआ।

विश्व में सबसे अधिक 4 ट्रिलियन डॉलर का फॉरेन एक्सचेंज रिजर्व रखनेवाले चीन की नजर भारत में निवेश बढ़ाने पर है। चीन सरकार भारत में रेलवे, ऊर्जा, विनिर्माण, हाईवे, पोर्ट्स, टेक्सटाइल जैसे क्षेत्रों में निवेश कर रही है। हालांकि मुंबई से अहमदाबाद के बीच बुलेट ट्रेन के प्रोजेक्ट का समझौता जापान के साथ हो गया है। लेकिन चीन भारत में दूसरी रेल परियोजनाओं पर नजर लगाए हुए है। इस बाबत प्रयास भी शुरू हो चुके हैं, जिसमें सेमी हाई स्पीड ट्रेनों का निर्माण और संचालन शामिल है।

जैसाकि हम जानते हैं कि चीन और भारत के बीच हजारों किलोमीटर लंबी सीमा है। 1962 के युद्ध के बाद कई दशकों से दोनों देशों के बीच सीमा पर एक भी गोली नहीं चली है। हां, बीच-बीच में छिटपुट तनाव और अतिक्रमण की खबरें आती हैं। कहा जा सकता है कि सीमा मसले का हल बातचीत के जरिए ही संभव है। इस दिशा में दोनों ओर से पिछले कुछ वर्षों में प्रयास भी तेज हुए हैं। भारत और चीन की सेनाओं के बीच बेहतर संवाद कायम हुआ है, जो सीमा पर शांति बनाए रखने में महत्त्वपूर्ण भूमिका निभा रहा है। चीनी राष्ट्रपति के भारत दौरे के बाद कहा गया था कि दोनों पक्ष सीमा-विवाद के हल की दिशा में काम करेंगे। मार्च में भारत और चीन के बीच सीमा वार्ता दिल्ली में हुई थी।

चीनी राष्ट्रपति के दौरे के बाद भारतीय प्रधानमंत्री मई, 2015 में चीन दौरे पर गए। उस दौरान दोनों देशों के बीच लगभग 22 अरब डॉलर के समझौते संपन्न हुए, जिसमें स्किल डेवलपमेंट को लेकर करार हुआ। साथ ही चीन ने भारत को रेलवे निर्माण और सहयोग में मदद का भरोसा दिलाया। इसके साथ ही भूकंप विज्ञान और इंजीनियरिंग सेक्टर में भी भारत और चीन सहयोग बढ़ाएंगे। चीन और भारत इन दिनों अंतरिक्ष में अपने उपग्रह छोड़ने में लगे हैं। दोनों का अंतरिक्ष मिशन काफी महत्त्वाकांक्षी और आधुनिक है। इस बारे में और अधिक सहयोग बढ़ाने के लिए भारतीय अंतरिक्ष अनुसंधान संगठन और चीन की अंतरिक्ष एजेंसी के बीच महत्त्वपूर्ण करार हुआ। वहीं ऊर्जा और इंफ्रास्ट्रक्चर के क्षेत्र में चीन भारत की मदद करेगा। इतना ही नहीं, भारत-चीन पर्यटन के क्षेत्र में अधिक आदान-प्रदान करने पर राजी हुए। इसके लिए दोनों एक-दूसरे के यहां पर्यटन वर्ष का आयोजन भी करेंगे।

मोदी के दौरे में चीन-भारत व्यापार मंच के दौरान दोनों देशों के उद्यमों ने ऊर्जा, वित्त और औद्योगिक पार्क आदि से जुड़े 20 से अधिक सहयोग समझौतों पर हस्ताक्षर किए। भारत और चीन के बीच व्यापार असंतुलन लंबे समय से एक मुद्दा रहा है। इसे पाटने के लिए भी प्रयास किए गए। इसी कड़ी में एक टास्क फोर्स का गठन भी किया गया। इसके साथ ही दोनों देशों के बीच अन्य व्यापारिक बाधा की समस्याओं पर भी गौर किया गया।

प्रधानमंत्री मोदी ने चीनी राष्ट्रपति का अनुसरण करते हुए उनके गृह नगर से अपनी यात्रा शुरू की। वे सबसे पहले 14 मई को शांसी प्रांत की राजधानी शीआन पहुंचे, जहां मोदी और शी के बीच वार्ता हुई। शीआन से बीजिंग आने पर मोदी ने

अपने समकक्ष ली ख छ्यांग के साथ कई अहम मसलों पर चर्चा की। मोदी ने बीजिंग में स्थित छिंग्ह्वा विश्वविद्यालय जाकर लोगों को संबोधित किया।

पड़ोसी देशों के बीच व्यापार बढ़ाने की बात पर जोर दिया। उन्होंने कहा कि व्यापारिक सहयोग से दोनों देशों को लाभ मिलेगा। मोदी ने बताया कि भारत निवेशकों को आकर्षित करने के लिए व्यापारिक माहौल में बदलाव कर रहा है। इसका लाभ चीनी उद्यमियों को भी मिलेगा। तीन दिवसीय दौरे के आखिरी दिन वित्तीय केंद्र शंघाई में सांस्कृतिक आदान-प्रदान बढ़ाने को लेकर भी पहल हुई। मोदी ने शंघाई के फूतान विश्वविद्यालय के महात्मा गांधी व भारत अनुसंधान केंद्र का उद्घाटन किया, और योग से पूरी दुनिया को संदेश दे रहे भारत के सहयोग से चीन में योग कॉलेज की स्थापना पर भी सहमति कायम हुई। इसके साथ चीन के छंगतू और भारत के चेन्नई में कौंसुलेट खोलने पर भी समझौता हुआ।

दौरे से पहले दोनों देशों के नेताओं के बयान बहुत सकारात्मक रहे। प्रधानमंत्री नरेंद्र मोदी का कहना था कि यह दौरा संबंधों को मजबूती देगा। दोनों देशों को बौद्धधर्म मजबूती से जोड़ता है। वहीं चीन के राष्ट्रपति शी जिन पिंग ने कहा था कि चीन और भारत दुनिया की उभरती हुई बड़ी अर्थव्यवस्थाएं हैं। दोनों देशों के बेहतर रिश्तों से हम एक नई इबारत लिखेंगे। यह दोनों देशों और दुनिया के हित में होगा।

[अमर उजाला, 16 सितंबर, 2016]

चीन-भारत के साथ आने का समय

जब से भारत में नई सरकार बनी है, चीन-भारत संबंधों को लेकर चर्चा तेज हो गई है। इसी बीच दुनिया की दूसरी सबसे बड़ी अर्थव्यवस्था के राष्ट्रपति शी चिन फिंग मध्य और दक्षिण एशियाई देशों की यात्रा के अंतिम पड़ाव में भारत पहुंच रहे हैं। भारतीय प्रधानमंत्री नरेंद्र मोदी की जापान-यात्रा पर करीबी से नजर बनाए चीन इसे भारत के साथ रिश्ते बेहतर बनाने का महत्त्वपूर्ण मौका मान रहा है। शायद चीन के नेता मोदी को बेहतर ढंग से समझते हैं कि वे आर्थिक सुधारों और निवेश की दिशा में अच्छा माहौल बनाने की कोशिश करते हैं। गुजरात के मुख्यमंत्री रहते हुए मोदी चार बार चीन दौरे पर आए थे। अक्सर वे अपने भाषणों में चीन के विकास मॉडल का जिक्र भी करते हैं। चीनी कंपनियां पहले से ही गुजरात में मौजूद हैं। अब चीनी राष्ट्रपति मोदी के जन्मदिन पर गुजरात जाएंगे। इस अवसर पर कई समझौते संपन्न हो सकते हैं, जिसमें गुजरात और महाराष्ट्र में औद्योगिक पार्कों की स्थापना भी एक है। गुजरात का उल्लेख करना इसलिए भी अहम है कि हाल में चीन वहां के बारे में जानने के लिए उत्सुक रहा है। मोदी के पीएम बनने के बाद चीन के क्वांगदोंग प्रांत की तुलना गुजरात से की जा रही है। क्वांगदोंग आर्थिक विकास के मामले में चीन

में पहले नंबर पर है। गुजरात और क्वांगदोंग प्रांत आपस में आदान-प्रदान बढ़ा सकते हैं। इसके अलावा, चीन की निवेश के लिए भारत के बड़े बाजार पर नजर है। जापान से भारी निवेश आकर्षित कर लौटे मोदी के लिए भी चीनी कंपनियों को रिझाने का यह अच्छा अवसर है। वह चीन को विश्वास दिला सकते हैं कि भारत में आर्थिक विकास के लिए व्यापक संभावनाएं हैं। इसके लिए चीनी कंपनियों का स्वागत है।

यह भी संयोग है कि पाकिस्तान में राजनीतिक संकट के चलते चीनी राष्ट्रपति का पाक दौरा रद्द हो गया है। भारत इसका लाभ उठाना चाहेगा। वर्ष 1962 के भारत-चीन युद्ध के बाद यह पहली बार होगा कि चीन का कोई राष्ट्रपति पाकिस्तान के बिना भारत आएगा। वैसे चीनी राष्ट्रपति अब से 17 बरस पहले भारत आ चुके हैं। उस वक्त वे दक्षिण-पूर्वी चीन के फूच्यान प्रांत में चीनी कम्युनिस्ट पार्टी के उपमहासचिव हुआ करते थे। इस तरह यह उनकी दूसरी भारत-यात्रा होगी। पहली बार जब वे भारत आए, उस दौरान भारत में आर्थिक उदारीकरण का दौर शुरू हुआ था। लेकिन आज उन्हें स्थितियां बदली हुई नजर आएंगी। ऐसे में चीन के सर्वोच्च नेता के रूप में वे द्विपक्षीय रिश्तों को नए स्तर पर ले जाना चाहेंगे। विशेषकर व्यापार ऐसा क्षेत्र है, जिस पर दोनों देश बहुत सहयोग कर सकते हैं। चीन को तकनीक से लेकर तमाम चीजों में महारत हासिल है। भले ही जापान से भारत को निवेश की बड़ी उम्मीदें हैं, और वह बुलेट ट्रेन के संचालन में भी मदद देने के लिए तैयार है, फिर भी चीन को दरकिनार करना भारत के लिए आसान नहीं होगा, क्योंकि उसके पास अच्छी तकनीक सस्ते दाम में मौजूद है। तमाम देशों में आधुनिक तकनीक से रेल नेटवर्क, आधारभूत संस्थापनों के निर्माण में चीनी कंपनियां काम कर रही हैं। पिछले कुछ वर्षों में जिस तेजी से चीन ने विकास किया है, भारत को अपने इस पड़ोसी से सीखने की जरूरत है। दुनिया का सबसे लंबा हाई स्पीड रेल नेटवर्क भी चीन में है। ब्रिटिश काल में शुरू हुए रेलवे का संचालन कर रहे भारत को चीन से इस क्षेत्र में मदद लेनी चाहिए।

व्यापार और सहयोग के इतर बात करें तो दोनों देशों के बीच सीमा-विवाद किसी से छिपा नहीं है। वास्तविक नियंत्रण रेखा को लेकर दोनों देशों का अलग-अलग रुख है। भारत आरोप लगाता रहा है कि सीमा पर चीनी सेना की ओर से समय-समय पर घुसपैठ होती रहती है। पिछले दिनों भी भारतीय मीडिया में इस तरह की खबरें आईं, बाद में सेना ने इसका खंडन किया, जबकि चीन आधिकारिक रूप से अरुणाचल प्रदेश को भारत का हिस्सा नहीं मानता। चीन मैकमोहन रेखा को अंग्रेजों द्वारा निर्धारित की गई सीमा रेखा करार देता है। लद्दाख में अक्साई चिन क्षेत्र पर चीन का लंबे समय से नियंत्रण रहा है। किंतु भारत इस विशाल इलाके को अपना हिस्सा बताता है। वहीं चीन ने ल्हासा से शिनच्यांग जाने वाली एक महत्त्वपूर्ण सड़क 1950 के दशक के शुरू में बना ली थी, जो उसके लिए रणनीतिक दृष्टि से बहुत अहम मार्ग है। वैसे वर्ष 2003 से सीमा मुद्दे पर विशेष प्रतिनिधियों की 16 वार्ताएं हो चुकी हैं। सीमा मसले का जल्द हल खोजना और इस यात्रा के दौरान इस पर कोई

बड़ी उपलब्धि हासिल होने की उम्मीद कम है। लेकिन इतना तय है कि दोनों देश सीमा पर यथास्थिति बनाए रखने और वार्ता जारी रखने पर जोर देंगे। सीमा पर शांति कायम रखते हुए व्यापार में बढ़ोतरी की जा सकती है। लोकसभा चुनावों के दौरान चीन के बारे में तीखी टिप्पणी करने वाले मोदी के रुख में नरमी आई है। चीन भी इस बात को समझता है। चीन भारत के साथ आर्थिक और सामरिक रिश्ते बेहतर करने का इच्छुक लगता है, इसकी बानगी चीनी नेताओं के बयानों में झलकती है। मोदी द्वारा जापान में चीन की ओर इशारा करते हुए विस्तारवाद और विकासवाद संबंधी टिप्पणी पर चीन का रुख संयमित लगा। चीनी विदेश मंत्रालय के प्रवक्ता ने कहा कि उन्हें नहीं पता कि भारतीय प्रधानमंत्री किस ओर इशारा कर रहे थे। इसके बजाय चीन ने मोदी के पुराने वक्तव्य का हवाला देते हुए कहा कि भारत और चीन साझा विकास के लिए एक-दूसरे के रणनीतिक साझेदार हैं।

पड़ोसी देशों के साथ भारत के संबंधों का उल्लेख करें तो पूर्ववर्ती यूपीए सरकार द्वारा इन देशों को अधिक तवज्जो न दिए जाने का लाभ चीन को मिला है। वह नेपाल, श्रीलंका, बांग्लादेश आदि देशों में भारी निवेश कर रहा है। ऐसे में मोदी ने शपथ ग्रहण समारोह में सार्क देशों के नेताओं को आमंत्रित कर दक्षिण एशिया में खुद को मजबूती से स्थापित करने की दिशा में कदम उठाया। पीएम के रूप में अपनी पहली विदेश यात्रा के लिए भूटान का चयन कर मोदी ने परंपरा से हटकर चलने की कोशिश की है।

अगर द्विपक्षीय व्यापार की बात करें तो यह लगभग 70 अरब डॉलर के करीब है, जबकि 2015 तक इसे 100 अरब डॉलर तक पहुंचाने का मुश्किल लक्ष्य रखा गया है। चीन भारत का सबसे बड़ा बिजनेस पार्टनर भी है।

चीन में पिछले तीन दशकों से रह रहे फिक्की के कार्यकारी निदेशक अतुल डालाकोटी कहते हैं कि द्विपक्षीय व्यापार संतुलित नहीं है। भारतीय पक्ष को सालाना 35 अरब डॉलर का घाटा उठाना पड़ रहा है। भारत के कुल व्यापार घाटे का एक-तिहाई चीन के साथ है। दोनों देशों को हाई स्पीड, सेमी हाई स्पीड रेल, इंफ्रास्ट्रक्चर, थर्मल पावर प्लांट और पुनरुत्पादनीय ऊर्जा के क्षेत्र में सहयोग करने की आवश्यकता है। साथ ही चीनी बैंकों को इन बड़े प्रोजेक्ट के लिए ऋण देना चाहिए, क्योंकि यही एक तरीका है जिसके जरिए भारत और चीन के बीच व्यापार असंतुलन को पाटा जा सकता है।

वैसे भारत में पिछले कुछ वर्षों से आर्थिक विकास की दर धीमी है। मोदी के सत्ता में आने के बाद इसमें एक फीसदी का उछाल आया है। भारत में तमाम प्रोजेक्ट अधूरे लटके हैं, ऐसे में चाहिए कि चीन का अधिक से अधिक निवेश हासिल करे, ताकि अपने आधारभूत ढांचे को सुधार सके। चीन का विदेशी एक्सचेंज रिजर्व लगभग 4 ट्रिलियन डॉलर है, जो कि दुनिया में सबसे अधिक है। चीन को बाजार की जरूरत है, जो दोनों पक्षों के हित में है।

भारत चाहेगा कि उसे चीन में निर्यात के अधिक मौके मिलें। भारत इंजीनियरिंग उत्पादों, आईटी सर्विसेज, कॉटन टेक्सटाइल, होम फर्निशिंग व फार्मा सेक्टर से जुड़ी कंपनियों को चीनी बाजार में काम करने के अधिक अवसर दिलाने की वकालत करेगा। पर्यटन भी ऐसा क्षेत्र है, जो भारत की अर्थव्यवस्था को मजबूत बना सकता है। वहीं विश्व में विदेश यात्रा पर जाने वाले सबसे अधिक पर्यटक चीन के हैं, लेकिन भारत भ्रमण करने वालों की तादाद बहुत कम है। भारत को इस पर ध्यान देना चाहिए कि कैसे अधिक से अधिक पर्यटकों को आकर्षित किया जाए लेकिन इसके लिए पर्यटकों की सुविधाओं और सुरक्षा पर विशेष फोकस करना होगा।

अंतर्राष्ट्रीय परिदृश्य और संतुलन के लिहाज से देखें तो चीन और भारत को जलवायु परिवर्तन व ब्रिक्स देशों के मंच पर एक दूसरे के सहयोग की आवश्यकता है। वे इस दिशा में काम भी कर रहे हैं, लेकिन प्राचीन सभ्यता वाले इन दोनों देशों के बीच राजनीतिक विश्वास की कमी है और एक-दूसरे को संदेह की निगाह से देखते हैं। भरोसा बढ़ाते हुए व्यापार के जरिए संबंध बेहतर किए जा सकते हैं।

चीनी आधुनिक अंतर्राष्ट्रीय अनुसंधान संस्था के दक्षिण एशिया केंद्र के प्रमुख हू शी शंग कहते हैं कि चीनी राष्ट्रपति अपनी भारत-यात्रा के दौरान भारतीय नेताओं के साथ भावी द्विपक्षीय विकास की दिशा तय करेंगे। इस दौरान विकास के मुद्दों पर ज्यादा जोर रहेगा, जबकि क्षेत्रीय और वैश्विक स्तर पर सहयोग बढ़ाने के लिए भी दोनों पक्ष विचार-विमर्श करेंगे। शी शंग के मुताबिक आर्थिक क्षेत्र में आधारभूत संस्थापनों और विनिर्माण उद्योग में सहयोग-समझौते हो सकते हैं। इसमें भारत में चीन द्वारा औद्योगिक पार्कों की स्थापना और हाई स्पीड ट्रेन के संचालन में मदद देना शामिल हो सकता है।

कहना होगा कि एशिया की दो शक्तियों के बीच विवाद के आगे भी करने के लिए बहुत कुछ है। अब वक्त आ गया है कि दोनों देश एक-दूसरे को संदेह की निगाह से देखना बंद करें और रिश्तों की बेहतरी के लिए काम करें। इसमें व्यापार बड़ी भूमिका निभा सकता है।

[हिंदुस्तान, 15 सितंबर, 2014]

व्यापार बढ़ेगा तो घटेंगी दूरियां

चीन व भारत के राजनीतिक संबंधों पर अक्सर बहस होती रहती है और जब-जब सामरिक विवाद उठते हैं, तो व्यापारिक रिश्तों को लेकर सीधा सवाल किया जाता है। इस बार भी ड्रैगन के साथ संबंधों में खटास आई है तो जाहिर है, लोगों के मन में आशंका के बादल मंडरा रहे हैं। मगर द्विपक्षीय व्यापार पर नजर डालें तो यकीन नहीं होता कि यह 60 अरब डॉलर के करीब पहुंचने वाला है। इतना ही नहीं, वर्तमान में चीन भारत का सबसे बड़ा व्यापारिक सहयोगी बनकर उभरा है।

पांच दशक पुरानी अविश्वास की डोर भले ही आज भी कायम हो लेकिन दोनों के बीच कई क्षेत्रों में व्यापार ने गति पकड़ ली है। भारत चीन के साथ करीब 12 अरब डॉलर का निर्यात कर रहा है, जिसमें मुख्य तौर पर लौह अयस्क, स्टील, प्लास्टिक, कार्बनिक रसायन व कॉटन शामिल हैं। और कुल निर्यात का 44 प्रतिशत हिस्सा लौह अयस्क होता है। इस तरह हर वर्ष लगभग 115 मिलियन टन लौह अयस्क चीन को निर्यात किया जाता है। दूसरी ओर भारत फार्मास्यूटिकल, कृषि उत्पादों व सूचना तकनीक आदि में चीन के लिए बाजार विकसित करने की कोशिश में लगा है। वहीं चीन इलेक्ट्रिकल मशीनरी व उपकरणों के अलावा सीमेंट, सिल्क, कार्बनिक रसायन, खनिज ईंधन और तेल समेत कई चीजें भारत को भेजता है। भारतीय बाजारों में सबसे अधिक इलेक्ट्रिकल उत्पाद धूम मचाए हुए हैं। भारत के आयात का सबसे बड़ा स्रोत भी चीन है, जो कुल आयात का 11 प्रतिशत पहुंच गया है। लेकिन यह भी सच्चाई है कि भारत अकेला ऐसा एशियाई देश है जिसे चीन के साथ व्यापार में घाटा भी झेलना पड़ रहा है। पिछले साल भारत के कुल व्यापारिक घाटे का 18 प्रतिशत चीन के साथ दर्ज किया गया।

गौरतलब है कि सीमा व सामरिक मसलों पर मतभेद के बावजूद दोनों पक्ष व्यापार बढ़ाने पर जोर देते रहे हैं। पिछले दिनों ब्राजील में ब्रिक देशों के सम्मेलन के दौरान भी भारतीय प्रधानमंत्री मनमोहन सिंह व चीनी राष्ट्रपति हू चिन थाओ ने इस पर सहमति जताई। इसके अलावा 15.8 अरब डॉलर के आपसी ट्रेड असंतुलन को सामान्य करने पर भी दोनों देश सहमत हुए हैं, जो अभी तक चीन के पक्ष में है। इसका मकसद अधिक संतुलित व्यापार करना है, ताकि दोनों देशों में एक-दूसरे के उत्पादों की पहुंच बढ़ सके। हालांकि भारत व चीन अलग-अलग मंचों से कहते रहे हैं कि हम सहयोगी हैं, प्रतिद्वंद्वी नहीं। भविष्य में दोनों अपने व्यापारिक संबंधों को मजबूत कर इस बात को साबित भी कर सकते हैं।

अगर साइनो-इंडिया ट्रेड रिलेशंस के इतिहास पर नजर डालें तो पता चलता है कि पुराने समय में नाथूला दर्रे, शिपिकिला व लिपूलेख के रास्ते परंपरागत वस्तुओं का व्यापार होता था। लेकिन विवाद व युद्ध के साये में साठ के दशक में इन पर प्रतिबंध लगा दिया गया। इसके बाद कई सालों तक दोनों के संबंध शिथिल रहे। 1979 के बाद इनमें कुछ सुधार आया और इसका असर 1984 में दिखाई दिया, जब दोनों देशों ने एक अहम व्यापार समझौते पर हस्ताक्षर किए, जिसमें एक-दूसरे को मोस्ट फेवर्ड नेशन ट्रीटमेंट का दर्जा दिया गया। और फिर 1994 में दोहरे कर से बचने के लिए भी सहमति बनी।

साल 2004 तक आते-आते द्विपक्षीय व्यापार 13.6 अरब डॉलर पहुंच गया, जो कि 2002 में सिर्फ 4.8 अरब डॉलर था। 2005 में व्यापार में और तेजी आई जब 18.7 अरब डॉलर के पार पहुंच गया। लेकिन व्यापारिक संबंधों ने नई उड़ान भरी 2006 में, जब चीन के स्वायत्त क्षेत्र तिब्बत व भारत के बीच नाथुला दर्रे के जरिए व्यापार के

दरवाजे खुले, जो करीब चार दशक तक बंद पड़े थे। दोनों देशों ने वर्ष 2008 तक व्यापार 20 अरब डॉलर पहुंचाने का लक्ष्य निर्धारित किया और 2010 तक 30 अरब डॉलर। लेकिन व्यापार की संभावनाओं का अनुमान इसी से लगाया जा सकता है कि 2008 में ही 51.47 अरब डॉलर के रिकॉर्ड आंकड़े को पार कर गया। हालांकि वैश्विक आर्थिक मंदी के चलते 2009 में यह घटकर 43.3 अरब डॉलर हो गया। गत एक दशक में आए जबरदस्त परिवर्तन के बाद इस साल के अंत तक द्विपक्षीय व्यापार 60 अरब डॉलर पहुंचने की उम्मीद लगाई जा रही है। 2015 तक इसके 100 अरब डॉलर होने का अनुमान है। वर्तमान में चीन भारत का सबसे बड़ा ट्रेड पार्टनर बन चुका है।

जानकारों के मुताबिक मौजूदा परिस्थितियों में भारत को अपना निर्यात बढ़ाने के लिए सर्विस, नॉलेज बेस्ड सेक्टर्स में निवेश व व्यापार पर विशेष ध्यान देना होगा, क्योंकि बायोटेक्नोलॉजी, आईटी, स्वास्थ्य, शिक्षा, पर्यटन व वित्तीय क्षेत्र में तमाम संभावनाएं दिखती हैं। साथ ही दोनों देशों को समुद्री उत्पादों, नमक, प्लास्टिक, रबर, आप्टिकल, चिकित्सा उपकरणों व दुग्ध उत्पादों के व्यापार पर भी जोर देना होगा।

उधर अमेरिकी डॉलर के प्रति युआन का लगातार मजबूत होना भी भारत के लिए अच्छा संकेत माना जा रहा है। बताया जाता है कि इससे भारत को चीन के साथ अपने व्यापारिक घाटे को पाटने में मदद मिलेगी। वहीं फिक्की के एक सर्वेक्षण में भी अर्थशास्त्रियों ने माना कि इसका असर हैवी इंजीनियरिंग व पावर सेक्टर में देखने को मिल सकता है और ये क्षेत्र अधिक प्रतिस्पर्धी बनने के अलावा चीन के साथ आयात के अवसर बढ़ेंगे। इतना ही नहीं, इससे भारतीय निवेशकों को प्रोत्साहित करने और सर्विस सेक्टर में बाजार खुलने की उम्मीद जताई। हाल के दिनों में गिलगित में चीनी सेना की मौजूदगी, जम्मू-कश्मीर के एक मेजर जनरल को वीजा न दिए जाने को लेकर उठे विवाद पर चीनी कांसुल जनरल वांग तोंगख्वा कहते हैं, इनका असर द्विपक्षीय व्यापारिक संबंधों पर नहीं पड़ेगा। उनका मानना है कि भले ही कुछ विवाद हों, पर व्यापार अपनी गति से चलता रहेगा।

दोनों का व्यापारिक मसलों पर एक-दूसरे का साथ देना महत्त्वपूर्ण साबित हो सकता है क्योंकि दोनों लगभग एक ही विकास की गति से आगे बढ़ रहे हैं। राष्ट्रपति प्रतिभा पाटील के इस बयान से भी व्यापारिक संबंधों के महत्त्व को समझा जा सकता है। उन्होंने कहा कि दोनों देशों की आर्थिक व व्यापारिक आंकाक्षाएं साथ-साथ पूरी हो सकती हैं। और ड्रैगन व भारत के लिए दुनिया में अपने व्यापार को फैलाने के तमाम अवसर हैं। यहां बता दें कि दुनिया की दो-तिहाई आबादी वाले ये देश तेजी से उभरती हुई आर्थिक शक्तियां होने के साथ-साथ आकार में यूरोप व उत्तरी अमेरिका से दुगुने हैं। इनके व्यापारिक संबंध एशिया ही नहीं बल्कि पूरी दुनिया के लिहाज से अहम हैं, इसलिए व्यापार को विवादों से ऊपर उठकर देखना होगा।

[हिंदुस्तान, 19 सितंबर, 2010]

और अंत में...

कुछ और बातें

[ये 'दैनिक जागरण' और 'अमर उजाला' में लगभग दो साल के दौरान प्रकाशित डायरी के कुछ चुनिंदा अंश हैं। —लेखक]

4 करोड़ लोग बांझपन के शिकार

तेजी से दुनिया की महाशक्ति बनने की ओर अग्रसर चीन के लिए बांझपन एक प्रमुख समस्या बनकर उभर रही है। वर्तमान में चार करोड़ से अधिक जोड़े बांझपन के शिकार बताए जाते हैं, जबकि इसमें और इजाफा होने की आशंका जताई गई है। बांझपन के बढ़ते मामलों के लिए काम के भारी बोझ, तनाव, पर्यावरण प्रदूषण व अस्वास्थ्यकर जीवनशैली को प्रमुख वजह माना जा रहा है। इस संबंध में जागरूकता के लिए चीन सरकार की ओर से समय-समय पर कदम उठाए गए हैं, लेकिन लोगों में इससे जुड़ी समस्या बढ़ती जा रही है। डब्ल्यूएचओ के हवाले से दी गई रिपोर्ट के मुताबिक यदि कोई कपल नियमित रूप से सेक्स करता है, बावजूद इसके एक साल में कोई संतान न होना बांझपन है। गौरतलब है कि कैंसर व हृदय संबंधी रोगों के बाद बांझपन 21वीं सदी में दुनिया की तीसरा सबसे गंभीर रोग है।

चीन में अब वन डॉग पॉलिसी

दुनिया की सबसे अधिक आबादी वाला देश अब कुत्तों की बढ़ती तादाद से भी परेशान होने लगा है। शंघाई में पालतू कुत्तों की संख्या 8 लाख पहुंच गई है, जबकि बीजिंग का भी यही हाल है। एक व्यक्ति 2-3 कुत्ते सड़क पर घुमाता हुआ देखा जा सकता है। अस्सी के दशक में 'वन चाइल्ड पॉलिसी' लागू करने के बाद चीन 'वन डॉग पॉलिसी' अपनाने पर जोर दे रहा है। लेकिन लोगों को यह पाबंदी रास नहीं आ रही है।

ग्वांगचो व छंगदू जैसे शहरों की तर्ज पर शंघाई के डॉग ऑनर्स को भी सिर्फ एक ही कुत्ता पालने की अनुमति होगी, नए प्रस्तावित कानून में यह प्रावधान किया गया है। अगर इस प्रावधान ने कानून का रूप ले लिया तो एक घर में एक कुत्ता ही पाला जा सकता है। वर्तमान में नई पीढ़ी में एक परिवार में मां-बाप व एक बच्चा

ही होता है। अब एक बच्चे के साथ एक कुत्ता पालने की भी अनुमति होगी। इसके पीछे वजह बताई जा रही है : शंघाई का घना जनसंख्या घनत्व व रहने के लिए सीमित स्थान।

यदि कुत्तों के पपी होंगे तो तीन महीने में मालिक को किसी योग्य पालनकर्ता या फिर सरकारी मान्यता-प्राप्त एजेंसी के हवाले करने होंगे। हालांकि इस झंझट से बचने के लिए लोग कुत्तों की नसबंदी करवा सकते हैं।

इंटरनेट पर गूंज रही आवाज

चीन में इंटरनेट अपने विचार जाहिर करने का एक अहम व सशक्त माध्यम बन गया है। भले ही टीवी व अखबार में लोगों की बात सामने न आ पाती हो लेकिन इंटरनेट ने इस कमी को पूरा कर दिया है। लोग तमाम समस्याओं को इस माध्यम से जोर-शोर से उठाने लगे हैं। कई मुद्दे इंटरनेट में चल रही बहस के जरिए सरकार की नजर में आ जाते हैं, और उसके बाद उन पर कार्रवाई भी होती है। पिछले दिनों एक स्कूल में टीचर द्वारा बच्चे को पीटे जाने की घटना का वीडियो इंटरनेट से ही सुर्खियों में आया था। देश भर में इसके खिलाफ लोगों में गुस्सा है। वहीं एक खरगोश को यातना दिये जाने वाले वीडियो से पशु-प्रेमी काफी नाराज हैं।

गौरतलब है कि चीन में 2016 में इंटरनेट यूजर्स की संख्या 72 करोड़ पहुंच चुकी है। इसकी कवरेज दर आबादी का 52 प्रतिशत है जबकि 2015 में चीन में 70 करोड़ इंटरनेट यूजर्स थे। इंटरनेट ब्यूरो से जुड़े लियो के मुताबिक स्थानीय स्तर पर कोई योजना लागू करने से पहले इंटरनेट के माध्यम से लोगों का पक्ष जाना जाता है। कई बार एक इंटरनेट पोस्ट से सरकारी अधिकारियों को नई नीति लागू करने में मदद भी मिलती है, हालांकि वे मानते हैं, चीन व पश्चिमी देशों के बीच इंटरनेट संबंधी नजरिए में अंतर है। उदाहरण के तौर पर चीन अश्लील वेबसाइटों को लेकर काफी सख्त है, जबकि पश्चिमी देशों में ऐसा नहीं है। पिछले कुछ महीनों में चीन ने बड़ी संख्या में ऐसी साइट्स को ब्लॉक किया है।

सुंदरता ले रही जान

चीनी लोगों में खूबसूरत दिखने की होड़-सी लगी हुई है। टीनएजर्स से लेकर उम्रदराज महिलाओं में सुंदर दिखने की चाहत दिन-ब-दिन बढ़ती जा रही है। मिडिल क्लास में कुछ वर्षों में सर्जरी कराने वालों की तादाद में काफी इजाफा हुआ है। खूबसूरत दिखने की ऐसी चाहत है कि गर्मियों की छुट्टियों के दौरान स्कूली छात्राएं बड़ी संख्या में सर्जरी पर पैसा खर्च करती हैं। हर साल बड़ी संख्या में चीनी लोग सर्जरी करवाने दक्षिण कोरिया जाते हैं। कॉस्मेटिक सर्जरी का उद्योग 400 अरब युआन हो चुका है। 2019 तक इसके दुगुना होने का अनुमान है।

विशेषज्ञों के मुताबिक लोगों में बेहतर कैरियर, पार्टनर व जवान दिखने की चाहत के चलते यह उद्योग तेजी से फल-फूल रहा है, लेकिन इसके खतरे भी कम नहीं हैं। सर्जरी के दौरान महिलाओं की मौत की घटनाएं भी बीच-बीच में सामने आती हैं। कुछ वर्ष पहले एक टेलेंट शो 'सुपर गर्ल' की प्रतिभागी युवती वांग पेई की फेशियल बोन ग्राइडिंग सर्जरी के दौरान मौत हो गई, जबकि एक 48 वर्षीय महिला को भी सुंदर दिखने की चाहत ले डूबी। हालिया घटनाओं से लोगों के मन में डर पैदा हो गया है। कई ने इंटरनेट पर ट्वीट किया कि अब उन्होंने सर्जरी कराने का इरादा छोड़ दिया है। इसके मद्देनजर स्वास्थ्य मंत्रालय देशभर में कॉस्मेटोलॉजी उद्योग पर निगरानी बढ़ा रहा है।

एग हाउस बना आशियाना

चीन में प्रॉपर्टी के दाम आसमान छू रहे हैं। बीजिंग व शंघाई जैसे शहरों में अपार्टमेंट किराए पर लेना आसान नहीं है। अंडे जैसे घर या पुरानी गाड़ी को भी लोग अपने आशियाने के तौर पर इस्तेमाल कर रहे हैं, वहीं कैप्सूल के आकार के सस्ते होटल भी लोगों के बीच लोकप्रिय हो रहे हैं।

पिछले दिनों बीजिंग में एक कंपनी में काम करने वाले युवक का 'मोबाइल एग हाउस' काफी चर्चा का विषय रहा। हूनान से नौकरी के लिए बीजिंग पहुंचे युवक की सैलरी किराए के बराबर है। ऐसे में उसने एक अंडे जैसा घर बना लिया। इसका आइडिया उसे एक प्रदर्शनी से मिला। फिर क्या था, उसने सारे जोड़-जतन कर बांस से मोबाइल एग हाउस बना लिया...हालांकि मीडिया में खबर आते ही उसका छोटा सा आशियाना पुलिस ने हटा दिया है। अब वह अपने दोस्तों के साथ रहने के लिए मजबूर है।

उधर शांगहाई में रेलवे स्टेशन के नजदीक 300 वर्ग मी. में एक कैप्सूल होटल बनाया गया है। इस होटल में 68 कैप्सूल हैं। हर कैप्सूल की लंबाई 2.2 मीटर, ऊंचाई व चौड़ाई क्रमशः 1.1 मीटर है। इंटरनेट, टीवी समेत सभी सुविधाओं से युक्त कैप्सूल में ठहरने के लिए लोगों को चौबीस घंटे में सिर्फ 88 युआन देने पड़ते हैं।

वहीं एक परिवार ने पुरानी गाड़ी को घर की शक्ल दे रखी है। उसमें दो बच्चों सहित चार लोग रहते हैं।

ऑनलाइन शॉपिंग का क्रेज

चीन में ऑनलाइन शॉपिंग लोगों की खरीददारी का प्रमुख जरिया बन गई है। साल 2015 में ऑनलाइन शॉपिंग करने वालों की संख्या 400 मिलियन थी। वर्ष 1997 के बाद इंटरनेट की दुनिया में चीन ने लंबी छलांग लगाई है।

चाइना इंटरनेट नेटवर्क इनफार्मेशन सेंटर के मुताबिक चीन में ई-कामर्स सबसे तेज ऑनलाइन एक्टिविटी बन गई है। जहां तक ऑनलाइन-शॉपिंग मार्केट का सवाल है तो इसमें 370 प्रतिशत का वार्षिक इजाफा दर्ज किया गया है, जो कि 2016 तक 400 अरब डॉलर पहुंच गया है। इंटरनेट पर सबसे अधिक खरीददारी का क्रेज इलेक्ट्रॉनिक उपकरणों व गारमेंट सेक्टर में देखने में आया है। 2008 में आर्थिक मंदी व ई-मार्केट में आए बूम के चलते कई कंपनियों ने अपना बिजनेस ऑनलाइन में शिफ्ट कर दिया। एनालिसिस इंटरनेशनल से जुड़े छन शाउसोंग कहते हैं कि चीनी मैन्यूफैक्चरर्स के लिए ऑनलाइन मार्केट एक विकल्प के रूप में सामने आया है। मंदी के चलते जब उनके ओवरसीज ऑर्डर्स में भारी गिरावट दर्ज की गई, तो उन्होंने ऑफ लाइन शॉप खोलने के बजाय ई-मार्केट का रुख किया, क्योंकि इसके लिए घरेलू सेल्स चैनल की जरूरत नहीं होती। इसके अलावा ग्रुप बायिंग भी काफी लोकप्रिय हो रही है। एक अमेरिकी कंपनी द्वारा इसकी शुरुआत किए जाने के बाद सायना, थाओपाओ व रेनरेन ने भी ग्रुप बायिंग में कदम रखे। मोबाइल फोन पर इंटरनेट का इस्तेमाल करने वालों की संख्या 560 मिलियन पहुंच गई है।

आजीविका के लिए चिंतित लोग

आजीविका से जुड़ों मुद्दों को लेकर चीनी लोग सबसे अधिक चिंतित रहते हैं। साथ ही सामाजिक सुरक्षा व मकान की चिंता भी लोगों को सबसे अधिक सता रही है। गौरतलब है कि देश में वार्षिक संसदीय व राजनीतिक सलाहकार सत्र शुरू होने वाला है। इसके लिए अगले महीने बीजिंग में तमाम प्रमुख नेता व सलाहकार जमा होंगे और कई मसलों पर चर्चा करेंगे।

इसी बीच एक ऑनलाइन सर्वेक्षण कराया गया है। इसमें बड़ी संख्या में लोगों ने इंटरनेट के माध्यम से अपनी शिकायत की, ताकि देश के बड़े नेताओं व नीति-निर्धारकों तक उनकी आवाज पहुंच सके। इंटरनेट पर 25 विषयों पर लोगों की राय जानी गई, जिसमें नेटीजनों ने सस्ते कीमत वाले घरों को लेकर सबसे अधिक जोर दिया। उसके बाद मुद्रास्फीति, रोजगार व आमदनी जैसे सवालों से सबसे परेशान दिखे। यहां बता दें कि पिछले कुछ सालों में चीन में प्रॉपर्टी की कीमतों में भारी उछाल आया है। ऐसे में लोगों के लिए घर खरीदना किसी सपने से कम नहीं है। कई नेटीजनों ने सरकार से अपील है कि कम आमदनी वालों के लिए सस्ते कीमत वाले घर बनाए जाएं।

शादी का बाजार

चीन जिस तेजी से विकास कर रहा है, उसी गति से सामाजिक रीति-रिवाजों में भी बदलाव देखा जा रहा है। अगर वैवाहिक बंधन में बङ्धने की बात करें, तो उसमें भी

यही स्थिति है। एक दौर था जब अपने बच्चों की शादी के लिए मां-बाप को कोई खास मशक्कत नहीं करनी पड़ती थी, बड़ी आसानी से दूल्हा या दुलहन मिल जाती थी, लेकिन अब ऐसा नहीं है। पारंपिक चीनी समाज में परिजन व मैचमेकर मिलकर शादी तय करते थे, ऐसे में युवाओं में कोई तनाव नहीं होता था, लेकिन पिछले कुछ वर्षों से इस तरह की परंपरागत शादियां पीछे छूट गई हैं।

आजकल मैचमेकिंग इवेंट्स का चलन आम हो गया है। अपने बच्चों के लिए एक योग्य वर या वधू की तलाश में परिजन वीकएंड में पार्कों में इकट्ठा होते हैं। न केवल एकत्र होते हैं, बल्कि उनके पास अपने बच्चे की व्यक्तिगत सूचना यानी बायोडेटा साथ में होता है। वे पेड़ों या नोटिस बोर्ड पर भी पूरी डिटेल दर्ज करते हैं, जिसमें पार्टनर की जरूरी योग्यता व रंग-रूप का भी वर्णन होता है।

शायद इंडिया में इस तरह की बात कुछ नई व अटपटी लगे, लेकिन चीन में ऐसा हो रहा है। बात यहीं तक सीमित नहीं है। कई टीवी चैनल डेटिंग शो आयोजित करने लगे हैं, और वे युवाओं को लुभाने के लिए कोई कसर नहीं छोड़ रहे हैं। इसी तरह एक लोकप्रिय शो है—इफ यू आर द वन। इस शो में युवक को 20 मिनट का समय दिया जाता है, जिसमें उसे 24 युवतियों को प्रभावित करना होता है।

इसमें अब मैचमेकिंग कंपनियां भी कूद पड़ी हैं। इस तरह की शादी की परंपरा ने बिजनेस का रूप ले लिया है, और यह काफी पॉपुलर हो रही है। क्योंकि परिजन पहले से ही प्रेशर में हैं, इसलिए वे भी अपने बच्चों को डेटिंग शो में भेजने के लिए उत्सुक रहते हैं। चीन में स्कूलों व कॉलेजों में पढ़ाई का खासा प्रेशर होता है, उसके बाद जॉब का टेंशन। उनके पास उचित जीवनसाथी ढूंढ़ने का समय नहीं होता और वे इन्हीं कंपनियों व डेटिंग शो की शरण लेते हैं। डेटिंग कंपनियां अक्सर युवाओं को इनवाइट करती हैं, फिर उन्हें स्टेज पर या फिर कुछ दूसरे उम्मीदवारों के सम्मुख अपना प्रोफाइल व अपनी पसंद बतानी होती है। अगर किसी को उसका ब्यौरा पसंद आ गया तो फिर वे दोनों डेट पर जाते हैं।

एक मैचमेकिंग कंपनी की संस्थापक सनी ओयांग कहती हैं कि गत दो वर्षों में टीवी डेटिंग शो की लोकप्रियता ने लोगों को शादी के लिए अधिक जागरूक व जानकार बना दिया है। विवाह हर किसी व्यक्ति के जीवन में एक महत्त्वपूर्ण आयोजन होता है, परिवार व समाज के लोग अब भी इसे पूरी तरह नहीं समझ सके हैं।

यहां बता दें कि वर्तमान में युवा देर से शादी करना चाहते हैं। इसकी मुख्य वजह यह है कि वे पूरी तरह आत्मनिर्भर होना चाहते हैं। शहरों में विवाह की औसत उम्र 28 वर्ष है, फिर भी कई ऐसे हैं जो 30 का पड़ाव पार होने से पहले मैरिज की बात नहीं सोचते। आंकड़ों की मानें तो पिछले एक दशक में ओल्डर सिंगल वुमेन की तादाद में काफी इजाफा हुआ है, जबकि सिंगल मैन की संख्या में गिरावट आई है। शायद इसका एक कारण युवतियों में अपने पार्टनर के चयन को लेकर काफी

चूजी होना भी है। गौरतलब है कि इंडिया की ही तरह चीन में भी लिंग-अनुपात काफी असंतुलित हो गया है। जानकारों का अनुमान है कि आने वाले समय में चीनी युवकों को योग्य युवतियां मिलना बहुत ही मुश्किल हो जाएगा।

शादी हो जाने के बाद भी तनाव कम नहीं है। पार्टनर से मतभेद के चलते व अन्य वजहों से तलाक के मामले भी बढ़ रहे हैं। हाल में जारी आंकड़ों के मुताबिक साल 2015 में लगभग 35 लाख से अधिक जोड़े एक-दूसरे से अलग हुए। देश भर के करीब 10 हजार कार्यालयों में 22 लाख तलाक के मामले दर्ज हुए, जबकि साढ़े छह लाख से अधिक तलाक के मामले अदालतों में चल रहे हैं। रिपोर्ट में कहा गया है कि विवाह करने वालों की संख्या में भी बढ़ोतरी हुई है।

नक्शे में कैद होगा हर व्यक्ति का पूरा ब्यौरा

चीन में आजकल एक विशेष योजना पर काम चल रहा है। मकसद सुरक्षा से जुड़ा हुआ है। जी हां, इसके जरिए हर घर की पूरी जानकारी, मसलन घर में रहने वाले सभी सदस्यों का ब्यौरा व निश्चित स्थान की सूचना सरकारी एजेंसियों के हाथों में होगी। बस, उक्त नक्शे पर एक क्लिक करना होगा और लोगों के व्यक्तिगत विवरण का पता चल जाएगा। लोग अपनी व्यक्तिगत जानकारी सार्वजनिक होने को लेकर चिंतित हैं मगर पुलिस ने आश्वासन दिया है कि व्यक्तिगत डेटा सिर्फ सरकारी विभागों में ही शेयर किया जाएगा। अन्य किसी को भी इसकी जानकारी नहीं दी जाएगी।

इस मैप के बारे में इंटरनेट विशेषज्ञ कहते हैं कि कोई भी वेबसाइट पूरी तरह सुरक्षित नहीं कही जा सकती है। अगर इस तरह का मैप लीक होता है तो यह आईडी कार्ड से सूचना लीक होने से ज्यादा मुश्किलें पैदा कर सकता है।

मानसिक रोगियों की बढ़ती तादाद

आज की भागदौड़-भरी जिंदगी में लोग तमाम तरह के प्रेशर में काम करते हैं। सुबह उठने से लेकर रात तक तनाव कम नहीं होता। चीन जिस तेजी से विकास कर रहा है, उसमें कामकाजी लोगों की भी अहम भूमिका है, लेकिन डेढ़ करोड़ से ज्यादा लोग मानसिक रोगों की चपेट में आ चुके हैं। इससे चिंतित स्वास्थ्य मंत्रालय ने एक ट्रीटमेंट नेटवर्क स्थापित करने की योजना बनाई है। वर्ष 2015 तक इसके दायरे में 95 फीसदी काउंटियां व देश-भर के शहर शामिल हो गए।

स्वास्थ्य मंत्रालय की ओर से जारी दिशा-निर्देश मे गंभीर मानसिक रोगों से परेशान 70 फीसदी रोगियों का औपचारिक सुपरविजन करने के अलावा 60 प्रतिशत को नियमित इलाज मुहैया कराने की बात कही गई है।

गौरतलब है कि पिछले कुछ वर्षों में ग्रामीण क्षेत्रों में मानसिक रोगियों द्वारा लोगों व छात्रों को मारने की कई घटनाएं सामने आई हैं।

ग्रामीण बच्चों की सेहत

चीन में पिछले कुछ समय से बच्चों के स्वास्थ्य पर खासा ध्यान दिया जा रहा है, विशेषकर ग्रामीण बच्चों के स्वास्थ्य पर। हाल ही में उनके लिए मुफ्त स्वास्थ्य कार्यक्रम शुरू किया गया है। इसके अंतर्गत सबसे गरीब गांवों में रहने वाले 22 हजार बच्चों को शामिल किया गया है। इसमें उनके स्वास्थ्य पर करीब 31,700 डॉलर खर्च किए जाने हैं।

इस योजना के माध्यम से जटिल बीमारियों से पीड़ित बच्चों के स्वास्थ्य का ध्यान रखने की कोशिश की जा रही है। यह एक तरह का चैरिटी प्रोग्राम है। चाइनीज रूरल किड्स केयर (केआरकेसी) द्वारा 6 से 16 साल की उम्र के बच्चों को चुना गया है। इसकी शुरुआत सेंट्रल चीन के हूबेई प्रांत से की जा रही है।

इस योजना से जुड़े डेंग कहते हैं कि इस प्रोग्राम से ग्रामीण बच्चों की जिंदगी के गैप को पाटना चाहते हैं। उन्होंने महसूस किया कि गांवों में रहने वाले बच्चे शहरी बच्चों के मुकाबले पीछे रहते हैं। इसमें उनका स्वास्थ्य भी अहम रोल अदा करता है।

गौरतलब है कि सरकार की ओर से वर्ष 2003 में ग्रामीण बच्चों के बेहतर स्वास्थ्य के लिए योजना चालू की गई थी, उसके बावजूद कई गरीब परिवार अपने बीमार बच्चों को अस्पताल ले जाकर बेहतर इलाज करवाने के लिए समर्थ नहीं हैं। पिछले वर्ष नेशनल पीपुल्स कांग्रेस को सौंपे गए प्रस्ताव के मुताबिक गांवों में बीमारियों की चपेट में आकर मरने वाले बच्चों में आधे से अधिक की मौत बहुत कम इलाज मिल पाने की वजह से हुई। एक बार जटिल बीमारी से पीड़ित होने पर 54 फीसदी मौत के मुंह में चले गए, जो कि शहरी बच्चों का नौ गुना से भी अधिक है।

हालांकि गंभीर बीमारियों से पीड़ित बच्चे के इलाज के दौरान आए खर्च में से परिजनों को सरकार लगभग 11 हजार डॉलर देती है, जबकि वास्तव में इससे कहीं अधिक खर्च हो जाता है। ऐसे में गरीब मां-बाप को अपनी जेब से पैसे भरने पड़ते हैं, जो उनके लिए मुश्किल होता है।

अगर भारत की बात करें तो यहां भी ग्रामीण बच्चों की हालत बेहद खराब है। तमाम सरकारी दावों के बावजूद देश का भविष्य बच्चों की सेहत कतई ठीक नहीं कही जा सकती है।

मनोरंजक कृषि अर्थव्यवस्था

चीन आजकल कई चीजों में कुछ न कुछ नया करने की कोशिश में जुटा है—चाहे वह तकनीक की बात हो या फिर कृषि क्षेत्र की। कृषि पर ही नजर डालें तो मौसम की इसमें महत्त्वपूर्ण भूमिका होती है। चीन के कई क्षेत्रों में भीषण ठंड पड़ती है, पर मई के महीने तक मौसम सुहावना हो जाता है, और वीकएंड में काम होता है—पर्यटकों को आकर्षित करने का। इस दौरान किसान खेतों में सब्जियां व पेड़-पौधे

लगाते हैं और शहरी पर्यटकों को भी मिट्टी से जुड़ने का मौका दिया जाता है। बड़े शहरों में रहते हुए इससे महरूम रहने वाले लोगों के लिए यह रोमांचक अनुभव होता है। इस काम में स्थानीय किसान कम और पर्यटक ज्यादा होते हैं। वे सब्जियां उगाने, फसलों की देखभाल करने और फल तोड़ने का काम बखूबी करते हैं। इस तरह से विकसित हो रही अर्थव्यवस्था को 'मनोरंजक कृषि अर्थव्यवस्था' का नाम दिया गया है।

चीन के कई उपनगरीय इलाकों में पर्यटकों को शौकिया तौर पर कृषक कार्य करते हुए देखा जा सकता है। इससे न केवल शहरी जीवन बिता रहे लोग ग्रामीण जीवन-शैली से रूबरू होते हैं बल्कि स्थानीय किसानों को भी अच्छी आय होती है। बड़े महानगरों की भागदौड़-भरी लाइफ में सप्ताह के पांच दिन काम करने के बाद लोगों का सप्ताहांत उपनगरों में बीतता है।

चीनी विज्ञान तकनीक अकादमी में अनुसंधानकर्ता के रूप में काम कर चुकी महिला च्या ने संस्थान से रिटायर होने के बाद अपने पति के साथ बीजिंग शहर के बाहर एक गांव में सब्जी व फलों के लिए पॉलीहाउसनुमा खेत तैयार किए। वे कहती हैं कि खेतों में विभिन्न प्रकार की सब्जियां उन्होंने खुद लगाई हैं, गुलाब के पौधे भी। सबसे महत्त्वपूर्ण बात यह है कि इन्हें उगाने के लिए किसी भी प्रकार की रासायनिक खाद और कीटनाशकों का इस्तेमाल नहीं किया गया है। उन्हीं की तरह अन्य लोग भी 'मनोरंजक कृषि अर्थव्यवस्था' की तरफ आकर्षित हो रहे हैं।

हॉलीवुड पिकनिक स्पॉट नामक कृषि फार्म चलाने वाले फंग यु चियांग कहते हैं कि शुरुआत उन्होंने छोटे स्तर पर की थी, लेकिन अब बिजनेस ने बड़ा रूप ले लिया है। ह्वाय रोउ जिले में सबसे बड़े क्षेत्र में वे खेती करते हैं। इस काम में लगभग 200 स्थानीय किसानों को रोजगार मिला है और वहीं 800 शहरी लोग भी शौकिया तौर पर काम करते हैं।

दूसरे किसान भी नए किस्म की खेती करने के लिए आगे आ रहे हैं। अकेले ह्वाय रोउ जिले में 76 'मनोरंजक कृषि अर्थव्यवस्था' फार्म हैं। और इनका सालाना व्यवसाय लगभग डेढ़ अरब रुपए तक पहुंच चुका है।

कृषि मंत्रालय के ग्रामीण उद्योग विभाग के निदेशक चांग थिएन के मुताबिक मनोरंजक कृषि चीन के लिए नई है। इसका उद्देश्य है कि वैज्ञानिक डिजाइन से गांव की कृषि परंपरा, किसानों के जीवन की विशेषता, कृषि उत्पादन की प्रक्रिया आदि को शहरी लोगों तक पहुंचाया जाए और उन्हें मनोरंजन प्रदान करने के साथ-साथ प्रकृति से भी जोड़ा जाए।

इधर के सालों में चीन में इस प्रकार के उद्योगों का विकास बहुत तेजी से हो रहा है। आंकड़ों के मुताबिक, पिछले साल के अंत तक मनोरंजक कृषि उद्योग में शामिल लोगों की संख्या 7 करोड़ थी, जबकि इससे जुड़े उद्यमों की संख्या 15 लाख से ज्यादा हो चुकी है। अब इस उद्योग से सालाना 1 खरब 50 अरब युवान की आय

होती है, और एक करोड़ 50 लाख किसानों को आर्थिक लाभ मिलता है। इससे न केवल लोग गांवों की ओर आकर्षित हो रहे हैं, बल्कि किसानों का जीवन-स्तर भी सुधर रहा है।

उधर चीनी कृषि मंत्रालय ने 12वीं पंचवर्षीय योजना में एक और योजना तैयार की है, जिससे मनोरंजक कृषि क्षेत्र के विकास को बढ़ावा मिलेगा। कृषि उद्योग के सूचना केंद्र को 1 लाख 20 हजार व्यवसायियों की ओर से आवेदन मिले हैं। यह सब चीन तक ही सीमित नहीं है। हाल के वर्षों में फ्रांस, स्पेन, हॉलैंड, डेनमार्क व दक्षिण अफ्रीका आदि देशों के साथ भी इस दिशा में द्विपक्षीय सहयोग तंत्र स्थापित किया गया है। सरकार इस व्यवस्था का दायरा अन्य देशों तक भी बढ़ाना चाहती है।

जहां चीन में पिछले कुछ सालों से 'मनोरंजक कृषि अर्थव्यवस्था' की ओर विशेष ध्यान दिया जा रहा है, वहीं यूरोप और अमेरिका में इसका विकास काफी पहले शुरू हो चुका था। इसलिए वहां के उत्पाद बहुत ज्यादा हैं और कृषि उत्पादों की किस्में भी अधिक। ऐसे में चीन को अंतर्राष्ट्रीय बाजार में अपनी साख बनाने के लिए बहुत कुछ करने की जरूरत है।

टेक्निकल ग्रेजुएट्स का टोटा

चीन के युवा यहां के एजुकेशन सिस्टम से नाखुश हैं और वे अक्सर पश्चिमी देशों के साथ अपनी तुलना करते हैं। युवाओं की शिकायत में सच्चाई भी है। अगर व्यावसायिक शिक्षा की बात करें तो चीन में तकनीशियनों की कमी महसूस की जा रही है। जिस तेजी से चीन विकास कर रहा है, उसके साथ शैक्षिक जगत तालमेल नहीं बिठा पा रहा है। विशेषज्ञों का कहना है कि चीन को विश्वविद्यालयों से बड़ी संख्या में पास होकर आ रहे ग्रेजुएट्स के बजाय तकनीकी ज्ञान रखने वाले युवाओं की जरूरत है।

वैसे पिछले कुछ वर्षों से चीन में उच्च शिक्षा पर विशेष फोकस रखा गया है, जिसके चलते ग्रेजुएटों की संख्या में काफी इजाफा हुआ है। ऐसे में अधिकतर छात्र कॉलेज जाना चाहते हैं, पर वे वोकेशनल स्कूलों की तरफ आकर्षित नहीं होते।

चीन में कई विश्वविद्यालय सैद्धांतिक ज्ञान व शिक्षा पर जोर देते हैं, लेकिन छात्रों को उपयोगी कौशल सिखाने के लिए कुछ खास नहीं किया जा रहा है। ऐसे में ये छात्र तकनीकी क्षेत्र में नौकरी के बजाय व्हाइट कॉलर जॉब्स करने की ख्वाहिश रखते हैं, और ब्लू कॉलर जॉब करने की नहीं सोचते।

हाल में मध्य चीन के हनान प्रांत की राजधानी चंगचो में आयोजित एक जॉब फेयर में 70 हजार यूनिवर्सिटी ग्रेजुएट्स में से 15 हजार ही नौकरी हासिल कर पाए, जबकि नब्बे हजार सीटें थीं। कई ग्रेजुएट छात्रों ने तकनीकी क्षेत्र से जुड़ी अच्छी सैलरी वाली नौकरी करने में भी रुचि नहीं दिखाई। उनका ध्यान कम वेतन वाले

व्हाइट कॉलर जॉब्स की ओर था। अगर तकनीशियनों के शुरुआती मासिक वेतन की बात करें तो उन्हें कंपनियों में 25 हजार रुपए मिल रहे हैं, जबकि विश्वविद्यालयों से ग्रेजुएट छात्रों को लगभग 15 हजार रुपए।

चीन में युवाओं के लिए उनकी योग्यता के हिसाब से नौकरी हासिल करना लगातार मुश्किल होता जा रहा है। इस साल विश्वविद्यालयों से और 2 लाख छात्र ग्रेजुएट हो जाएंगे। यह कहना गलत नहीं होगा, ऐसे में वे अमेरिका, ऑस्ट्रेलिया, कनाडा आदि जाने की पुरजोर कोशिश करेंगे, क्योंकि चीन की तुलना में उन्हें दूसरे देशों की राह जरा आसान नजर आती है।

वोकेशनल स्किल डेवलपमेंट के निदेशक ताउ ह्वेइ कहते हैं कि एजुकेशन सिस्टम को अर्थव्यवस्था के विकास के साथ-साथ श्रम बाजार की मांग से मेल खाना चाहिए। इसके लिए व्यावसायिक शिक्षा पर अधिक ध्यान देने की जरूरत है। वहीं दूसरे अधिकारियों के मुताबिक वर्तमान शिक्षा तंत्र से श्रम संसाधनों की बर्बादी हो रही है, ऐसे में युवाओं को तकनीकी क्षेत्र की ओर आकर्षित करने के लिए विशेष जोर देना होगा। इसके लिए अधिक अनुकूल नीतियां तैयार करने के अलावा छात्रों को प्रोत्साहित करने की आवश्यकता है, ताकि वे तकनीकी कार्य को अपने कैरियर के लिए महत्त्वपूर्ण मानें।

वैसे सरकार इस बाबत चिंतित है और उसने वोकेशनल स्कूलों के विकास पर ध्यान देने के लिए अधिक वित्तीय मदद करने का एलान किया है। शिक्षा मंत्रालय ने देश में मॉडर्न वोकेशनल एजुकेशन सिस्टम स्थापित करने का लक्ष्य निर्धारित किया गया है।

उपहार की गुरु-शिष्य परंपरा

गुरु-शिष्य की परंपरा से तो हम सभी वाकिफ हैं। द्रोणाचार्य ने भी एकलव्य से गुरु दक्षिणा में उनका अंगूठा मांग लिया था। मगर आज के दौर के एकलव्य शिक्षकों को महंगे गिफ्ट आदि भेंट कर खुश करने में लगे रहते हैं। चीन में गत 10 सितंबर को शिक्षक दिवस मनाया गया, और इस मौके पर शिक्षकों की चांदी रही। छात्र व टीचर, दोनों इस सुनहरे अवसर को छोड़ना नहीं चाहते। जहां छात्र टीचरों को अपने फेवर में करने के लिए पैसा खर्च करते हैं, वहीं गुरु जी भी खुशी-खुशी उपहार बटोरने में व्यस्त रहते हैं।

इस आधुनिक गुरु-शिष्य परंपरा का बढ़ता चलन आजकल चीन में चर्चा का विषय बना हुआ है। तमाम नेटीजन और शिक्षा जगत से जुड़े विशेषज्ञ शिक्षक दिवस के नाम पर शिक्षकों को तोहफे दिये जाने की आलोचना कर रहे हैं। कुछ समय पहले तक टीचर्स डे पर शिक्षकों के प्रति सम्मान व आभार जताया जाता था, लेकिन आज बात कुछ आगे बढ़ गई है। वैश्वीकरण के इस युग में गुरु-शिष्य के रिश्ते को भी बाजार से जोड़कर रख दिया गया है, क्योंकि छात्र भी ऐसे मौकों की तलाश में रहते

हैं, जब शिक्षकों को कोई महंगा गिफ्ट दिया जा सके, ताकि इसके बदले वह स्कूल-कॉलेज में अच्छे अंक हासिल कर पाएं। कई लोग तो इसे सीधे-सीधे रिश्वत का नाम देने लगे हैं।

चीन में यह ट्रेंड तेजी से बढ़ रहा है। इसका एक ताजा उदाहरण बताते हैं। यहां इंटरनेट पर एक फोटो में एक युवती को शिक्षक दिवस के दौरान अंतर्राष्ट्रीय ब्रांड गूची के दो बैग स्कूल ले जाते हुए दिखाया गया है। नेटीजनों के बीच जारी बहस में आरोप लगाया गया है कि वह लड़की अपने टीचरों को गिफ्ट देने के लिए इतने महंगे बैग ले जा रही थी। एक महिला, जिसका पांच साल का बच्चा बीजिंग के एक स्कूल में पढ़ता है, कहती है कि उसने तो गुरु जी के लिए सिर्फ फलों की एक टोकरी भेजी थी, जबकि अन्य परिजन, जिनके बच्चे नामी स्कूलों में पढ़ते हैं, वे इस मौके पर महंगे से महंगे गिफ्ट देने की कोशिश करते हैं। इसमें खरीदारी करने के लिए शॉपिंग काड्र्स, लिफाफे में बंद पैसा आदि शामिल हैं।

हालांकि इससे चिंतित कुछ स्कूलों में दिशा-निर्देश जारी किए गए हैं—गिफ्ट लेने वाले शिक्षकों के खिलाफ प्रशासनिक जुर्माना, यहां तक कि उन्हें सस्पेंड भी किया जा सकता है, पर ऐसा करने वाले स्कूल गिनती के हैं।

स्टेट काउंसिल की ओर से जारी गाइडलाइंस में कहा गया है कि शिक्षक को कामकाज में नैतिकता का पालन न करने पर बर्खास्त किया जा सकता है। शिक्षक इसे सख्त नियम बता रहे हैं।

गिफ्ट लेने पर प्रतिबंध जैसे कदम के बारे में एक शिक्षक कहते हैं कि चीन में लंबे समय से शिक्षकों को उपहार देने की परंपरा रही है। आज छात्र उन्हें ग्रीटिंग कार्ड या चॉकलेट जैसी चीजें देते हैं, तो इसमें बुराई क्या है?

इसी बीच कुछ स्कूलों व टीचरों ने इसके खिलाफ अभियान भी चलाया हुआ है। छोंगछिंग शहर में 133 शिक्षकों ने शिक्षक दिवस के अवसर पर छात्रों और उनके परिजनों से उपहार न ग्रहण करने की प्रतिज्ञा ली है।

विलुप्त हो रही हैं बोलियां

जब चीन की बात आती है तो अक्सर लोग समझते हैं कि यहां सिर्फ एक भाषा बोली जाती है—चीनी। इतने विशाल देश में भला ऐसा कैसे संभव हो सकता है? हालांकि मानक भाषा के रूप में देश में मैंडेरिन को मान्यता मिली हुई है और कुछ हिस्सों में कैंटोनीज जरूर बोली जाती है, लेकिन लेखन की भाषा एक ही है।

आपको यह जानकर आश्चर्य होगा कि चीन में 130 स्थानीय भाषाएं और बोलियां हैं, लेकिन विकास के इस दौर में इन बोलियों के विलुप्त होने का खतरा भी मंडराने लगा है। इससे चिंतित सरकार की ओर से इस दिशा में प्रयास भी शुरू किया जा चुका है और विभिन्न क्षेत्रों व अल्पसंख्यक जातियों द्वारा बोली जाने वाली बोलियों को बचाने के लिए एक डाटाबेस तैयार किया जा रहा है।

इसमें कोई दो राय नहीं है कि चीन के तेज आर्थिक विकास के साथ ही मानक भाषा मैंडरिन की लोकप्रियता भी तेजी से बढ़ी है। यहां तक कि कई क्षेत्रों में यह स्थानीय बोलियों का भी स्थान लेती जा रही है। भाषा व प्रबंधन विभाग के निदेशक चांग हावमिंग भी इस बात को लेकर बहुत चिंतित हैं।

अगर आंकड़ों की बात करें तो वर्ष 2000 तक चीन में मैंडरिन बोलने और पढ़ने वाले 51 फीसदी थे, लेकिन वर्ष 2015 तक यह बढ़कर 80 प्रतिशत हो गए हैं। हालांकि जानकारों का मानना है कि मैंडरिन यानी फूतोंग ख्वा की लोकप्रियता की एक वजह यह भी है कि वह देश में विभिन्न क्षेत्रों के लोगों के बीच रोजमर्रा के संवाद व बिजनेस की प्रमुख भाषा के तौर पर उभरी है। मगर जैसाकि विकास के दौर में अक्सर होता है, वह अन्य स्थानीय बोलियों के लिए एक तरह से बाधा भी बन रही है, क्योंकि लोगों के बीच इनका चलन कम हो रहा है। विशेषकर कुछ क्षेत्रों में ऐतिहासिक व सांस्कृतिक महत्त्व की ये बोलियां एक तरह से अतीत का हिस्सा बनने लगी हैं।

इसे देखते हुए देश के शिक्षा विभाग की ओर से एक राष्ट्रीय प्रोजेक्ट लांच किया गया है। इसका मकसद बोलियों को रिकॉर्ड करना और डाटाबेस तैयार करना है। डाटाबेस में मुख्य रूप से लैंग्वेज रिसोर्सेज व संपूर्ण वोकल कलेक्शन पर विशेष जोर दिया गया है। वैसे इसकी शुरुआत वर्ष 2008 में की गई थी। अब तक च्यांगसू और ल्याओनिं प्रांतों, शंघाई व बीजिंग के साथ-साथ क्वांगसी स्वायत्त क्षेत्रों में पायलट प्रोजेक्ट चलाया जा चुका है।

शिक्षा मंत्रालय से जुड़े अधिकारी कहते हैं कि यह बोलियों को बचाने की दिशा में पहला कदम है। अगले पांच से दस वर्षों में रिकॉर्डिंग का काम पूरा किए जाने की योजना है, इसके बाद शहरी व प्रांतीय सरकारों के स्तर पर इसे शुरू किया जाएगा। इन्हें बचाने के लिए आधुनिक तकनीकों का इस्तेमाल करने के साथ-साथ उस बोली विशेष के सांस्कृतिक महत्त्व को भी सहेजा जाएगा।

वैसे यह जानकर ताज्जुब होता है कि चीन में लगभग 130 विभिन्न स्थानीय भाषाएं, लहजे व बोलियां हैं। भाषा शोध संस्थान अब तक कई बोलियों में डिक्शनरी भी प्रकाशित कर चुका है, जिसमें शंघाई, हार्बिन, क्वांगचो की बोलियां प्रमुख हैं।

हर गांव में एक लाइब्रेरी

चीन में आजकल ग्रामीण लोगों के बीच पढ़ने-लिखने की रुचि बढ़ाने के लिए एक विशेष सांस्कृतिक प्रोजेक्ट पर काम चल रहा है। इसके तहत प्रत्येक गांव में कम-से-कम एक छोटा पुस्तकालय यानी रीडिंग रूम तैयार किया जा रहा है।

इसके लिए चीन सरकार द्वारा इस साल अगस्त महीने तक 18 अरब युआन यानी 2.84 अरब डॉलर का निवेश किया गया है, और 6 लाख 449 अध्ययन कक्षों का निर्माण करने के साथ-साथ उनमें 940 मिलियन पुस्तकें, 540 मिलियन अखबारों

की प्रतियां, 120 मिलियन ऑडियो व वीडियो उपलब्ध होंगे। इतना ही नहीं, कुछ रीडिंग रूम्स फिल्म प्रोजेक्टर से भी लैस होंगे। पिछले दिनों इस संबंध में थ्येनचिन शहर में हुए सम्मेलन में इस बात की जानकारी दी गई।

चीनी कम्युनिस्ट पार्टी के पोलित ब्यूरो सदस्य ली छांगछुन कहते हैं कि किसानों के लिए अध्ययन कक्ष संबंधी प्रोजेक्ट सरकार के उन प्रयासों का हिस्सा है, जिसमें शहरी व ग्रामीण इलाकों के बीच के सांस्कृतिक अंतर को पाटना है और उन्हें एकसमान सांस्कृतिक सेवाएं प्रदान करना है, ताकि ग्रामीण लोगों को उनका मूलभूत सांस्कृतिक अधिकार प्रदान किया जा सके।

इसका मकसद न केवल सांस्कृतिक लिहाज से महत्त्वपूर्ण है, बल्कि लोगों के बीच वैज्ञानिक व सांस्कृतिक साक्षरता व ज्ञान बढ़ाना भी है। गौरतलब है कि चीन में सबसे पहले गांवों के लिए रीडिंग प्रोजेक्ट की शुरुआत क्वेचोउ प्रांत में वर्ष 2005 में हुई थी, और वर्ष 2007 में इसे देश के अन्य हिस्सों में लागू करने का काम शुरू हुआ।

डिप्रेशन के शिकार बुजुर्ग

चीन में मानसिक रोगियों की संख्या लगातार बढ़ती जा रही है। बताया जाता है कि राजधानी बीजिंग में ही 65 वर्ष से अधिक के बुजुर्गों में 4.4 फीसदी लोग डिप्रेशन के शिकार हैं। चीनी स्वास्थ्य मंत्रालय के अधिकारी कहते हैं कि बुजुर्गों का मानसिक स्वास्थ्य एक चुनौती बना हुआ है, ऐसे में लक्ष्य तक पहुंचना मुश्किल लगता है।

1 अरब 37 करोड़ की आबादी में 13.7 प्रतिशत लोग 60 वर्ष के हैं, जबकि बुजुर्ग ही सबसे अधिक मानसिक रोगों से परेशान हैं। हालांकि सरकार इस बात से वाकिफ है और 12वीं पंचवर्षीय योजना में मानसिक रोगी की पहले चरण में ही पहचान करने का लक्ष्य 40 प्रतिशत रखा गया। स्वास्थ्य मंत्रालय की अधिकारी खोंग लिंगच के मुताबिक चीन में स्वास्थ्य विशेषज्ञ अब तक मानसिक रोग की शुरुआत में पहचान करने संबंधी मानक प्रक्रिया सुनिश्चित नहीं कर पाए हैं। बुजुर्गों की बढ़ती तादाद यानी एजिंग पॉपुलेशन एक बड़ी समस्या के रूप में सामने आई है। वर्ष 2015 तक साठ वर्ष से अधिक के बुजुर्गों की तादाद कुल जनसंख्या का 16 प्रतिशत पहुंच गई। बताते हैं कि चीन में प्रति दस हजार लोगों में सिर्फ 1.58 बिस्तर ही उपलब्ध हैं, जबकि वैश्विक औसत 4.36 फीसदी का है। खोंग कहती हैं कि देश में मानसिक रोग विशेषज्ञों की भी कमी है। हमारे यहां सिर्फ 20 हजार मनोचिकित्सक और 35 हजार नर्स हैं। इस समस्या से निपटने के लिए सरकार ने वर्ष 2010 से 2012 के बीच 15.4 अरब युआन का निवेश किया, जिसके तहत 548 मानसिक स्वास्थ्य संस्थानों का विस्तार करने के अलावा 608 संस्थानों को जरूरी उपकरण मुहैया कराए गए। इतना ही वर्ष 2011 से 2012 के बीच 60 लाख युआन मेडिकल वर्करों को मानसिक स्वास्थ्य संबंधी प्रशिक्षण में खर्च किए गए।

गौरतलब है कि अधिकतर मरीज 60 साल से ऊपर की उम्र के हैं, लेकिन कम उम्र के लोगों में भी यह समस्या देखने में आ रही है, यहां तक कि 40 वर्ष की उम्र में भी। इनमें अल्जायमर सबसे आम है। इसके साथ ही कम शिक्षित व हृदय रोग से पीड़ित मरीजों में मानसिक रोगों का खतरा बरकरार रहता है। यह 50 से 80 फीसदी तक होता है। इसकी शुरुआत याददाश्त खोने से होती है। इसके चलते मरीज अकेले रह पाने में सक्षम नहीं होता।

बेटियां बन रहीं बुढ़ापे की लाठी

भारत में अक्सर परिजनों में पुत्ररत्न की प्राप्ति को लेकर काफी उत्साह रहता है। आज भले ही भ्रूण-हत्या हो या दहेज प्रताड़ना या फिर महिलाओं के खिलाफ हो रही यौन हिंसा, व्यवहार में देखने में आया है कि लड़कों की तुलना में लड़कियां अपने माता-पिता का अधिक खयाल रखती हैं।

यह बात चीन में सही साबित हो रही है। हाल में हुए एक सर्वे के मुताबिक चीन में बेटों के मुकाबले बेटियां अपने माता-पिता के प्रति अधिक जिम्मेदार और उनका ज्यादा ध्यान रखती हैं। यह सर्वेक्षण पिछले दिनों सेंटर फॉर हेल्दी एजिंग एंड डेवलपमेंट स्टडीज (सीएचएडीएस) और पेकिंग विश्वविद्यालय द्वारा किया गया था। यह 1988 के बाद से 90 हजार परिवारों के बीच किया गया। सर्वे के मुताबिक 45 प्रतिशत बूढ़े-बुजुर्गों की देखभाल उनकी बेटी और दामाद की तरफ से की गई थी, जबकि अपने मां-बाप की बुढ़ापे की लाठी बनने वाले बेटों व बहुओं की संख्या उससे कम थी। इतना ही नहीं, केवल बेटी पैदा करने वाले बुजुर्गों की मृत्यु-दर उनसे कम देखी गई, जिनके सिर्फ बेटे हैं। शहरों की तुलना में गांवों में यह अंतर अधिक देखा गया।

सीएचएडीएस के निदेशक चंग यी कहते हैं कि बेटियां पालने से लोगों को अधिक सुख मिलता है, विशेषकर ग्रामीण इलाकों में। चीनी लोगों को अपनी परंपरागत सोच बदल लेनी चाहिए कि लड़के ही बेहतर होते हैं। आज लड़कियों को अधिक तवज्जो देने की जरूरत है।

सिविल सेवा में जाने का जुनून

प्रशासनिक सेवा में जाने का जुनून भारत में ही नहीं, पड़ोसी मुल्क चीन में भी साफ झलकता है। प्रशासनिक सेवा व सरकारी नौकरी पाने की चाहत के पीछे एक वजह निजी कंपनियों में असुरक्षा का भाव होना है।

इसके अलावा अधिक उम्मीदवारों के परीक्षा में बैठने का एक कारण यह भी है कि कई पदों के लिए इस बार दो वर्ष के कार्य अनुभव की अनिवार्यता भी नहीं है। कहते हैं कि केंद्रीय संस्था उस तरह के उम्मीदवार चाहती है, जिन्हें जमीनी स्तर पर भी अनुभव हो। ऐसे में विश्वविद्यालयों से निकले छात्रों के लिए अच्छा

अवसर होगा कि पहले वे ग्रामीण क्षेत्रों में काम करें, फिर सरकार के उच्च पदों के लिए।

चाइनीज एकेडमी ऑफ गर्वनेंस, बीजिंग के प्रोफेसर ल्यू स्वीथाव कहते हैं कि युवाओं के बीच प्रशासनिक सेवाओं में जाने की कई वजहें हैं। एक बार यह नौकरी मिल जाने के बाद हूखौव यानी स्थायी निवास प्रमाणपत्र आसानी से मिल जाता है। हूखौव न होने की स्थिति में लोगों को तमाम सुविधाओं से वंचित रहना पड़ता है। उदाहरण के लिए बीजिंग में जिनके पास हूखौव नहीं होता, वे न तो अपार्टमेंट खरीद सकते हैं और न कार खरीदने के लिए पंजीकरण करवा सकते हैं। उन्हें सभी तरह के व्यक्तिगत आयकर व शहर की सामाजिक सुरक्षा के लिए पैसा देना पड़ता है। ऐसा लगातार पांच सालों तक करना पड़ता है।

घंटों ऑफिस में काम

आजकल की भागदौड़ भरी जिंदगी में लोगों का घंटों ऑफिस में काम करना आम है, वहीं बस, मेट्रो या टैक्सी में भी वक्त जाया होता है। ऐसे में लोगों के स्वास्थ्य पर असर पड़ना लाजिमी होता है। हाल में हुए एक सर्वे के मुताबिक चीन में कामकाजी लोग बहुत दबाव में रहते हैं। सर्वे में शामिल तीस प्रतिशत से अधिक लोग प्रतिदिन नौ घंटे से अधिक काम करते हैं। वैसे इस सर्वे में विशेषकर कॉरपोरेट हेल्थ मैनेजमेंट और कर्मचारियों के स्वास्थ्य के स्तर पर फोकस किया गया था, जिसमें ग्यारह शहरों के 2 लाख बीस हजार लोग शामिल हुए थे। रिपोर्ट के मुताबिक 36.3 फीसदी लोगों को रोजाना नौ से दस घंटे काम करना पड़ता है, जो कि निर्धारित वर्किंग आवर्स से अधिक है।

लेकिन अब तमाम लोगों को कई-कई घंटे काम करने में भी कोई गुरेज नहीं होता। वे इसे सामान्य बात मानकर चलने लगे हैं। लेकिन इस तरह की वर्किंग कंडिशंस में स्वास्थ्य समस्याएं होना आम है। सर्वे में यह भी पता चला है कि अधिक प्रेशर में काम करने वाले लोगों को कई स्वास्थ्य संबंधी समस्याओं से जूझना पड़ता है। सर्वे में शामिल 60 प्रतिशत कामकाजी लोगों की मांग है कि एम्प्लॉयर को प्रेशर कम करने के लिए उपयुक्त कदम उठाने चाहिए।

गौरतलब है कि इससे पहले भी इस तरह के सर्वे सामने आ चुके हैं। लोगों की शिकायत होती है कि उन्हें आराम के लिए पर्याप्त समय नहीं मिलता। इसका सीधा संबंध नींद से भी लगाया जाता है, क्योंकि बिस्तर पर जाने के बाद भी वे ऑफिस के काम के बारे में सोचते रहते हैं।

हेल्थ स्टेटस सर्वे ऑर्गनाइजिंग कमेटी के प्रोफेसर यू शिबेई कहते हैं कि लंबे समय तक काम करने और अनियमित खान-पान से कई तरह की बीमारियां होती हैं। इसमें अक्सर थकान होना, अपच संबंधी गड़बड़ी, सर्जनशीलता में कमी, ब्लड प्रेशर और हृदय रोग प्रमुख हैं।

नौकरी पाने के लिए मशक्कत

चीन में भी शिक्षित युवाओं के लिए रोजगार हासिल करना आसान नहीं होता है, हालांकि कुछ अच्छे कॉलेजों से शिक्षा प्राप्त करने वालों को बढ़िया ऑफर मिलते हैं। वैसे इन दिनों कॉलेज ग्रेजुएट की तुलना में वोकेशनल ट्रेनिंग या पढ़ाई कर चुके छात्रों को नौकरी में तरजीह दी जा रही है। पिछले वर्ष वोकेशनल ग्रेजुएट छात्रों को रोजगार मिलने का प्रतिशत 95 रहा, जो कि सबसे अधिक बताया जाता है। चीन के शिक्षा मंत्रालय द्वारा हाल में जारी रिपोर्ट में यह कहा गया है।

डेवलपमेंट एंड एम्प्लॉयमेंट ऑफ सेकंडरी वोकेशनल स्कूल स्टूडेंट्स के प्रमुख संपादक वांग चीपिंग के अनुसार, गांवों के छात्र रोजगार पाने के मामले में आगे हैं, भले ही वे कम वेतन ही क्यों न हासिल करें।

हालांकि शोधकर्ता सू यांग कहते हैं कि समाज में वोकेशनल एजुकेशन को ठीक तरह से पहचान नहीं मिली है।

गौरतलब है कि पिछले कुछ वर्षों में चीन में कॉलेज ग्रेजुएट्स की संख्या में इजाफा हुआ है और इसके साथ ही रोजगार पाने के लिए प्रतिस्पर्धा भी और तेज हुई है। सच्चाई यह भी है कि विश्वविद्यालयों से शिक्षा प्राप्त कर लेने के बाद भी जॉब की कोई गारंटी नहीं होती। और अच्छी व पेशेवर कंपनियां दक्ष व योग्य युवाओं को तवज्जो देती हैं। ऐसे में अब यह देखना होगा कि चीन तकनीकी रूप से कुशल युवा कैसे तैयार करता है।

महिला उत्पीड़न रोकने की मांग

भारत में समय-समय पर कार्यस्थल पर महिलाओं का उत्पीड़न रोकने के लिए आवाज उठती रहती है, लेकिन पड़ोसी देश चीन में भारत के मुकाबले महिलाओं की स्थिति कहीं बेहतर है। महिलाएं, दिन हो या रात, अकेले बाहर जाने में खुद को सुरक्षित महसूस करती हैं। हालांकि समाज में महिलाओं को पुरुषों के बराबर अधिकार दिये गये हैं, फिर भी कानूनी विशेषज्ञ महिलाओं को और अधिक सुरक्षित माहौल प्रदान किए जाने की वकालत कर रहे हैं। हाल में चीन में कार्यस्थल पर महिला यौन उत्पीड़न के मामले बढ़े हैं। महिला अधिकारों से जुड़े एनजीओ अब चीन में जल्द से जल्द कानून बनाने की मांग करने लगे हैं, जिसमें नियोक्ता (एम्प्लॉयर) की जिम्मेदारी तय करने पर जोर दिया गया है। उनका तर्क है कि यौन हिंसा आदि मामलों के निपटारे में नियोक्ता की भूमिका अहम होती है, इसलिए महिलाओं के साथ होने वाली किसी भी घटना के लिए उन्हें दंडित किया जाना चाहिए।

मेपल सेंटर के वांग शिंगजुआन कहते हैं कि चीन में अक्सर कंपनी के मालिक कोई उत्पीड़न संबंधी मामला सामने आने पर महिलाओं का अनुबंध खत्म कर देते हैं। हाल में एक एसोसिएशन ने बीजिंग, क्वांगदोंग और चच्यांग प्रांत की डेढ़ हजार

महिलाओं से उनके अनुभव की जानकारी ली। लगभग 80 फीसदी महिलाओं ने कहा कि उनके साथ कार्यस्थल पर दुर्व्यवहार या उत्पीड़न हुआ था। उनमें से अधिकतर 35 वर्ष से कम उम्र की थीं। उत्पीड़न के चलते उन्होंने नौकरी छोड़ दी। इसका सीधा असर उनकी रोजमर्रा की जिंदगी पर पड़ा। यहां तक कि घर-परिवार में भी मुश्किलों का सामना करना पड़ा।

बीजिंग की एक अदालत के जज कहते हैं कि कई महिलाएं यौन उत्पीड़न के मामलों को कोर्ट में नहीं ले जाना चाहती हैं। जो अदालत तक पहुंचती भी हैं, उनके लिए केस जीतना आसान नहीं होता। क्योंकि महिलाओं के लिए खुद के साथ हुए उत्पीड़न को साबित कर पाना मुश्किल होता है, इसलिए नौकरी छोड़ने में ही वे अपनी भलाई समझती हैं। अगर उन्हें न्याय दिलाना है तो उत्पीड़न की गंभीरता को समझते हुए कानून में इस बारे में विस्तृत उल्लेख करना होगा। कई बार अदालतों में न्यायाधीश भी महिला उत्पीड़न संबंधी घटनाओं की गंभीरता को नहीं समझते हैं। महिलाओं के साथ होने वाली जबरदस्ती और दुर्व्यवहार को हल्के में लेते हैं, जिससे दूसरी महिलाएं भी अपने साथ होने वाली घटनाओं की शिकायत करने में घबराती हैं।

सुपर राइस का उत्पादन

पड़ोसी देश चीन चावल, गेहूं आदि के उत्पादन में नंबर एक है, इसके बावजूद यहां फसलों की पैदावार बढ़ाने और वैज्ञानिक तौर-तरीके अपनाने पर जोर दिया जा रहा है।

वैसे कुछ समय पहले कृषि क्षेत्र से जुड़े विशेषज्ञों ने चिंता जताई थी कि चीन में खाद्यान्न का उत्पादन कम हो रहा है। इसके पीछे वजह यह बताई गई थी कि लोग अब गांवों से कृषि कार्य छोड़कर शहरों की ओर पलायन कर रहे हैं। वे फिर से अपनी जमीन पर खेती नहीं करना चाहते हैं। शायद यही वजह है कि चीन ने फिर से एक नए किस्म का चावल विकसित करने की योजना तैयार की है। इसे नाम दिया गया है—सुपर हाइब्रिड राइस, जो कि प्रति हैक्टेयर 14.9 मीट्रिक टन चावल पैदा कर सकता है।

चीन में इस नये चावल के उत्पादन का जिम्मा संभालने वाले विशेषज्ञों का मानना है कि इस सुपर राइस की फसल उगाने से अगले कुछ दशकों में चीन अपनी बड़ी आबादी के लिए पर्याप्त चावल उपलब्ध कर सकेगा।

गौरतलब है कि सुपर हाइब्रिड राइस पर शोध 1996 में शुरू किया गया था। इसका मकसद चीन में व्यापक स्तर पर खाद्य सुरक्षा पर विशेष ध्यान देना था। अब तक चीन में 108 वैरायटी के सुपर राइस को मंजूरी मिल चुकी है।

कृषि मंत्रालय के अधिकारियों और विशेषज्ञों को उम्मीद है कि व्यापक पैमाने पर हाइब्रिड चावल उगाने से देश की अनाज पैदावार में भारी बढ़ोतरी होगी।

वर्तमान में चीन में 17 मिलियन हैक्टेयर क्षेत्र में हाइब्रिड राइस उगाया जा रहा है। यह देश के कुल चावल उत्पादन भूमि का 58 फीसदी है। इसके अलावा 4.7 मिलियन हैक्टेयर हाइब्रिड चावल विदेशों में भी उत्पादित किया जाता है। अनुमान है कि अगर दुनिया भर में सामान्य चावल के बजाय हाइब्रिड उगाया जाए, तो चावल उत्पादन में 150 मिलियन टन का इजाफा होगा। यह 400 से 500 मिलियन अतिरिक्त लोगों की जरूरतों को पूरा कर सकेगा।

चावल उत्पादन के आंकड़ों और सरकार की ओर से लगातार जारी प्रयासों को देखकर कहा जा सकता है कि चीन आने वाले दशकों में अनाज उत्पादन में पहले स्थान पर रहेगा।

बुजर्गों का खयाल नहीं रखा तो जेल

चीन में बूढ़ों की बढ़ती तादाद एक प्रमुख समस्या बनकर उभरी है। सरकार के लिए सामाजिक संतुलन बनाए रखना किसी चुनौती से कम नहीं है। समय-समय पर इस तरह की खबरें आती रहती हैं कि बच्चे अपने बुजुर्ग माता-पिता का खयाल नहीं रखते। ऐसे में बूढ़े लोगों को एकाकी जीवन बिताना पड़ता है। आप चीन के किसी गांव या शहर में चले जाइए, हर जगह बूढ़े लोग दिख जाएंगे। विशेषकर दोपहर के वक्त सड़कों पर बुजुर्ग समूहों में जा रहे होते हैं। यह ऐसा समय होता है जब युवा व कामकाजी लोग अपने दफ्तरों में होते हैं। अब आज की युवा पीढ़ी को स्वार्थी कहें या तेज विकास और काम का दबाव या पाश्चात्य संस्कृति का असर, बात चाहे जो भी हो, उम्र के इस पड़ाव में बुजुर्गों को लाठी का सहारा नहीं मिल रहा है। इससे चिंतित सरकार ने अब एक नया कानून तैयार किया है।

'बुजुर्गों का अधिकार' नामक नए कानून में बूढ़े लोगों के अकेलेपन में जीवन गुजारने की समस्या पर ध्यान दिया गया है।

नए नियम के मुताबिक वयस्कों को अपने बुजुर्ग माता-पिता की देखभाल करनी ही होगी। इसके लिए उन्हें परिजनों के पास जाकर उनका हालचाल पूछना होगा। उनकी आध्यात्मिक जरूरतों का ध्यान रखना होगा। डांट-डपट बिलकुल नहीं। दूर रहने पर अक्सर उनसे मिलते रहना होगा। ऐसा न करने वालों को जुर्माना या जेल हो सकती है।

हाल में लागू हुए इस कानून की आलोचना भी होने लगी है। लोगों का कहना है कि भले ही सरकार ने यह नियम बना दिया हो, लेकिन इसमें इस बात का उल्लेख नहीं है कि कितने दिन में उन्हें परिजनों के पास जाना होगा। इस बात की कौन निगरानी रखेगा कि बच्चे अपने मां-बाप का ध्यान रखते हैं या नहीं।

सोशल नेटवर्किंग साइटों पर चल रही बहस में लोग इस कानून को अव्यावहारिक बता रहे हैं। साथ ही यह भी कहा जा रहा है कि आखिर इस कानून को कार्यान्वित कैसे किया जाएगा?

कुछ युवाओं ने अपने विचार कुछ इस तरह से व्यक्त किए हैं। वे कहते हैं कि कौन अपने घर नहीं जाना चाहता? वे बड़े बुजुर्गों की देखभाल करना चाहते हैं और उनका सम्मान भी करते हैं, लेकिन कभी-कभी वे इतने व्यस्त हो जाते हैं कि उन्हें इसकी फुर्सत नहीं मिलती। साथ ही उनकी लाइफ में तनाव भी बहुत ज्यादा है।

एक ब्लॉगर लिखता है कि उसे बड़े बुजुर्गों से मिलने के लिए कोई पैसे न दे, यह चल सकता है, लेकिन क्या कोई उसे ऐसा करने के लिए समय दे सकता है?

हालांकि कई लोग, विशेषकर बुजुर्ग, इस कानून की तारीफ कर रहे हैं, जबकि विश्लेषकों का मानना है कि इस कानून के माध्यम से सरकार ने युवाओं व शादी कर चुके लोगों को एक एजुकेशनल मैसेज देने की कोशिश की है। हालांकि इस कानून को असल में लागू करना बहुत मुश्किल होगा, लेकिन यह असंभव नहीं है।

कानून के जानकार कहते हैं कि अगर यह मामला अदालत में पहुंचता है तो इसका शांतिपूर्ण हल निकल सकता है। अगर कोई समझौता न भी हो पाया तो कोर्ट एक महीने में बुजुर्गों से मिलने व देखभाल करने आदि के लिए समय-सीमा तय करने का आदेश दे सकती है।

उधर पिछले दिनों च्यांगसू प्रांत में एक 91 वर्षीय बुजुर्ग महिला को उसकी बहू ने पिटाई कर घर से बाहर निकाल दिया। बुजुर्ग महिला का कसूर सिर्फ इतना था कि उसने एक कटोरा दलिया खाने के लिए मांगा था।

घर खरीदने के लिए फर्जी शादी

चीन के बड़े शहरों में इन दिनों एक अदद घर खरीदना लोगों का सपना बनता जा रहा है। प्रॉपर्टी के दाम आसमान छू रहे हैं। बीजिंग, शंघाई या क्वांगचो में लोगों के लिए एक छोटा-सा अपार्टमेंट खरीदना बड़ी चुनौती है। हालत यह है कि इसके चलते युवा शादी करने से भी कतरा रहे हैं। वजह अपना एक अपार्टमेंट न होना। आप किसी से भी बात कीजिए, वह सबसे बड़ी समस्या घर खरीदने की बताएगा।

दरअसल, चीन में शादी के बाद लड़के का मां-बाप के घर से अलग अपना घर होना जरूरी होता है। गर्लफ्रेंड भी शादी से पहले यही शर्त रखती है। ऐसे में युवाओं के लिए घर खरीदना एक सपने जैसा हो गया है, क्योंकि प्रापर्टी बाजार में एजेंट और कुछ मोटे पैसे वाले लोग कई अपार्टमेंट खरीदकर बाजार में दाम बढ़ाने में अहम भूमिका निभाते हैं।

ऐसे में सरकार इस पर लगाम कसने की कोशिश में है। इसके लिए कुछ नियम भी बनाए गए हैं। मसलन अगर कोई व्यक्ति बीजिंग का स्थायी निवासी नहीं है तो केवल एक घर खरीद सकता है, यह भी उस शर्त पर कि उसने लगातार पांच साल

तक बीजिंग में टैक्स व सोशल सिक्योरिटी आदि का पैसा जमा किया हो, जबकि बीजिंगवासी दो घर खरीद सकते हैं। अगर परिवार में दो लोग हैं, और एक के पास बीजिंग का स्थायी निवास प्रमाण पत्र (हूखोउ) है तो वे दो अपार्टमेंट खरीद सकते हैं। सरकार की कोशिशों के बावजूद बीजिंग से बाहर के लोग भी गैरकानूनी ढंग से अपार्टमेंट खरीद रहे हैं। कई लोग ऐसे भी हैं जो फर्जी तरीके से बीजिंगवासियों से शादी कर रहे हैं, ताकि घर खरीदा जा सके। हाल के दिनों में सरकार की ओर से चलाए गए सख्त अभियान के बाद इस तरह के फर्जीवाड़े का पता चला है। इसमें रियल एस्टेट कंपनियां व खरीदार शामिल हैं। बीजिंग के शहरी-ग्रामीण विकास आयोग ने इस तरह हुई कई शादियों के मामले पकड़े हैं, जिन्होंने घर खरीदने के बहाने बाहर के लोगों के साथ शादी की है। रिपोर्ट के मुताबिक, एक महिला ने इसके चलते पांच महीनों में तीन बार तलाक लिया। वर्तमान में भी इस संबंध में जांच जारी है।

2011 से पहले बीजिंग में घर खरीदने वालों में एक-तिहाई बाहरी लोग होते थे, लेकिन नया नियम लागू होने से यह घटकर 10 फीसदी रह गया है। जानकार कहते हैं कि लोगों को घर खरीदने की जरूरत होती है, ऐसे में लोगों के पास जोखिम लेने के अलावा कोई और विकल्प नहीं होता। लेकिन नए प्रावधान ने बीजिंगवासियों को बिना कुछ किए ही लाभ कमाने का मौका दे दिया है। वैसे शहरी आयोग चाहता है कि नियमों का सख्ती से पालन हो। अगर किसी व्यक्ति ने तीन बार घर खरीदने के लिए आवेदन किया है, तो उसके पहचान पत्र के नंबर के आधार पर जांच की जाती है। हालांकि प्रॉपर्टी एजेंटों का कहना है कि उन्होंने इस तरह के गुप्त मामलों के बारे में सुना है, लेकिन कोई रियल एस्टेट कंपनी शादी-विवाह तो नहीं करा सकती। इससे जुड़े लोगों को लगता है कि भले ही इस संबंध में प्रावधान बना दिया गया हो, पर कोई सख्त सजा या जुर्माना न होने का फायदा लोग उठा लेते हैं। कानूनी विशेषज्ञों का सुझाव है कि सरकार को कड़ा रवैया अपनाते हुए ऐसे लोगों को ब्लैक लिस्ट कर देना चाहिए, साथ ही उनके शैक्षिक प्रमाणपत्र को भी निरस्त करने की आवश्यकता है, ताकि लोगों के मन में डर पैदा हो।

इसके साथ ही लोग घर खरीदने के लिए अन्य तरकीब भी अपना रहे हैं। इसमें फर्जी तलाक के मामले भी सामने आ रहे हैं। कुछ शादी-शुदा जोड़े एक नया अपार्टमेंट खरीदने के लिए तलाक का सहारा ले रहे हैं। वे इसके लिए फर्जी तौर पर तलाक लेते हैं, और उसके बाद अपार्टमेंट खरीदा जाता है, और फिर से शादी कर लेते हैं।

चीन में पिछले दस वर्षों में प्रॉपर्टी के दाम कई गुना बढ़ चुके हैं। कहा जाता है कि 30 हजार रुपए तनख्वाह पाने वाला अगर बीजिंग में अपार्टमेंट खरीद ले तो उसका पैसा चुकाने में उसकी पूरी जिंदगी गुजर जाएगी, अगर वह पूरे तीस हजार रुपए महीने किस्त भी अदा करे तो। इसलिए परिजन भी अपने इकलौते बच्चे के लिए पैसों का इंतजाम करने में लगे रहते हैं, ताकि उसकी समय पर शादी हो सके।

विदेशों का रुख करते चीनी छात्र

चीन के सामाजिक व आर्थिक ढांचे में तेजी से परिवर्तन हो रहा है, इसका असर स्कूल और विश्वविद्यालयों में भी देखने को मिलता है। हाल के कुछ वर्षों में शिक्षा ग्रहण करने के लिए विदेश जाने वाले छात्रों की संख्या में काफी बढ़ोतरी हुई है। चीन में एक बच्चे की नीति के चलते परिजन अपने बच्चे को बेहतरीन शिक्षा दिलाने में कोई कसर नहीं छोड़ना चाहते।

वर्ष 1978 से 2012 तक लगभग 26 लाख से अधिक चीनी छात्र पढ़ाई के लिए विदेश गए। वहीं 2014 में लगभग 4 लाख 60 हजार छात्रों ने विदेशों का रुख किया। इस तरह आज चीन ओवरसीज स्टूडेंट्स की संख्या के मामले में दुनिया में पहले नंबर पर आ गया है। वर्तमान में लगभग 74 प्रतिशत चीनी ओवरसीज छात्र अमेरिका, ऑस्ट्रेलिया, ब्रिटेन, जापान और कनाडा आदि देशों में पढ़ रहे हैं। हाल के सरकारी आंकड़ों के मुताबिक चीन में कम उम्र में विदेश जाने वाले छात्रों की संख्या हर साल बढ़ रही है।

हाल में सामने आए एक सर्वे में छात्रों के विदेश जाने को चीन के टॉप विश्वविद्यालयों के लिए एक चुनौती और प्रतिस्पर्धा माना गया है। चीनी एजुकेशन कंसल्टिंग कंपनी मायकॉस के मुताबिक पेकिंग यूनिवर्सिटी, छिंगह्वा व फूदान यूनिवर्सिटी आदि में एडमिशन के लिए अप्लाई करने वाले छात्रों की संख्या कम हो रही है। इन छात्रों को पहले ही विश्वविद्यालयों से एडमिशन के लिए ऑफर मिल चुका है। करीब 4 फीसदी ने कहा कि उन्होंने देश के नामी-गिरामी विश्वविद्यालयों से मिले इस ऑफर को ठुकराने में अपनी भलाई समझी, जो कि पिछले साल से एक प्रतिशत अधिक है। हालांकि 3 फीसदी छात्रों ने कहा कि वे अभी अपने विकल्पों पर विचार कर रहे हैं।

छात्र चीन की मुख्य भूमि के बाहर, विशेषकर हांगकांग और मकाओ आदि के विश्वविद्यालयों को भी चुन रहे हैं, क्योंकि ये विश्वविद्यालय छात्रों को अपनी ओर लुभाते हैं। शायद यह भी एक वजह हो सकती है। चीन के तमाम अच्छे छात्र ऐसा करते हैं।

पिछले साल जहां 97 प्रतिशत छात्रों ने कहा था कि वे चीन के टॉप विश्वविद्यालयों के लिए अप्लाई करेंगे, इस बार यह घटकर 93 फीसदी हो गया है।

बुजुर्गों का देश चीन

चीन में बुजुर्गों की बड़ी आबादी है। पिछले साल के अंत तक यहां 60 साल से ज्यादा उम्र के बुजुर्गों की संख्या 20 करोड़ से अधिक पहुंच चुकी है, जबकि 2030 तक उनकी तादाद दोगुनी होने का अनुमान है।

जापान में भी बुजुर्गों की भारी तादाद है, पर चीन दुनिया में अकेला ऐसा देश है, जहां वरिष्ठ नागरिकों की संख्या 10 करोड़ से अधिक है। आने वाले बीस वर्षों

में चीन में वन चाइल्ड पॉलिसी और बुजुर्गों के न रहने से जनसंख्या स्थिर हो जाएगी। ऐसे में भारत दुनिया में सबसे अधिक आबादी वाला देश बन जाएगा।

हाल ही में 13 अक्टूबर को चीन ने बुजुर्ग दिवस मनाया। चीन सरकार ने वर्ष 1989 से लूनर कैलेंडर के नौंवे महीने के 9वें दिन से सीनियर सिटीजन दिवस मनाना शुरू किया। लेकिन इस साल से पहली बार इस दिन अवकाश करने का एलान किया गया। इसके तहत बुजुर्गों के अधिकारों व हितों की रक्षा संबंधी कानून में तब्दीली की गई।

इसी संबंध में राजधानी बीजिंग में अधिक से अधिक संख्या में बुजुर्गों की देखभाल के लिए नर्सिंग होम में निवेश बढ़ाने का फैसला किया गया है। इसके तहत वर्ष 2016 तक नर्सिंग होम्स में 1 लाख 20 हजार बेड तैयार किए जाएंगे। वर्तमान में बीजिंग के नर्सिंग होम में 95 हजार बेड उपलब्ध हैं, जो वरिष्ठ नागरिकों के लिए नाकाफी हैं। वर्ष 2020 तक इनकी संख्या बढ़ाकर 1 लाख 60 हजार कर दी जाएगी। गौरतलब है कि बीजिंग में बूढ़े लोगों की बड़ी संख्या है। बीजिंग में नागरिक प्रशासन मामलों के प्रवक्ता ली होंगपिंग कहते हैं कि सरकार इस मामले की गंभीरता को समझती है, और इससे निपटने की कोशिश कर रही है। इसके साथ ही सरकार इस क्षेत्र में अधिक निवेश आकर्षित करने के लिए कदम उठा रही है और प्राइवेट कल्याण संस्थाओं का स्तर सुधारने पर भी जोर दे रही है।

बीजिंग की आबादी 2 करोड़ से अधिक है, जिसमें से 40 लाख लोग साठ से अधिक उम्र के हैं। यह बताना दिलचस्प है कि सिर्फ बीजिंग में ही हर रोज 400 लोग रोजाना अपना 60वां जन्म दिन मनाते हैं। इससे जाहिर होता है कि किस तेजी से लोग वृद्धावस्था में प्रवेश कर रहे हैं। विश्लेषकों का कहना है कि चीन के सामने अगले दो दशकों में इस संबंध में और मुश्किलें खड़ी होंगी। सरकार को तेजी से बूढ़ी हो रही आबादी के लिए पेंशन, स्वास्थ्य और बीमा आदि अन्य सुविधाओं का व्यापक इंतजाम करना होगा, जो कि आर्थिक रूप से भी बोझ डालने वाला होगा।

आंकड़ों के मुताबिक बीजिंग में हर वर्ष पांच अरब युआन वरिष्ठ नागरिकों के मद में जारी किए जाते हैं, क्योंकि अक्सर बुजुर्गों के सामने बुढ़ापे में कई समस्याएं आती हैं।

तेजी से विकास कर रहे चीन के लिए बुजुर्गों की बढ़ती संख्या अवरोधक बन रही है। चीन को 'मैन्यूफैक्चरिंग हब' के नाम से भी जाना जाता है, पर आने वाले कुछ वर्षों में कहीं यह बुजुर्गों का देश न बन जाए।

चीन में पॉपुलर हुए कुछ शब्द

दुनिया की तमाम डिक्शनरियों में हर साल नए शब्द जुड़ते हैं। कई शब्द ऐसे होते हैं, जो लोगों के बीच या इंटरनेट में काफी लोकप्रिय हो जाते हैं और बाद में शब्दकोश का हिस्सा बनते हैं, जबकि कुछ शब्द पहले से ही डिक्शनरी में होते हैं।

वैसे चीनी यानी मैंडरिन भाषा दुनिया की सबसे मुश्किल और समृद्ध भाषाओं में से एक है। इस साल चीन में नेटीजनों के बीच कुछ शब्द ज्यादा ही छाए रहे। इन शब्दों में रिफार्म, थूहाव, प्रिज्म और त्याओयू द्वीप आदि इस वर्ष के सबसे पॉपुलर चीनी शब्द करार दिए गए हैं। नेटीजन रिसर्च इंस्टीट्यूट द्वारा किए गए एक सर्वे में यह पता चला है। पिछले महीने हुए सर्वे के मुताबिक 'ड्रीम' सबसे अधिक चर्चित शब्द रहा, जबकि 'रिफार्म' शब्द चीनी समाचारों में हेडलाइन के तौर पर उभरकर आया। वैसे रिफार्म के अलावा, एंटी करप्शन, धुंध, हाउसिंग प्राइस आदि भी काफी लोकप्रिय हुए।

वैसे शुरुआत में थूहाव शब्द आईफोन फाइव एस के गोल्डन कलर के कारण चर्चा में आया। लेकिन बाद में इंटरनेट यूजर्स ने अपने पास पैसे होने या महंगी चीज होने का दिखावा करने वाले लोगों का नाम थूहाव रख दिया। इसके साथ ही रिटायरमेंट की उम्र बढ़ाए जाने संबंधी विषय और एक बच्चे की नीति में ढील देने जैसे टॉपिक भी हिट रहे।

घर पर नर्सिंग की सुविधा

बुजुर्गों को अक्सर बाहर निकलने या अस्पताल जाने में दिक्कत होती है, जबकि अस्पतालों व नर्सिंग होम में मरीजों की भारी भीड़ होती है।

इसके चलते चीन में घर पर ही नर्सिंग की सुविधा लोकप्रिय हो रही है। निजी तौर पर चल रही कुछ एजेंसियों की सफलता के बाद स्थानीय सरकारें भी इस दिशा में कदम आगे बढ़ा रही हैं।

उत्तर-पश्चिम चीन के कानसू प्रांत के स्वास्थ्य विभाग ने घोषणा की कि वह इन-होम नर्सिंग पर ज्यादा जोर देगी, ताकि अधिक से अधिक बूढ़े लोगों को इसका लाभ मिल सके। बताते हैं कि अकेले इस प्रांत की स्थानीय एजेंसी के माध्यम से 2 लाख 20 हजार से अधिक बुजुर्गों ने सेवा ली। न केवल इसके जरिए बुजुर्ग घर पर बैठकर बेहतर सुविधा हासिल कर रहे हैं, बल्कि उन्हें अस्पतालों या नर्सिंग होम के चक्कर भी नहीं काटने पड़ते। बुजुर्गों के बच्चे अक्सर दूसरे शहरों या जगहों पर रहते हैं। ऐसे में एकाकी जीवन बिता रहे वृद्धों को इससे राहत मिलती है।

इस तरह की सुविधा उनके लिए नया विकल्प लेकर आई है। शायद सरकार भी इस बात से वाकिफ है कि देश में अस्पतालों की कमी है, और यह सेवा अस्पतालों का बोझ भी कम कर सकती है।

इन दिनों च्यांगसू, हूनान, आन्ह्वेई आदि में भी इन-होम नर्सिंग सुविधा शुरू हो गई है। हालांकि सबसे पहले 2007 में च्यांगसू प्रांत के सूचोउ शहर में इसकी शुरुआत हुई थी। अन्य प्रांतों की सरकारें भी इस तरह की सुविधा देने की दिशा में काम करने लगी हैं। थ्येचिन शहर में दो साल पहले सरकार ने डोमेस्टिक सर्विस प्रोवाइडर के साथ मिलकर इन-होम नर्सिंग की सेवा मुहैया करानी चालू की।

डोमेस्टिक प्रोवाइडर एजेंसी इन बुजुर्गों को भोजन और घर में जरूरत की अन्य चीजें भी प्रदान करती है। अब यहां के 14 परंपरागत नर्सिंग होम घर-घर जाकर सीनियर सिटिजंस का इलाज करने लगे हैं। यह सुविधा अपेक्षाकृत सस्ती है और अधिक लोगों को आकर्षित कर रही है।

सत्तर-अस्सी की उम्र में चल रहे बुजुर्ग इससे बहुत खुश हैं। लेकिन 20 करोड़ से अधिक बुजुर्गों के लिए यह सुविधा भी नाकाफी है। आने वाले समय में संबंधित विभाग को इसका दायरा और विस्तृत करना होगा। इसके साथ ही इस तरह घर पर सुविधा देने वाली एजेंसियों को अधिक पारदर्शी और ईमानदार भी होना पड़ेगा।

यह भी शिकायत आती है कि बुजुर्गों के साथ अच्छा व्यवहार नहीं किया जाता या उनसे जरूरत से अधिक पैसे की मांग की जाती है। इस तरह की सर्विस प्रदाता कंपनी से जुड़े फू यान जुआन कहते हैं कि कुछ कंपनियां या नर्सिंग होम सरकारी विभागों के साथ मिलकर काम करते हैं, जबकि अन्य नहीं। इस तरह संगठित तौर पर बेहतर सुविधा देने में मुश्किलें आती हैं। बुजुर्गों का विश्वास हासिल करने में भी दिक्कत होती है। थ्येनचिन यूनिवर्सिटी के प्रेसिडेंट ली च्या चुन के अनुसार, सरकार को इस बाबत ध्यान देते हुए अतिरिक्त सब्सिडी प्रदान करनी चाहिए, साथ ही बेहतर सुविधा के लिए निगरानी भी बढ़ाने की आवश्यकता है। सरकार को अधिक से अधिक लोगों को ट्रेनिंग देने पर भी जोर देना होगा।

फूड सेफ्टी पर सवाल

चीन में खाद्य सुरक्षा एक बड़ा मुद्दा है। समय-समय पर इससे जुड़ी घटनाएं सामने आती हैं। एक बड़ी आबादी वाला देश होने की वजह से लोगों को पर्याप्त भोजन उपलब्ध करवाना, वह भी बेहतर क्वालिटी के साथ, किसी चुनौती से कम नहीं है। चीन में मध्य वर्ग का विस्तार होने और लोगों की आर्थिक स्थिति मजबूत होने से फूड सेफ्टी पर अधिक जोर दिया जाने लगा है। ऐसे लोग भी हैं, जो विदेशों से आयातित चीजें खरीदना पसन्द करते हैं। हालांकि सरकार की ओर से पिछले कुछ वर्षों में कई कदम उठाए गए हैं, बावजूद इसके समस्या अब भी बरकरार है। इसे देखते हुए संबंधित विभागों ने निगरानी बढ़ाने के निर्देश दिये हैं।

इस बारे में चाइना फूड एंड ड्रग एडमिनिस्ट्रेशन के वरिष्ठ अधिकारी माओ चन बिन कहते हैं कि हमने फूड स्कैंडल और सेफ्टी को लेकर पुलिस के साथ मिलकर बेहतर काम किया है। पिछले साल चीन में 43 हजार मामलों का भंडाफोड़ हुआ, जबकि 60 हजार से अधिक संदिग्ध लोगों को पकड़ा गया।

सरकारी आंकड़े दर्शाते हैं कि चीन में खाने-पीने की चीजों में कई तरह की गड़बड़ियां पाई जा रही हैं।

वहीं हाल में चीन में ऑनलाइन शॉपिंग खरीदारी का प्रमुख माध्यम बन गया है। इंटरनेट के जरिए सामान खरीदने की बड़ी वजह यह रहती है कि लोगों को घर बैठे

ही सामान मिल जाता है, वह भी कम कीमत पर। कई बार सस्ती चीजों और समय की बचत के उलटे नतीजे भी सामने आते हैं, क्योंकि फर्जी और घटिया क्वालिटी की चीजें भी इंटरनेट पर खूब बिक रही हैं। चीन सरकार भी मानती है कि ऑनलाइन शॉपिंग की बढ़ती लोकप्रियता से वस्तुओं की क्वालिटी पर असर पड़ा है। लेकिन घटिया सामान बेचने वालों के खिलाफ कार्रवाई करना आसान नहीं है।

साल 2013 में अदालतों में फूड सेफ्टी से जुड़े मामलों में सबसे सख्त सजा का ऐलान किया गया। हाल में हुए ऑनलाइन सर्वे में भी लोगों ने खाद्य सुरक्षा को बेहद जरूरी माना है। उन्होंने इसके लिए कड़ा दंड दिए जाने और निगरानी बढ़ाने की मांग की है। सर्वे में शामिल 14 विषयों में फूड सेफ्टी पहले नंबर पर रही। लोगों का कहना है कि अदालतों को घटिया खाने और फर्जी उत्पाद आदि से जुड़े मामलों में सजा और सख्त करनी चाहिए।

विशेषज्ञों का मानना है कि चीन को एग्रीक्लचर कोऑपरेटिव पर ध्यान देने की जरूरत है। सरकार को चाहिए कि किसानों और संबंधित कंपनियों की पार्टनरशिप को बढ़ावा दे। इससे फूड सेफ्टी सुनिश्चित करने में काफी मदद मिल सकती है। रिपोर्ट के मुताबिक चीन में लगभग 9 लाख 80 हजार कृषि कोऑपरेटिव्स हैं, जिससे 7.4 करोड़ किसानों के परिवार जुड़े हुए हैं, जो कि देश का कुल 28.5 फीसदी है। लेकिन ये कोऑपरेटिव्स पैसे की कमी, तकनीक और मजबूत प्रबंधन न होने से कमजोर नजर आते हैं। साथ ही इनकी क्वालिटी और दक्षता आदि पर ध्यान दिया जाना चाहिए, ताकि भविष्य में खाने-पीने की चीजों की क्वालिटी बेहतर करने में इनका सहयोग लिया जा सके। वैसे डेयरी आदि के क्षेत्र में कोऑपरेटिव मॉडल सफल रहे हैं। इसमें मुनाफे और घाटे को किसानों और डेयरी फर्म के बीच बांटा जाता है। किसानों को अच्छी गुणवत्ता का दूध उपलब्ध कराना होता है, इसकी एवज में उन्हें बेहतर कीमत मिलती है। साथ ही क्वालिटी अच्छी होने पर उन्हें प्रोत्साहन भी दिया जाता है।

वतन लौटते छात्र

विदेश में शिक्षा ग्रहण करने वाले चीनी छात्रों की तादाद बहुत अधिक है। पिछले कुछ सालों से अमेरिका में भी चीनी छात्रों की संख्या भारतीय छात्रों से अधिक हो चुकी है। विदेश में करियर की व्यापक संभावनाओं के बावजूद, चीन वापस लौटने वाले छात्र भी कम नहीं हैं। एक हालिया रिपोर्ट के मुताबिक चीन में नौकरी करने की उम्मीद से लौटे 91 प्रतिशत युवा 23 से 30 साल की उम्र के हैं। सर्वे में 18 लाख से अधिक विदेश से पढ़ाई कर स्वदेश लौटे युवाओं को शामिल किया गया है। विदेशों से मास्टर डिग्री हासिल कर चीन पहुंचे छात्रों की संख्या विदेशों में पढ़ रहे कुल चीनी छात्रों का 63 प्रतिशत है, डॉक्टरल डिग्री के छात्रों का अनुपात सिर्फ 6 प्रतिशत है। यहां बता दें कि विदेशों में शिक्षा हासिल करने और अन्य चीजों में औसतन हर वर्ष

32,200 डॉलर खर्च होते हैं। हालांकि डॉक्टरल डिग्री कर रहे अधिकांश छात्र स्कॉलरशिप या एक्सचेंज प्रोग्राम के तहत पढ़ाई करते हैं। विदेशों में उच्च शिक्षा ग्रहण कर चुके इन छात्रों के जॉब पाने के लिए सबसे पसंदीदा शहरों में बीजिंग, शंघाई, क्वांगचो और शनचन प्रमुख हैं। करीब 57 फीसदी छात्र इन शहरों में नौकरी पाने की तलाश में थे।

कचरे का निपटारा

चीन में प्रदूषण की समस्या सबसे चर्चित विषयों में से एक है। हाल के कुछ वर्षों में आम लोगों के बीच जागरूकता काफी बढ़ चुकी है और वे स्वास्थ्य के प्रति अधिक सजग हो गए हैं, जबकि सरकार की ओर से भी इस दिशा में प्रयास किए जा रहे हैं। चीन की वाणिज्यिक राजधानी शंघाई में भी प्रदूषण से निपटने की कोशिश जारी है। घरों से निकलने वाले कचरे और कूड़ा-करकट का निस्तारण भी कम चुनौती नहीं है। शंघाई में कई जगहों पर इलेक्ट्रॉनिक वेस्ट रिसायक्लिग सेंटर खोले गए हैं, हालांकि 4 लाख से अधिक घरों के लिए ऐसे 2 हजार नए सेंटर और खोले जाने की जरूरत है, ताकि इस बड़े शहर में कचरे का सही ढंग से निपटारा हो सके। इसके साथ ही यहां घरों में कम-से-कम कचरा पैदा करने के लिए भी कदम उठाए जाने की जरूरत है।

नए उपायों के तहत कूड़े को चार श्रेणियों में बांटा गया है। पहली श्रेणी में ऐसी चीजें जिन्हें रिसायकल किया जा सकता है। दूसरी श्रेणी में खतरनाक कूड़ा, जबकि अन्य दो कैटेगरी गीले और सूखे कचरे की हैं। शहरवासियों को इसके आधार पर अपने घर से निकलने वाले कचरे को छांटना होगा। बताया जाता है कि इस सिस्टम को लागू करने के बाद शंघाई में परिवर्तन देखा गया है। शंघाई ग्रीनरी एंड पब्लिक सेनीटेशन ब्यूरो के मुताबिक रोजाना प्रति व्यक्ति कचरे की मात्रा 0.82 किलो से घटकर 0.7 किलो रह गई है, जिसे इस वर्ष 0.66 किलो तक पहुंचाने का लक्ष्य निर्धारित किया गया है। इस सिस्टम से जुड़े कू छांग हाव कहते हैं कि कचरे से निपटने की दिशा में ये कदम प्रभावी साबित हो रहे हैं। साथ ही लोगों के व्यवहार में इससे सकारात्मक बदलाव आ रहा है, वे पर्यावरण के प्रति सजग हो रहे हैं। उनका कहना है कि पिछले कुछ वर्षों में हमने दुनिया के अन्य शहरों के अनुभवों से सीखते हुए इस दिशा में काम करना शुरू किया है। विभिन्न तरह के कूड़े में अंतर स्पष्ट किया जा रहा है, ताकि कचरे के निस्तारण की व्यवस्था को प्रभावी ढंग से लागू किया जा सके।

डिजिटल हुए बच्चे

चीन में इंटरनेट और डिजिटल सिस्टम का तेजी से विकास हो रहा है। शहरों में लगभग हर व्यक्ति इंटरनेट से जुड़ा हुआ है—बात चाहे मोबाइल इंटरनेट की हो या

फिर कंप्यूटर के माध्यम से। फेसबुक और ट्विटर के चीनी वर्जन भी मौजूद हैं। इसलिए युवाओं के बीच चैटिंग और ऑनलाइन मैसेज भेजने का चलन बहुत तेजी से बढ़ रहा है। वहीं किशोरों और बच्चों में इंटरनेट गेम्स आदि खेलने का क्रेज भी कम नहीं है। चीन के 15 शहरों में हुए हालिया सर्वे की मानें तो 73 प्रतिशत बच्चे गेम खेलने के लिए टेबलेट आदि का इस्तेमाल करते हैं। 85 फीसदी बच्चों के क्यू क्यू अकाउंट हैं, जबकि 51 प्रतिशत ने अपने ब्लॉग खोले हैं। वहीं 46 फीसदी वीचैट का प्रयोग करते हैं। अधिकांश बच्चे मानते हैं कि उन्हें इंटरनेट आदि के बारे में अपने मां-बाप से कहीं अधिक जानकारी है।

कैंसर का कहर

चीन में कैंसर से पीड़ित मरीजों की संख्या बढ़ती जा रही है। तेजी से विकास कर रहे चीन के मार्ग में यह गंभीर बीमारी बाधक बन सकती है। चीन के संबंधित विभागों को इस बात की चिंता सताने लगी है। हाल ही में राजधानी बीजिंग में कैंसर के रोकथाम और नियंत्रण को लेकर जागरूकता बढ़ाने के उद्देश्य से अभियान चलाया गया। स्वास्थ्य विशेषज्ञों ने चेतावनी दी है कि इस बीमारी को अनदेखा नहीं किया जा सकता।

चीन में तेजी से बढ़ रहे कैंसर के मामले गंभीर चिंता का विषय हैं। स्वास्थ्य विभाग के आंकड़ों के अनुसार बीजिंग में पिछले छह सालों से लगातार सबसे अधिक कैंसर के मरीज सामने आए हैं। चीन के राष्ट्रीय कैंसर पंजीकरण केंद्र के मुताबिक हर साल देश में कैंसर के 35 लाख नए मामलों का पता चल रहा है, जबकि 25 लाख इस घातक बीमारी के चलते मौत के मुंह में समा जाते हैं।

इस केंद्र के निदेशक छंग वांगछिंग कहते हैं कि हाल में कैंसर के प्रति जागरूकता बढ़ी है, लेकिन अब भी लोग इसके बारे में अनभिज्ञ रहते हैं। जब तक वे गंभीर रूप से बीमार नहीं पड़ते, उन्हें कैंसर का पता नहीं चलता, तब तक स्थिति नियंत्रण से बाहर हो जाती है। अगर शुरुआती चरण में कैंसर की पहचान हो जाए तो मरीज को बचाया जा सकता है।

इसमें कोई दो राय नहीं कि गत एक दशक में चीन के लोगों के जीवन-स्तर में व्यापक सुधार आया है, इसके साथ ही कैंसर से ग्रस्त मरीजों की संख्या में भी इजाफा हुआ है। इस तरह से कैंसर चीनी लोगों के लिए जानलेवा साबित हो रहा है।

गौरतलब है कि वर्ष 1995 से हर साल 15 अप्रैल से 21 अप्रैल तक कैंसर रोकथाम सप्ताह मनाया जाता है। इस दौरान लोगों से अपने स्वास्थ्य के प्रति सजग रहने की अपील की जाती है। इसमें मुफ्त में स्वास्थ्य-जांच आदि शामिल होती है।

यहां बता दें कि वर्ष 1964 में कैंसर मौत का चौथा सबसे बड़ा कारण था, जबकि 1989 में पहुंचते-पहुंचते यह दूसरे नंबर पर आ गया, जबकि साल 2007 में यह चीन में लोगों की मौत का सबसे बड़ी वजह बन गया।

तंबाकू नियंत्रण विभाग के पूर्व निदेशक यांग गोंग हुआन कहते हैं कि लोगों की अनहेल्दी लाइफस्टाइल इसके लिए बहुत हद तक जिम्मेदार है। अगर अमेरिका की बात करें तो वहां फेफड़ों के कैंसर से होने वाली मौतों में कमी आई है। इसकी प्रमुख वजह तंबाकू नियंत्रण पर जोर देना है।

वैज्ञानिक तथ्यों से स्पष्ट होता है कि हेल्दी डाइट लेने और धूम्रपान और शराब का कम-से-कम सेवन करने, नियमित व्यायाम करने से कैंसर के मामलों में 40 प्रतिशत कमी लाई जा सकती है।

हाल के वर्षों में चीन में प्रदूषण भी एक बड़ी समस्या बना हुआ है, विशेषकर वायु प्रदूषण, जो कि फेफड़ों के कैंसर का बहुत बड़ा कारण होता है। वहीं दूसरी ओर लोगों में इस बीमारी की गंभीरता के मुकाबले जनचेतना काफी कम है। विशेषज्ञों की सलाह है कि नियमित रूप से स्वास्थ्य की जांच कराते रहने से बीमारी का जल्द पता लग जाता है, जिससे इलाज भी जल्दी शुरू किया जा सकता है। उनका कहना है कि कैंसर के बचाव और नियंत्रण के प्रति लोगों में कई तरह की भ्रांतियां होती हैं, उन्हें भी दूर करने की आवश्यकता है।

अनुमान है कि कैंसर का खतरा लगातार बढ़ता ही रहेगा, जो कि चीन के लिए आने वाले समय में सबसे प्रमुख चुनौतियों में से एक होगा।

महिलाओं में लंबी होती उम्र

समाज में महिलाओं का स्थान उन्नत होने के साथ ही उनकी औसत आयु में भी इजाफा देखने में आया है। आंकड़ों पर नजर डालें तो साल 2000 में 73.33 वर्ष थी, जबकि 2013 में बढ़कर 77.37 पहुंच चुकी है। यह इस बात का प्रतीक है कि चीन में महिलाओं का स्वास्थ्य और सेहत पहले से बेहतर हो रहा है। इसके साथ ही बच्चा जनने के दौरान होने वाली मृत्यु की संख्या में व्यापक कमी दर्ज की गई है। अब प्रति एक लाख महिलाओं में 23.2 की मौत इस दौरान होती है।

चीन के स्वास्थ्य और परिवार नियोजन आयोग के अनुसार नवजात शिशुओं और पांच वर्ष से कम उम्र के बच्चों की मृत्यु-दर में भी बहुत गिरावट आई है। इसके बावजूद जच्चा-बच्चा स्वास्थ्य की बेहतर देखभाल में चुनौतियां मौजूद हैं। यूएन मिलेनियम डेवलपमेंट गोल को हासिल करने के लिए तेज प्रयास करने की जरूरत है। शहरों में महिलाओं का स्वास्थ्य ग्रामीण क्षेत्रों के मुकाबले बहुत अच्छा है, लेकिन दूर-दराज और गरीब महिलाओं की स्थिति अब भी चिंताजनक है। गौरतलब है कि चीन में मैटरनल मृत्यु-दर संयुक्त राष्ट्र के लक्ष्य के पीछे है, हालांकि बच्चों की मौत के मामले में चीन ने बेहतर प्रगति की है।

प्लास्टिक का बढ़ता प्रयोग

आज प्लास्टिक का हर जगह इस्तेमाल होता है। प्लास्टिक के बिना कोई काम नहीं चलता। बाजार से सब्जी लानी हो या स्टोर से किराने का सामान—सभी के लिए

प्लास्टिक की थैली का इस्तेमाल करना हमारी मजबूरी-सी है। इसके अलावा प्लास्टिक का कई अन्य रूपों में भी उपयोग होता है। लेकिन प्लास्टिक का बढ़ता चलन पर्यावरण के लिए खतरा बन रहा है। चीन में भी पर्यावरण प्रदूषण को लेकर चिंता बढ़ रही है।

गौरतलब है कि चीन विश्व के सबसे बड़े प्लास्टिक उत्पादक और उपभोक्ता देशों में से एक है। हर वर्ष चीन में करीब 80 मिलियन टन प्लास्टिक की जरूरत होती है। इसका मतलब हुआ, 240 मिलियन टन कच्चे तेल की मांग। प्लास्टिक को रिसाइकल करना कच्चे तेल के इस्तेमाल को कम करने का प्रभावी तरीका माना जाता है। उदाहरण के लिए एक टन प्लास्टिक कचरे को रिसाइकल करना 6 टन तेल की सप्लाई की बचत के बराबर होता है।

इतना ही नहीं, पिछले वर्ष 8 मिलियन टन प्लास्टिक विदेश से आयात किया गया। हालांकि रिसाइकलिंग बिजनेस के चलते लगभग 216 टन तेल की आपूर्ति की बचत होने का दावा भी किया जा रहा है। लेकिन सतत विकास से होने वाले लाभ के बावजूद प्लास्टिक रिसाइकिल इंडस्ट्री से वायु और जल प्रदूषण की समस्या पैदा हो रही है। मुख्य रूप से निम्न स्तरीय रिसाइकलिंग से, क्योंकि इसमें प्लास्टिक को सीधे जला दिया जाता है, जिससे स्वास्थ्य के लिए हानिकारक गैस उत्सर्जित होने की आशंका रहती है।

ध्यान रहे कि वर्तमान में चीन में छोटे-बड़े आकार के तीन हजार से अधिक रिसाइकलिंग सेंटर हैं। इंडस्ट्री के जानकार कहते हैं कि वैसे कुछ बड़ी कंपनियों के पास तो प्लास्टिक रिसाइकल के लिए अच्छी तकनीक मौजूद है, लेकिन तमाम छोटे वर्कशॉप पर्यावरण को नुकसान पहुंचाते हैं। ऐसे में तकनीकी और पर्यावरण प्रबंधन विभाग को अधिक सख्त नियम बनाने की आवश्यकता है।

विदेशों में बसने की चाहत

चीन जिस तेजी से विकास कर रहा है, उसी गति से अमीरों की तादाद बढ़ रही है, वहीं मध्य वर्ग का दायरा भी बढ़ रहा है। लोगों के पास खूब पैसा आ रहा है और वे जमकर खर्च भी कर रहे हैं। दुनिया में सबसे अधिक खर्च करने वाले पर्यटक चीन के हैं, हाल के सर्वे में इसकी पुष्टि भी हो चुकी है। फोर्ब्स की सूची में चीनी अमीरों की संख्या में भी इजाफा हो रहा है। वहीं विदेशों में जाने की चाहत भी बढ़ रही है। कई अमीर तो ऐसे हैं जो पश्चिमी देशों में बसने लगे हैं। इस तरह के अमीरों को सुपर-रिच की संज्ञा दी जा रही है, जो विदेश जाकर वहां का पासपोर्ट हासिल करने की हरसंभव कोशिश करते हैं। आंकड़ों के मुताबिक इन अमीरों के बीच अमेरिका आदि देशों में रहने की लालसा इतनी बढ़ी है कि रिकॉर्ड स्तर पर जा पहुंची है। हालांकि अमीरी और गरीबी के बीच की खाई भी चौड़ी हो रही है।

रिपोर्ट के मुताबिक औसतन 9 लाख 60 हजार डॉलर की निजी संपत्ति वाले अमीरों का अनुपात 64 प्रतिशत पहुंच गया है, जो दूसरे देश में माइग्रेट होने की जुगत में लगे हैं, जबकि पिछले साल यह 60 फीसदी था। इमिग्रेशन एजेंसी कंसल्टिंग ग्रुप द्वारा जारी श्वेत पत्र के अनुसार, ऐसे अमीर जो या तो दूसरे देशों में बस गए हैं या इसके लिए आवेदन कर रहे हैं, उनमें से लगभग 66 प्रतिशत का कहना है कि वे विदेश जाने के बाद वहां का पासपोर्ट हासिल करने की कोशिश करेंगे। हाल में हुए इस सर्वे में 141 अति-अमीर शामिल हुए, जिनकी औसत आय 42 मिलियन युआन आंकी गई। रिपोर्ट में कहा गया है कि चीनी लोगों की विदेश जाने और वहां रहने की इच्छा से जाहिर होता है कि चीन अधिक अंतर्राष्ट्रीय बन रहा है।

इन अमीरों ने विदेशों में बसने का जो सबसे प्रमुख कारण बताया, वह है बच्चों को अच्छी शिक्षा दिलाना। लगभग 21 फीसदी ने कहा कि चीन में शिक्षा का स्तर उनके लिए चिंता का विषय है। इसलिए वे विदेशों का रुख करना चाहते हैं। हालांकि फूड सेफ्टी और पॉल्यूशन के चलते भी लोग पश्चिम की ओर जाने को बेताब रहते हैं। सर्वे में शामिल करीब 20 प्रतिशत ने इस बात को माना।

यहां बता दें कि चीन की शिक्षा-व्यवस्था में छात्रों को अत्यधिक तनाव से गुजरना पड़ता है। अधिकांश शिक्षक या स्कूल सिर्फ अच्छे ग्रेड हासिल करने पर ही जोर देते हैं। ऐसे में छात्रों के व्यक्तित्व का संपूर्ण विकास नहीं हो पाता।

आजकल चीनी परिजन शिक्षा पर विशेष ध्यान दे रहे हैं। इसके लिए वे अपने बच्चों को अध्ययन के लिए विदेश भेजने से भी परहेज नहीं कर रहे हैं। पिछले कुछ सालों में अमेरिका में सबसे अधिक विदेशी छात्र चीन के ही हैं। कई वर्षों तक इस मामले में नंबर वन रहा भारत अब दूसरे स्थान पर खिसक गया है।

चीन में आपको ऐसे कई लोग मिल जाएंगे, जो अमेरिका जाना चाहते हैं। हाल में हुआ यह सर्वे भी अपवाद नहीं है, जिसमें 51 फीसदी ने कहा कि उनकी पहली पसंद अमेरिका है। वीजा कंसल्टिंग ग्रुप से जुड़े डेविड छन कहते हैं कि चीनी लोग अमेरिका और कनाडा जाने के इच्छुक हैं। इससे पहले भी उनके अन्य परिजन या रिश्तेदार इन देशों में जा चुके हैं। सर्वे में शामिल 70 प्रतिशत अति-अमीरों ने विदेशों में रहने के मकसद से प्रापर्टी भी खरीद ली है, जबकि 33 फीसदी ने निवेश के लिहाज से। शंघाई में जर्मन कंपनी के जनरल मैनेजर सोंग च्यान निंग ने वर्ष 2011 में अमेरिका के वाशिंगटन डीसी में 1 मिलियन डॉलर की कीमत का बंगला खरीदा, ताकि उनका दो साल का बेटा और 8 साल की बेटी छोटी उम्र से ही अमेरिका में रह सकें। सर्वे में भाग लेने वाले एक-तिहाई अमीर विदेशों में अपने निवेश के प्रति आश्वस्त हैं।

विदेशी प्रतिभाओं पर ध्यान

एक ओर चीनी लोग विदेशों का रुख कर रहे हैं तो वहीं विदेशी चीन में आ रहे हैं। चीनी भाषा सीखने या नौकरी, बिजनेस आदि के चलते बड़ी संख्या में विदेशी

नागरिक चीन पहुंच रहे हैं। चीन सरकार इस दिशा में काम कर रही है कि कैसे अधिक से अधिक प्रतिभावान लोगों को चीन में आकर्षित किया जा सके। संबंधित अधिकारी मानते हैं कि उन्हें इस मामले में दूसरे देशों से सीखने की जरूरत है, क्योंकि चीन के आर्थिक विकास में विदेशी प्रतिभाओं का अधिक योगदान नहीं है। लेकिन इस दिशा में ध्यान देने की आवश्यकता महसूस की जा रही है। चीनी राष्ट्रपति ने पिछले दिनों विदेशी विशेषज्ञों से मुलाकात की थी। उन्होंने अधिक से अधिक विदेशी प्रतिभाओं को चीन लाने पर जोर दिया था। इसके लिए उनके अधिकार सुरक्षित रखने और अच्छे काम के लिए प्रोत्साहित करने की बात भी कही।

क्योंकि चीन में रहने वाले विदेशी लोगों की शिकायत होती है कि यहां प्रतिभावान लोगों का अच्छी तरह इस्तेमाल नहीं किया जाता है।

टूटते परिवार

तेजी से विकास कर रहे चीन में परिवार टूट रहे हैं। साल-दर-साल तलाक लेने वाले शादी-शुदा जोड़ों की तादाद बढ़ रही है। 2015 में लगभग 35 लाख से अधिक कपल एक-दूसरे से अलग हुए, हाल में जारी रिपोर्ट के मुताबिक वर्ष 2004 के बाद चीन में हर साल तलाक के मामलों में बढ़ोतरी देखी गई है। जहां 2004 में एक हजार जोड़ों में तलाक की औसत दर लगभग 1.28 थी, वहीं 2015 में बढ़कर 2.6 हो गई।

सामाजिक सेवा विकास सांख्यिकी बुलेटिन के मुताबिक देश में पिछले साल एक करोड़ तीस लाख सैंतालीस हजार जोड़ों ने शादी का पंजीकरण कराया, जिनमें से 35.2 प्रतिशत की उम्र 25 से 29 के बीच थी। लेकिन इसी दौरान 35 लाख से अधिक जोड़ों ने एक-दूसरे से दूर होने का फैसला किया।

तलाक की दर तेजी से बढ़ने के चलते समाजशास्त्री और सरकार के संबंधित विभाग चिंतित होने लगे हैं। एक वरिष्ठ अधिकारी के अनुसार तलाक के बढ़ते मामलों और परिवार से जुड़ी समस्याओं से निपटने के उपाय पर विचार हो रहा है। वे कहते हैं कि चीन में हर रोज 10 हजार शादियां टूट रही हैं, जो वाकई में चिंता की बात है। परिवारों को टूटने से बचाने के लिए काउंसिलिंग सेवाओं का दायरा बढ़ाने पर जोर दिया जा रहा है, क्योंकि पिछले दस वर्षों में तलाक लेने वाले जोड़ों की संख्या में काफी इजाफा देखा गया है।

शंघाई में काउंसिलिंग से जुड़े दू ह्वांग हाई के मुताबिक उनके पास जो लोग सलाह या मदद मांगने आते हैं, उनमें से अधिकांश शहरों से होते हैं, जिनका जन्म 1980 के आसपास हुआ है। उनके विचार में 20 से 30 साल की उम्र के लोगों में धैर्य की कमी होती है और वे एक-दूसरे की छोटी-छोटी बातों को सहन नहीं कर पाते। घर में होने वाली समस्याओं से निपटने की कोशिश नहीं होती, बल्कि एक-

दूसरे से अलग होना उन्हें ज्यादा आसान लगता है। इसीलिए उनके परिवार विघटन के कगार पर हैं।

वैसे तलाक के बढ़ते मामलों के पीछे कई कारण जिम्मेदार बताए जाते हैं। इसमें शादी के बाद दूसरे पुरुष या महिला से अफेयर, घरेलू हिंसा और आपसी संवाद में कमी सबसे अहम वजह है। चच्यांग प्रांत में रहने वाले 28 साल के गाव पो ने शादी के महज 7 महीने बाद ही अपनी पत्नी से तलाक ले लिया। वे कहते हैं कि हम एक-दूसरे के साथ नहीं रह सकते, क्योंकि हमारे बीच अक्सर तमाम छोटी-छोटी बातों पर झगड़ा होता रहता था। ऐसे में तलाक ही सबसे बेहतरीन उपाय नजर आया। गौर करने वाली बात यह है कि दोनों कॉलेज में एक साथ पढ़े हुए हैं, लगभग तीन साल से रिलेशनशिप में थे, उसके बाद शादी की। शादी से पहले सब ठीक था, लेकिन शादी के बाद चीजें मुश्किल होती गईं। दोनों एक-दूसरे को समझ नहीं पा रहे थे।

जानकार मानते हैं कि तलाक लेने की वजहें अलग-अलग होती हैं, कई बार जटिल भी, क्योंकि जोड़े जल्दबाजी में कदम उठा लेते हैं। कुछ लोगों के दिमाग में यह बात आने लगी है कि जल्दी शादी करो और जल्दी तलाक। तलाक की वजह हर बार घटता रोमांस या प्यार में कमी आना नहीं होता। चीन में प्रापर्टी के दाम आसमान छू रहे हैं और हर कपल अपने लिए एक अलग अपार्टमेंट चाहता है। आर्थिक बोझ बढ़ने और खर्च न उठा पाने के चलते भी परिवार टूट रहे हैं। हालांकि कुछ प्रांतों में इस तरह के बढ़ते मामलों को देखते हुए कई परामर्श केंद्र भी खुल गए हैं। इसके साथ ही सरकार के संबंधित विभाग सामाजिक कार्यकर्ताओं को फैमिली कंसलटेशन के काम में लगाने पर विचार कर रहे हैं, वहीं तनाव और समस्या से जूझ रहे जोड़ों को मदद भी मुहैया कराई जा रही है।

महिला मामलों से जुड़ी प्रोफेसर सुन श्यावमेई इसके लिए चीन के विवाह कानून को भी जिम्मेदार ठहराती हैं। पिछले कई दशकों में यह कानून इतना सरल हो गया है कि बड़ी आसानी से तलाक लिया जा सकता है, जबकि पहले तलाक चाहने वाले कपल्स को अपने ऑफिस या स्थानीय कमेटी से अनुमति लेनी होती थी। ऑल चाइना विमेंस फेडरेशन ने तलाक को रोकने की कोशिश के लिए टीमें गठित की हैं, जो कपल्स को समझा-बुझाकर मामला शांत कराते हैं। प्रोफेसर सुन कहती हैं कि भले ही हम आधुनिक युग में जी रहे हों या प्रगति कर चुके हैं, लेकिन हमें नई पीढ़ी को शिक्षित और जागरूक करने की जरूरत है, ताकि वे परिवार के साथ मिलकर बढ़ना सीख सकें।

ई-बुक रीडिंग का बढ़ता चलन

चीन में इंटरनेट का प्रसार बढ़ता जा रहा है। शहर ही नहीं, गांवों में भी इंटरनेट यूज करने वालों की बहुत बड़ी तादाद है। इसी बीच ऑनलाइन किताबें पढ़ने वालों की संख्या में भी लगातार इजाफा हो रहा है। वर्ष 2014 में 57.8 प्रतिशत युवाओं ने

पुस्तकें पढीं, और 50.1 प्रतिशत ने डिजिटल बुक्स। हालांकि ऑनलाइन किताबें खरीदने के बजाय, अधिकांश मुफ्त में पढ़ना चाहते हैं। जानकारों की मानें तो तमाम लोगों को अभी कॉपीराइट नियमों के बारे में जानकारी नहीं है। चाइनीज एकेडमी ऑफ प्रेस एंड पब्लिकेशन द्वारा किए गए सर्वे के मुताबिक, वर्ष 2013 के अंत तक पचास फीसदी से अधिक पाठकों ने ऑनलाइन किताबें पढ़ने की कोशिश की, जबकि साल 2008 में इस तरह से पढ़ने वालों का अनुपात सिर्फ 24.5 प्रतिशत था। भले ही ऑनलाइन पढ़ने का चलन बढ़ा हो, लेकिन लोग पैसे देकर या ऑनलाइन खरीदकर किताबें पढ़ने में ज्यादा रुचि नहीं दिखाते। वर्ष 2013 में महज 38.7 फीसदी लोगों ने ई-बुक्स डॉउनलोड करने के लिए पैसे अदा किए।

सर्वे में यह भी बात सामने आई कि 58.2 फीसदी रेगुलर मोबाइल फोन रीडर्स ने मुफ्त में मिलने वाली ई-बुक्स ही पढ़ी। यह सर्वे नेशनल रीडिंग एनालिसिस का हिस्सा था, जिसके तहत 40,600 लोगों से की गई बातचीत के आधार पर डेटा तैयार किया गया।

जानकार कहते हैं कि ऑनलाइन किताबें पढ़ने में दिलचस्पी बढ़ने से इस बात का पता चलता है कि चीन में डिजिटल प्रकाशन व्यवसाय में उछाल आ रहा है। पर फ्री-ऑफ चार्ज पढ़ने में रुचि दिखाना, इस बात का प्रतीक है कि अब भी लोगों में कॉपीराइट के बारे में जागरूकता पैदा करने की जरूरत है।

चाइना रिटन वर्क्स कॉपीराइट सोसाइटी के महासचिव चांग होंगबो के अनुसार, चीन में लोग लंबे समय से मुफ्त में ऑनलाइन चीजों का इस्तेमाल करने के आदी रहे हैं। इंटरनेट पर अधिकांश कंटेंट कॉपीराइट होल्डर्स की जानकारी के बिना धड़ल्ले से मिलता है। ई-रीडिंग वेबसाइट और सर्विस प्रोवाइडर मुफ्त में पढ़ने की सामग्री जारी करते हैं, लेकिन इन पर विज्ञापन बहुत होते हैं। ऐसे में वेबसाइट चलाने वालों की कमाई हो जाती है और पाठकों को भी मुफ्त में सामग्री उपलब्ध हो जाती है।

चाइना ऑनलाइन कॉपीराइट वार्षिक रिपोर्ट में कहा गया है कि साल 2013 में ई-बुक, डिजिटल न्यूजपेपर और मैगजीन की खरीद लगभग 5.8 बिलियन युआन पहुंच गई, जो कि चीन के कुल डिजिटल उत्पादन का सिर्फ 3 फीसदी है। वहीं चीन की डिजिटल पब्लिशिंग इंडस्ट्रीज 254 अरब युआन की है।

चाइनीज एकेडमी ऑफ प्रेस एंड पब्लिकेशन से जुड़े वेई यूशान कहते हैं कि इससे जाहिर होता है कि ई-रीडिंग की मार्केट में व्यापक संभावना है, लेकिन इसके लिए कॉपीराइट उत्पादों के संरक्षण के लिए ठोस कदम उठाने होंगे, साथ ही कम गुणवत्ता के पाइरेटेड कटेंड पर भी रोक लगाना जरूरी है।

वैसे विश्लेषक यह भी मानते हैं कि आजकल के युवाओं में पुस्तकें पढ़ने में कम रुचि है। वे अगर किताबें पढ़ते भी हैं तो गहराई से अध्ययन नहीं करते। विशेषकर किताबें खरीदकर पढ़ने में दिलचस्पी कम हो रही है।

इंटरनेट डेटिंग का बढ़ता चलन

आज की भागदौड़ भरी जिंदगी में लोगों के पास समय की कमी है। ऐसे में पुराने और परंपरागत तरीकों के बजाय चीन में इन दिनों रिश्तों की डोर इंटरनेट, टीवी डेटिंग आदि के जरिए जुड़ रही है। एक तरह से इंटरनेट डेटिंग का चलन भी तेजी से बढ़ रहा है। लोग अपने पार्टनर की तलाश इन आधुनिक और साइबर मंच से करने लगे हैं। दुनिया की सबसे बड़ी आबादी वाले देश में सिंगल युवाओं की तादाद भी कम नहीं है।

आंकड़ों के मुताबिक वर्तमान में सिंगल लोगों की संख्या 180 मिलियन है। चीन में इंटरनेट गांव-गांव तक पहुंच चुका है, ऐसे में लोग अपनी जीवनसाथी या मित्रों की खोज भी इंटरनेट और टीवी के माध्यम से करने को तवज्जो देते हैं। ऐसे युवाओं की बढ़ती संख्या को देखते हुए देश में तमाम डेटिंग एजेंसियां खुल चुकी हैं, जो भारत के मैट्रीमोनियल साइट्स की तरह होती हैं।

चीन के युवाओं के बीच डेटिंग एजेंसियों की लोकप्रियता का अंदाजा इसी से लगाया जा सकता है कि वर्ष 2011 तक देश में शादी के योग्य आधे से अधिक युवाओं ने किसी न किसी डेटिंग एजेंसी में पंजीकरण कराया है, जबकि एसेंसियां भी करोड़ों का कारोबार कर रही हैं। एक एजेंसी तो न्यूयॉर्क के नासडैक में भी लिस्टेड हो चुकी है। एक डेटिंग एजेंसी का नाम है—बाय ह। उसके सह-संस्थापक मु यान कहते हैं कि हमारी एजेंसी में 36 मिलियन यूजर्स रजिस्टर्ड हैं, जबकि हर महीने बड़ी संख्या में नए यूजर भी जुड़ रहे हैं। कंपनी इस बिजनेस में अच्छा मुनाफा कमा रही है, साथ ही 200 मिलियन युआन का राजस्व है।

इन एजेंसियों की कमाई का प्रमुख जरिया ग्राहकों की व्यक्तिगत सूचना साझा करना और सदस्यता शुल्क होता है। आम तौर पर पंजीकरण कराने की फीस 200 से 500 युआन के बीच होती है। पंजीकृत हो जाने के बाद यूजर मैसेज पढ़ सकते हैं, चैट कर सकते हैं, साथ ही गिफ्ट भी भेज सकते हैं।

डेटिंग एजेंसी बाय ह के रिलेशनशिप काउंसलर चोउ स्याव फंग के मुताबिक, हमारे ग्राहकों में 20 वर्ष की आयु के लगभग लोग होते हैं। यह वह पीढ़ी है, जो कि इंटरनेट के साथ पली-बढ़ी है। उन्हें डेटिंग का यह तरीका पसंद आता है, क्योंकि वे इंटरनेट को समझते हैं। इस तरह की वेबसाइट से तमाम युवाओं को प्यार करने का फास्ट ट्रैक मिल जाता है। ऑनलाइन डेटिंग वेबसाइट ग्राहक वांग शान कहते हैं कि मैं डेटिंग वेबसाइट इस्तेमाल करता हूं, क्योंकि यह तेज और सुलभ होती है।

वहीं मंग श्यांग युन के अनुसार, यह अच्छा है कि इन दिनों युवाओं के पास कई विकल्प होते हैं। पहले मेरे मन में संदेह होता था, लेकिन अब कई एजेंसियां रजिस्टर्ड लोगों के असली नाम यूज करने लगी हैं। साथ ही वे इच्छुक लोगों की एक-दूसरे से बातचीत भी करवाते हैं।

जानकार कहते हैं कि युवाओं के पास समय नहीं होता। वे पढ़ाई और काम में व्यस्त रहते हैं। उनके पास बाहर जाकर डेटिंग के लिए समय नहीं होता। वे बहुत तनाव से गुजर रहे हैं। ऐसे में वे अपने साथी को ढूंढ़ने के लिए ज्यादा प्रयास नहीं करना चाहते हैं।

यही कारण है कि ऑनलाइन एजेंसियों का कारोबार तेजी से फल-फूल रहा है, क्योंकि उन्हें कम समय में डेटिंग का मौका यहां मिल जाता है।

चीन में ऑनलाइन डेटिंग और टीवी शो की बढ़ती लोकप्रियता की वजह यह भी है कि युवा देर से शादी कर रहे हैं। वे अच्छी जॉब आदि के प्रेशर के चलते जल्दी विवाह नहीं करना चाहते, क्योंकि वे करियर को तवज्जो देते हैं।

क्रांतिकारी भावना जगी रहे

चीन भले ही तेजी से विकास कर रहा है, लेकिन अब भी यह कहा जाता है कि वह चीनी विशेषता वाले समाजवाद के रास्ते पर चल रहा है। इस संबंध में बच्चों को भी शिक्षा दी जाती है कि वे देश के प्रति निष्ठावान बनें। पिछले दिनों शानदोंग प्रांत के ग्रामीण क्षेत्र स्थित एक मिडिल स्कूल के डिप्टी हेड मास्टर ने स्कूली बच्चों के लिए 15 दिन की मिलिटरी ट्रेनिंग शुरू करवाई।

इसका मकसद स्कूली छात्रों को परिश्रमी और निडर बनाना बताया जाता है, ताकि वे किसी भी तरह की परिस्थिति में खुद को ढाल सकें। उस स्कूल के एक टीचर के अनुसार, इससे छात्रों को दिमागी आलस्य से भी छुटकारा मिलता है।

हम चाहते हैं कि आने वाली पीढ़ी के मन में क्रांति और देश के लिए कुछ कर गुजरने का जज्बा हो।

वैसे चीनी राष्ट्रपति ने कुछ समय पहले कहा था कि सेना में भर्ती होना या काम करना न केवल मजूबत शरीर की आवश्यकता होती है, बल्कि देश के प्रति प्रेम और आदर्शों पर चलने की दृढ़ इच्छाशक्ति भी होनी चाहिए। अपने राष्ट्रपति की बातों को हकीकत में तब्दील करने के लिए इस मिडिल स्कूल ने समर कैंप लगाया। इस दौरान छात्रों को सैनिकों की तरह कड़ी मेहनत करना सिखाया जाता है, साथ ही मानसिक रूप से मजबूत होना भी। इस समर कैंप में 240 बच्चों को किताबी ज्ञान के साथ-साथ सैनिकों की तरह जज्बा और प्राकृतिक आपदाओं से निपटने के गुर भी सिखाए जाते हैं। यह कैंप शानदोंग प्रांत के मंग लियानगू क्षेत्र में लगाया गया है। यह वही स्थल है, जहां गत 1940 के दशक के गृहयुद्ध में पीपुल्स लिबरेशन आर्मी (पीएलए) और राष्ट्रवादी कोमिंतांग के बीच घमासान संघर्ष हुआ था। हालांकि अब यह जगह पर्यटकों के आकर्षण का केंद्र बन चुका है। कहा जा सकता है कि आज के दौर में भी चीन में बच्चों के मन में देशभक्ति और साहस की भावना भरने का काम जारी है।

भ्रष्टाचार के खिलाफ कदम

चीन में हुए नेतृत्व-परिवर्तन के बाद भ्रष्टाचार पर लगाम कसने की दिशा में तेजी से काम हुआ है। राष्ट्रपति शी चिन फिंग की छवि साफ-सुथरी मानी जाती है और वे इस बाबत सख्त रवैया अपना रहे हैं। हाल के कुछ महीनों में सरकारी कार्यालयों में होने वाली फिजूलखर्ची पर भी नियंत्रण किया जा रहा है, जबकि कई बड़े भ्रष्ट नेता और अधिकारियों के खिलाफ मामले चल रहे हैं। इसमें कम्युनिस्ट पार्टी के कुछ वरिष्ठ नेता भी शामिल हैं। अब इसी कड़ी में एंटी करप्शन वॉच डॉग ने एंटी करप्शन वेबपेज लांच किया है। सीपीसी सेंट्रल कमिशन फॉर डिसिप्लिन इंस्पेक्शन इस वेबसाइट के जरिए भ्रष्टाचार के खिलाफ हो रही कार्रवाई और कदमों की जानकारी अपडेट करेगा। इसका उद्देश्य एक स्वच्छ सरकार का निर्माण करना है। इसके लिए दस नई टीमों का गठन किया गया है, जो कि बीजिंग सहित अन्य शहरों में लगातार काम में जुटे हैं। वहीं सरकारी मंत्रालयों में भी विशेष निरीक्षण अभियान चलाया जा रहा है, लेकिन जानकार मानते हैं कि भ्रष्टाचार पर पूरी तरह नकेल कसने में अधिक वक्त लगेगा।

❑❑❑